O triunfo do fracasso
Rüdiger Bilden, o amigo esquecido de Gilberto Freyre

FUNDAÇÃO EDITORA DA UNESP

Presidente do Conselho Curador
Mário Sérgio Vasconcelos

Diretor-Presidente
José Castilho Marques Neto

Editor-Executivo
Jézio Hernani Bomfim Gutierre

Assessor Editorial
João Luís Ceccantini

Conselho Editorial Acadêmico
Alberto Tsuyoshi Ikeda
Áureo Busetto
Célia Aparecida Ferreira Tolentino
Eda Maria Góes
Elisabete Maniglia
Elisabeth Criscuolo Urbinati
Ildeberto Muniz de Almeida
Maria de Lourdes Ortiz Gandini Baldan
Nilson Ghirardello
Vicente Pleitez

Editores-Assistentes
Anderson Nobara
Fabiana Mioto
Jorge Pereira Filho

Maria Lúcia Garcia Pallares-Burke

O triunfo do fracasso
Rüdiger Bilden, o amigo esquecido de Gilberto Freyre

© 2012 Editora Unesp

Direitos de publicação reservados à:

Fundação Editora da Unesp (FEU)
Praça da Sé, 108
01001-900 – São Paulo – SP
Tel.: (0xx11) 3242-7171
Fax: (0xx11) 3242-7172
www.editoraunesp.com.br
www.livrariaunesp.com.br
feu@editora.unesp.br

CIP – BRASIL. Catalogação na fonte
Sindicato Nacional dos Editores de Livros, RJ

P192t

Pallares-Burke, Maria Lúcia Garcia

O triunfo do fracasso: Rüdiger Bilden, o amigo esquecido de Gilberto Freyre / Maria Lúcia Garcia Pallares-Burke. – São Paulo: Editora Unesp, 2012.

Inclui bibliografia

ISBN 978-85-393-0350-2

1. Bilden, Rüdiger. 2. Sociólogos – Alemanha – Biografia. 3. Ciências sociais – Filosofia. I. Título.

12-5944.   CDD: 923
                                                            CDU: 929:316

Editora afiliada:

Para minha mãe,
Henny Lippe Garcia Pallares:
Obrigada por tudo.

With music strong I come, with my cornets and my drums,
I play not marches for accepted victors only,
I play marches for conquered and slain persons.
Have you heard that it was good to gain the day?
I also say it is good to fall,
Battles are lost in the same spirit in which they are won [...]
Vivas to those who have failed!
And to those whose war vessels sank in the sea!
And to those themselves who sank in the sea!
And to all generals that lost engagements, and all overcome heroes!
And the numberless unknown heroes equal to the greatest heroes known!

Walt Whitman[1]

---

1 Whitman, Song of Myself. In: id., *Leaves of Grass*, 1855. [Com música forte eu venho,/ Com minhas cornetas e meus tambores,/ Não toco marchas só para os vencedores consagrados,/ Toco marchas também para pessoas vencidas e massacradas./ Já ouviram dizer que foi bom ganhar o dia?/ Eu também digo que é bom perder,/ Batalhas são perdidas com o mesmo espírito com que são ganhas [...]/ Vivas aos que fracassaram,/ E àqueles cujos navios de guerra afundaram no mar,/ E àqueles que, eles próprios, afundaram no mar/ E a todos os generais que perderam batalhas, e a todos os heróis vencidos!/ E ao sem número de heróis desconhecidos, iguais aos maiores heróis conhecidos.]

Sumário

Ao leitor   11
Prefácio   13

Preâmbulo
  Reflexão sobre os vencedores e os perdedores
  na história   21

1 De Eschweiler à Columbia University   41
2 De Columbia University ao Brasil: um caminho árduo   85
3 "A escravidão como um fator na história brasileira":
  a preparação do livro que não foi   141
4 Para além do livro que não foi: os anos 1930   197
5 Para além do livro que não foi: 1940-1956   255

Epílogo
Vencedores e perdedores: Gilberto Freyre e
  Rüdiger Bilden   341

Apêndice
Relações raciais na América Latina com especial referência ao
  desenvolvimento de uma cultura nativa   383

Referências bibliográficas   393
Índice onomástico   415

Ao leitor

Este livro foi escrito tendo em vista um público que se interessa pela vida de figuras obscuras, como foi Rüdiger Bilden. O fato de ele ter sido colega, amigo e confidente de Gilberto Freyre faz que sua trajetória também ilumine muito do mundo em que este viveu e se formou; mas esse é só um aspecto, e não o mais relevante, da vida de Bilden. Independentemente de seu famoso amigo recifense, Rüdiger Bilden merece ser estudado por si mesmo. É com essa crença que escrevi este livro e é com disposição semelhante que recomendo que o leiam.

As muitas notas que se encontram ao pé das páginas, além de fazerem a usual identificação das fontes documentais e apontarem a dívida para com outros estudiosos, foram incluídas para iluminar o texto com informações suplementares sem, no entanto, sobrecarregar e interromper a narrativa. Elas pretendem ampliar o contexto, fornecendo mais informação sobre pessoas do círculo de Bilden e sobre o *ethos* de seu tempo, compartilhar com o leitor algumas ideias ou dados curiosos que me fascinaram e que considero bons demais para serem desprezados etc. Em outras palavras, essas notas são suplementares ao texto, "variações sobre o tema" em alguns casos, mas não irrelevantes ou supérfluas. São, no entanto, de leitura opcional, cabendo ao leitor olhá-las de relance e decidir se vai lê-las juntamente com o texto, se vai voltar a elas mais tarde ou se prefere simplesmente pulá-las.

Prefácio

Este livro é fruto de uma obsessão. Tudo começou quando, alguns anos atrás, estudava o jovem Gilberto Freyre. Rüdiger Bilden era um nome que aparecia frequentemente em seus manuscritos, cartas e escritos da juventude como o fiel amigo e brilhante interlocutor a quem devia não somente a ajuda e o estímulo para estudar autores alemães, mas também para pensar sobre a história do Brasil de modo inovador. Bilden era, pois, alguém a quem o jovem Freyre se orgulhava de se associar desde que o conhecera, na Columbia University, em 1920.

Dotado de uma cultura invejável, fruto de sua formação humanística germânica, com amplo espectro de interesses e inusitados conhecimentos linguísticos, o jovem exilado alemão parecia destinado a grandes realizações intelectuais. No entanto, isso aparentemente não acontecera. Ao tentar saber mais sobre essa figura promissora e misteriosa, que tão importante fora para o jovem Gilberto Freyre, um silêncio intrigante barrava o acesso a dados sobre suas origens, sua vida e seu destino. Dicionários biográficos, referências bibliográficas de todo tipo e pesquisas na internet pouco ou nada revelavam sobre o que teria sucedido a esse jovem que se mudara para os Estados Unidos às vésperas da Primeira Guerra Mundial.

Se é verdade que todo trabalho intelectual é, em maior ou menor grau, um empreendimento coletivo, este mais ainda dependeu do incentivo e da ajuda que recebi de várias frentes. Sem isso, minha obsessão de tirar Bilden de uma obscuridade que supunha injusta e minha teimosa convicção de que ninguém desaparece sem deixar traços não teriam produzido qualquer resultado.

Para começar, a distância de quase cem anos, desde sua chegada aos Estados Unidos, e de trinta, desde seu falecimento, tornava muito problemático o acesso a qualquer informação sobre suas origens. Era bem possível que, desaparecida a lembrança de amigos havia muito falecidos, sua memória sobrevivesse apenas no arquivo morto da Columbia University. A ausência de informação sobre a família que deixara na Alemanha – a não ser a de que era proveniente da região do Reno – e a inexistência de descendentes nos Estados Unidos pareciam bloquear as vias de acesso aos antecedentes de Rüdiger Bilden.

Uma grande ajuda que tive foi a de Alexander Nützenadel, que me apoiou – embora um tanto cético – na procura de todos os Bildens registrados nas listas telefônicas alemãs. Nützenadel, meu colega no Netherlands Institute for Advanced Studies (Nias) em Wassenaar no início de 2005, ajudou-me então a produzir cartas num alemão perfeito que enviei a eles, perguntando-lhes se eram parentes do jovem que partira do país em meados de 1914. Alexander fez questão de advertir-me de que não acreditava que seus compatriotas iriam me responder. Para nossa surpresa, muitos de meus destinatários de Berlim, Krefeld, Erkelenz, Eschweiler etc. logo se manifestaram de modo amistoso e interessado, mas infelizmente não se reconheciam como parentes do "meu" Bilden; nem mesmo um Dr. Rüdiger Bilden de Püttlingen, em quem eu punha tanta esperança.

Foi, pois, com emoção, que, em maio de 2005, recebi a que seria a última resposta de meus destinatários. Era uma mensagem por *e-mail* que se iniciava com estas palavras: *"tatsaechlich bin ich die Tochter eines Bruders von Ruediger Bilden, ueber den Sie forschen"*.[1] Assim foi que conheci Helga Bilden, a filha de Wilhelm, o irmão mais velho de Rüdiger, e única

---

1 "Na verdade, sou a filha de um dos irmãos de Rüdiger, sobre o qual você está pesquisando."

sobrevivente de seus familiares. Foi ela que, ao longo desses anos, me forneceu algumas fotos preciosas da família, bem como informações valiosas sobre os Bildens de Eschweiler e sobre o que se lembrava das conversas do pai e da avó a respeito do tio que fora para a América e com quem jamais se encontrara.

Quanto à possibilidade de encontrar alguém que tivesse efetivamente conhecido Rüdiger Bilden, as chances aparentavam ser mínimas. Uma de suas amigas, Dorothy Loos, que morrera recentemente com mais de 90 anos, parecia ter sido a oportunidade única que eu perdera por questão de meses. No entanto, quando as possibilidades mostravam-se praticamente esgotadas, tive duas gratas surpresas. Por meio de William Loos, filho de Dorothy, soube que um amigo de sua mãe, o poeta e advogado afro-americano Samuel W. Allen, de 94 anos, conhecera Rüdiger Bilden na Fisk University do Tennessee no final dos anos 1930 e estava disposto a compartilhar suas memórias comigo. Allen estudara em Fisk exatamente na época em que Bilden lá ensinara e fora aluno do famoso escritor afro-americano James Weldon Johnson, antes de ir para Harvard, onde se formou em direito. Em Allen encontrei um testemunho direto sobre a pessoa de Bilden, que confirmou muito do que as outras fontes apontavam fortemente. Rüdiger, conforme ele se recorda vividamente, era "realmente brilhante [...], uma pessoa que impressionava por sua tremenda erudição", algo "muito raro de se encontrar nos Estados Unidos". Sua capacidade de abordar em profundidade os vários temas pelos quais se interessava, ou seja, sua "abordagem caracteristicamente germânica", tornava-no uma pessoa extremamente "interessante e agradável com quem conversar". Esses traços de Bilden, que eram marcantes quando o conhecera no Tennessee no final da década de 1930, lembra Allen, continuavam igualmente marcantes quando o acaso os fez se reencontrarem nas ruas de Greenwich Village, em Nova York, quase vinte anos mais tarde.

A segunda surpresa foi conseguir localizar e entrar em contato com Jane Hardy Cease, a sobrinha mais velha da ex-esposa de Bilden, Eloise McCaskill (Jane, para os amigos), a linda jovem do Mississipi que tão querida era de Gilberto Freyre e outros amigos em comum. Em algumas cartas, Bilden referira-se à filhinha de sua ex-cunhada, Mary Virginia, a quem muito queria e admirava. Com os poucos dados disponíveis – nome e sobrenome de solteira de Mary Virginia, nomes de batismo de seu marido e filha, Ed e Jane, além do nome da fazenda do Mississipi onde moravam –, algumas boas horas na internet foram suficientes para localizar "o bebê saudável e bonito", que nascera na Primrose Plantation, em fevereiro de 1936. Jane Hardy casara-se com Ron Casey, um dos fundadores da Portland State University, e havia anos vivia em Portland, Oregon, onde ainda exerce funções importantes na comunidade e na política regional. As visitas de Bilden à Primrose Plantation haviam ocorrido em grande parte nos idos da segunda metade dos anos 1930 e início dos anos 1940, quando Jane, a sobrinha de Jane Bilden, era ainda muito pequena. No entanto, apesar de pouco se lembrar de Rüdiger, a não ser de seu nome, através de Jane Hardy Cease pude descobrir alguns dados importantes sobre Eloise e sua família, de quem Bilden se manteve bastante próximo, mesmo após o divórcio.

Assim foi que, pouco a pouco, fui coletando peças com que pude retratar, ainda que imperfeitamente, a pessoa e a trajetória de Rüdiger Bilden – uma trajetória extremamente rica e atribulada, porque se trata do desenrolar da vida de um indivíduo que queria fazer diferença no mundo e que viveu durante um dos mais conturbados períodos da história contemporânea; período marcado, em escala mundial, pelas duas Grandes Guerras e a Grande Depressão e, no âmbito norte-americano, pela segregação racial, pelo New Deal, pelo início conturbado do Movimento dos Direitos Civis e pelo macartismo. Para que essa recomposição da vida de Bilden fosse possível, acumulei dívidas impagáveis não só com as pessoas acima mencionadas, mas também com várias outras pessoas e instituições que me ofereceram ajuda e apoio de todo tipo.

Na Alemanha, minha visita à Eschweiler Geschichtsverein, a Sociedade Histórica da cidade natal de Rüdiger Bilden, foi extremamente enriquecedora. Os documentos que essa instituição me ajudou a obter e as informações que me passou sobre a região e sua história sem dúvida deram mais vida e cor aos antecedentes de Rüdiger Bilden. Agradeço a Helga Bilden, que me acompanhou nessa viagem, e a todos os membros dessa instituição, especialmente aos senhores Armin Gille e Simon Küpper, pelo sucesso de minha visita que, coincidentemente, começou no dia em que Rüdiger completaria 118 anos, 4 de julho de 2011. O interesse manifestado nessa ocasião pelo prefeito da cidade, o *Bürgermeister* Rudi Bertram, que fez questão de estar presente em uma das reuniões, teria, sem dúvida, deixado Rüdiger Bilden ao mesmo tempo atônito e honrado.

A oportunidade de desenvolver uma pesquisa essencial em vários arquivos localizados em Nova York foi em muito facilitada pelo convite para ser *visiting scholar* do Department of Spanish and Portuguese da Columbia University. Agradeço imensamente aos professores Carlos J. Alonso e Maite Conde, meus anfitriões nesse departamento em 2008.

Em Nova York, os bibliotecários e arquivistas da Columbia University, do Schomburg Center for Research in Black Culture, da City College of New York, em Harlem, da Tamiment Library and Robert F. Wagner Labor Archives na New York University, da New York Public Library da Quinta Avenida, do Rockefeller Archive Center e da Guggenheim Foundation deram um apoio decisivo para a elaboração deste trabalho. Agradeço em especial a Tara C. Craig, da Rare Book & Manuscript Library da Butler Library, em Columbia University, pela disposição de continuar a atender com presteza, mesmo de longe, aos meus pedidos. Não posso deixar de mencionar também a atenção e comovente disposição de ajudar que encontrei em nova-iorquinos de todas as condições sociais, quando tentava localizar os pontos de Manhattan em que alguns retratos de Bilden haviam sido tirados. Funcionários do metrô, concierges de hotéis e transeuntes da cidade, muito solidários com a busca que eu fazia, tinham, cada um, palpites interessantes a dar. Infelizmente, as modificações da cidade ao longo de tantas décadas impediram que essa busca chegasse a um resultado preciso.

O contato com os seguintes arquivos e bibliotecas ao longo dos últimos anos foi também essencial para este trabalho: Oliveira Lima Library, na Catholic University of America, em Washington D. C.; Northwestern University Archives, em Evanston, nas proximidades de Chicago; Rauner Special Collections Library, da Dartmouth College, em Hanover, Nova Hampshire; Manuscript Library, da American Philosophical Society, em Filadélfia; Archives of Traditional Music, da Indiana University; Greenwood Library, da Longwood University, em Farmville, Virgínia; Library of Virginia, em Richmond, Virgínia; Albert and Shirley

Small Special Collections, na University of Virginia; Social Welfare History Archives, em Minneapolis; Special Collections and Archives, da Fisk University, em Tennessee; Tuskegee University Archives, no Alabama, e Hampton University, em Hampton, Virgínia. Muito agradeço a todos os arquivistas e bibliotecários que facilitaram tanto quanto possível meu trabalho de pesquisa nessas instituições. Devo aqui fazer dois agradecimentos muito especiais: a Frank Edgecombe, *reference librarian* da Harvey Library, na Hampton University, que se esmerou muito mais do que o esperado em tornar minha visita a Hampton, em 2006, especialmente proveitosa e estimulante; e a Maria Angela Leal, *assistant curator* da Oliveira Lima Library, que já me prestara inestimável ajuda anos atrás, quando eu estudava os anos formativos de Gilberto Freyre e que, mais uma vez, se excedeu em boa vontade e nos inestimáveis préstimos que me ofereceu para este trabalho sobre Rüdiger Bilden.

Ao Center of Latin American Studies da University of Cambridge, agradeço o apoio que tenho recebido ao longo dos anos.

No Brasil, minha grande dívida é, mais uma vez, com a Fundação Gilberto Freyre, que me deu apoio e acesso irrestrito a seu riquíssimo acervo. Um agradecimento muito especial devo a Jamille Cabral Pereira Barbosa, gerente editorial e de acervos. Sua ajuda foi inestimável para meu trabalho sobre Rüdiger Bilden, da mesma forma que já havia sido para meu livro sobre o jovem Gilberto Freyre.

No Brasil, tive também a oportunidade, em duas ocasiões, de apresentar partes deste trabalho em elaboração e recebi comentários valiosos e estimulantes do público presente. Agradeço calorosamente aos professores José de Souza Martins e Manolo Florentino pelos honrosos convites que me fizeram; o primeiro, para participar da Conferência Internacional sobre Sociologia e Esperança, no Departamento de Sociologia da Faculdade de Filosofia, Letras e Ciências Humanas da Universidade de São Paulo (FFLCH-USP), em outubro de 2011; e o segundo, para participar do Seminário Internacional História e Indivíduo, no Instituto de Filosofia e Ciências Sociais da Universidade Federal do Rio de Janeiro (IFCS--UFRJ), em outubro de 2009.

Sou profundamente grata às seguintes pessoas por vários tipos de ajuda, conselho, sugestão, informação e inspiração; a algumas delas agradeço especialmente por terem tido a boa vontade de me ouvir falar sobre um assunto que me obcecou por tanto tempo, dando-me assim excelentes oportunidades para esclarecer e amadurecer minhas ideias:

Ángel Gurría-Quintana, Ann Woodburn, Christel Lane, Cynthia Pereira de Sousa, Edmundo Leite, Eliane Brígida Morais Falcão, Fabiana Ribeiro dos Santos Schaeffer, Fernando Garcia Pallares Schaeffer, Fraya Frehse, Helena Coharik Chamlian, Heloisa H. T. de Souza Martins, Ivan Marsiglia, James Casteel, James Humphreys, Jay Winter, Jim Duncan, John Harvey, José Maria González García, José de Souza Martins, Julie Coimbra, Juliet Mitchell, Julietta Harvey, Kevin A. Yelvington, Kristin Klank, Mark Phillips, Marcelo Garcia Pallares Schaeffer, Maria Helena Garcia Pallares Zockun, Maria Isabel Peña Aguado, Marta Maria Chagas de Carvalho, Nancy Duncan, Nil Castro da Silva, Nísia Trindade Lima, Patricia Pires Boulhosa, Simeran Gell, Stella Wittenberg, Sybille Young, Ruth Phillips, Tania Tribe, Victor Garcia Pallares Zockun, William Loos.

A Jézio Gutierre, editor-executivo da Editora Unesp, agradeço o interesse que manifestou pelo meu estudo sobre Rüdiger Bilden, quando ainda não passava de uma promessa, e pelo encorajamento amigo que me deu ao longo de sua demorada elaboração.

Um agradecimento muito caloroso e especial devo fazer a meu amigo João Adolfo Hansen, que leu este trabalho na íntegra e me deu sugestões extremamente valiosas. Muitos erros, inconsistências e pontos obscuros foram evitados graças a seus comentários perspicazes e sua leitura paciente e cuidadosa que, como um pente-fino, detectou problemas de forma e conteúdo. A ajuda de João foi inestimável e é impagável.

A meus filhos Renata, Fernando, Marcelo e Guilherme, meus orgulhos; e a meus netos Marco, Lara, Felipe, Gustavo, Gabriel, Catarina e Mariana, alegria de minha vida, agradeço pelo imenso estímulo que, muitas vezes sem saber, estão sempre me dando.

A meu marido, Peter Burke, agradeço pelas incontáveis conversas sobre este projeto, pelo seu entusiasmo intelectual contagiante, pela leitura minuciosa das várias versões de cada capítulo, pelas valiosas sugestões e críticas, pelas referências bibliográficas enciclopédicas e pelos aconselhamentos sábios. Sou grata por tudo isso, mas acima de tudo pela inspiração, companheirismo e amor.

Dedico este livro à minha mãe, por lhe dever tanto e também porque sua atitude diante da vida – marcada por determinação, intrepidez, otimismo, generosidade e força para enfrentar os reveses da fortuna – me faz lembrar a de Rüdiger Bilden.

Preâmbulo
Reflexão sobre os vencedores e os perdedores na história

Quando Gilberto Freyre iniciou seu mestrado na Columbia University em 1920, dois dos colegas que lá encontrou tornaram-se seus companheiros inseparáveis: Francis Butler Simkins e Rüdiger Bilden. Entre os três desenvolveu-se uma amizade que se manteria firme e profunda ao longo dos anos, a despeito da distância que os separaria a maior parte de suas vidas.

De volta ao Brasil, com a publicação de *Casa-grande & senzala* em 1933, Freyre deu início a uma carreira rica e brilhante, que muito cedo iria lhe conferir a fama de um dos mais importantes intelectuais brasileiros do século XX. Ao morrer, em 1987, chegou a ser aclamado pelo filósofo espanhol Julián Marías como "um brasileiro universal".

Simkins, que também retornou à sua região de origem, o sul dos Estados Unidos, não recebeu aclamação semelhante, mas foi bem-sucedido em sua vida intelectual. No final da década de 1920, estabeleceu-se no estado de Virgínia, desenvolvendo uma carreira longa e respeitável, que lhe conferiu a fama de um dos mais competentes e pioneiros historiadores do Velho Sul norte-americano. Ao morrer, em 1966, a Southern Historical Association criou um importante prêmio com seu nome, o

Francis B. Simkins Award, para ser conferido de dois em dois anos ao melhor trabalho de história sobre o Sul do país.

Bilden, ao contrário de seus amigos, jamais retornaria à sua terra de origem, a Alemanha, não se destacaria na vida acadêmica e não construiria uma carreira intelectual. Ironicamente, apesar de ser o mais velho, culto e promissor dos três e, dada a sua generosidade, de ter-se transformado em mentor dos amigos mais jovens, Bilden jamais terminou o doutorado ou demonstrou por publicações e realizações visíveis o saber e a capacidade que seus colegas, professores e amigos conheciam. Em 1980, ao morrer após uma longa vida de penúria, afastado da família e desaparecido da memória histórica, seu nome era apenas uma nota de rodapé obscura e rara, que não despertava quase nenhuma atenção, mesmo de especialistas.

Por que, então, estudar Rüdiger Bilden? É natural que se levante essa questão. Afinal, que interesse pode haver em falar sobre um homem aparentemente sem importância, cuja vida poderia ser descrita como um fracasso e, em vários momentos, como desesperadora?

I

Richard Sennett referiu-se ao fracasso como "um grande tabu moderno", já que a "ética do sucesso" – em outras palavras, a ideia de que os indivíduos têm o poder, com perseverança e esforço, de ascender do "farrapo ao luxo", ou da "choupana à Casa Branca" – se mantém dominante no mundo ocidental, e, por conseguinte, o fracasso é um tema do qual se tenta fugir.[1] Há poucos anos, Arthur Miller, o escritor que fez um elogio coletivo aos fracassados anônimos em *A morte do caixeiro viajante*, referiu-se, em uma entrevista, a essa relutância de

---

1 Sennett, *The Corrosion of Character*, p.118. As expressões *"from rags to riches"* e *"from log cabin to the White House"* surgiram no século XIX, no âmbito do chamado "sonho americano". A segunda delas se referia originalmente à trajetória do presidente Abraham Lincoln – que de fato nasceu numa *log cabin* – mas logo passou a representar a ideia de que o sucesso está aberto a qualquer um que se empenhe em atingi-lo. Sobre a "ética do sucesso", ver Riesman, *Individualism Reconsidered and Other Essays*, p.15.

falar sobre esse "tabu". Quem fracassa, diz ele, é como se fosse objeto de "uma condenação moral [...] ninguém quer chegar perto desse fracasso".[2]

Já no final do século XIX, um dos mais populares guias para o sucesso, cuja fama foi duradoura e atravessou as fronteiras europeias e americanas, chegando inclusive ao Japão, perguntava: "Por que o fracasso não pode ter o seu Plutarco, assim como o sucesso?", para logo responder que falar sobre a vida de um fracassado seria "excessivamente deprimente, assim como uma leitura não instrutiva".[3] O autor, parece, está aí a sugerir uma ideia ao mesmo tempo desconcertante e pertinente: haveria vidas que são esquecíveis, e muitos (ou alguns) dos fracassados da história mereceram sua sina.

Quentin Skinner, renomado historiador intelectual, fez uma afirmação nessa linha. Há, diz ele, toda uma gama de textos – "texto" no sentido amplo não só de texto escrito propriamente dito, mas também de pinturas, estilos arquitetônicos etc. – que "merecem ser explorados" para se recuperar o "contexto explanatório" que ilumina casos particulares. "Mas de modo algum isso significa que eu endosse a ideia de que devemos sempre entrar nas catacumbas dos textos esquecidos, porque acredito que possa ter havido excelentes motivos para esquecê-los!"[4] A mesma advertência sobre esquecimentos justificados fez Fernando García de Cortázar, autor que, contrapondo-se à "narrativa triunfante", escreveu uma história da Espanha acompanhando as causas perdidas e "os passos derrotados" de alguns de seus personagens. Do mesmo modo que há "os aproveitadores do triunfo e os inquilinos da glória", diz Cortázar, há também fracassados e

---

2 Lahr, Making Willy Loman [entrevista com A. Miller], *The New Yorker*, 25 jan. 1999, p.42-9.

3 Smiles, Self-Help: With Illustrations of Character, Conduct and Perseverance (1859), apud Sandage, *Born Losers: A History of Failure in America*, p.8. Smiles, um autor escocês que se tornou uma celebridade internacional, foi descrito como o "ídolo" da classe média norte--americana pelo historiador socialista Charles Beard (cf. resenha de *A New Freedom*, de W. Wilson, *Political Science Quarterly*, v.29, n.3, p.506-7). No Brasil, Smiles foi lido desde os anos 1880 e, segundo Gilberto Freyre, esse "mediocrão" também foi ídolo para muitos brasileiros (cf. Freyre, *Ingleses no Brasil* e *Ordem e progresso*).

4 [Entrevista de Quentin Skinner.] In: Pallares-Burke, *As muitas faces da História*, p.231.

perdedores "que não merecem o reconhecimento sentimental nem o limbo de uma feliz reparação".[5]

Um meio de enfrentar essa questão e justificar o interesse por perdedores, quaisquer perdedores, poderia ser afirmar, com Mark Twain, que "ainda nunca houve uma vida desinteressante", pois "dentro do exterior mais maçante há um drama, uma comédia e uma tragédia"; ou, a exemplo de Montaigne, dizer que "todo homem traz consigo a inteira condição humana".[6]

Acredito, no entanto, que o estudo de pessoas como Rüdiger Bilden exija uma justificativa mais ampla do que essa, impondo como preliminar uma breve reflexão sobre o que se pode chamar de visão épica da história – ou seja, da história vista como uma narrativa de triunfos e heróis – em contraposição a uma história que abre espaço para fracassos, perdedores e esquecidos de vários tipos, coletivos e individuais.

Já se tornou proverbial dizer que a história é escrita pelos vencedores, mas há algumas décadas os fracassados têm tido um relativo sucesso no campo historiográfico. Há toda uma prateleira de livros sobre eles, incluindo uma excelente coleção alemã de ensaios editados por Stefan Zahlmann e Sylka Scholz – que, ironicamente, foi o único resultado de um grande projeto alemão de estudo do fracasso que fracassou.[7]

É verdade que, independentemente do campo historiográfico, os perdedores coletivos têm tido seus simpatizantes em vários campos ao longo da história. A própria University of Oxford, por exemplo, é conhecida desde Matthew Arnold como "a casa das causas perdidas e das crenças abandonadas"; causas que vão desde o apoio que deu a Charles I, o rei decapitado na Guerra Civil Inglesa de 1640, até a resistência recente que fez à sociologia e outras disciplinas modernas, como literatura comparada, na tentativa de preservar a pureza do currículo tradicional das

---

5 Cortázar, *Los perdedores de la historia de España*, p.8

6 Tuckey, *Mark Twain's Fable of Man*, p.197; Montaigne, *Essais (1580)*, livro 3, cap.2, p.18.

7 Cf., por exemplo, Léon-Portilla, *Visión de los vencidos*, sobre o México; Morris, *The Nobility of Failure*, sobre o Japão; Brady (org.), *Worsted in the Game: Losers in Irish History*, sobre a Irlanda; Decca, *1930: O silêncio dos vencidos*, sobre o Brasil; Schivelbusch, *The Culture of Defeat*, sobre os Estados Unidos, a França e a Alemanha; Sandage, *Born Losers*, sobre os Estados Unidos; Cortázar, *Los perdedores de la historia de España*; Zahlmann e Scholz (orgs.), *Scheitern und Biographie: Die andere Seite moderner Lebensgeschichten*.

O triunfo do fracasso

humanidades. Nas Ilhas Britânicas, especialmente na Escócia, os chamados jacobitas apoiaram por muito tempo os descendentes de Jaime II, que foi derrotado e perdeu o trono britânico em 1688. Na Espanha, antes de Franco morrer, dizia-se comumente que os republicanos ainda lutavam a Guerra Civil. E, nos Estados Unidos, é sabido que muitos sulistas ainda se remoem sobre o que deu errado na batalha de Gettysburg, a chamada "Waterloo norte-americana" da Guerra de Secessão.

Outro aspecto a lembrar também é que se a história tem sido escrita pelos vitoriosos, os vencidos têm tido muitas vezes sua vingança nas páginas dos romances históricos: Walter Scott, por exemplo, escrevendo sobre os jacobitas; Allen Tate (e muitos outros), sobre os confederados norte-americanos; e, no caso da Nigéria, já se disse que os derrotados, os Igbo, "escreveram a impressionante porcentagem de 85% dos romances da Guerra Civil; ou seja, a versão literária dessa guerra tem sido contada pelos perdedores".[8] Enfim, tais exemplos parecem confirmar o que foi dito sobre o fracasso num congresso literário sobre esse tema, realizado na Suíça em 2007: "a literatura e o fracasso mantêm uma íntima relação altamente produtiva e criativa; o êxito é visto como algo pouco poético".[9]

Observação semelhante pode ser feita a propósito de filmes. Um exemplo marcante encontramos em *E o vento levou*, de 1939, a clássica película em louvor a um "mundo bonito" e a uma civilização requintada que agora "nada mais é do que um sonho a se lembrar", como as palavras introdutórias do filme explicitam. Essa foi uma produção de sucesso inusitado na história cinematográfica e que deu muito *glamour* à "Causa Perdida" do Sul na Guerra Civil Americana, causa que ainda atrai entusiastas que acreditam que os "unionistas estavam com a razão, mas eram repulsivos, e os confederados estavam errados, mas eram românticos".[10]

---

8 Griswold, Nigeria. In: Moretti (org.), *The Novel, vol. I, History, Geography and Culture*, p.529.

9 Sánchez e Spiller (orgs.), *Poéticas del fracaso*, p.7.

10 Gallagher, *Causes Won, Lost and Forgotten: How Hollywood and Popular Art Shape What We Know About the Civil War*; cf. id., [resenha de *The American Civil War: a Military History*, de J. Keegan], *The Economist*, 3-9 out. 2009.

O mote de muitos desses escritores, diretores e entusiastas dos perdedores poderia ser *Gloria Victis* ("glória vai para os vencidos"), título de uma famosa escultura feita por um artista francês logo após a derrota francesa na Guerra Franco-Prussiana de 1871,[11] expressando um sentimento que Nietzsche e Walt Whitman também expressaram. O primeiro, ao dizer em sua obra de 1873 *Sobre a vantagem e desvantagem da história para a vida,* que não tinha a não ser desprezo pelos historiadores que manifestam uma "admiração aberta pelo sucesso", cujo senhor é o diabo;[12] e Whitman no belo poema (que serve de epígrafe a este livro) em que dá "vivas aos que fracassaram" e "ao sem número de heróis desconhecidos, iguais aos maiores heróis conhecidos".

II

Pensando agora em líderes perdedores, é verdade que em geral eles ainda se mantêm à sombra, enquanto os vencedores são canonizados como heróis – alguns não somente às expensas do lado perdedor, mas também de seus valiosos colaboradores. Este é, por exemplo, o caso do duque de Wellington, que recebe todo o crédito pela vitória na Batalha de Waterloo, enquanto o prussiano Gebhard von Blücher, cuja intervenção nela foi decisiva para a vitória, permanece praticamente esquecido.

Apesar disso, pode-se dizer que alguns famosos derrotados também têm tido sua hora. Um exemplo é a imagem romântica ou romantizada do perdedor na arte do século XIX, tais como a do romano Gaius Marius, derrotado por Sulla, a de Napoleão após a derrota de 1815 e a de Tadeusz Kosciuszko, que lutou, sem sucesso, pela independência da Polônia.[13] Outro exemplo eloquente se encontra no Japão, cuja cultura coloca uma ênfase inusitada no que foi chamado de "a nobreza do fracasso"

---

11 A escultura de Antonin Mercié foi feita em 1874 e está agora na National Gallery of Art, em Washington D. C.

12 Nietzsche, On the uses and disadvantages of history for life (1874). In: id., *Untimely Meditations,* p.114.

13 Bialostocki, *The Image of the Defeated Leader in Romantic Art* (1983), republicado em id., *The Message of Images,* p.219-33.

e onde altares são construídos tanto para os perdedores como para os vencedores das batalhas.[14] Pois, quando a onda internacional de elevar monumentos lá chegou, no final do século XIX, uma das primeiras estátuas erigidas, em 1898, foi a de Saigō Takamori, um samurai que tinha se rebelado sem sucesso contra o governo central apenas 21 anos antes.[15]

O Japão, no entanto, não é único nessa matéria. Nos Estados Unidos, país tão marcado pela "ética do sucesso", também já se falou, e muito apropriadamente, que "casos selecionados de fracasso ou derrota não somente são transformados em honrosos, mas muitas vezes se tornam mais memoráveis do que as vitórias convencionais".[16] Esse ponto é especialmente aplicável ao Velho Sul norte-americano, no centenário da Guerra Civil que atraiu interesse muito maior do que o Norte vencedor, fato que deu origem à observação irônica de que "eles podem ter perdido a Guerra, mas certamente ganharam o centenário".[17] A chamada Pickett's charge (ataque de cavalaria em alta velocidade) na batalha de Gettysburg é uma das derrotas mais celebradas da Guerra Civil. A destruição da cavalaria, determinante não só para a derrota na batalha, mas para a perda de toda a guerra e, consequentemente, para a submissão do Sul à vontade do Norte, é comemorada por turistas e saudosistas do norte e do sul do país praticamente todos os anos, desde o fim da Guerra Civil.

Na Irlanda, também há muitas histórias de fracassos heroicos.[18] Por exemplo, Pádraig (Patrick) Pearse, um dos líderes do fracassado Easter Rising contra os ingleses, em 1916, é oficialmente lembrado como um herói, e seu nome foi dado a um museu e a uma estação de trem em Dublin. Nesse caso, a glorificação póstuma de Pearse, descrita por um historiador como "o triunfo do fracasso", está ligada ao fato de que a causa pela qual ele morreu – a independência da nação irlandesa – foi finalmente vitoriosa.[19] Por circunstâncias históricas, pois, esse herói

---

14 MacFarlane, *Japan through the Looking Glass*, p.37, 146.

15 Morris, *The Nobility of Failure: Tragic Heroes in the History of Japan*. Saigō foi perdoado postumamente pelo governo japonês em 1889, em resposta à reação popular.

16 Kammen, *Mystic Chords of Memory: The Transformation of Tradition in American Culture*, p.9.

17 Apud Bodnar, *Remaking America: Public Memory, Commemoration, and Patriotism in the Twentieth Century*, p.214.

18 Brady (org.), *Worsted in the Game: Losers in Irish History*.

19 Edwards, *Patrick Pearse: The Triumph of Failure*.

vencido não teve de esperar muito para ser louvado – o mesmo não ocorrendo em casos como o de Tiradentes, por exemplo, que teve de aguardar mais de cem anos para, com a República, sua derrota tornar-se honrosa e memorável. De qualquer modo, o argumento de que "uma derrota heroica é central para a maior parte das identidades nacionais" parece ter fundamento.[20]

O desenvolvimento da "história vista de baixo", encorajado por mudanças políticas e sociais dos anos 1960 – que, por sua vez, implicaram uma revisão dos movimentos de resistência aos regimes feudais ou coloniais –, também levou à reavaliação de líderes perdedores. Tal foi o caso do famoso Thomas Müntzer: decapitado na Alemanha por ter participado da Guerra dos Camponeses, de 1525, foi transformado em herói oficial da Alemanha do Leste após 1945, por ser visto como precursor do socialismo.

Em outros casos, entretanto, os historiadores têm escolhido voltar-se para os membros das classes governantes que fracassaram totalmente, como é o caso de Mary, da Escócia, estudada num livro intitulado *Mary Queen of Scots*: A Study in Failure, ou temporariamente, como é o caso de Winston Churchill, estudado no livro *Churchill*: A Study in Failure. A carreira de Churchill ilustra eloquentemente o impacto dos acontecimentos na trajetória de um "perdedor". Como lembra o autor do livro, as mesmas características pessoais que explicavam o "notável fracasso" de Churchill após um início de carreira brilhante o transformaram num grande vencedor com a crise de grandes proporções que atingiu sua nação e o mundo.[21]

Relacionada exatamente a essa transitoriedade do fracasso ou do sucesso, é interessante a sentença com que a carreira do importante político britânico do século XIX, Benjamin Disraeli, foi certa vez enunciada: "fracasso, fracasso, sucesso parcial, fracasso renovado, triunfo final e completo".[22]

---

20 Weight, *Patriots: National Identity in Britain 1940-2000*, p.220.
21 Wormald, *Mary Queen of Scots*: A Study in Failure; James, *Churchill*: A Study in Failure 1900-1939.
22 Lord Randolph Churchill [pai de Winston Churchill], apud James, *Churchill*: A Study in Failure, p.iv.

Parece, pois, evidente que precisamos distinguir entre vencedores e perdedores contemporâneos ou póstumos, uma vez que alguns indivíduos alcançam fama e respeito em seu próprio tempo para os perderem mais tarde, enquanto outros fazem o caminho oposto, da derrota em sua própria época à vitória póstuma.[23]

III

Falando mais geralmente, esse crescente interesse por perdedores pode ser interpretado como um resultado consciente, inconsciente ou semiconsciente da reação contra a interpretação teleológica ou triunfalista da história, reação que já se iniciara nos anos 1930, se não antes, mas que vem ganhando força desde então.

Na Grã-Bretanha, o historiador de Cambridge Herbert Butterfield lançou um famoso ataque contra o que chamou de "interpretação *whig* da história" (em referência aos *whigs*, os liberais ingleses), tal como era praticada por Thomas Macaulay e seu sobrinho-neto, George Macaulay Trevelyan, entre outros, que viam a história em termos de progresso e elogiavam as revoluções "desde que tivessem sido bem-sucedidas". Butterfield rejeitava esse modo de estudar o passado "com direta e perpétua referência ao presente", em que os "personagens históricos" eram divididos entre aqueles "que promoveram o progresso" e aqueles "que tentaram obstruí-lo", chamando esse tipo de interpretação de "anacronística"; uma interpretação que, como disse, constituía um grande obstáculo ao entendimento, devendo, portanto, ser denunciada como uma "gigantesca ilusão de óptica".[24]

Se tivesse ampliado sua visão e sido menos etnocêntrico, Butterfield teria mencionado historiadores de outras latitudes como ilustração de um fenômeno muito mais universal. Por exemplo, aqueles historiadores tanto franceses quanto alemães que poucos anos mais tarde Walter

---

23 Herres e Roth falam, por exemplo, sobre Marx como um fracasso em seu próprio tempo (cf. Karl Marx, oder "Wenn die Karell Kapital gemacht fâtte, statt, etc.". In: Zahlmann e Scholtz (orgs.), *Scheitern und Biographie*, p.53-69).

24 Butterfield, *The Whig Interpretation of History*.

Benjamin, inspirado em Nietzsche, estaria criticando em suas reflexões sobre a história.[25] Seu elogio ao historiador que, fugindo à narrativa triunfalista, impõe-se a tarefa de "escovar a história a contrapelo" era, ao mesmo tempo, uma exortação a se dar espaço na "imagem do passado" aos vencidos, excluídos e esquecidos que corriam o risco de se tornar irrecuperáveis pela memória histórica.[26] Os "aderentes do historicismo", como diz Benjamin, só têm olhos para os vitoriosos, sentindo empatia por eles e pelo progresso, supondo que o passado só pode ser compreendido à luz do presente. Ou, como dizia o historiador von Sybel, discípulo de Ranke e um dos historiadores visados por Nietzsche em sua crítica aos admiradores do sucesso, "o sucesso é o juiz supremo e o fator direto e decisivo aos olhos do historiador".[27]

Benjamin critica especificamente o historiador francês Fustel de Coulanges, mas poderia ter mencionado também Victor Cousin, dada a "impressionante 'filosofia dos vencedores'" que desenvolveu. Seu esforço de "demonstrar a moralidade do sucesso", combatendo a ideia relativamente comum, como esclarece, de que o sucesso é "o triunfo da força", deu grande apoio à interpretação *whig* da história no século XIX. É essa ideia errada, diz ele, que nos faz sentir "uma espécie de simpatia sentimental" pelo "partido derrotado" e, consequentemente, sermos atraídos pelos vencidos. Mas, na verdade, como argumenta, "o vencedor é merecedor e o vencido é quem deveria ter sido vencido"; ou seja, os fracassados, segundo Cousin e seus seguidores, merecem sua sina.[28]

A revolta contra o triunfalismo estendeu-se para a história da arte e da literatura, que tem feito críticas ou revisões do cânone e dos artistas e escritores canonizados. Um dos líderes revisionistas, o crítico e historiador J. Paul Hunter, tomando como exemplo a literatura inglesa do século XVIII, alertou-nos recentemente sobre o risco de deixarmos de apreciar o que ele chama de *casualties*, ou seja, os "acidentados" e as vítimas da história. Em outras palavras, "os modos de arte menores,

---

25 Benjamin, *Theses "On the concept of History"* (1940), especialmente tese VII, disponível na íntegra em <www.sfu.ca/~andrewf/CONCEPT2.html>, acesso em 13 nov. 2011.
26 Ibid., teses V, VI e VII.
27 Löwy, *Fire Alarm: Reading Walter Benjamin's "On the Concept of History"*.
28 Ibid., p.48.

latentes e não triunfantes", como explicita. Sua crítica também nos alerta para o que já foi descrito como "o obituário prematuro" do tipo de história *whig*, que estaria, em muitos setores, na verdade ainda bem viva e atuante.[29]

A história marxista (ou uma versão dela, ao menos) é talvez a variedade mais famosa da interpretação teleológica da história, tendo o presente como referência, se não mesmo o futuro.[30] Foi Trotsky, num discurso no Congresso dos Soviéticos em outubro de 1917, quando os bolcheviques derrotaram os mencheviques e se apossaram da Revolução, que cunhou esta frase memorável: "a lata de lixo da história". "Vocês estão falidos", disse ele aos mencheviques. "Vocês desempenharam seu papel. Vão agora para o lugar a que pertencem: a lata de lixo da história."[31] Ironicamente, não muito tempo depois, Trotsky foi, ele próprio colocado na lata de lixo da história. A eliminação do artigo sobre Trotsky da *Enciclopédia soviética*, em seguida à sua expulsão do Partido em 1927, é talvez o caso mais flagrante da história sendo reescrita pelos vencedores.

É desnecessário dizer que Butterfield teve muitos seguidores na crítica a essa abordagem da história. Um caso bem ilustrativo tanto da interpretação quanto da crítica foi a reação que provocou o livro do marxista britânico Edward Carr, publicado em catorze volumes ao longo de 28 anos, *History of Soviet Russia*. "O senhor Carr vê a história através dos olhos dos vitoriosos", escreveu Isaiah Berlin. "Os perdedores, para ele, se desqualificaram como testemunhas."[32]

É importante lembrar que, como a história testemunha, antigos vencedores podem cair de seus pedestais; literalmente em alguns casos, como o de Lenin, após 1989, e Cristóvão Colombo, na era de Hugo Chávez, que, como foi amplamente noticiado, fez remover, em março de 2009, a última estátua do navegador genovês das ruas de Caracas,

---

29 Hunter, Missing Years: on Casualties in English Literary History, Prior to Pope, *Common Knowledge*, v.14, p.433-4.

30 Indiretamente, o marxismo inspirou também a chamada "história vista de baixo", que, como um movimento organizado, surgiu nos anos 1960 e representou um ataque frontal à história triunfalista. (Cf. Sharpe, History from Below (1991). In: Burke (org.), *New Perspectives on Historical Writing*, p.28-9.)

31 Cf. Deutscher, *The Prophet Armed: Trotsky 1879-1921*, p.314.

32 Cf. Haslam, *The Vices of Integrity*, p.196.

querendo apagar toda lembrança do "chefe do maior genocídio da história". Em seu lugar foi colocada a estátua de um índio.

Inversamente, antigos perdedores podem ser reabilitados, como Imre Nagy, um dos líderes da Revolução Húngara de 1956, colocado na lixeira da história em 1958 e executado como traidor. Mais afortunado do que Trotsky, em 1989 foi oficialmente enterrado com honras oficiais. A mesma reabilitação do lado perdedor foi a estátua erigida em louvor ao líder asteca Cuauhtémoc na Cidade do México, em 1897.

Os exemplos mencionados ilustram duas visões diferentes de fracasso, ligadas a duas interpretações igualmente muito diferentes de história. De um lado, há a ideia da "lixeira" de Trotsky, em que os vencedores merecem ser lembrados, mas os perdedores, não. De outro, há a visão mais complexa e sutil, expressa vividamente por outro russo, contemporâneo de Trotsky, o teórico literário Viktor Shklovsky:

> A "linha" derrotada não é aniquilada, não deixa de existir. É somente destronada, posta de lado, afastada da posição dominante no topo e submergida abaixo dela. Mas ainda continua a se mover adiante, sempre pronta a ressuscitar, como se fosse uma pretendente eterna ao trono.[33]

Ou como o filósofo e economista vencedor do Prêmio Nobel, Amartya Sen, diz de modo epigramático: "Um argumento derrotado que recusa ser eliminado permanece sempre vivo".[34] Em outras palavras, uma importante razão para estudar os perdedores é que eles também podem ter deixado sua marca no processo histórico.

Esse ponto foi recentemente enfatizado em vários domínios históricos, do econômico ao religioso, passando pelos artístico e literário. O historiador econômico francês Paul Bairoch, por exemplo, argumentou que a história dos vencedores econômicos, no Ocidente industrial, não pode ser escrita sem referência aos perdedores.[35] No caso da religião, o historiador inglês Edward Thompson fez uma consideração semelhante

---

33 Shklovsky, *Theory of Prose*, p.190.
34 Sen, *The Argumentative Indian*, p.6.
35 Bairoch, *Victoires et déboires: histoire économique et sociale du monde du XVIe siècle à nos jours*.

em seu livro *Witness against the Beast*, ao resgatar a pequena seita protestante milenarista dos *muggletonians*, cuja importância declinara após a Guerra Civil dos anos 1640 para virtualmente desaparecer no século XIX; pois, mesmo em vias de desaparecimento, mostra Thompson, ela teve tempo para moldar a visão de mundo do famoso artista e poeta William Blake (1757-1827). Ou seja, no imaginário e simbolismo de uma grande figura histórica altamente reconhecida como Blake permanecem vivos personagens e ideias subversivas que, a olho nu, teriam desaparecido totalmente da história. Em outras palavras, o caso da formação de William Blake bem ilustra que as tradições culturais pequenas, obscuras ou "perdedoras" podem sobreviver ao lado das grandes, consagradas e vencedoras.[36]

Quanto à literatura, Shklovsky, se vivo, ficaria satisfeito de saber que o cânone tem sido descrito como nada mais do que um catálogo de sucesso e que um crítico literário de renome, Franco Moretti, já reivindicou uma história da literatura que abra lugar para perdedores, no sentido de escritores que foram bem conhecidos no seu tempo, mas esquecidos pela posteridade. No campo da arte, o historiador Quentin Bell fez questão de apontar que, se é verdade que o final do século XIX francês se transformou, para a posteridade, na era do impressionismo, na própria época, no entanto, o artista mais conhecido e aclamado era o pintor acadêmico William-Adolphe Bouguereau, muito hostil a esse movimento. Com seu humor muito característico, Bell diz: "Nós não podemos de modo algum omitir Judas Iscariotes da história dos doze apóstolos. Parece mais difícil entender que não se pode omitir Bouguereau da história do impressionismo".[37]

E, mais ainda, há aqueles estudiosos que hoje alertam para a paradoxal importância da "história do silêncio", uma história que traga à luz os projetos abandonados, os textos rejeitados, os livros que nunca foram publicados, mas cujas ideias podem ter sido absorvidas por outros projetos bem-sucedidos.[38]

---

36 Thompson, *Witness against the Beast: William Blake and the Moral Law*, p.xvii-xxiii.
37 Bell, *Victorian Artists*, p.3.
38 Moretti, *Graphs, Maps, Trees*; Secord, *Victorian Sensation: The Extraordinary Publication, Reception, and Secret Authorship of Vestiges of the Natural History of Creation*, p.158; Stray, *Reading*

IV

Essa concepção de história que abarca perdedores e vencedores justifica não só um interesse pelas carreiras de famosos líderes derrotados, como Danton, o líder dos girondinos, ou Kerensky, o líder dos mencheviques, mas também pelo tópico menos glamoroso de perdedores comuns, o motivo principal destas reflexões. Tal tema parece ter sido ampla e longamente negligenciado, havendo pouco interesse em estudar a mobilidade descendente dos *drop-outs* da história ou da sociedade de seu tempo. Como o autor esquecido Mountstuart, personagem do belo romance do escritor britânico William Boyd, se queixa: "não há biografias que tratam da queda de um autor no esquecimento".

De qualquer modo, perdedores comuns – os Willys Loman da vida, o personagem de *A morte do caixeiro-viajante*, de Arthur Miller, que se tornou emblemático dos fracassados comuns – têm ocasionalmente sido evocados ou mesmo celebrados. Walt Whitman chamava essas pessoas, como vimos, de "os sem número de heróis desconhecidos, iguais aos maiores heróis conhecidos".

Bertolt Brecht generalizou esse tema em seu famoso poema de 1935 "Perguntas de um operário que lê", questionando a ênfase nos grandes homens pela narrativa histórica e mostrando que a visão heroica da história envolve uma simplificação enganosa e até grosseira.

> O Jovem Alexandre conquistou a Índia.
> Ele Sozinho?
> César bateu os gauleses.
> Não havia sequer um cozinheiro em seu exército?
> Tantas *Histórias*
> Tantas *Perguntas* [...].

Seguindo, pois, as pegadas de poetas e autores como esses, alguns historiadores voltaram-se para esse tema, corroborando e fortalecendo

---

Silence: The Books that Never Were (este último não publicado; meus sinceros agradecimentos ao autor por me dar acesso ao texto).

a ideia de que a criatividade é frequentemente coletiva e não individual. Isaac Newton foi obviamente um gênio, mas a pesquisa científica era e é, mais do que nunca, um empreendimento em colaboração no qual talvez milhares de pessoas tomam parte. A frase "anões sentados em cima de ombros de gigantes" é bem conhecida, mas o reverso pode ser também igualmente válido. Em outras palavras, os grandes nomes no campo científico, tais como Newton ou Einstein, também se sentam nos ombros de um grande número de figuras menores mais ou menos esquecidas, os "anões", por assim dizer, que têm contribuído, de algum modo e em algum grau, para o grande empreendimento de descoberta. Ou, como George Eliot sugere em seu *Middlemarch* – tido por muitos como o maior romance inglês –, a história não é feita somente por aqueles cujos nomes estão associados a grandes mudanças nos rumos que ela toma. Muitos outros, que lutaram por uma causa com seus obscuros atos de coragem e compaixão, podem ter provocado "pequenos mas importantes marulhos nas ondas da história",[39] apesar de ficarem esquecidos e não registrados nos seus anais.

Ainda sobre esse tema, devemos lembrar que o sociólogo da ciência Robert Merton cunhou a expressão "o efeito Mateus" para descrever o processo pelo qual descobertas científicas importantes, feitas por cientistas menores, são lembradas pela posteridade como trabalho de grandes figuras, como Galileu ou Einstein, por exemplo. Essa prática de dar crédito a certos cientistas de reputação consagrada e não a outros, não consagrados, lembra, segundo Merton, "o fenômeno abordado por São Mateus na Parábola dos Dez Talentos: 'porque a qualquer um que tiver será dado e terá em abundância; mas, o que não tiver até o que tem ser--lhe-á tirado'".[40]

Essa questão sobre a importância de atores menores no drama da história foi muito bem levantada e tratada por Gilberto Freyre em seu livro *Ingleses no Brasil*, de 1948. Naquelas páginas, ele estava se esforçando, como anunciou, por restaurar os "pedaços de vida arrancados a

---

39 Expressão que cito de memória, infelizmente sem ser capaz de me lembrar de sua procedência.

40 Merton, The Matthew Effect in Science, *Science*, v.159, p.56-62.

um passado aparentemente todo morto" e salvar a memória dos indivíduos que eram importantes apesar de "secundários e até obscuros", mas que, sozinhos, "não se levantam da sepultura dos arquivos". Sua intenção, como afirmou vividamente, era resgatar do esquecimento "os marias borralheiras da história", estudando-os em seus aspectos menos grandiosos. Para esse esforço, dizia, era de esperar no Brasil "pouca compreensão e pouco interesse", pois os críticos do país são "quase sempre indiferentes a assuntos que não sejam 'ilustres'", não percebendo qual poderia ser a relevância de estudar "um defunto sem importância".[41]

De maneira semelhante, numa formulação mais tardia mas muito mais famosa, Edward Thompson declarou no início de seu *A formação da classe operária inglesa*, de 1963, que seu objetivo era "salvar da enorme condescendência da posteridade" os humildes artesãos, tecelões e agricultores que viveram no meio das ansiedades e tensões da Revolução Industrial emergente. Essa passagem é frequentemente lida como um manifesto da "história vista de baixo", mas é importante salientar que Thompson aí focaliza especialmente os perdedores da modernidade, tais como "os tecelões manuais 'obsoletos'", cuja "hostilidade para com o industrialismo emergente pode ter sido", como diz, "retrógrada". Por outro lado, não podemos julgar, argumentava Thompson, as ações passadas

> à luz da evolução subsequente. Afinal de contas, nós mesmos não estamos no final da evolução social; [...] eles viveram durante esse período de distúrbio social agudo e nós não. Em algumas das causas perdidas das pessoas da Revolução Industrial podemos descobrir *insights* sobre os males sociais que ainda temos de curar.[42]

Como membro de um minúsculo Partido Comunista (até 1956) e, mais tarde, um dos líderes da Campanha para o Desarmamento Nuclear na Grã-Bretanha, Thompson tinha boas razões pessoais para ter simpatia por causas perdidas.

---

41 Freyre, *Ingleses no Brasil*, p.50-1.
42 Thompson, *The Making of the English Working Class*, p.12-3.

Levando-se em conta algumas questões que foram até aqui apontadas, pode-se concluir que tanto os vencedores quanto os perdedores, grandes e pequenos, são parte da história, não somente no sentido mais óbvio de que eles estão lá, mas também no sentido de que ajudam a dar forma ao presente e ao futuro. É nesse espírito que o estudo desse personagem obscuro, Rüdiger Bilden, será realizado.

É verdade que, considerando seus projetos não executados ou inacabados e a frustração de suas esperanças e dos que apostavam nelas e nele, aparentemente Bilden pode ser descrito como um perdedor no sentido convencional e popular do termo; como alguém, enfim, que tinha "um grande futuro atrás dele", como diz a sarcástica expressão inglesa. Mas não temos de aceitar esse veredicto, especialmente se considerarmos, como alguns estudos recentes têm sugerido, que definir o fracasso não é tão simples quanto parece.[43]

Há um pequeno movimento na Alemanha que busca exatamente incorporar o fracasso aos estudos biográficos, por considerar que o fracasso (e também o sucesso) não necessariamente definem *in totum* uma identidade, mas fazem parte integrante, em algum modo e em algum grau, de toda vida humana.[44] Como argumentam, o fracasso biográfico precisa ser legitimado na cultura ocidental moderna, pois ele exerce na vida humana tanto uma função descritiva como normativa. É reconhecendo a centralidade do fracasso que se poderão desenvolver estratégias para lidar com ele, quer no âmbito pessoal, quer de modo geral no âmbito do conhecimento do "outro". Nessa linha, Karl Marx foi apontado como um exemplo flagrante da necessidade de defender "a cultura da legitimação do fracasso biográfico". Seu fracasso financeiro, gerador de muitos de seus conflitos pessoais e profissionais, foi uma "experiência biográfica central" que teve "reflexos óbvios na sua produção intelectual".[45] Essa mesma insistência em se explorar "uma cultura

---

43 Zahlmann e Scholz (orgs.), *Scheitern und Biographie*, p.11.

44 Liebold, "Meine Kinder fragen mich schon lange nichts mehr" – die Kehrseite eine beruflichen Erforgsbiographie. In: Zahlmann e Scholz (orgs.), *Scheitern und Biographie*, p.89-105.

45 Cf. Herres e Roth, sobre Karl Marx como um fracasso no seu próprio tempo, ver *Karl Marx, oder "Wenn die Karell Kapital gemacht fätte, statt etc."* In: Zahlmann e Scholz (orgs.), *Scheitern und Biographie*, p.53-69.

do fracasso que fomente o processo de eliminar o tabu do malogro" foi tema do já mencionado congresso literário sobre o fracasso realizado na University of St. Gallen, na Suíça, em 2007.[46] Não é por acaso que o escritor espanhol Enrique Vila-Matas, que faz dos literatos os principais protagonistas de sua obra, tenha se inspirado nesse congresso para escrever seu mais recente livro, *Aire de Dylan*. Seu principal protagonista e um dos conferencistas, Vilnius Lancaster, ambicionava fazer uma "interminável intervenção" que o tornaria

> o único conferencista do congresso que se ajustaria à perfeição com a verdadeira essência e espírito de ruína daquele encontro internacional sobre o fracasso. Ou seja, pensava fazer uma demonstração completa e exemplar, em público, de como se fracassa plenamente e de verdade.[47]

Na mesma linha de legitimar o fracasso nos estudos biográficos, Gilberto Freyre falou sobre a importância de levar em conta na vida de pessoas vitoriosas, como o Barão do Rio Branco, por exemplo, as fraquezas, os despeitos, os ressentimentos, as contrariedade e, acima de tudo, os insucessos e fracassos que deixam marcas e cicatrizes indeléveis na vida particular e pública de qualquer um.[48]

Considerando também as múltiplas filiações, facetas ou identidades que todos têm, o rótulo de perdedor (ou de bem-sucedido) que possa ser dado a qualquer um igualmente se complica, pois fica evidente que o fracasso (assim como o sucesso) num âmbito não implica, necessariamente, os demais, podendo alguém ser, por exemplo, um político bem-sucedido, de um lado, mas um músico frustrado, de outro, e assim por diante.[49]

Assim, ao tentar recuperar, nas páginas seguintes, a trajetória, ambições, frustrações e eventuais realizações de Rüdiger Bilden no decorrer

---

46 Sánchez e Spiller, *Poéticas del fracaso*, p.9.
47 Agradeço a Ángel Gurrías-Quintana por chamar minha atenção para essa obra de Vila-Matas, quando ainda estava em manuscrito.
48 Freyre, Rio Branco: a estátua e o homem (1946), republicado em Freyre, *Pessoas, coisas & animais*, p.220-2, 248-52 e passim.
49 Sen, *Identity and Violence: The Illusion of Destiny*.

de sua longa existência, estaremos, ao mesmo tempo, nos perguntando se esquecimento e fracasso se equivalem e em que medida e em quais setores o esquecido Bilden pode ser considerado um fracassado ou um vencedor da história.

Pois, afinal, como alguns exemplos acima mencionados ilustram, deve-se ter em conta, também nos casos de perdedores obscuros ou anônimos, a possibilidade de, a longo prazo, ocorrer o "triunfo do fracasso", em que tanto a luta inglória e heroica na qual se envolveram quanto a causa perdida a que se dedicaram mais parecerem, em retrocesso, sucessos antecipados. No caso de Bilden, o estudo inovador sobre o papel da escravidão na história brasileira, no qual ele se empenhou por tanto tempo, pode não ter sido jamais concluído, mas, quem sabe, em outros campos – como no do desenvolvimento da autoestima dos negros, ao qual Bilden também se dedicou – ele possa ser visto como um vitorioso.

Capítulo 1
De Eschweiler à Columbia University

O que teria levado o jovem Rüdiger Bilden a deixar seu país e a segurança de uma abastada família de prestígio da pequena e próspera cidade de Eschweiler, na região do Reno, na Prússia Ocidental, para tentar a vida em Nova York em 1914, sem qualquer segurança ou arrimo? E o que teria atraído esse jovem alemão ao estudo da América Latina e do Brasil pouco depois de ali chegar?

Reconstruir a trajetória de uma vida é sempre um empreendimento extremamente problemático, se não até impossível, como pensam os mais céticos. Toda história, quer individual ou coletiva, poderia ser descrita, como diz Gombrich, como um queijo suíço, cheio de buracos irrecuperáveis que a mais cuidadosa pesquisa feita pelo mais talentoso historiador é incapaz de preencher totalmente; ou como um "leitão gordurento", que ninguém consegue segurar, como sugere Julian Barnes. O problema de como lidar com as imensas lacunas do nosso conhecimento do passado "jamais" será respondido de modo totalmente satisfatório.[1]

---

1 Ernst Gombrich discusses the concept of cultural history with Peter Burke, *The Listener*, 27 dez. 1973, The Gombrich Archive; Barnes, *Flaubert's Parrot*.

Philip Roth nos alerta para problema semelhante quando afirma que as "milhares de circunstâncias" e a "nevasca de detalhes que constituem a confusão de uma biografia humana" fazem com que nossa compreensão de uma vida seja "sempre ligeiramente errada".[2]

Se realizar o levantamento exaustivo de todos os elementos materiais e espirituais que fazem alguém ser o que é constitui tarefa impossível – e, ainda que não o fosse, ainda assim teríamos como resultado uma obra inutilmente completa, porque incapaz, na sua vastidão de detalhes, de interpretar e revelar inteiramente uma vida –, o que dizer quando as fontes de que se dispõe são tão fragmentárias, como é o caso de Rüdiger Bilden?

Shakespeare é o exemplo mais notório de que a escassez de dados não é empecilho para os estudos biográficos. Transformado numa espécie de "obsessão acadêmica", são milhares os trabalhos que buscam descobrir o homem que foi capaz de criar uma literatura universal, não obstante as grandes lacunas e a pobreza das fontes históricas fazerem desses esforços "um exercício de especulação". Refletindo recentemente sobre as alternativas que existem para os que pretendem estudar Shakespeare, dada a escassez de dados, Bill Bryson afirmou, num tom entre espirituoso e sério, que só há, de fato, três possibilidades: aterem-se ao que os áridos documentos legais dizem e a partir daí nada poderem dizer sobre os sentimentos e as crenças do autor; persuadirem-se de que sabem mais do que na verdade sabem e do que os documentos autorizam saber; ou, simplesmente "especular", a única opção sensata dentre as alternativas mencionadas.[3]

No caso de Bilden, inexiste um arquivo contendo todos os seus papéis, "sonho de todo historiador", no dizer de Robert Darnton.[4] As imprecisões dos dados que nos permitiriam reconstruir sua vida e as lacunas que encobrem sua trajetória abrem espaço para muitas especulações, mais numerosas que as que necessariamente se impõem para a reconstrução de uma vida fartamente documentada. O hiato mais dramático diz respeito aos últimos 24 anos de sua vida, período sobre o qual nada se sabe com certeza. Em relação a outras épocas, o acesso é

---

2 Roth, *The Human Stain*.

3 Bryson, *Shakespeare: The World as a Stage*, p.15; Greenblatt, *Will in the World: How Shakespeare became Shakespeare*, p.18.

4 Darnton apud Pallares-Burke, *As muitas faces da História*, p.244-5.

possível. Temos, por exemplo, alguns registros públicos que atestam vários momentos de sua vida: seu nascimento na Röthgener Straße n.46 em 4 de julho de 1893, quando recebeu o nome de Rütger Mathias Bilden; seu curso universitário na Columbia University; sua participação no décimo quinto censo dos Estados Unidos, em 1930; seu pedido de naturalização; seu registro de alistamento compulsório em 1942; seu National Insurance Number; seus dois atestados de óbito (!); referências a cursos que deu em diferentes localidades; alguns manuscritos etc. Mas aquilo que nos daria acesso à sua intimidade, à sua trajetória intelectual e aos seus dramas é relativamente minguado, com exceção de cerca de duas centenas de cartas que puderam ser localizadas e que constituem a fonte mais preciosa para este trabalho. Diferentemente de seu amigo Gilberto Freyre, que facilitou o trabalho dos historiadores ao colecionar cuidadosamente, desde muito cedo, tudo o que pudesse recordar diferentes momentos de sua vida, incluindo menus de restaurantes e entradas de teatro, Bilden deixou poucos rastros de sua longa trajetória. Diários, memórias de contemporâneos, entrevistas, livros com marginália, rascunhos, caixas com miscelânea, manuscritos de todo tipo que poderiam nos dar acesso ao desenrolar de suas ideias e experiências ou não sobreviveram ou encontram-se esparsos e fragmentários.

Röthgener Straße, foto da rua onde Bilden nasceu e onde também era localizada a cervejaria e o *"pub"* dos Bildens. A Odilienkapelle, a capela à esquerda, foi construída no século XVII e destruída em 1944.

Fonte: Eschweiler Geschichtsverein

Foto atual da casa em que nasceu Rüdiger Bilden, na Röthgener Straße n.46.
Fonte: Eschweiler Geschichtsverein

Por que o exílio?

A começar por sua decisão de deixar a Alemanha em 1914, com 21 anos incompletos, as razões são nebulosas.

Em suas reminiscências, o historiador alemão Golo Mann faz algumas considerações que nos ajudam a avaliar a dificuldade de se afirmar, com certeza, quais seriam essas razões. Relendo, muitos anos após a Primeira Guerra Mundial, as anotações feitas por sua mãe sobre os muitos concertos e bandas militares no verão de 1913, o que lhe chama a atenção é o fato de Katia Mann, usualmente tão perspicaz e atenta ao mundo ao seu redor, só mencionar esses eventos *en passant*, sem pausas para refletir sobre o significado maior que pudessem ter. Como Mann afirma, diante de vários fatores, como a crescente superioridade militar russa, era evidente que uma guerra estava no horizonte e que fora como parte dos preparativos para essa conflagração que o ministro de Guerra da Baviera instara os comandantes das guarnições locais a usarem discursos e música para reforçar o espírito patriótico da população. Apesar de não se ter certeza sobre quando a guerra iria iniciar, sabia-se que a paz não poderia durar e que era até "preferível" que o esperado embate "não tardasse muito". Obviamente, como o próprio Golo Mann também alerta, se esse era o clima psicológico da época, ele só "é fácil de se reconhecer em retrospecto". O fato de nem sua mãe nem seu pai, o grande Thomas Mann, verem as coisas dessa maneira é significativo e revela com clareza os engodos em que se pode cair quando se lê a história de trás para frente. Dias antes do início da guerra, no final de julho de 1914, seu pai escrevera um cartão-postal para a mãe (a brasileira Julia da Silva-Bruhns), dizendo: "eu ainda não acredito que teremos uma guerra".[5]

Assim, assumirmos que o motivo de o jovem Bilden sair de sua terra era fugir de uma guerra iminente é, no mínimo, problemático. Motivos econômicos também parecem pouco adequados para explicar sua decisão de cruzar o Atlântico. A onda de emigração que levara 5 milhões e meio de alemães a buscar asilo nos Estados Unidos durante

---

5 Mann, *Reminiscences and Reflections: Growing up in Germany*, p.18-9.

o século XIX já havia terminado fazia mais de vinte anos. A escassez de emprego numa época em que o crescimento populacional alemão estava em descompasso com as oportunidades de trabalho havia sido o grande móvel da emigração transatlântica que se iniciara por volta de 1815. No entanto, o grande desenvolvimento da economia alemã nas duas décadas anteriores à Primeira Guerra Mundial, aliado à crise econômica norte-americana conhecida como o "Pânico de 1893", resultara num declínio considerável desse êxodo na última década do século. Em contrapartida, milhares de imigrantes estrangeiros buscavam trabalho na Alemanha e, às vésperas da Primeira Guerra de 14, atingiam o considerável número de 1 milhão e duzentos mil.[6]

Não podemos, pois, considerar o exílio voluntário de Bilden como parte da chamada "migração proletária em massa" que caracterizara, na Alemanha, tanto as migrações internas quanto as internacionais nas décadas imediatamente anteriores à Primeira Guerra Mundial.[7] Ele não só era oriundo de uma região de mineração e indústria metalúrgica em pleno desenvolvimento – e tradicionalmente com baixo nível de emigração – como vinha de uma classe média abastada, que só iria perder seus bens durante a devastadora hiperinflação de 1922-1923, quando, como disse um estudioso, "um quilo de batata valia, para alguns, mais do que toda a prata da família; um lombo de porco, mais do que um piano de cauda".[8] Antes do colapso econômico que abalou a moral e a autoestima dos "elementos mais sólidos da sociedade alemã",[9] os negócios da família Bilden, que desde o início do século XIX incluíam uma fábrica de cerveja e um *pub* (*Wirtschaft*), estavam prósperos. O desenvolvimento econômico da cidade de Eschweiler, grande centro industrial e de mineração de carvão e antiga sede da poderosa Eschweiler Bergwerksverein (EBV) – que chegou a empregar 80% da força de trabalho da região e a

---

6 Bade, German emigration to the United States and continental immigration to Germany in the late nineteenth and early twentieth centuries. In: Holmes (org.), *Migration in European History*, v.1, p.134-63.

7 Ferenczi, Proletarian mass migrations, 19th and 20th centuries. In: Willcox (org.), *International Migrations*, 1.

8 Fergusson, *When Money Dies: The Nightmare of the Weimar Collapse*, p.246-8.

9 Lionel Robbins apud Hill, Butler e Lorenzen, Inflation and the destruction of democracy: the case of the Weimar Republic, *Journal of Economic Issues*, v.11, n.2, jun. 1977, p.299.

ter nove das doze minas de carvão de toda a área administrativa de Aix-
-la-Chapelle, à qual Eschweiler pertencia – garantia à Haus Bilden uma
freguesia afluente.[10] Situada na Röthgener Straße n.34, em Röthgen, a
região da cidade próxima das grandes metalúrgicas – o enorme complexo
industrial Concordiahütte ficava a 500 metros dos estabelecimentos
dos Bildens – a Haus, no entanto, não era destinada aos operários ou
mineiros mais simples, mas sim à classe mais alta da localidade. Outros
pubs da rua atendiam a essa clientela. Como diz uma ex-vizinha dos Bildens e memória viva de Eschweiler, a centenária sra. Margret Corsten,
os sinais de riqueza e requinte da família eram evidentes – desde a rica
porta de madeira entalhada da entrada da casa, o fino piso de pedra azul
do *hall* e a bela balaustrada de madeira da escadaria até água encanada
na cozinha, algo bastante raro naquela época. Assim, diferentemente das
demais casas, cujas mulheres e crianças tinham de bombear água dos
poços públicos e carregar seus potes pelas ruas, os Bildens usufruíam
do conforto propiciado por esse luxo. O pai de Margret Corsten, que era
um açougueiro da mesma rua, não frequentava a Haus Bilden, pois era
muito cara e requintada para pessoas simples como ele. Por outro lado,
conforme a sra. Corsten se recorda, Franz Bilden, o pai de Rüdiger, era
figura de grande prestígio e influência, que ocupava posições de relevo na
comunidade como membro eleito do conselho municipal e da paróquia
da igreja Eschweiler-Röthgen, para cuja construção muito contribuíra.[11]

---

10 Klank, Secondary labor force or permanent staff? Foreign workers in the Aachen Coal
Mines, *Tijdschrift voor Sociale en Economische Geschiedenis*, n.3.

11 Depoimento dado por Margret Corsten a Armin Gille, da Sociedade Histórica de Eschweiler (*Eschweiler Geschichtsverein*), em 27 de maio de 2011. A sra. Corsten, que cresceu
na Röthgener Straße n.47, era vizinha de frente dos Bildens.

Bergwerks-Verein Concordiahütte – Companhia de Mineração, um dos exemplos da riqueza industrial da região de Eschweiler. Aberta em 1853, Concordiahütte foi fechada em 1944.

Fonte: Coleção de cartões-postais de Franz Hirtz, Eschweiler, Alemanha

Frente da antiga cervejaria dos Bildens, na Röthgener Straße – transformada nos anos 1930 em loja para a venda de produtos vindos das colônias alemãs.

Fonte: Eschweiler Geschichtsverein

Foto atual da frente da antiga cervejaria dos Bildens, na Röthgener Straße n.34 – hoje modernizada, enfeada e transformada em centro de jogos.

Fonte: Eschweiler Geschichtsverein

Estudando os jovens rebeldes e revolucionários europeus desde a Revolução Francesa até 1917, Sergio Luzzatto afirmou que não há como negar o fato de que "especialmente do ponto de vista dos jovens, [...] a década que precedeu 1914 estava dominada pela ideia de guerra, o que para alguns era um espectro, enquanto para outros, uma miragem".[12] Se há alguma verdade nessa afirmação, é de se supor que para o jovem Rüdiger Bilden a guerra era um espectro assustador, ao invés de uma miragem. Como todos os jovens de sua geração, que crescera durante o Império, Bilden fora educado num período em que tanto administradores

---

12 Luzzato, Young rebels and revolutionaries 1789-1917. In: Levi e Schmitt, *A History of Young People in the West*, v.2, p.277.

como professores das escolas primárias e secundárias haviam se transformado em "zelosos defensores do Estado imperial" e de sua política militarista e nacionalista, procurando moldar as mentes dos jovens para que compactuassem com os projetos políticos do Estado. O currículo escolar de 1890 endossava a crescente tendência nacionalista. O ensino de história, por exemplo, concentrava-se especialmente nas guerras e heróis do período da construção do Estado nacional alemão. Subsequentes decretos nacionais também determinavam que todas as escolas do Império celebrassem os aniversários do *Kaiser* e de outros membros da família Hohenzollern, assim como a vitória alemã de 1870 na batalha de Sedan, na Guerra Franco-Prussiana.[13]

Essa tática não era prerrogativa do Império alemão, mas fazia parte de um quadro europeu mais amplo, em que os "jovens inspiravam temor" e o controle dessa massa potencialmente ameaçadora era visto como uma "urgência". Como diz Luzzatto, o ensino obrigatório e o serviço militar, que foram introduzidos nos países mais desenvolvidos do continente no século XIX, poderiam ser vistos como "mecanismos combinados para assegurar a disciplina social" vista como tão necessária. No entanto, se tais mecanismos eram utilizados em várias regiões, mais ainda se aplicavam à Alemanha, que desde décadas antes de sua unificação, em 1871, teve de enfrentar o "desafio intenso e recorrente da juventude rebelde", cuja luta contra os valores e normas da sociedade estabelecida iria impor-se como uma característica distintiva de sua história.[14]

Assim, mesmo que as razões dessa preocupação com a juventude fossem antigas, foi nos anos anteriores à guerra de 1914 – numa era em que a industrialização, a urbanização e as mudanças sociais geravam apreensões em muitos setores da nação – que se verificou o fortalecimento substancial de iniciativas oficiais e não oficiais voltadas aos cuidados da população jovem alemã.

Dois movimentos nesse sentido, mas com características distintas, senão opostas, haviam surgido na passagem do século. Um deles, o

---

13 Donson, Why did German youth become fascists? Nationalist males born 1900 to 1908 in war and revolution, *Social History*, v.31, n.3, p.337-58.

14 Luzzatto, *Young Rebels and Revolutionaries: 1789-1917*, p.175-6.

movimento do "cultivo da juventude" (*Jugendpflege*), reunia membros da elite educada que, com a colaboração crescente do Estado e da Igreja, passaram progressivamente a somar esforços para "conquistar os corações e as mentes dos jovens e integrá-los na sociedade estabelecida", sociedade essa que lhes parecia muito necessitada de se fortalecer e reformar.[15] Nas palavras de uma funcionária do governo prussiano envolvida no Jugendpflege, era como se a nação estivesse interrompendo sua competição no mercado mundial para se perguntar: "o que acontecerá com nossos jovens? Que benefício nos trará ganhar o mundo se perdermos nossas almas?".[16] Dominados pela noção de que a adolescência era um período "perigosamente irracional", os "cultivadores da juventude" procuravam atrair os jovens para seus círculos e inculcar-lhes "normas de racionalidade, respeitabilidade e patriotismo". E, a crer nos números, seu sucesso foi significativo, pois se calcula que, já em 1908, 750 mil jovens (um a cada cinco alemães entre 14 e 20 anos) eram membros das muitas organizações juvenis que se espalharam pelo país.[17]

A classe trabalhadora, vista como grande foco de problemas sociais, era particularmente visada pelos "cultivadores da juventude" e é também nessa época que a expressão atribuída originalmente a Lutero, "quem tem a juventude tem o futuro", torna-se palavra de ordem de uma "cruzada nacional" para "salvar a juventude".[18] O decreto de janeiro de 1911 do ministro da Cultura prussiano – criando uma rede de comitês regionais para encorajar, coordenar e financiar os esforços de grupos devotados ao "cultivo da juventude", excluindo aqueles de tendência socialista – é bastante expressivo das iniciativas reformistas do período e do clima de urgência reinante. O objetivo maior do "cultivo da juventude" era nessa ocasião anunciado nos "Princípios e sugestões para o cultivo da juventude" que acompanhava o decreto: "ajudar a criar uma

---

15 Reulecke, Mobilising youth in Wilhelmine Germany. In: Roseman (org.), *Generations in Conflict: Youth Revolt and Generation Formation in Germany 1770-1968*, p.92.

16 Apud Williams, *Turning to Nature in Germany: Hiking, Nudism, and Conservation – 1900-1940*, p.112.

17 Reulecke, Mobilising youth in Wilhelmine Germany, p.96.

18 Linton, *"Who Has the Youth, Has the Future": The Campaign to Save Young Workers in Imperial Germany*, p.1-4, 225.

juventude feliz, fisicamente forte, moralmente virtuosa, imbuída de temor a Deus, de espírito público e de amor à Pátria".[19]

Essa iniciativa oficial de 1911 representou um momento decisivo para o Jugendpflege alemão, não só porque serviu de modelo para outros Estados, que passaram a seguir o modelo prussiano, como porque as tendências conservadoras e militaristas que orientavam algumas organizações juvenis tornaram-se dominantes. Como o ministro Trott zu Solz anunciara em seu discurso de 1911, o Jugendpflege era uma batalha contra os sedutores políticos da juventude, "aqueles falsos amigos dos jovens que envenenam seus corações com ódio, que destroem o respeito à autoridade" e que "transmutam o comando do Salvador de 'deixai vir a mim as crianças' oferecendo aos jovens a liderança da *Fräulein* Rosa Luxemburgo" – a teórica marxista alemã que era tão admirada quanto temida por sua militância política. O crescimento da voga reformista conservadora e militarista que se deu a partir dessa data foi significativo e, em 1913, só na Prússia, mais de 26 mil adultos participavam de cursos de treinamento para "cultivadores da juventude" patrocinados pelo Estado, enquanto nesse mesmo ano por volta de 1 milhão de jovens entre 12 e 21 anos, incluindo um quinto de jovens operários, pertenciam a alguma dessas organizações juvenis.[20]

O outro movimento, o Wandervögel [andarilho], que se inicia também na virada do século, diferentemente do Jugendpflege era independente do Estado e não encarava a adolescência como um período de irracionalidade e perigo a ser superado sob a tutela de adultos responsáveis, representantes do *establishment*. Como parte da reação aos esforços oficiais de educar os jovens para a conformidade e disciplina, este foi o mais famoso e influente dos movimentos alternativos que se difundiram no início do século XX. Confiante no potencial criativo da juventude e em seu poder de reformar a sociedade, o movimento clamava por autonomia para os jovens, propunha novos estilos de vida e era geralmente avesso a comprometimentos políticos. Apoiado por jovens professores

---

19 Dickinson, Citizenship, vocational training, and reaction: continuation schooling and the prussian "youth cultivation" decree of 1911, *European Quarterly*, v.29, n.1, p.109-47.
20 Williams, *Turning to Nature in Germany*, p.116.

e adultos insatisfeitos com o *status quo*, o movimento Wandervögel valorizava a autodeterminação e o autoconhecimento, considerando que a atividade de perambular em contato com a natureza poderia ser liberadora e criativa. Como escreveu em 1898 um dos fundadores do movimento,

> vá para o mundo amplo e livre com o coração leve [...] liberte-se de suas ansiedades e das pressões da escola, das preocupações com o futuro, da supervisão de cada um de seus passos. Seja seu próprio mentor e encontre o seu próprio caminho.[21]

Muito mais limitado em extensão do que o Jugendpflege, o movimento Wandervögel não provocou reação das autoridades até 1913, quando a tendência para transformá-lo numa força de mudança radical da sociedade se impôs temporariamente como dominante e críticas ao "materialismo exacerbado, ao nacionalismo agressivo e às convenções sexuais hipócritas" da cultura reinante passaram a ser feitas abertamente.[22] O ápice dessas manifestações críticas do Wandervögel ocorreu em 11 e 12 de outubro de 1913, quando mais de 2 mil representantes de catorze grupos de jovens se reuniram num festival em Hoher Meissner, uma montanha próxima à cidade de Kassel, para fundar uma confederação de âmbito nacional, a Freideutsche Jugend (Juventude Alemã Livre). Acompanhados de proeminentes figuras do mundo literário, educacional e filosófico que os apoiavam em sua crítica ao *establishment* e na ambição reformista, os jovens de Hoher Meissner participaram de discussões sobre nacionalismo e militarismo, algo inusitado para a época. A própria data escolhida para o festival coincidia propositalmente com o aniversário da derrota de Napoleão na batalha de Leipzig, em 1813, e era claramente oferecida como uma alternativa à onda de "patriotismo barato" que se espalhava pela nação, como esclarecia um folheto produzido especialmente para a ocasião. Segundo o famoso filósofo e educador Paul Natorp, um dos participantes do

---

21 Apud ibid., p.126.
22 Ibid., p.109.

evento, era promissor o fato de se comemorar tal vitória com um esforço de examinar os perigos internos da nação e não com um ataque aos franceses. Para outra participante, a filósofa Gertrud Prellwitz, o patriotismo alemão, que havia degenerado em ufanismo covarde e superficial, precisava ser combatido com a compreensão de que o amor à pátria deveria ser inclusivo e generoso, não envolvendo "uma limitação no amor à humanidade". O cosmopolitismo era também um valor enaltecido pelo influente e carismático educador Gustav Wyneken, que, combatendo o nacionalismo militarista, louvava os jovens ali reunidos por perceberem a "superficialidade de todos os uniformes". A única batalha que os jovens deveriam lutar, clamava Wyneken na manhã de 12 de outubro, era "a grande batalha da luz contra a escuridão", a única que poderia gerar uma Alemanha mais democrática e pacífica. É nesse quadro que "heróis intelectuais" das Guerras da Liberação, tal como Johann Fichte, foram elogiados por terem optado por ser "cidadãos do mundo", colocando assim os interesses da humanidade acima dos de seu próprio povo. Enfim, como apontou um estudo recente, a levar em conta as ideias de vários oradores e escritores que participaram do festival, a Alemanha defrontava-se então com alternativas de rumo a seguir: de um lado, "utilitarismo, racionalismo, uniformidade social, nacionalismo militante e guerra"; de outro, "espiritualidade, emoção, beleza, orgulho nacional sadio e progresso pacífico".[23]

Inevitavelmente, o festival de Kassel atraiu a atenção do público alemão, gerou grande controvérsia e causou um "intenso pânico moral" na nação. Manifestações ofensivas de intolerância contra o movimento independente de jovens como um todo se seguiram a outubro de 1913, quando autoridades políticas, religiosas e comunitárias procuraram meios de combater o que viam como o perigo subversivo e destruidor dos Wandervögel. Weyneken, por exemplo, foi posto sob vigilância pela polícia de Munique, e ministros da Educação, como os da Baviera e da Saxônia, instruíram as autoridades escolares a vigiar grupos de jovens e a punir alunos flagrados lendo textos "perigosos".[24]

---

23 Ibid., p.127-36; Reulecke, Mobilising youth in Wilhelmine Germany, p.99-102.

24 Williams, *Turning to Nature in Germany*, p.136-42.

Foi nesse clima de incerteza e de "pânico moral" que Rüdiger Bilden decidiu deixar a Alemanha em meados de 1914, ato que por si só é revelador de não ser ele adepto do crescente "nacionalismo barato" e agressivo condenado em Hohe Meissner. Não há indícios de que ele tenha se filiado ao Wandervögel ou de que tenha participado do festival de outubro de 1913 em Kassel, cidade a menos de 300 km de Eschweiler. No entanto, considerando a independência e ousadia que iria manifestar nos Estados Unidos, é de apostar que tivesse simpatia pelo movimento de juventude independente e os debates que esse centro de contracultura então promovia. A revolta contra o nacionalismo militarista em ascensão e contra o clima opressivo crescente poderia, pois, estar por trás de sua decisão de emigrar. Helga Bilden, a sobrinha de Rüdiger, recorda-se de que, das conversas com o pai, ficara-lhe a clara impressão de que Bilden, ao contrário de seu irmão mais velho, era antinacionalista. E a escolha dos Estados Unidos como destino deve ter-lhe parecido a mais óbvia. Para Bilden, assim como para tantas outras pessoas, esse era um país de liberdade, democracia e oportunidades.[25]

Rüdiger Bilden desembarcou em Nova York literalmente dias antes da eclosão da Primeira Guerra Mundial em 28 de julho de 1914, "desertando" o navio mercante no qual atravessara o Atlântico.[26] A essa altura já tinha assumido o nome de Rüdiger e assim seria sempre conhecido e chamado no país que se tornaria sua segunda pátria.[27] Com 21 anos recém-completados durante a viagem, havia terminado seus estudos secundários fazia pouco, como era usual na Alemanha de então, e tinha à frente um futuro a construir. Tudo indica que não seguiu o procedimento legal de pedir a autorização do pai para emigrar, necessário para menores de 21 anos de idade, e que simplesmente se juntou à tripulação de um navio cargueiro que se dirigia aos Estados Unidos, sem qualquer

---

25 Nugent, *Crossings: The Great Atlantic Migrations 1870-1914*.

26 Simkins, *Autobiografia* (manuscrito), Simkins Collection, GL.

27 Sua família também o chamava de Rüdiger. Helga Bilden, sua sobrinha, desconhecia que seu nome original era Rütger Mathias, pois todos na família referiam-se ao tio distante como Rüdiger. Depoimento dado em julho de 2011.

formalidade.[28] Para ali desembarcar, também pouca ou nenhuma formalidade havia naquela época. Controle sistemático de imigrantes e exigência de documentação e visto de entrada só seriam implantados com o Immigration Act de 1924 como reação à "enchente" de imigrantes oriundos da Europa do leste e do sul que ali chegaram entre 1879 e 1919. Vistos como muito diferentes e inferiores aos da chamada "raça nórdica" que os haviam precedido, os novos imigrantes de "linhagem eslava, mediterrânea e hebreia" causaram na época uma "ansiedade social significativa".[29]

Rüdiger Bilden nunca mais voltaria à sua terra natal, e, diferentemente dos alemães contemporâneos que, como ele, haviam crescido num período de relativa prosperidade e estabilidade, tendo observado a tecnologia de produção em massa constituir uma sociedade industrial avançada, Bilden iria observar de longe – e provavelmente com sentimentos conflitantes – o horror da tecnologia da destruição em massa que dizimou ou mutilou parte considerável de sua geração.[30]

Não pode ter sido fácil seu começo numa terra onde não contava com pessoas próximas a lhe darem arrimo e para onde, ao contrário do padrão de emigração da época, a chamada "migração em cadeia", ele não se mudara a pedido de parentes ou amigos que o tivessem antecedido na travessia do Atlântico.

De qualquer modo, três anos mais tarde, com quase 24 anos de idade, Bilden conseguiu matricular-se na Columbia University – que custava em média 150 dólares por ano para o aluno –, um dos centros de excelência

---

28 Não foi possível encontrar a autorização oficial que Franz Bilden teria dado a Rüdiger antes de sua emigração, caso ele tivesse seguido o procedimento legal. Agradeço ao senhor Armin Gille da Sociedade Histórica de Eschweiler pela ajuda nessa questão.

29 Park e Kemp, Little alien colonies: representations of immigrants and their neighbourhoods in social work discourse 1875-1924, *Social Service Review*, v.80, n.4, p.706-8; Fairchild, The Immigration Law of 1924, *The Quarterly Journal of Economics*, v.38, n.4, p.653-65; Abbott, Federal immigration policies 1864-1924, *The University Journal of Business*, v.2, n.2, p.133-56; Status of aliens defined: those who came in under quotas enjoy full rights; refugees not numerous, *The New York Times*, 17 dez. 1944, p.E6.

30 Bessel, The "front generation" and the politics of Weimar Germany. In: Roseman (org.), *Generations in Conflict*, p.122 (para os dados sobre os jovens alemães mortos e feridos durante a Primeira Guerra Mundial, ver especialmente p.124-31).

O triunfo do fracasso

norte-americano que compõem a chamada Ivy League.[31] Apesar das dificuldades que seguramente enfrentou ao chegar em terra estranha, a época era propícia para jovens intelectualmente ambiciosos e determinados como ele. Na verdade, é muito provável que outro forte motivo para emigrar para os Estados Unidos fossem as maiores oportunidades que lá havia para fazer estudos superiores e estabelecer-se em uma carreira.

Muito mais exigente, rígido, absorvente e longo do que o sistema educacional norte-americano, o sistema alemão tinha ainda a desvantagem de envolver um demorado período de treinamento sem remuneração no qual os estudantes formados obtinham o preparo final para a carreira escolhida. E finalmente, quando devidamente treinados, a escassez de posições e os baixos salários forçavam muitos a permanecer economicamente dependentes da família por um longo tempo.[32] Em Baden, por exemplo, pouco antes da eclosão da Grande Guerra, os que pretendiam seguir a carreira de professor secundário tinham de aguardar até a casa dos 40 anos para nela efetivamente ingressar. Como conclui um estudioso da situação alemã do início do século XX, "esses jovens profissionais treinados passam anos como professores ou advogados desempregados, como médicos sem pacientes ou teólogos dando aulas particulares, com o que mal conseguem sobreviver"; e mesmo quando finalmente alcançam uma posição segura, esta será, muito provavelmente, em algum "lugarejo polonês caipira", com um salário tão baixo que só uma mesada paterna lhes garantirá a sobrevivência.[33]

O contraste dos Estados Unidos com a Alemanha na virada do século XX era marcante em muitos aspectos, e as perspectivas para os jovens estudantes e profissionais eram ali incomparavelmente melhores. Sem os entraves do serviço militar obrigatório, dos mais rígidos requisitos educacionais e profissionais e de um mercado de trabalho limitado, os jovens de classe média norte-americana podiam contar com um futuro mais promissor do que seus contemporâneos alemães, para quem as

---

31 War likely to cost Columbia $250,000, *The New York Times*, 23 dez. 1917.
32 Cf. Taylor, The transition to adulthood in comparative perspective: professional males in Germany and the United States at the turn of the century, *Journal of Social History*, v.21, n.4, p.635-58.
33 Ibid., p.642.

perspectivas eram "bastante desalentadoras", qualquer que fosse o campo de estudo escolhido.[34] Um desalento que podia estar por trás, como já se supôs, do conflito de gerações, da frustração sexual e da onda de suicídios que, segundo estudiosos do período, assolavam a classe média alemã durante o período imperial. O fato de parte considerável dos membros do Wandervögel ser composta de estudantes universitários ou jovens desempregados parece dar força ao argumento de que a insatisfação social que manifestavam e as exigências de autonomia que faziam se deviam, ao menos em parte, ao grande hiato aberto entre o final da adolescência e a efetiva maioridade, e à frustração que tal descompasso gerava.

Ser um jovem alemão vivendo em terra "inimiga" em plena guerra deve ter, sem dúvida, ampliado as dificuldades que Bilden enfrentava em seu dia a dia de jovem imigrante, já que ele dificilmente poderia ter ficado imune à hostilidade que os alemães e mesmo os "americano-alemães" vinham experimentando havia anos, mesmo antes de a Alemanha ser oficialmente considerada inimiga dos Estados Unidos, em 1917. O crescente militarismo e nacionalismo imperiais alemães, aliados à sua política expansionista, justificavam, segundo a imprensa norte-americana (e britânica), uma campanha maciça contra o que era visto como uma perigosa e ampla ameaça alemã; campanha que ganhou corpo bem antes de 1914 e paradoxalmente se acirrou durante os anos em que os Estados Unidos defendiam a neutralidade e Woodrow Wilson instava o país a "ser imparcial em pensamento e ação".[35] No entanto, sua situação de estrangeiro não parece ter ampliado substancialmente os obstáculos aos seus anseios de estudo. Se os sentimentos antigermânicos já eram bastante generalizados desde muito antes da eclosão da Primeira Guerra e da entrada tardia dos Estados Unidos no conflito, havia, no entanto, bolsões de germanofilia, especialmente em círculos mais letrados, nos quais a cultura e as instituições educacionais alemãs eram tidas como exemplares, mesmo em meio às tensões políticas internacionais.[36]

---

34 Ibid., p.643.
35 Wilson, Message to Congress, 19 ago. 1914, p.3-4.
36 Schieber, The transformation of American sentiment towards Germany, 1870-1914, *The Journal of International Relations*, v.12, n.1, p.50-74; Leab, Screen images of the "Other" in Wilhelmine Germany & the United States, 1890-1918, *Film History*, v.9, p.49-70.

Por que a Columbia University?

Desde 1902, a Columbia era dirigida por um grande admirador da Alemanha, Nicholas Murray Butler (1862-1947), também conhecido por ter cunhado o termo "internacionalismo" e por ser um dos principais fundadores, em 1910, da Carnegie Endowment for International Peace, instituição devotada à causa da paz, confiante no papel que a educação poderia nela desempenhar.[37] Sob a presidência de Butler – indivíduo que seria reconhecido com o Prêmio Nobel da Paz de 1931 por sua dedicação ao entendimento internacional e à defesa do que chamava de "mente internacional"[38] – a universidade se expandia substancialmente em tamanho e importância. Durante sua administração (1902-1945), o número de alunos, por exemplo, teve um crescimento fenomenal, passando de 4 mil para 34 mil, e foi também durante os anos iniciais de sua gestão que a política imperial de estreitar os laços entre a Alemanha e os Estados Unidos com a criação de intercâmbios culturais se mostrou eficaz.

Objeto de admiração por suas realizações científicas, industriais e culturais e por seu sistema universitário, a Alemanha já havia décadas atraía estudantes norte-americanos que nela iam buscar conhecimento, "estímulo intelectual e cuidadosa disciplina", como lembra Butler. No século XIX, as mais ambiciosas instituições universitárias norte-americanas tomavam as alemãs como modelo. A Johns Hopkins University,

---

37 Howlett, Nicholas Murray Butler's crusade for a warless world, *The Wisconsin Magazine of History*, v.67, n.2, p.89-120.

38 Butler, que expôs suas ideias sobre a "mente internacional" desde a primeira década do século XX, publicou um pequeno livro sobre o tema em 1912, *The International Mind: An Argument for the Judicial Settlement of International Disputes*. Logo após a entrada dos Estados Unidos na Primeira Guerra Mundial, na abertura da Conference on Foreign Relations, em maio de 1917, em Long Beach, Califórnia, sob os auspícios da Academy of Political Science of the City of New York, Butler apelou novamente para essa ideia, descrevendo a "campanha de educação e ilustração" que ali se iniciava como uma campanha para desenvolver o que chamava de "mente internacional" que, como esclarece, "nada mais é do que o hábito de pensar sobre relações e negócios estrangeiros, e o hábito de lidar com eles de forma a considerar as várias nações do mundo civilizado como iguais; como iguais livres e cooperativas, todas ajudando o progresso da civilização, o progresso do comércio e da indústria, e a disseminação da ilustração e da cultura pelo mundo afora". Cf. Call nation to rise to world mission, *The New York Times*, 29 maio 1917.

por exemplo, que introduziu o sistema de PhD nos Estados Unidos nos anos 1870 seguindo o modelo alemão, tinha o apelido de "Göttingen de Baltimore". Grandes figuras, como o filósofo William James, o sociólogo negro W. E. B. Du Bois, um dos fundadores da National Association for the Advancement of Colored People (NAACP), e o químico Ira Remsen haviam estudado em instituições que um admirador chamou em 1874 de "campo de treinamento para gigantes intelectuais". Calcula-se que cerca de 15 mil médicos norte-americanos estudaram em universidades alemãs ou austríacas antes de 1914. Em 1891, o filósofo Josiah Royce se referiu a "uma geração que não sonhava com nada mais que a universidade alemã".[39]

Nicholas Butler fazia parte dessa geração e fora um daqueles jovens que ali encontraram o que ele qualificou de "a verdadeira educação". Em seus estudos na Universität zu Berlin em 1884-1885 e nas experiências culturais que a cidade oferecia, ele se deparara, conforme admitiu em sua autobiografia, com "as fontes e os padrões de poder intelectual, moral e estético".[40]

Em 1905, três anos após assumir a presidência da Columbia University – e quando os sentimentos antigermânicos já estavam em rápida ascensão nos Estados Unidos –, fez nova visita à Alemanha, conheceu pessoalmente o *Kaiser* (a quem visitou várias vezes, nessa e em outras ocasiões) e manifestou sua contínua admiração não só pela cultura alemã como pelo monarca; admiração que seria por ele reiterada ao longo dos anos, assim como por outros líderes da envergadura de Theodore Roosevelt e Andrew Carnegie.[41] "Na realidade, se o *Kaiser* não tivesse sido um monarca, ele poderia ter-se destacado como um homem de letras", escreveu Butler.[42] Por sua vez, o milionário filantropo Carnegie, que também mantinha contatos pessoais com o *Kaiser*, saudou-o em longo artigo no *New York Times* de junho de 1913 como um líder a quem "o mundo civilizado de hoje se curva" por sua devoção ao progresso

---

39 Burke, *Social History of Knowledge*, v.2, p.200-2.
40 Butler, *Across Busy Years: Recollections and Reflections*, v.2, p.128.
41 Roosevelt, *An Autobiography*, p.21; Kaiser, 25 years a ruler, hailed as chief peacemaker, *The New York Times*, 8 jun. 1913.
42 Butler, *Across Busy Years: Recollections and Reflections*, v.1, p.15.

O triunfo do fracasso

e à causa da paz. E não deixou de se referir ao afeto que unia o *Kaiser* à sua avó materna, a rainha Victoria, chamada de a "vovó da Europa" por ter oito de seus descendentes diretos ocupando os tronos europeus nessa época.[43] O apoio que o governo alemão deu para a promoção de intercâmbios com a criação, em 1905, da cadeira Theodore Roosevelt de História e Instituições Americanas na Universität zu Berlin (para a qual Butler também muito contribuiu), de várias cadeiras alemãs em universidades norte-americanas (inclusive a prestigiosa Kaiser Wilhelm Professorship, na Columbia University), bem como para a fundação da Deutsches Haus, em 1911, nessa mesma universidade, foram algumas das muitas iniciativas alemãs voltadas ao aquecimento das relações entre os dois povos e à demonstração das intenções pacifistas do Império. As palavras do *Kaiser*, por ocasião da inauguração da cadeira Theodore Roosevelt, são bastante reveladoras dessa postura: "O intercâmbio de homens de ciência é o melhor meio de fazer com que duas nações se compreendam profundamente e esta é a fonte de respeito e amor mútuos que garante a paz".[44]

O ingresso de Bilden na Columbia em fevereiro de 1917 praticamente coincidiu com a entrada dos Estados Unidos na guerra, quando "uma histeria antialemã varreu" o país. Paradoxalmente, como apontou Bernard Shaw, foi no país mais distante dos horrores da guerra que a "febre de guerra foi muito além do bom-senso e da razão". Tudo o que tinha a marca da presença germânica se viu sob ataque: óperas e músicas sinfônicas, por exemplo, foram boicotadas; nomes de produtos e instituições de origem alemã foram mudados (*hamburgers* se transformaram em "sanduíche liberdade", *Sauerkraut* em "repolho liberdade" e Germanic Bank of Milwaukee em National Bank of Commerce). Norte-americanos de origem alemã eram facilmente tidos como inimigos e submetidos a investigações "extralegais" pelo Bureau of Investigation (predecessor do FBI). Acometidos pelo que Bernard Shaw chamou de "pestilência moral", os tribunais dos Estados Unidos condenavam

---

43 Kaiser Wilhelm II, a peacemaker, *The New York Times*, 8 jun. 1913.

44 Kaiser cables to a dinner; sends a message of thanks here for the Roosevelt Professorship, *The New York Times*, 29 nov. 1905.

de mocinhas a velhos por emitir opiniões que na Inglaterra chegavam a provocar "aplausos trovejantes". E a indústria cinematográfica – que teve um grande papel na "campanha 'odeie os hunos'" – contribuiu ativamente para essa "histeria" com filmes representando *ad infinitum, ad nauseam*" os americanos-alemães como subversivos, sabotadores e espiões da Alemanha, e os alemães em geral como um povo bárbaro, capaz das maiores atrocidades.[45] Enfim, como diz Arnold Krammer, se "a primeira vítima da guerra é a Verdade", a segunda são os "estrangeiros que vivem no meio de qualquer nação em guerra".[46]

Apoiando-se no precedente de 1798, o Alien Enemy Statute, que dava ao presidente norte-americano poder para "controlar as vidas e os bens da população estrangeira inimiga", Woodrow Wilson passou regulamentações em abril e novembro de 1917 determinando uma série de restrições aos residentes alemães do sexo masculino acima de 14 anos. Proibidos de possuir rádios, armas ou explosivos e obrigados a se registrar e a comunicar qualquer mudança de residência ou emprego, também não podiam residir na proximidade de fábricas de munição, fortes e outros locais considerados estratégicos. Sob a direção de um jovem de 23 anos, J. Edgar Hoover (que iria ser o primeiro diretor do futuro FBI), a quem foi dado o cargo de diretor do Enemy Aliens Registration Section e direitos extraconstitucionais de ação, milhares de alemães foram interrogados, investigados e encarcerados em campos de concentração em Utah e na Geórgia – de onde os últimos duzentos "inimigos" só iriam ser soltos em abril de 1920, quase um ano após a assinatura do Tratado de Versalhes.[47] De sina semelhante não escaparam pessoas do renome de Karl Muck, dirigente da Orquestra Sinfônica de Boston, que, apesar de ser naturalizado suíço, foi preso como "perigoso inimigo estrangeiro" um dia antes de dirigir a *Paixão segundo São Mateus*, de Bach, uma produção "das mais ambiciosas", que fora preparada durante "todo o inverno" e que iria contar com um "coro de quatrocentas pessoas, oitenta

---

45 Leab, Screen Images of the "Other", p.55; Shaw, Preface, *Heartbreak House: A Fantasia in the Russian Manner on English Themes*, p.19-21.

46 Krammer, *Undue Process: The Untold Story of America's German Alien Internees*, p.ix.

47 Ibid., p.13-5.

meninos-coristas e um solista".[48] Ao ser deportado após mais de um ano de confinamento, declarou que, devido ao "internamento" de outros 29 membros da orquestra, sua reorganização tornara-se quase impossível.[49]

Era de se esperar, pois, que nesse clima intensamente hostil e ameaçador um jovem como Bilden, com a autoestima abalada e carente de apoio familiar, fosse levado a buscar na universidade que o acolhera o conforto emocional e a segurança que fora de seus muros dificilmente encontraria. Simkins, seu colega e amigo, refere-se ao fato de que "por causa de sua aparência teutônica, seu estatuto legal como um 'estrangeiro inimigo' e suas crenças pró-alemãs, Bilden atraía a suspeita da polícia e dos americanos médios com quem conversava". Para aqueles que consideravam "tudo o que era alemão estúpido e ímpio", seu louvor às belezas da região do Reno, dos *Biergärten*, da cultura, do folclore e dos cerimoniais e da legislação social imposta por Bismarck – sobre o que falava abertamente em 1919, quando o conheceu – soava suspeito e ofensivo.[50]

Obviamente a universidade não se isolava totalmente do clima geral, e, como era de se esperar, a Deutsches Haus, até então devotada a intercâmbios de professores e estudantes e a assuntos culturais alemães, foi fechada e suas instalações postas a serviço da tarefa que "todo norte-americano leal agora reconhece como de primeira importância: ganhar a guerra", como disse seu diretor W. A. Braun em 1917.[51] O próprio Butler, que defendera inicialmente a neutralidade dos Estados Unidos e participara, desde o início do século, de associações em defesa da paz, argumentando que as disputas internacionais deveriam ser sempre resolvidas juridicamente, passou a apoiar a guerra com veemência e até brutalidade. Liberdade de expressão, de reunião e de publicação no *campus* foram cerceadas; emitir opiniões dissidentes passou a ser considerado "traição", e criou-se um comitê para investigar relatos de "deslealdade" do corpo docente. No discurso de formatura da turma de 1917, o *commencement day*, Butler emitiu o que qualificou como

---

48 Arrest Karl Muck as an enemy alien, *The New York Times*, 26 mar. 1918.
49 Dr. Muck Bitter at sailing, *The New York Times*, 22 ago. 1919.
50 Cf. Simkins, *Autobiografia* (manuscrito), Simkins Collection, GL.
51 German home for war aid: hospital will use "Deutsches Haus" at Columbia University, *The New York Times*, 18 dez. 1917.

uma "única e última advertência para qualquer um entre nós, se é que existe, que não esteja comprometido com todo o seu coração e mente a lutar conosco para tornar o mundo livre para a democracia".[52] Enfim, a opção era ou apoiar a guerra ou se manter calado. Vários professores foram demitidos ou se demitiram em protesto diante do que entendiam como loucura. O renomado historiador Charles Beard, conhecido por sua postura liberal – e por seu controverso e iconoclasta livro de 1913, *An Economic Interpretation of the Constitution of the United States* –, tornou pública sua carta de demissão em que lamentava o controle da universidade por pessoas que "não têm prestígio no mundo da educação, são reacionárias e sem visão em política, estreitas e medievais em religião". Ele próprio, explicava, era a favor da guerra, mas "centenas de meus compatriotas não têm a mesmo opinião". Utilizar força e ameaça com os que não compactuam com "nossas ideias" é, entretanto, atitude indigna de uma verdadeira universidade e nada contribui para o "pensamento emancipado" de que tanto se necessita nesses tempos conturbados.[53]

O grande antropólogo alemão da Columbia University Franz Boas (1858-1942) – de quem Bilden se tornaria próximo um pouco mais tarde – também reagiu, lendo publicamente, em março de 1917, seu belo manifesto intitulado "Preservando nossas ideias". Nele, Boas atacava não só as iniciativas das instituições educacionais em geral e de sua universidade em particular de cercear a liberdade intelectual, como também, provavelmente querendo combater a "histeria antigermânica" em ascensão, enfatizava que o sistema educacional norte-americano em sua ânsia de promover o nacionalismo, não diferia de tantos outros voltados à instilação de sentimentos patrióticos com bases puramente emocionais.

---

52 Cf. Howlett, Nicholas Murray Butler's crusade for a warless world, p.99-120. Sobre a questão da "liberdade acadêmica" nesse período, ver Metzger, *Academic Freedom in the Age of the University*.

53 Howlett, Nicholas Murray butler's crusade for a warless world, p.108-9. A carta de Beard a Butler foi publicada na íntegra em 9 de outubro de 1917 no *The New York Times*, em matéria com o título "Quits Columbia; Assails Trustees: Prof. Charles A. Beard says narrow clique is controlling the university". No dia seguinte foi publicada a resposta de Columbia, sob o título "Columbia's deliverance", na qual Beard era qualificado como um dos "apóstolos do radicalismo" e sua demissão, aclamada como "o maior serviço que estava em seu poder de dar".

O triunfo do fracasso

"Num conflito de deveres", declarava Boas, "nossas obrigações para com a humanidade são de maior valor do que com a nação; em outras palavras, o patriotismo deve ser subordinado ao humanismo".[54]

Bastante revelador do clima tenso na universidade é a denúncia feita ao presidente Butler por um dos alunos do curso de antropologia de Boas. Referindo-se a manifestações feitas por Boas em sala de aula – muito semelhantes ao manifesto de março –, o aluno do curso as descreve como "venenosas para o povo norte-americano". Suas proposições de "que o dever que se tem para com a 'humanidade' é superior ao dever que se tem para com a nação"; "que as tropas dos Estados Unidos foram culpadas por atrocidades nas Filipinas, que embora não terem sido provadas por registros oficiais, são verdadeiras"; "que é errado assumir que esta nação é superior às outras nações em qualquer aspecto"; "que todas as leis proibindo casamento entre brancos e membros de outras raças são erradas" e muitas outras como essas exigiam uma resposta urgente, argumentava o aluno indignado. Não reagir era colocar em risco a preservação daquela que era "a mais alta civilização" do mundo.[55] Nessa ocasião, entretanto, a desobediência de Boas não foi punida com demissão. Dois anos mais tarde, porém, sua dissidência teve imediata consequência fora do âmbito universitário. Dias após ir a público para denunciar antropólogos que durante a guerra – e a serviço do governo – haviam "prostituído a ciência usando-a como disfarce para suas atividades de espiões" na América Central, Boas foi expulso do conselho diretor da American Anthropological Association e forçado a se demitir do National Research Council.[56] Apesar de um dos membros da Columbia Trust, Willard V. King, achar que a universidade "deveria

---

54 Price, American anthropology and the war to end all wars. In: id., *Anthropological Intelligence: The Deployment and Neglect of American Anthropology in the Second World War*, cap.1, p.1-17.

55 Carta de Thomas A. Sparks ao presidente da Columbia University Nicholas Murray Butler, 9 mar. 1917, em Franz Boas Papers, Columbia University Rare Books and Manuscript Library (daqui em diante CURBML). A carta foi escrita em papel timbrado do Missionary District of Salina, no qual Thomas era arcebispo.

56 Sobre o artigo de Boas na revista *The Nation*, 20 dez. 1919, ver Price, American anthropology and the war to end all wars, p.11-4. Sobre interpretações mais recentes da atitude de Boas como sendo "antiamericana" e "pró-alemã", ver Browman, "Uncensoring" Boas, *Anthropology News*, v.46, n.1, p.3.

fazer o mesmo" e demitir o professor, Butler optou por relevar o comportamento de Boas mais uma vez: "o *gentleman* em questão", escreve a King, "é muito dado a fazer afirmações tolas, mas como ele está chegando perto da aposentadoria, talvez a melhor política seja tolerar suas falhas".[57] Butler não podia imaginar que Franz Boas, então com 61 anos, iria permanecer no seu posto por mais dezessete anos!

América Latina: um encontro memorável

Apesar de tudo isso, e talvez exatamente por tudo isso, havia um clima aberto e propício para encontros memoráveis na Columbia University. E o encontro de Rüdiger Bilden com o professor William Shepherd foi um desses acontecimentos marcantes que tiveram o poder de afetar a vida desse jovem alemão. É nesse encontro que se acha a resposta à questão aparentemente intrigante que levantamos no início deste capítulo: o que teria levado esse jovem imigrante com interesses teóricos, linguísticos e históricos tão amplos – que iam do período helenístico, história russa e teorias políticas americanas ao estudo de línguas como o dinamarquês e o holandês – a dedicar seus estudos à América Latina e ao Brasil?[58]

William Shepherd foi um dos poucos historiadores norte-americanos que no início do século XX se interessavam pela América Latina, mas o que levou Bilden a se aproximar dele foi uma feliz "inspiração" – uma inspiração decorrente de notícias de ser Shepherd um intelectual que "simpatizava com a cultura alemã". Indivíduo de interesses culturais amplos, Shepherd não confinava seus estudos e atividades didáticas a assuntos latino-americanos, apesar de a maioria de suas publicações ter sido nessa área. Homem de grande curiosidade e interesse, como atestam muitos que o conheceram, Shepherd dedicara sua vida a "compreender e apreciar civilizações e culturas tão diversas como as latinas,

---

57 Carta de William V. King a Nicholas M. Butler, 17 dez. 1919; carta de Nicholas M. Butler a William V. King, 29 dez. 1919, Francis Boas Papers, CURBML.

58 Ver capítulo 2.

a teutônica e a oriental".[59] Fluente em alemão, visitava frequentemente a Alemanha e estudara em Berlim logo após terminar seu doutorado na Columbia em 1896, num período em que o número de estudantes norte-americanos atingira seu ápice: quinhentos jovens matriculados em suas universidades no ano acadêmico de 1895-1896.[60] Essa ligação iria estreitar-se quando, em 1907, Shepherd casou-se com uma jovem norte-americana de origem alemã que estudara em Hanover e cultivava as relações de parentesco e de amizade que tinha na Alemanha, inclusive com a família real Hanover.[61] Finda a guerra, foi o primeiro professor norte-americano a dar aula nas universidades de Berlim (1922) e de Viena (1924). Fluente também em espanhol, em 1921 foi saudado como "o único professor norte-americano a dar aula em espanhol na Universidad de Madrid".[62]

Foi em novembro de 1916 que Bilden encontrou-se com Shepherd pela primeira vez, quando o procurou em busca de conselhos para a realização do "sonho longamente acalentado e aparentemente impraticável" de continuar a educação interrompida antes da guerra.[63] Não deve ter sido por acaso que Bilden procurou um historiador para conversar sobre seu "sonho". Como recorda sua sobrinha Helga, história era um interesse comum entre os Bildens. Wilhelm, o irmão mais velho, tinha um conhecimento bastante vasto de história e política e se orgulhava de Rüdiger, a quem sempre se referia como "o historiador".[64]

Desde que conhecera o professor Shepherd, o relacionamento entre eles se estreitara, a ponto de Bilden lhe confessar que ele fora a pessoa e o intelectual que mais marcara seu desenvolvimento como indivíduo e como estudioso. "Eu desejo expressar nesse momento minha mais

---

59 Dr. Stephen P. Duggan, Obituário de William R. Shepherd, manuscrito, William Shepherd Papers, CURBML, caixa 2.
60 Burke, *Social History of Knowledge*, p.201.
61 Obituário de 24 jan. 1940, recorte de jornal sem título, William R. Shepherd Papers, CURBML, caixa 2.
62 New York women flee from Berlin hotel – Mrs. W. R. Shepherd and Mrs. Fleischman threatened by Striking Employees, *The New York Times*, 22 out. 1921.
63 Carta de Rüdiger Bilden a William Shepherd, 20 set. 1925 (enviada de Washington D. C., em papel timbrado da Biblioteca Ibero-Americana), William Shepherd Papers, CURBML, caixa 2.
64 Correspondência eletrônica com Helga Bilden entre maio 2005 e set. 2006.

profunda gratidão por sua grande influência no meu desenvolvimento e no meu trabalho durante os últimos nove anos", escreve Bilden em 1925.[65]

Não resta dúvida de que a gratidão que Bilden sentia se relacionava ao consolo que o professor lhe dera em momentos de profunda dor e desânimo diante do clima de histeria antigermânica e das condições da Alemanha vencida. De Shepherd, como diz, recebera "alívio emocional" extremamente valioso durante esse momento dramático de sua vida.[66] Evidentemente, a rejeição do nacionalismo militarista galopante que teria levado Bilden a emigrar da Alemanhã em 1914 não implicava a rejeição de suas origens ou de sua cultura, nem desinteresse pela sorte de seus compatriotas, amigos e familiares que lá viviam. Os termos humilhantes e desumanos do armistício de 11 de novembro de 1918, como hoje é amplamente reconhecido, determinava que o bloqueio da Alemanha permanecesse em vigor mesmo após sua rendição, até que o tratado de paz fosse assinado, o que só iria ocorrer em 28 de junho de 1919. O sofrimento e a fome que isso acrescentou a uma situação já desesperadora e que não poupava crianças, doentes, mulheres ou idosos foi de tal monta que esse ato já foi descrito como um "crime de guerra".[67] Era como se, assumindo maiores proporções de barbárie, a guerra continuasse covardemente, pois agora voltava-se contra pessoas totalmente indefesas e esfomeadas. Perplexo, percebendo o rumo vingativo que a negociação de paz tomava, o poeta e oficial britânico Siegfried Sassoon escreveu em seu diário três dias antes do armistício:

> Vi Winston Churchill por alguns minutos no Ministério. Cheio de conversa de vitória e de saída para um encontro no Gabinete de Guerra [...] Sente-se que a Inglaterra vai aumentar seu poder enormemente. Eles têm a intenção de esfolar a Alemanha enquanto ainda viva. "Uma paz para acabar com a paz."

---

65 Carta de Rüdiger Bilden a William Shepherd, 20 set. 1925, William Shepherd Papers, CURBML, caixa 2.

66 Ibid.

67 Winter, *The Versailles Treaty: A Grand Bazaar*, disponível em <http://www.pbs.org/greatwar/historian/hist_winter_21_versailles.html>, acesso em 12 mar. 2011.

A conhecida afirmação de Eric Geddes, membro do Gabinete do governo britânico – "devemos espremer o limão alemão até fazer ranger suas sementes" – dá bem uma amostra do espírito vingativo que Sassoon lamentava.[68] Compreensivelmente, o clima de final de guerra não era isento. Os delegados dos países aliados reunidos em Versalhes para discutir os termos de paz estavam chocados com a destruição que a guerra causara, e a pergunta retórica feita em carta dirigida à delegação alemã é bastante reveladora do ambiente apaixonado ali reinante: "Alguém deve sofrer as consequências da guerra. Deverá ser a Alemanha ou somente os povos a quem ela maltratou?".[69] Críticos como George Bernard Shaw e John Maynard Keynes vociferavam contra a crueldade, a violência e a "ganância patriótica" insensata que transformavam os países vencedores em algozes dos vencidos e demonstravam amplamente não haver qualquer superioridade moral entre os aliados.[70] A guerra, como dissera o autor inglês do *The Journal of a Disappointed Man* em 1916, estava a testar "a mente e o caráter" de todos, e mesmo entre as pessoas "honestas" esse teste resultava em grande "desapontamento pessoal": estava a "nos" revelar "desprezivelmente pequenos em nossas emoções e com o coração crivado de motivos egoístas".[71]

E, seis meses após o armistício, o Tratado de Versalhes – que se mostrou, segundo os críticos, incapaz de provar ter a guerra "valido o

---

68 Cf. Hart-Davis (org.), *Siegfried Sassoon Diaries 1915-1918*, p.280. Churchill deve ter assim se manifestado num momento acalorado, mas apesar de ele acreditar que a Alemanha representava uma ameaça para a Europa, que sua derrota era necessária e que a causa dos aliados era justa, há muitos indícios de que ele não sucumbiu à germanofobia crescente ao longo da guerra. Concordava que a Alemanha devia perder suas colônias, que a Alsácia-Lorena deveria ser entregue novamente aos franceses, mas se manifestou contra a ideia de que a Alemanha devia e podia pagar todas as despesas da guerra. Na própria noite do armistício, num discurso durante um jantar, Churchill falou sobre a "impossibilidade de reconstruir a Europa sem a ajuda" dos alemães e insistiu para que alimentos fossem urgentemente enviados para Hamburgo (cf. Wood, *Churchill*, p.94-7).

69 Apud Lu, Justice and moral regeneration: lessons from the Treaty of Versailles, *International Studies Review*, v.4, n.3, p.23. Para uma reavaliação recente das condições de paz impostas pelos aliados ao final da Grande Guerra, que busca compreender como "localizar a justiça num contexto humano", este mesmo artigo de Catherine Lu é especialmente interessante.

70 Shaw, Preface, *Heartbreak House*; Keynes, *The Economic Consequences of the Peace*.

71 Barbellion, *The Journal of a Disappointed Man & A Last Diary*, p.249.

sacrifício de nem mesmo uma fração" dos que nela morreram – significou "a continuação do pesadelo da guerra", como o desenrolar dos acontecimentos mundiais infelizmente veio a provar.[72] Em junho de 1919, sob a ameaça de serem invadidos pelos aliados, os alemães se viram obrigados a assinar um acordo de paz que entendiam como injusto, mesquinho e humilhante (com o que os críticos não alemães dos aliados também plenamente concordavam), imposto com o objetivo de "despojar o povo alemão de sua honra" pela força – uma honra que, apesar de "permanecer intocada por qualquer ato de violência", eles não tinham qualquer meio, naquele momento, para defendê-la "por ação externa". Mas que se soubesse, proclamou então o governo alemão, que o assinava sob protesto, consciente da "injustiça inaudita das condições de paz" impostas a todo um povo; injustiça que, é de se assumir, não poderia ser jamais esquecida ou perdoada.[73] Os alemães espezinhados atraíram simpatias imediatas até mesmo de alguns membros das delegações dos aliados. O futuro membro do parlamento britânico, o jovem diplomata Harold Nicolson, por exemplo, foi claro sobre os erros cometidos: as negociações, ao invés de levarem à "paz de justiça e sabedoria" visando a reconciliação que se esperava, produziram tratados "realmente punitivos" que "não eram nem justos nem sábios".[74]

Como lembra o historiador Jay Winter, em 1919 o mundo assistiu ao "reverso da humilhação de 1871", quando a França fora derrotada pelos alemães na Guerra Franco-Prussiana, perdera o rico território da Alsácia-Lorena e fora forçada a pagar alta indenização. Para melhor efeito, "uma encenação semelhante de humilhação" era necessária, e não foi por acaso que a assinatura do tratado se deu na mesma Sala dos Espelhos do Palácio de Versalhes, onde 48 anos antes tinha nascido o poderoso Império alemão, ao mesmo tempo que a França era derrotada. Como o cinejornalismo documentou e divulgou pelo mundo afora em 1919, no fausto de uma das mais famosas e belas salas do mundo, uma

---

72 Winter, *The Versailles Treaty: A Grand Bazaar*.
73 Mensagem enviada em 22 jun. 1919 pelo governo alemão aos negociadores dos países aliados, concordando em assinar o Tratado de Versalhes, apud Gilbert, *First World War*, p.517.
74 Nicolson, *Peacemaking 1919*, p.153-4, 294.

delegação alemã "mortalmente pálida", acuada e vilipendiada, assinara, "sob um silêncio aterrador", um tratado de paz que mais parecia um acerto de contas dos insultos do passado.[75]

As exigências de fazer a Alemanha assumir toda a culpa pela guerra, de pagar pelos seus custos, de se desarmar quase completamente e de aceitar a ocupação militar da região do Reno – ou seja, em grande parte da rica Alemanha industrial – pareceram absurdas para os críticos; na verdade, "um erro muito sério de arruinar o centro da Europa, algo que nenhum Estado europeu sadio poderia fazer", como diz Bernard Shaw. Nas palavras cáusticas desse ferrenho crítico, esse era comportamento próprio de um "macaco raivoso com poderes de destruição", oferecendo ao mundo um espetáculo deprimente em que "nós, os novos conquistadores, esquecendo-nos de tudo pelo que professamos lutar, nos sentamos com água na boca, saboreando a farta comida de dez anos de vingança e de humilhação a que submetemos nosso prostrado adversário".[76] Desalentada com a iniquidade do que lhe parecia uma farsa de paz, a escritora e feminista britânica Vera Brittain, que fora enfermeira voluntária em hospital francês, assim se refere ao tratado de 1919: "Para mim, os 'hunos' eram então e sempre os alemães pacientes e estoicos que eu havia tratado na França e não me agradou vê-los privados de sua força naval, de suas colônias e de suas minas de carvão da Alsácia-Lorena e do Vale do Saar, enquanto suas crianças morriam de fome e frio por falta de comida e combustível".[77] O próprio representante da Inglaterra nas negociações de Versalhes, o primeiro-ministro Lloyd George – que, contra os representantes dos outros países, lutou "como um *terrier* galês" por condições de paz menos destruidoras da economia e da política alemãs[78] – reconhecia que "a manutenção da paz" dependia de os vencidos "sentirem no seu âmago" que as condições impostas, mesmo quando severas, eram justas. "Mas injustiça,

---

75 Winter, *Dreams of Peace and Freedom: Utopian Moments in the Twentieth Century*, p.71; Nicolson, *Peacemaking 1919*, p.302. Para uma conversa recente sobre a Primeira Guerra Mundial entre historiadores de renome, que traz à luz as muitas questões não resolvidas sobre esse acontecimento, ver Winter (org.), *The Legacy of the Great War: Ninety Years On*.

76 Shaw, Preface, *Heartbreak House*, p.33-4.

77 Brittain, *Testament of Youth: An Autobiographical Study of the Years 1900-1925*, p.470.

78 Nicolson, *Peacemaking 1919*, p.294.

arrogância, demonstradas em hora de triunfo, não serão jamais esquecidas ou perdoadas."[79] Vera Brittain, que perdera seu único irmão, seu noivo e dois amigos íntimos na guerra, referiu-se ao Tratado de Versalhes como uma traição inominável. Sua geração havia sido "enganada; sua coragem, cinicamente explorada; seu idealismo, traído".[80]

Tropa francesa, que ocupou a região do Reno desde o final da Primeira Guerra Mundial até 1929, em frente da caserna em Eschweiler.
Fonte: Coleção de cartões-postais de Franz Hirtz, Eschweiler, Alemanha

Foi a esses acontecimentos do final do embate mundial que Bilden se referiu como "os eventos catastróficos" que o deprimiram profundamente. E a "franca expressão" das ideias sobre a Grande Guerra e a "situação alemã" que Bilden ouviu de Shepherd – tão maduras, "penetrantes e compreensivas" – lhe deram, como confessou, o "alívio emocional" de que tanto carecia naquele momento dramático pelo qual passava.[81]

---
79 George, *The Truth about the Peace Treaties*, v.1, p.574-5.
80 Brittain, *Testament of Youth*, p.470.
81 Carta de Rüdiger Bilden a William Shepherd, 20 set. 1925, William Shepherd Papers, CURBML, caixa 2.

O interesse de Shepherd pelas agruras da guerra e de culturas em conflito tinha raízes biográficas. Filho de um oficial dos Confederados, ou seja, do exército perdedor na Guerra Civil Americana, Shepherd nascera em Charleston, na Carolina do Sul, seis anos após a derrota de 1865, num ambiente marcado pela humilhação e pela tragicidade da guerra mais sangrenta da história interna dos Estados Unidos. Quando menino, seguindo o êxodo usual dos desencantados com a Reconstrução, a família mudou-se para o norte do país, e foi no bairro do Brooklyn, em Nova York, que Shepherd recebeu sua educação formal.[82] Como disse seu colega e admirador, o historiador James T. Shotwell, foi no Brooklyn que o pequeno Shepherd "aprendeu quão profundamente os preconceitos e hostilidades de uma guerra penetram nas atitudes até mesmo da geração que a conhece somente de segunda mão" e se deu conta de que ela pode continuar a fazer vítimas mesmo após a paz ser assinada.[83] Essa experiência dolorosa teria, segundo o próprio Shepherd, sido responsável pelo modo como ele encarava o mundo e a vida e por "sua tolerância com os que pensavam de modo diferente"; a mesma origem teria também seu empenho de buscar "em povos diferentes o que é fundamentalmente semelhante e bom entre eles", um traço marcante de Shepherd, como insistem várias pessoas que o conheceram. Admiradores, como o historiador e missionário Samuel Guy Inman, também um devotado ao estreitamento das relações entre os povos, não poupavam palavras para enaltecer sua imensa capacidade "de entender o povo e as nações do mundo numa época em que a maioria de sua geração estava perdida na neblina".[84] Para o líder religioso indiano Swami Nikhilananda – fundador, em 1933, do Ramakrishna-Vivekananda Center em Nova York – Shepherd

---

82 Reconstrução (1865-1977) refere-se ao período após a Guerra Civil, quando os estados derrotados do Sul foram reintegrados ao país e deu-se início à reorganização da vida econômica da região e à integração dos ex-escravos numa sociedade revolucionada em seus alicerces.

83 Shotwell, William R. Shepherd: a tribute, *Columbia University Quarterly*, p.335-40.

84 Carta de Samuel Guy Inman para a sra. Shephed, sem data (c.1934), William R. Shepherd Papers, CURBML, caixa 11. Inman, que além de professor e escritor era um líder religioso devotado ao desenvolvimento de um cristianismo ecumênico, foi uma figura influente na década de 1920. Seu livro *Intervention in Mexico* (1919) foi um protesto contra a intervenção norte-americana no país, defendendo a ideia de que a Revolução Mexicana deveria tomar o rumo determinado pelos próprios mexicanos.

era admirável por sua "convicção interior de que a humanidade é uma e que unidade na diversidade é o plano da natureza".[85]

Seu primeiro tema de pesquisa é ilustrativo do que poderia ser apontado como um dos "princípios centrais" pelos quais pautava sua vida. Ao escolher a história da Pensilvânia como tema de doutorado, Shepherd optava por estudar não a história de um estado pelo qual simpatizava, mas, ao contrário, um pelo qual tinha antipatia e que lhe trazia lembranças dolorosas. Era uma forma de se educar, de se impor "coragem moral" e "autocontrole" num empreendimento em que a "busca da verdade" tinha de prevalecer sobre todos os obstáculos.[86]

A dedicação de Shepherd à causa da compreensão entre distintos povos e nações não se circunscrevia ao âmbito estritamente norte-americano e extravasava o campo puramente acadêmico. Na Espanha e nas suas antigas colônias americanas, ele ficou famoso por defender o que chamou de "amizade triangular" entre os Estados Unidos, a América hispânica e a antiga metrópole ibérica, a despeito de todos "os obstáculos para essa aproximação"; obstáculos que "surgem do choque entre o desenvolvimento político de uns países ainda débeis e a expansão econômica de um vizinho poderoso", cuja gravidade Shepherd não ocultava nem minimizava.[87] Anos antes, quando a Guerra Hispano-Americana de 1898 se anunciava, Shepherd se autodenominara *yanqui-español* e explicava esse aparente paradoxo pelo fato de que, "acima dos interesses político-econômicos, está a fraternidade intelectual, que nenhuma

---

85 Dr. Stephen P. Duggan, Obituário de William R. Shepherd, manuscrito, William Shepherd Papers, CURBML, caixa 2; Swami Nikhilananda, depoimento por ocasião da morte de Shepherd, sem data, William R. Shepherd Papers, CURBML, caixa 11; carta de Samuel Guy Inman para a sra. Shephed, sem data (c.1934), William R. Shepherd Papers, CURBML, caixa 11.

86 Shotwell, William R. Shepherd: A Tribute, *Columbia University Quarterly*, p.340. A Pensilvânia havia desempenhado um papel central na vitória do Norte na Guerra Civil Americana. Durante quatro anos fornecera não só um número substancial de combatentes e de líderes militares, como também suprira grande parte das necessidades materiais da guerra, tais como ferro, carvão, farinha, carne, tecidos etc. Além disso, a derrota dos confederados na Batalha de Gettysburg, que fora determinante para o desenrolar da guerra, ocorrera na Pensilvânia.

87 El profesor Shepherd y la amistad triangular, *El Sol*, sem data (c.1928), William R. Shepherd Papers, CURBML, caixa 5.

fronteira pode deter".[88] Foi em reconhecimento pelo que fazia para "iluminar a história da Espanha" e das colônias americanas que o rei Alfonso o condecorou com o título de Comandante Cavaleiro. Quando Shepherd morreu subitamente em 1934, num hotel em Berlim, preparava-se para dar uma aula em sua antiga universidade sobre "entendimento internacional e boa vontade".[89]

Shepherd, que era convicto de que parte considerável do desentendimento entre os vários povos se devia à ignorância e aos preconceitos decorrentes dela, não perdia a oportunidade, em aulas, resenhas, artigos de jornal ou revistas especializadas, de apontar a ignorância do Ocidente sobre quase tudo que se referia ao não Ocidente e à necessidade premente de saná-la. "Tanto a Europa quanto seu reflexo, os Estados Unidos, pouco sabem sobre o Japão real", denunciava Shepherd; "menos ainda da China como ela é, e ainda menos da Índia da atualidade. As noções populares sobre a última das três são na verdade baseadas principalmente em concepções errôneas antigas."[90] Quanto à América Latina, Shepherd se valia de seu conhecimento e fama tanto para tentar influenciar a atitude dos particulares norte-americanos que lá investiam capital, como para tentar desviar a política norte-americana do caminho que vinha seguindo, havia décadas, de desconsiderar o ponto de vista latino-americano quando a tutelagem econômica e política que os poderosos Estados Unidos haviam imposto sobre eles estava em questão.[91] Contradizendo aqueles que tendem a considerar os "discursos profissionais acadêmicos" dos estudiosos norte-americanos da América Latina, já desde a primeira metade do século XX, como legitimadores da "expansão e manutenção da hegemonia dos Estados

---

88 Mr. Shepherd (entrevista com Shepherd por ocasião de sua visita a Buenos Aires), *España: Revista Semanal de la Asociación Patriótica Española*, n.201, p.146-8.

89 Dr. W. R. Shepherd Dies in Berlin, 62, *The New York Times*, 7 jun. 1934.

90 Shepherd [resenha de *Young India* e *England's Debt to India*, de L. Rai (1917)], *Political Science Quarterly*, v.33, n.2, p.290-1.

91 Um exemplo revelador é o manuscrito em seus papéis, provelmente utilizado em palestra ou artigo não foi identificado, intitulado "Vinte e cinco razões por que os Estados Unidos devem pagar para a Colômbia vinte e cinco milhões de dólares e fazer também outras concessões, a fim de resolver nossas diferenças com aquela nação", William R. Shepherd Papers, CURBML, caixa 12.

Unidos" na região, o discurso de Shepherd era em geral crítico e areja-do.[92] O ponto de partida de suas manifestações e apelos era sempre o mesmo: apontar os preconceitos e a ignorância arrogante dos norte-ame-ricanos em relação aos seus vizinhos do sul e a necessidade de remediar esse mal que acometia indiscriminadamente estadistas, estudiosos, capi-tães de indústria, letrados e iletrados.

Em notas para uma palestra intitulada "Fatores (pessoais) no nosso comércio com a América Latina", provavelmente ministrada em várias associações – como o Cosmos Club de Washington D. C., por exem-plo –, Shepherd listava os preconceitos dos quais os norte-americanos deveriam se livrar e as atitudes que deveriam desenvolver. Entre os pri-meiros, constam os preconceitos de que o "modo americano de fazer negócio é superior a todos os outros"; que "nossos produtos são neces-sariamente os melhores e são preferíveis aonde quer que sejam levados"; que "qualquer coisa é suficientemente boa para a América do Sul"; e que "os sul-americanos são apenas meio civilizados, carentes de instinto para negócios", além de serem maus pagadores. Entre os segundos, constam as seguintes atitudes: ter consideração pelo orgulho e sensibilidade dos latino-americanos; "estudar literatura consular e outras literaturas ofi-ciais"; enviar para lá vendedores adequados que tenham conhecimento das condições da América do Sul e domínio fluente das línguas; "ler bons livros sobre a América Latina".[93]

É interessante aqui apontar um último exemplo da mente concilia-dora de Shepherd e de seu empenho em ajudar o desenvolvimento da cordialidade, respeito e harmonia entre os países americanos. Trata-se de sua proposta diante da reunião do Institute of Politics em Williams-town, Massachusetts, realizada de 28 de julho a 25 de agosto de 1927, na qual dirigiu uma mesa-redonda sobre "Interesses estrangeiros e

---

92 Ver, por exemplo, Berger, *Under Northern Eyes: Latin American Studies and US Hegemony in the Americas 1898-1990*, p.19, 26-7, 35, 39-40 e passim; Schulzinger, *The Wise Men of Foreign Affairs: The History of the Council on Foreign Relations*, p.28-9, 255, 267 e passim.

93 Cf. The personal factors in our trade with Latin America, William R. Shepherd Papers, CURBML, caixa 5. Em uma das versões da nota, aparece a seguinte informação: "resumo do *address* de William R. Shepherd, perante o Kosmos Club, Columbia, South Carolina, 1º dez. 1923".

autodeterminação nacional na América Latina".[94] O cerne da questão a ser discutida foi assim definido: "de que modo conciliar nossas necessidades e desejos como nação" com respeito e consideração genuína pelas outras nações da América e também pelos laços "morais e sentimentais" que ao longo da história uniram a todas "nós", as 21 repúblicas espalhadas pelas Américas? Shepherd parte do reconhecimento de que há uma enorme discrepância entre a riqueza, o prestígio e o poder dos Estados Unidos e seus vizinhos latino-americanos e de que uma profunda "identidade de interesses" entre essas partes é mais uma ilusão ou ideal do que uma realidade. A isso acrescenta dois fatos que considera inquestionáveis: o "enorme crescimento dos interesses econômicos americanos" na América Latina, que entre 1895 e 1927 viram seus investimentos subirem de 200 milhões para 3 trilhões de dólares, e a necessidade igualmente crescente de "manter e proteger" esses interesses – o que, se não justifica totalmente, explica, como diz, "não menos de trinta casos" de intervenção dos Estados Unidos nos negócios internos dos seus vizinhos desde 1895.

A questão central para Shepherd, tal como ele a apresentava, era a dificuldade de se adotar uma "política definitiva" para a América Latina quando as bases "doutrinárias" sobre as quais essa política se baseava eram tão frouxas: primeiro, o significado da antiga Doutrina Monroe é muito elástico, transformando-se suas iniciais "M.D.", ao longo dos anos, em siglas de coisas tão diferentes como "Destino Manifesto", "domínio magistral", "diplomacia de dinheiro", "muito engano";[95] segundo, o "panamericanismo" é, se não utópico, artificial,

---

94 Newhall, The Institute of Politics at Williamstown, *The American Political Science Review*, v.21, n.4, p.881-2.
95 Shepherd, The reconciliation of fact with sentiment in our dealings with Latin America, *Annals of the American Academy of Political and Social Science*, v.132, p.127-9. Em inglês, as siglas equivalem a: *"manifest destiny"*, *"masterful domination"*, *"money diplomacy"* e *"much deception"*. A Doutrina Monroe foi criada originalmente em 1823 por um país ainda jovem e fraco, como Shepherd esclarece, a fim de se proteger de uma potencial invasão europeia. Para isso, determinava que "nenhuma república americana seria usada pelos europeus como escala para chegar a terras norte-americanas". Com o passar de um século, essa "doutrina" sofreu transformações e foi utilizada pelos Estados Unidos para vários propósitos, mas sempre em seu próprio benefício. *"Manifest Destiny"*, termo cunhado nos anos 1840, era a crença de que os Estados Unidos teriam uma missão quase divina de

já que, na ausência de uma identidade de interesses entre todas as partes envolvidas, carece de fundamento. Ora, se as intervenções norte-americanas compreensivelmente produziam atritos com as repúblicas do sul, gerando protestos contra a "violação da consciência interamericana de liberdade, soberania, independência" e abalando as "antigas tradições de amizade e boa vontade" entre as 21 repúblicas, a seriedade da questão impunha uma solução urgente. É assim que Shepherd propõe uma organização que nos faz lembrar a Truth and Reconciliation Commission, criada em 1990 como parte dos esforços da África do Sul pós-*apartheid* para enfrentar construtivamente seu passado de abuso e violência.[96] A criação de uma Inter-American Commission of Inquiry and Conciliation proposta por Shepherd em 1927 seria também um modo de chegar a soluções harmoniosas nas disputas entre as repúblicas latino-americanas e os Estados Unidos e de deixar de lado o ressentimento pelos abusos cometidos pela mais poderosa das repúblicas. Com base em um acordo entre "este país e as repúblicas latino-americanas", a comissão proposta trataria das disputas surgidas entre eles que não pudessem ser resolvidas pelas "agências diplomáticas", dirigiria as investigações sobre as origens e natureza das controvérsias em pauta e recomendaria medidas para sua solução. Tal organização, acreditava Shepherd, "se bem organizada e com apoio leal", seria um grande avanço na união e compreensão dos povos americanos,[97] pois representaria uma quebra no "controle geral sobre

---

expandir seu território, suas instituições e seus valores pelas Américas (cf. Johannsen, *Manifest Destiny and Empire: American Antebellum Expansionism*; Pratt, The origin of "Manifest Destiny", *The American Historical Review*, v.32, n.4, p.795-8).

96 Shepherd participou, em 1898, do primeiro Pan-American Scientific Congress em Santiago do Chile como delegado dos Estados Unidos. Em 1910, foi enviado como secretário da delegação dos Estados Unidos para o Fourth International Conference of American States em Buenos Aires, para a qual o Brasil enviou o poeta Olavo Bilac como delegado, ao lado de seu embaixador. Em 1915, Shepherd foi um membro honorário da Pan-American Financial Conference em Washington.

97 Shepherd se refere a "um secretário de Estado norte-americano" que poucos anos antes, despindo a Doutrina Monroe de "sua dignidade histórica", declarara: "A Doutrina Monroe [...] é uma asserção de nosso direito de interferir para nosso próprio interesse na ação de toda outra nação naquelas partes do hemisfério onde outros são soberanos [...] e de dizer, se vocês fizerem isso ou aquilo, mesmo que com a anuência do soberano, nós vamos considerar isso um ato não amistoso, porque irá nos afetar injuriosamente" (cf. Shepherd,

os assuntos da América Latina", que algumas autoridades governamentais dos Estados Unidos consideravam seu direito soberano.[98]

Foi, pois, inestimável o encontro de Rüdiger Bilden com o professor William Shepherd e providencial o momento em que isso ocorreu. É fato que Bilden não sofrera pessoalmente com a guerra, que não tivera a mesma sina dos 2 milhões de soldados alemães mortos ou dos quase 5 milhões feridos em combate. Em certo sentido, no entanto, ele também era uma vítima da guerra, uma vítima que necessitava de um período de luto e consolo diante da dor e sofrimento por todas as perdas que de longe e de perto observava, sentindo-as e solidarizando-se com elas.

Em seu estudo sobre a memória e o luto na Primeira Guerra Mundial, o renomado historiador Jay Winter refere-se ao imenso número de "comunidades em luto" que em todos os países combatentes procuravam dar sentido ao sofrimento da guerra e cultivar a memória de seus mortos – algo necessário para que a catástrofe fosse aceita e a recuperação do sofrimento se iniciasse. Pessoas ligadas entre si "por sangue ou experiência" buscavam dar força umas às outras para enfrentar a dura realidade das dores e perdas, que não poupara ninguém, quer entre vencedores ou vencidos. Afinal, como diz, todas as famílias estavam de luto: a maioria por um parente próximo e o restante por "um amigo, um colega, um amante, um companheiro". Unindo-se na dor e no luto, os grupos familiares eram essenciais para esse processo de aceitação e recuperação da guerra. Nesse aspecto, é interessante o papel que Winter confere não só à família, mas ao parentesco artificial entre indivíduos. Desenvolvendo muitas vezes laços profundos e duráveis, pessoas sem laços sanguíneos com os sofredores a eles se uniam em solidariedade,

---

The reconciliation of fact with sentiment in our dealings with Latin America, *Annals of the American Academy of Political and Social Science*, v.132, p.128).

98 Foi encontrada uma referência à existência de tal comissão, que teria resolvido com sucesso uma disputa territorial entre a Bolívia e o Paraguai sobre a região do Gran Chaco. Iniciada em maio de 1929, a disputa teria sido investigada e solucionada pelos "cinco poderes neutros representados na comissão" e aceitos pelas partes envolvidas como "caminho para a resolução da disputa". Em 14 de setembro, os dois países teriam restabelecido relações diplomáticas, possibilitando com isso a finalização da questão (cf. Matthews, Chronicle of international events, *The American Journal of International Law*, v.23, n.4, p.842).

ajudando-os e consolando-os com empatia, generosidade e compaixão. Ampliando-se os laços de parentesco, um espaço era aberto para outros tomarem o lugar de pais, irmãos ou primos, por exemplo, e se aproximarem dos sofredores movidos por uma "ética da generosidade" e por uma "obrigação moral".[99]

Esse parece ter sido o papel que William Shepherd desempenhou para Rüdiger Bilden num período em que ele se sentia humilhado e triste por si mesmo, por seus familiares, por seus compatriotas e pela pátria vencida e espezinhada. A forma claramente afetuosa com que ele inicia a carta de 1925, "meu querido professor", demonstra que Shepherd lhe dera muito mais do que se poderia esperar de um professor dedicado e que o significado desse relacionamento foi profundo e duradouro. Na verdade, Bilden se mostra comovido ao lembrar que Shepherd o recebera muitas e muitas vezes quando não havia qualquer ligação "oficial" de professor-aluno entre eles. Como estudante de graduação, a distância que existia formalmente entre ele e um professor da "escola de pós-graduação", como Shepherd, impedia, em geral, qualquer contato. Fora, pois, por pura "bondade pessoal" que Shepherd lhe concedera "o privilégio de discutir problemas históricos importantes, especialmente os relacionados à Guerra Mundial e a situação alemã" – e foram essas conversas abertas, magnânimas e cheias de "opiniões comoventes" que marcaram profundamente o rumo que Bilden deu à sua vida dali em diante.

Num longo artigo na popular e progressista revista semanal *The Nation*, publicado em março de 1918, num momento em que a derrota da Alemanha parecia iminente, tem-se uma amostra da postura de Shepherd diante dos acontecimentos mundiais. Longe de criticar os alemães e enaltecer os aliados, ou seja, sem dividir o mundo entre heróis e vilões, como era usual, Shepherd faz uma análise objetiva de uma das consequências da guerra em curso: a situação das colônias alemãs tomadas pelas tropas aliadas, áreas que até 1914 faziam parte do quarto poder colonial do mundo. Depois de fazer um histórico da expansão da Alemanha – enfatizando que ela chegara tarde à corrida expansionista, tendo "de se contentar com áreas menos desejáveis do que as tomadas

---

99 Winter, *Sites of Memory, Sites of Mourning: The Great War in European Culture History*, p.6, 29-30.

pelos seus predecessores"; que carecia das "duras lições" que as outras "nações imperialistas da Europa" haviam adquirido por longa experiência; e que foi dolorosamente que aprendera a abrandar seus métodos rígidos e insensatos de administração e de apreciar "medidas conciliatórias" e a "sabedoria de adotar uma política que punha as relações entre os governantes e os governados sob uma base de mútuo entendimento e confiança" – Shepherd faz um alerta e um apelo aos aliados sobre aquilo que vê como um dos problemas mais difíceis que uma conferência de paz teria de enfrentar: o destino das possessões alemãs.

Deixando claro que a derrota da Alemanha em si não solucionava um problema que não se iniciara com ela, Shepherd levanta várias possibilidades de solução: anexar as colônias alemãs aos países que as capturaram, conceder aos alemães outras áreas em troca das capturadas ou permitir que os próprios povos nativos escolhessem seus "possuidores" – havendo, nesse caso, a possibilidade de preferirem continuar possessões dos alemães. Mas a ideia que sobressai na argumentação de Shepherd é que na conflagração mundial o que estava em questão não era a limitação da ganância e do militarismo alemão e de sua política expansionista tão criticada pelos aliados. Muito mais do que isso, era todo o destino da "velha ideia imperialista" – em que o primordial era o "enriquecimento territorial de uma nação às expensas de outra, sem qualquer consideração pelo bem-estar dos habitantes nativos", – que estava em jogo. Enfim, muito do futuro das relações internacionais dependia do destino das possessões alemãs. Homem de seu tempo, Shepherd não tinha a independência das colônias no seu horizonte de expectativa, mas a proposta que fez então era inusitada e progressista. Visando "repelir invejas que podem levar a conflitos armados semelhantes" aos que o mundo estava vivendo, propunha que se criasse uma liga das nações para o "controle comum" das antigas possessões alemãs, evitando-se com isso a "prática de possessão exclusiva" e garantindo--se, ao mesmo tempo, a "liberdade de acesso aos mercados coloniais em termos de absoluta igualdade". Continuar com o velho sistema de divisão e distribuição de territórios, alertava Shepherd, significava optar pelo "engrandecimento nacional, com tudo o que tem sabor de imperialismo, de egoísmo comercial, de militarismo e de futuras guerras".

Criar uma "administração conjunta" significava optar por "ajustamento internacional, com todas as promessas de cooperação e paz futura – o princípio de um acordo não imperialista".[100]

Enfim, considerando as vistas largas com que Shepherd encarava a luta entre as nações e a defesa da tolerância, do senso comum e da justiça no trato daqueles com quem "podemos estar em desacordo", é muito provável que em suas conversas com Bilden ele se manifestasse como Bernard Shaw sobre o que era de esperar de um mundo lúcido, justo e nobre.

> Para o homem verdadeiramente civilizado, para o bom europeu, o massacre da juventude alemã é tão desastroso quanto o massacre da inglesa. Os tolos exultavam com as "perdas alemãs", não se dando conta de que "elas eram nossas perdas também".[101]

Para Bilden, era, pois, como se Shepherd fosse um parente próximo que com ele se compadecia e se enlutava pela sorte de seus compatriotas; ao mesmo tempo, com sua compreensão ampla da história, ele era também quem o auxiliava na difícil tarefa de dar sentido ao que ocorrera e de acreditar e trabalhar por um futuro melhor.

Assim, quando em 1922 Bilden optou pelo estudo da América Latina ao ingressar no curso de pós-graduação em Columbia, essa foi uma escolha refletida. Concluíra o bacharelado em 1920 e tivera, desde então, a oportunidade de, como diz, "filtrar e assentar" o que aprendera no seu "período mais formativo". Para Bilden, trabalhar sobre a "influência da escravidão" no desenvolvimento do Brasil sob a orientação, agora oficial, do renomado Shepherd, significava, de certo modo, fazer de cabeça erguida a ligação entre seu passado e seu futuro.[102] Esse professor, que nutria profunda admiração pela cultura alemã e defendia a importância de se conhecer a América Latina, até então menosprezada e

---

100 Shepherd, The German colonies and their disposal, *The Nation*, v.106, n.2752.
101 Id., Common sense in foreign policy, *Political Science Quarterly*, v.31, n.1, p.122 e passim; Shaw, Preface, *Heartbreak House*, p.25.
102 Carta de Rüdiger Bilden a William Shepherd, 20 set.1925, William Shepherd Papers, CURBML, caixa 2.

desconhecida, apontava, pois, para um campo de estudos em que Bilden poderia contribuir substancialmente com toda a erudição de sua cultura germânica e de seus conhecimentos linguísticos. Foi então, com grande ambição, garra e paixão, que Rüdiger Bilden se tornou um estudioso da história brasileira.

Capítulo 2
De Columbia University ao Brasil: um caminho árduo

Na carta comovidamente expressiva que Rüdiger Bilden escreveu ao professor William R. Shepherd em 1925, deixou claro que o rumo que seu pensamento e seus estudos haviam tomado era diretamente relacionado ao profundo impacto da "personalidade e intelecto" desse professor em sua vida. Este capítulo, que tem por objetivo explorar os antecedentes da contribuição de Bilden aos estudos latino-americanos e brasileiros, inicia-se, pois, com uma reflexão sobre o papel desse professor da Columbia University no desenvolvimento dessa área do conhecimento, estendendo as considerações sobre suas ideias e atuação já iniciadas no final do capítulo anterior.

Da Columbia a Washington

Já se afirmou, com propriedade, que a constituição de uma disciplina, especialmente nos seus primeiros estágios, é questão de "esforço pessoal e às vezes heroico por parte de um ou alguns indivíduos movidos pelas possibilidades de uma área de conhecimento ainda não reconhecida e não organizada".[1] Tal afirmação, feita por dois eminentes historiadores da ciência a propósito do processo de construção de sua própria disciplina, bem se aplica a William R. Shepherd. Na verdade, ele pode ser descrito como um incansável batalhador pelo desenvolvimento dos estudos latino-americanos nos Estados Unidos segundo padrões que poderiam ser chamados de *humanistas*, fazendo dessa disciplina uma corretora da visão pejorativa então largamente ali difundida sobre muito do que se referia à América Latina – e ainda desalentadoramente presente, conforme alguns estudiosos.[2]

Para a criação e a institucionalização da disciplina, foi fundamental a fundação da *Hispanic American Historical Review* em fevereiro de 1918, que, por quase meio século, foi "o único periódico de divulgação dos estudos acadêmicos sobre o 'outro americano' da América".[3] Pois, nela, Shepherd não só participou como incentivador, fundador e assíduo contribuinte, como doou fundos para seu lançamento, num período em que a Primeira Guerra Mundial, então em curso, atraía a atenção para o outro lado do Atlântico e monopolizava grande parte dos recursos.[4] Com autoridade reconhecida por estudiosos da América Latina e da Espanha, com quem colaborava e cujos trabalhos divulgava,[5] as ambições de Shepherd para a revista que ajudou a fundar eram grandes, pois não só propunha que alargasse sua abrangência para cobrir "a história e as instituições

---

1 Thackray e Merton, On discipline building: the paradoxes of George Sarton, *ISIS*, v.63, n.219, p.474.

2 Mignolo, *The Idea of Latin America*; Feres Jr., *A história do conceito de "Latin America" nos Estados Unidos*.

3 Dentre os demais estudiosos da América Latina na época destacam-se Charles C. Chapman, da University of California; Herbert E. Bolton, da University of Texas; William Spence Robertson, da University of Illinois; Percy Alvin Martin, da Stanford University, e Clarence H. Haring, da Harvard University.

4 Sobre a fundação da revista, ver Chapman, The founding of the review, *Hispanic American Historical Review*, n.1, p.8-23. Daqui em diante, o periódico será referido como *HAHR*.

5 Ver, por exemplo, o agradecimento caloroso de J. T. Medina, de Santiago do Chile, pela ajuda dada por Shepherd na obtenção de documentos e referência à resenha que publicou na *American Historical Review* de "todos os volumes da Biblioteca Ayacuho publicados pela Editorial América sob a direção de Blanco Fombona", exilado venezuelano em Madri que fundou em 1914 essa editora devotada à divulgação de escritores latino-americanos. Ver *HAHR*, n.1, p.114, 339. Foi Fombona que traduziu para o espanhol o livro de Shepherd, *Latin America* (1914).

da Espanha e de Portugal" como também sugeria que promovesse o estudo da América Latina, de Portugal e da Espanha contemporâneos. Com isso, abria-se "espaço não só para artigos sobre as atuais condições políticas, sociais, econômicas e intelectuais, mas também para um registro dos eventos da atualidade e para listas e resenhas de trabalhos que tratam de temas variados".[6]

Antes mesmo de 1918, ao lado de um pequeno número de estudiosos autodidatas da América Latina – autodidatas como necessariamente são os fundadores de uma disciplina –, seu esforço fora afastar esse campo do conhecimento do diletantismo que imperava e transformá-lo em força ativa para o entendimento entre as nações. Seu livro *Latin America*, publicado em 1914 e que, a crer no renomado históriador Lewis Hanke, foi "por muitos anos, o melhor volume no assunto", inicia-se com um apelo a estudos sérios e sistemáticos, afirmando que "as noções erradas e injustas que prevalecem sobre a América Latina são mais facilmente eliminadas ao se trazer as provas da civilização".[7]

Já havia muito o diletantismo, que era bastante difundido e convincente, divulgava uma visão negativa e distorcida da América Latina. Comentando a superficialidade e pretensão de verdade balizada de muitas declarações feitas ao longo de décadas sobre essa área do continente, um estudioso da história da visão dos Estados Unidos sobre a América Latina afirma que, desde o debate sobre a anexação da República Dominicana, em 1870, até o final dos anos 1910, "todo mundo era um especialista – contador de histórias, oficial naval, homem de

---

6 Carta de William R. Shepherd a Charles E. Chapman, em resposta ao seu pedido de manifestação de opinião sobre a fundação da revista, enviado em 25 nov. 1916 "para quase todos os membros da profissão de história que se acreditava terem um interesse em estudos hispano-americanos" (cf. Chapman, The founding of the review, p.11, 21-2).

7 Lewis Hanke, [palavras introdutórias à introdução do pequeno *paper* apresentado por William R. Shepherd na reunião anual da American Historical Association de 1909, "The Contribution of the Romance Nations to the History of the Americas"]. In: Cline (org.), *Latin America History: Essays in Its Study and Teaching, 1898-1965*, v.1, p.66; Shepherd, *Latin America*. Uma questão intrigante é saber o que levou o editor ou William Shepherd a publicar ainda naquele ano o mesmo livro com o título de *Central and South America*. A única diferença, fora o título, se encontra na primeira frase do prefácio, que acrescenta o seguinte trecho: "'*Latin America' is a geographical expression applied to twenty republics in the New World*".

negócios, jornalista, missionário, membro do congresso, diplomata, autor de livro-texto e turista". E, com raras exceções, esses "especialistas" eram uníssonos na visão estereotipada que divulgavam. William Eleroy Curtis, um jovem jornalista de talento que, após passar alguns meses na América do Sul no final do século XIX, se transformou "em um dos maiores intérpretes da América Latina nos últimos quinze anos do século", bem exemplifica a autoridade que podia assumir o discurso diletante. Curtis, não só atuou como o primeiro diretor do Bureau of American Republics, como também divulgou em livros e artigos de viagem para um grande público uma visão da América Latina que nada mais fazia do que fortalecer os estereótipos existentes sobre os latino-americanos como preguiçosos, supersticiosos, corruptos, vingativos etc.; todos esses traços derrogatórios imbatíveis, porque apresentados como decorrentes da conjunção do clima tropical, da composição racial e das tradições culturais ibéricas, marcadas por um catolicismo retrógrado. Mesmo os dinâmicos colonos alemães que chegavam ao Brasil, diz Curtis, não escapam a essa sina, e dois anos de experiência tropical são suficientes para que estejam "sentados à sombra de uma figueira e arranjando um negro para fazer o seu trabalho".[8]

Desde o início do século XX, a crer em comentários contemporâneos, os conhecimentos de Shepherd sobre a América Latina, aliados à sua personalidade e ideais conciliadores, faziam dele uma figura especialmente preparada para o combate a esse diletantismo pretensioso e para a liderança de uma campanha em prol de um relacionamento mais respeitoso e digno entre as repúblicas americanas. Rafael Altamira y Crevea (1866-1951), conhecido como "grande apóstolo do hispano-americanismo", além de historiador, crítico literário, escritor, jurista e juiz do Tribunal Internacional de Haia (de cuja criação participou), considerava Shepherd um indivíduo excepcional.[9] Haviam se conhecido em

---

8 Park, *Latin American Underdevelopment: A History of Perspectives in the United States*, 1870-1965, p.37-40 e passim.

9 Sobre a participação de Altamira na aproximação da Espanha com as suas antigas colônias – em especial Porto Rico – e as críticas a essa aproximação, ver Naranjo, Luque e Puig-Samper (orgs.) *Los lazos de la cultura: el Centro de Estudios Históricos de Madrid y la Universidad de Puerto Rico, 1916-1939*. Sobre Altamira, ver Vergara e García (orgs.), *Rafael Altamira. Biografia de um intelectual (1866-1952)*, e Sáez, *Rafael Altamira y Crevea*

1908, na comemoração do terceiro centenário da fundação da Universidad de Oviedo, para onde Shepherd fora enviado como representante da Columbia University. De imediato, esse pacifista espanhol que acreditava que "os historiadores devem colocar sua ciência a serviço da paz", declarara-se cativado pela imparcialidade do professor norte-americano e por seu antietnocentrismo tão raro:

> investigador assíduo no Arquivo Geral das Índias [...] não é um desses estudiosos de terra estrangeira que se aplicam a estudar nossa história com preconceitos de antipatia, mas sim com critério profundamente científico, que é o mesmo que dizer imparcial, já que a chamada imparcialidade histórica nada mais é que a objetividade realista na visão e sinceridade absoluta da exposição do que se vê. Nem é também Shepherd um anglo-saxão orgulhoso, dos que creem de pés juntos na total superioridade de sua raça sobre todas as outras. [...] Shepherd sabe quanto vale seu país, mas não deprecia os outros, nem desconhece aquilo com que cada um contribuiu ou pode contribuir [...] à obra comum da civilização. Por tudo isso, acha-se com capacidade perfeita para nos estudar, não só aos espanhóis, mas a todos os povos de sangue espanhol, para entender-se com eles e para fazer justiça a todos.[10]

A "humildade científica" demonstrada por Shepherd era, para Altamira, também digna de nota, convicto que estava de que muito do que os historiadores diziam carecia de fundamento. Sobre a história da colonização espanhola, por exemplo, Shepherd afirmara em 1908 que "tudo o que dela se disse até agora é inseguro, fragmentário, fruto de generalizações precipitadas", já que o "Arquivo das Índias encerra ainda milhares de documentos que ninguém tocou, e sem os quais o que quer que se escreva carecerá de base".[11]

(1866-1951). Por suas contribuições para as leis internacionais e seu empenho pacifista, Altamira foi nomeado para o Prêmio Nobel de Paz de 1933, tendo ilustres figuras do mundo da cultura, como George Trevelyan, Johan Huizinga, Friedrich Meinecke, Américo Castro e Henri Pirenne, assinado a petição (cf. Sáez, *Rafael Altamira y Crevea*, p.92).

10 Altamira, *España en América*, p.54-6.

11 Ibid., p.103.

No encontro anual da American Historical Association de 1909, "talvez a primeira vez que uma parte do programa [...] era devotado à história de outros povos nas Américas",[12] Shepherd também deixara públicas as características que Altamira tanto apreciara ao criticar abertamente a estreiteza e o etnocentrismo dos estudos históricos norte-americanos. Até então, clamara Shepherd, eles haviam se mostrado incapazes de reconhecer a importância dos espanhóis, franceses e portugueses na história do Novo Mundo. Aos historiadores ali reunidos, ele disse:

> A história americana não consiste somente na história dos Estados Unidos, e a história dos Estados Unidos não consiste somente na história das "Treze Colônias" e de tudo o que delas procedeu [...] A participação das nações latinas na formação da história da América é mal entendida e pouco apreciada.

As realizações dos franceses, espanhóis e portugueses no Novo Mundo, de um modo geral, e nos Estados Unidos em especial, são normalmente tratadas como tendo mero "interesse pitoresco, sem qualquer importância substancial". Na verdade, entretanto, argumentava Shepherd, o estudo das civilizações estabelecidas pelos franceses e espanhóis nos Estados Unidos, bem como das "influências que aqui exerceram e de suas sobrevivências nos dias de hoje", é um campo de investigação de importância central para o conhecimento de "nosso próprio país". O mesmo se pode dizer sobre as atividades colonizadoras de Portugal e Espanha, que abarcam vastas áreas com grande população e riquezas.

> Nenhum campo da história é mais negligenciado e nenhum é mais fascinante do que a história das colonizações espanholas e portuguesas, do desenvolvimento das repúblicas latino-americanas e dos problemas que surgiram de condições tão semelhantes e ao mesmo tempo tão diferentes das nossas.

---

12 Cf. Lewis Hanke. In: Cline (org.), *Latin America History*, p.66.

O triunfo do fracasso

Enfim, nos estudos históricos norte-americanos "o equilíbrio só pode ser restaurado" se, superando a limitada visão etnocêntrica que privilegia as realizações inglesas e anglo-americanas no Novo Mundo, seus praticantes ampliarem seus horizontes, reconhecendo "a contribuição das nações latinas para a história das Américas".[13]

Semelhante crítica já fora feita brilhantemente pouco antes, em 1898, por outro pioneiro, Bernard Moses (1846-1930), mas num âmbito mais limitado, já que publicada em um pequeno artigo da *University Chronicle*, da University of California, Berkeley. Dirigindo-se aos historiadores norte-americanos, instava-os a estudar, ensinar e dar a devida importância ao que chamou de a "metade negligenciada da história americana". Os argumentos em defesa de uma visão mais compreensiva dessa área da história eram semelhantes aos que seriam usados alguns anos mais tarde por Shepherd, mas o tom de urgência de suas palavras era ainda mais notável. Moses insistia na importância do estudo de toda a América não só pelo seu valor em si, mas para o conhecimento dos próprios Estados Unidos e para o combate aos estereótipos, provincianismos e intolerância, atitudes maléficas não só para as relações internacionais, mas para o próprio relacionamento do povo norte-americano entre si.

> Em história, a questão de suprema importância não é conhecer os eventos em si mesmos, mas em suas próprias relações [...]. É mais do que hora, portanto, de considerarmos nossas instituições e realizações em relação às instituições e realizações de outras nações que começaram, como nós começamos, no solo virgem do Novo Mundo. Além disso, está mais do que na hora de pararmos de contar mentiras sobre nossa própria história só para obtermos resultados patrióticos.

Enfim, concluía Moses:

---

13 Shepherd, The contribuition of the romance nations to the history of the Americas, *Annual Report of the American Historical Association for the Year 1909*, n.1, p.221-7, republicado em Cline (org.), *Latin America History*, p.66-7.

é da maior importância que nos conheçamos e sejamos capazes de apreciar corretamente nossos vizinhos, quer hostis ou amistosos: e não como uma concessão ao vizinho, mas para nossa própria vantagem. Precisamos desse conhecimento para impedir que caiamos no que poderíamos chamar de provincianismo nacional

e num estado de "intolerância social não muito mais desdenhosa" do que a intolerância religiosa que tantas vezes maculou a história humana.[14]

Ao lado de Moses, Shepherd fora também um pioneiro nessa disciplina que estava ajudando a criar, quando deu, em 1904, o primeiro curso sobre a história da América espanhola na Columbia University e o terceiro nos Estados Unidos.[15] Apontando o que parecia uma raridade, Rafael Altamira o divulgou entusiasmado:

> o programa do curso de oito aulas compreende as seguintes matérias: primeira aula, a época dos descobrimentos; segunda, o espírito da empresa, seus motivos e meios; terceira, a obra dos grandes conquistadores; quarta, o tratamento dos índios; quinta, o governo e as condições sociais sob o regime colonial; sétima, revolução e independência; oitava, as repúblicas hispano-americanas.[16]

Ao mesmo tempo, insistia na confessa "humildade científica" de Shepherd, que enfatizava a necessidade de mais "quinze a vinte anos" de investigação paciente nos arquivos para "escrever uma história da colonização espanhola que mereça algum crédito".[17]

---

14 Moses, The neglected half of American History, *University of California, University Chronicle*, p.120-6, republicado em Cline (org.), *Latin America History*, p.39-42.

15 O curso de Shepherd foi oferecido ao mesmo tempo que outro pioneiro, Herbert Bolton, dava o primeiro curso na University of Texas sobre a Colonização Espanhola. Ambos haviam sido precedidos em 1894 por Bernard Moses, que deu o primeiro curso sobre a história da América espanhola e suas instituições na University of California, em Berkeley, e por um curso semelhante na Pensilvânia. Cf. Watson, Bernard Moses: pioneer in Latin American scholarship, *HAHR*, p.212-6, republicado em Cline (org.), *Latin America History*, v.1, p.42-5 (p.44); Hanke, The first lecturer on Hispanic American Diplomatic History in the United States, *HAHR*, v.XVI, n.3, p.402.

16 Altamira, *España en América*, p.102-3.

17 Ibid., p.103.

Em 1917-1918, quando Bilden já era aluno da Columbia, Shepherd ministrara outros quatro cursos ao longo do ano sobre a "América espanhola e portuguesa", no Departamento de Ciências Políticas, e "América Latina: povos, governos, recursos, indústria, transporte e comércio", na School of Business, fato esse merecedor de atenção, pois revela o caráter também prático que pretendia dar a suas aulas. Descrito como um "curso exclusivamente sobre condições contemporâneas", seu objetivo era

> suprir o conhecimento e cultivar a atitude mental que possa habilitar os americanos a entender os americano-hispânicos, a apreciar suas circunstâncias, trabalhar com eles para o progresso material e intelectual e contribuir de forma geral para a promoção do comércio e amizade interamericana.[18]

Como vimos no capítulo anterior, Shepherd considerava que era seu dever sair do âmbito estritamente acadêmico e tentar transformar o modo como as pessoas em geral – incluindo aí os investidores e homens de negócio – se relacionavam com os latino-americanos. Como disse certa vez, "armas e finanças, comércio e diplomacia, eloquência e linguagem de lugar-comum são igualmente impotentes" para aproximar os povos. É o "homem da rua", "o cidadão de educação e inteligência média", que "precisa ser educado para os preconceitos e ressentimentos internacionais terem um dia alguma chance de desaparecer".[19] Sua visita à América do Sul feita em 1907 sob os auspícios do Departamento do Estado e do Bureau of American Republics era parte de seu empenho de estreitar as relações entre os povos; nesse caso, a visita fora especialmente voltada à aproximação dos "homens cultos" e professores das duas Américas, que se ignoravam quase completamente.[20] A Rafael Altamira ele confessara nessa época que homens cultos de ambos os lados não se conheciam:

---

18 Notes and comments, *HAHR*, v.1, n.3, p.343-4.

19 Shepherd, American and Latin American, *El Estudiante Latino-Americano*, v.3, n.3, p.14.

20 O Commercial Bureau of American Republics foi criado em 1890, como decorrência das discussões da First International Conference of American States organizada em Washington D. C. Sobre a história de sua criação, ver Casey, The creation and development of the Pan-American Union, *HAHR*, v.13, n.4, p.437-56.

Não nos conhecemos mutuamente, apesar de estarmos tão próximos. Eles alegam que os americanos (os *yanquis*) só os visitam para fins comerciais ou para fins políticos [...] Realmente conhecem muito pouco de nossa organização educacional, de nossos escritores, de nossa literatura e nossa arte. Como consequência disso, continuam enviando seus jovens à Europa, principalmente à França, para que se eduquem.

Desviar essa rota usual dos latino-americanos trazendo-os para instituições de ensino norte-americanas significava, nesse quadro, estreitar as relações entre as Américas. A missão de Shepherd era claramente definida pelo Bureau nos seguintes termos:

> O objetivo da viagem do Dr. Shepherd é cultivar as relações pessoais com estadistas, literatos e homens de negócio da América do Sul e dar-lhes a conhecer os recursos e condições dos colégios e universidades americanos, com o propósito de conseguir uma relação mais estreita entre as repúblicas latino-americanas e os Estados Unidos [...]. O presidente Roosevelt, o secretário Root e os diplomatas latino-americanos têm grande interesse na viagem do Dr. Shepherd. É de se esperar que produza resultados recíprocos com o envio a nosso país de escritores sul-americanos.[21]

Interessante apontar que Altamira acreditava, como Shepherd, no poder da educação para aproximar os povos. Assim, diferentemente de estudiosos mais recentes que consideram indevida a aproximação de objetivos comerciais e políticos com os educacionais feita naquela época – pois "os discursos e as práticas profissionais acadêmicas", segundo esses críticos, reforçavam e corroboravam a posição hegemônica dos Estados Unidos nas Américas[22] –, Altamira propunha que a Espanha tomasse como modelo iniciativas norte-americanas como essa.[23] Do mesmo modo, o jornalista portenho que noticiou a visita de Shepherd a Buenos Aires o aclamava como "o embaixador intelectual dos Estados Unidos

---

21 Altamira, *España en América*, p.56.

22 Berger, *Under Northern Eyes: Latin American Studies and US Hegemony in the Americas 1898-1990*, p.25, 28-9, 34, 219-20 e passim.

23 Altamira, *España en América*, p.79.

e das repúblicas sul-americanas" e se regozijava pelo que essa iniciativa norte-americana revelava. Acima de tudo, mostrava que os Estados Unidos, além de serem a terra da "avidez econômica do imperialismo comercial pela conquista do dólar, [...] do monopólio e dos sindicatos", eram uma nação preocupada com a "divulgação científica" e a "cultura pública", movidos que eram também por uma imensa crença no potencial democrático da "educação pública". Shepherd, que ali estava como "representante oficial" tanto do International Bureau of American Republics quanto da Columbia University e da Hispanic Society of America, tinha por missão "estudar importantes questões sociais relacionadas aos sistemas de educação pública e cultura científica e artística; com a geografia, no seu aspecto étnico, político e econômico; e com a história, visitando os museus, arquivos, bibliotecas etc.". O resultado dessa investigação, anunciava o jornalista entusiasmado, seria logo "exposto numa série de conferências sobre a América do Sul e sua contribuição para a cultura universal".[24]

Assim, não confinando sua atuação às salas de aula, mas também agindo como visitante em várias localidades, assíduo participante de conferências e colaborador de periódicos e jornais, Shepherd discutia a relação dos Estados Unidos com a América Latina, apontava os problemas criados pela "tutelagem política e econômica" imposta pela poderosa nação aos seus vizinhos do sul e abordava questões cruciais, tais como: a capacidade da Doutrina Monroe ou da sua versão moderna, o Pan-Americanismo, de promover o respeito e a compreensão entre as duas Américas; a justificada "ansiedade" dos latino-americanos, especialmente do Caribe, diante do "imperialismo ianque", e muito mais.[25] Como disse um professor de Harvard, cumprimentando-o pela coragem de enfrentar questões centrais,

---

24 Mr. Shepherd, *España*, n.201, p.146-8.
25 Cf., por exemplo, Shepherd, New Light on the Monroe Doctrine, *Political Science Quarterly*, v.31, n.4, p.578-89; Id., The Monroe Doctrine Reconsidered, *Political Science Quarterly*, v.39, n.1, p.35-66; Id., [resenha de The United States and Latin America], *The American Historical Review*, v.26, n.2, p.351-2.

muito de bom é feito por afirmações tão claras e destemidas sobre a realidade de nossa política estrangeira. Não há utilidade em fingirmos que nós colocamos todas as nações no mesmo patamar internacional [...] Você não fecha os olhos para o fato de os Estados Unidos terem sido algumas vezes arrogantes e de nós termos praticamente feito protetorados de vários países latino-americanos.[26]

Enfim, uma tecla constantemente tocada por Shepherd era a da visão predominante de que "revoluções e terremotos" eram os "principais produtos" da América Latina. Nada muito diferente da constatação feita pelo laureado Mario Vargas Llosa muitas décadas mais tarde, quando, referindo-se aos estereótipos dos latino-americanos que são permanentemente reeditados na Europa e nos Estados Unidos, disse: "Se não fizermos explodir bombas, vocês nem mesmo olharão para nós".[27] Ora, dizia Shepherd, tal visão distorcida baseava-se em ignorância e preconceito arraigados que grassavam não só entre o público em geral, mas também entre muitos escritores norte-americanos e europeus desinteressados em conhecer o "ponto de vista latino-americano" ou obter informações fidedignas sobre sua situação e história.[28] É importante assinalar, no entanto, que a ênfase de Shepherd na necessidade de se promover mútuo conhecimento e simpatia entre os povos da poderosa nação do norte e seus vizinhos do sul, sem o que uma situação de harmonia, entendimento e cooperação entre eles jamais seria alcançada, coexistia com o que reconhecia como sendo prerrogativas e liderança adquiridas pelos Estados Unidos devido ao seu superdesenvolvimento; prerrogativas e liderança que poderiam ser, de certo modo, mantidas ao mesmo tempo que "um sentimento de solidariedade interamericana"

---

26 Carta de Albert Bushnell Hart a William R. Shepherd, 2 maio 1924, William R. Shepherd Papers, CURBML, caixa 1.

27 Maric Vargas Llosa [entrevista concedida a Georges Suffert], O grito da América Latina – parem de nos desprezar. *Le Point de Paris*, republicada em *Jornal da Tarde*, São Paulo, 21 jan. 1984.

28 Shepherd, Our relations with Latin America (manuscrito), William R. Shepherd Papers, CURBML, caixa 12; Id., New light on the Monroe Doctrine, *Political Science Quarterly*, v.31, n.4, p.578-9.

O triunfo do fracasso

se fortalecia.[29] Do mesmo modo, ainda que reconhecesse que os órgãos de comunicação e os chamados "especialistas", ao invés de buscarem informações fidedignas, optavam por dar força ao conjunto dos estereótipos que nutriam sua visão das "repúblicas bananeiras" como um bloco indistinto, admitia que às vezes os estereótipos correspondiam à realidade. Referindo-se certa vez ao fato de as repúblicas da América Latina se ressentirem por não serem reconhecidas no âmbito internacional e serem mantidas à "margem da vida internacional", Shepherd ponderou que muito desse não reconhecimento era justificado. As "disputas internas" que havia nessas repúblicas, bem como as desavenças existentes entre elas, motivadas por "interesses, paixões e sentimentos locais", eram fatores que dificultavam o trabalho harmonioso da comunidade internacional com elas e as impediam de sair da "margem" ou do "limbo" em que se encontravam.[30]

Por volta de 1918, houve, por assim dizer, um salto fundamental na visão de Shepherd sobre a América Latina e na valorização desse campo da história. Provavelmente estimulado pela conflagração mundial, ampliou sua perspectiva e passou a ver essa e outras chamadas "periferias da história" como partes integrantes e essenciais do que se pensava erroneamente, segundo ele, como sendo a história puramente europeia.[31]

Foi nos cursos e seminários sobre expansão europeia, proferidos pela primeira vez na Columbia University em 1918 – jamais publicados na íntegra, mas com textos sobre o tema vindo a público logo a seguir em três partes na *Political Science Quarterly* –, que ele apresentou ideias que, a crer em comentários de estudiosos, deram início a um debate sobre o amplo significado dessa expansão e abriram novas perspectivas

---

29 Ibid., p.583.

30 Shepherd, The South American Republics and their international relations (*précis of address*) by William R. Shepherd at, Cambridge, 1º maio 1922, William R. Shepherd Papers, CURBML, caixa 4.

31 Segundo Lewis Hanke, foi esse curso que muito fez para que essa nova disciplina "ganhasse respeito num departamento de história conhecido por seus laços com a Europa" (cf. Hanke. In: Cline (org.), *Latin America History*, v.1, p.66).

para a história da humanidade.[32] O fato de Shepherd ter repetido seu curso nas universidades de Londres, Cambridge, Durham, Manchester e Edimburgo parece atestar que suas ideias suscitaram amplo interesse.[33] Um dos primeiros comentadores dessas aulas afirmou, por exemplo, que elas haviam deixado "claro, pela primeira vez, quanto o desenvolvimento da ciência europeia nos tempos modernos se devia à reação da colonização, exploração e comércio mundial sobre o pensamento europeu". Anos mais tarde, o renomado históriador Carlton H. Hayes se referia à investigação proposta por Shepherd como modelo a ser ainda seguido por "nossa corporação de historiadores", já que ampliava o conceito de fronteira para nele incluir o trânsito de influências em mais de uma direção.[34] E bem recentemente, em 2008, os historiadores Felipe Fernández-Armesto e James Muldoon ainda consideraram relevante o texto de Shepherd "The Expansion of Europe" para o estudo das fronteiras medievais da cristandade latina.[35]

Os textos baseados no curso dado por Shepherd em 1918-1919 dão bem uma amostra da atração que a visão ali veiculada podia exercer sobre jovens como Rüdiger Bilden, inquietos com os rumos dos acontecimentos mundiais. O impacto que aquelas aulas exerceram em sua vida foi abertamente declarado em sua carta de 1925:

> por uma série de razões, acima de tudo o tratamento penetrante e compreensivo de alguns dos maiores e mais fascinantes problemas da

---

32 Shepherd, The Expansion of Europe I [resenha de Abbott, *The Expansion of Europe (1415-1789): A History of the Foundations of the Modern World*], *Political Science Quarterly*, v.34, p.43-60; The Expansion of Europe II, *Political Science Quarterly*, v.34, n.2, p.210-25; e The Expansion of Europe III, *Political Science Quarterly*, v.34, n.3, p.369-412.

33 Cf. Shepherd, *The Expansion of Europe* (manuscrito do curso de "quatro aulas" dadas "sob os auspícios das Universities Bureau of the British Empire e da American University Union na Europa"), sem data (c.1922), William R. Shepherd Papers, CURBML, caixa 2.

34 Barnes, The Historian and the History of Science, *The Scientific Monthly*, v.11, n.2, p.124-5; id., [resenha de *The Influence of Oversea Expansion on England to 1700*, de James E. Gillespie], *Journal of International Relations*, v.12, n.2, p.296-7; Hovde, Notes on the effects of emigration upon Scandinavia, *The Journal of Modern History*, v.6, n.3, p.253-79; Hayes, The American frontier. Frontier of what?, *The American Historical Review*, v.51, n.2, p.200.

35 Muldoon e Fernández-Armesto (orgs.), *The Medieval Frontiers of Latin Christendom: Expansion, Contraction, Continuity.*

civilização moderna [...] feitos durante o dramático período do Armistício e da Conferência de Paz, essas aulas foram uma revelação e um tremendo estímulo para mim e tiveram uma influência muito maior na formação de meu método histórico e na minha visão do que quaisquer outras aulas e instrução.[36]

Ora, uma das questões centrais do curso era discutir as origens distantes do desentendimento entre as nações, apontando, ao mesmo tempo, para o caminho de uma cooperação entre os vários povos; cooperação movida pelo que Shepherd chamava de "consciência de uma humanidade comum".[37]

Seu ponto de partida era que a "evolucão da humanidade" havia sido profundamente marcada pela expansão da Europa "nos últimos quinhentos anos"; no entanto, o "significado vital" do contato entre europeus e não europeus e sua repercussão para a história do relacionamento e rivalidade entre as nações não haviam sido devidamente apreciados e avaliados. Ele admitia que se reconhecia, ao menos em parte, o papel da Europa em aproximar, ao longo dessa "Nova Cruzada", as antigas civilizações do Oriente e do Ocidente. Pelo menos para alguns, era evidente que a "Nova Cruzada" dera início "a um peculiar intercâmbio de respeito" e de "estima mútua" entre essas duas áreas da mundo, estimulando ambas a considerarem a ideia de abandonar uma nefasta e indevida "supervalorização" de seus dotes e feitos. Entretanto, um aspecto sistematicamente ignorado mas de importância primordial nesses encontros dos europeus com outros povos, argumentava Shepherd, era a crescente interação entre eles – interação essa que, não obstante ter provocado uma "transformação colossal nas relações humanas por todo o mundo", ainda não havia merecido a necessária atenção dos estudiosos. Resenhando, nessa mesma época, um livro recente do professor de Harvard Wilbur Cortez Abbott sobre o tema, Shepherd refere-se à visão etnocêntrica do autor e à sua limitada pesquisa, pois, nos dois vastos volumes em que

---

36 Carta de Rüdiger Bilden a William R. Shepherd, 20 set. 1925, William R. Shepherd Papers, CURBML, caixa 2.

37 Shepherd, The Expansion of Europe I, p.46.

se propunha a traçar a história das "fundações do mundo moderno", não conseguira perceber "a mistura de elementos europeus com não europeus na formação da vida e do pensamento de hoje".[38]

Ao contrário do que comumente se pensa, argumentava Shepherd em seu curso, a história da expansão europeia é muito mais do que a história da colonização europeia. Não usando meias palavras, explicava tal disseminada estreiteza de visão como resultado de sentimentos de superioridade racial e cultural e de uma perspectiva "imperialista mais ou menos evidente". Usando a expressão de Kipling, "o fardo do homem branco", descrevia a história que normalmente se narra como exclusivamente interessada no que o europeu "fez ou pensa que fez pelo 'irmãozinho escuro'", deixando de lado o que esse "irmãozinho escuro" fez por ele; ou seja, deixando de lado o que, nesse processo de dar e receber, reverteu "em benefício ou detrimento" para as duas partes envolvidas.[39] Com tal atitude, argumentava Shepherd, "questões supremas" foram negligenciadas, tais como "em que aspectos a civilização da Europa foi moldada por forças e fatores oriundos de fora de suas fronteiras geográficas?"; ou em que medida, por exemplo, "os indígenas, o negro e o asiático passaram ensinamentos aos europeus que vieram residir em suas terras como senhores ou vizinhos", já que o contato entre "europeus e não europeus" seguramente "resultou em educação para ambos"? Porque, na verdade, esclarece Shepherd,

> como um conceito histórico [...] a expansão da Europa pode ser resumida como significando simplesmente que a Europa levou sua civilização para outras partes do mundo e trouxe de volta uma variedade de coisas que alteraram sua vida e seu pensamento em casa.[40]

Esse processo de expansão – que implicou "uma interação mais ou menos contínua" entre europeus e não europeus – foi tão poderoso

---

38 Ibid., p.678-81.

39 Ibid., p.51. A expressão *little brown brother* foi cunhada por William Taft, futuro presidente dos Estados Unidos, quando era governador das Filipinas, para se referir aos filipinos, povo que havia sido recentemente anexado ao Império norte-americano.

40 Ibid., p.51.

que se pode dizer que dele surgiu uma "Nova Europa". Suas bases econômicas, comerciais, industriais, técnicas, científicas, morais e intelectuais foram transformadas e, pela primeira vez, criou-se a "política mundial com todas as consequências para o bem e para o mal da própria Europa".[41] O "espírito do imperialismo" foi encorajado de modo sem precedente, a desumanidade e a exploração dos povos "tidos como atrasados" e "assumidos como inferiores" tornaram-se norma, a antipatia entre as nações surgiu em certos casos e se fortaleceu em outros, o nacionalismo se desenvolveu de modo generalizado e o ressentimento e a animosidade internacionais cresceram assustadoramente. As origens da Grande Guerra se encontrariam nas últimas fases desse processo de expansão e fariam parte, pois, desse complexo de consequências tanto "degradantes" como "elevadas" das relações da Europa com o resto do mundo.[42]

Mais do que apresentar um tema já elaborado – que aguardava o talento de um Gibbon para ser devidamente desenvolvido, como diz[43] –, o que Shepherd parece ter almejado com esse curso era, acima de tudo, chamar a atenção para a necessidade de pensar em termos globais e reconhecer que todo o desenvolvimento da civilização moderna era o resultado de quinhentos anos de interação entre europeus e não europeus, interação essa que transformou as antigas civilizações e o "irmãozinho escuro", mas que também "enriqueceu e diversificou vastamente" a própria Europa.

Não obstante o curso ter tido simplesmente a pretensão de apontar para uma nova visão da história a ser ainda devidamente desenvolvida, é inegável que nas reflexões que fez sobre esse novo quadro, o papel da Alemanha na Grande Guerra perdia o lugar de responsável principal por sua eclosão e pelas monstruosidades então cometidas. Sim, pois na história contada por Shepherd conflitos e rivalidade de interesses não estavam ausentes de grande parte das nações europeias, acometidas de uma "fome de terra [...] e de uma ganância por riqueza que achava

---

41 Shepherd, The Expansion of Europe II, p.211-2; id., The Expansion of Europe III, p.407.
42 Id., The Expansion of Europe III, p.407-9, 412, 393.
43 Id., The Expansion of Europe I, p.43.

satisfação na pilhagem ou exploração de povos nativos e no roubo de rivais europeus". Mas havia também um lado positivo a apontar, já que essa mesma expansão, ao fazer o europeu desbravar o mundo e conhecer outras culturas, havia gerado uma expansão de horizontes mentais e de sentimento que contribuíra tanto para o reconhecimento do valor e importância de outros povos e culturas tidos como periféricos, como para o "surgimento do conceito de uma humanidade comum". Eram essas provavelmente as razões pelas quais Lewis Hanke comentara que o curso de Shepherd ajudara "a nova disciplina de história da América Latina a adquirir respeito".[44]

As reminiscências do Departamento de História da Columbia sobre esse curso ministrado pela primeira vez em 1918-1919 deixam claro que ele marcou época, tanto pelo entusiasmo do professor que, tomado pelo assunto, o ministrava completamente de memória, como pela amplitude e profundidade da pesquisa utilizada. Com dados "nunca antes recolhidos", como é lembrado, Shepherd apresentara um "vasto panorama das trocas culturais e sociais entre os quatro continentes após a descoberta do Novo Mundo".[45] Ao saber de sua morte em 1934, seu ex-aluno Francis B. Simkins, provavelmente assim como tantos outros, lamentou: "é uma grande infelicidade ele não ter publicado sua *opus* sobre a expansão da Europa".[46]

É de imaginar, pois, o entusiasmo de Bilden pela "revelação" que o curso representara para ele. Ao mesmo tempo que sua pátria saía de certo modo redimida, um novo horizonte de interesse se abria com a constituição de todo um campo de estudos negligenciados e à espera de investigadores capacitados e de vistas largas.

---

44 Id., The Expansion of Europe III, p.394, 412; Hanke. In: Cline (org.), *Latin America History*, p.66.
45 Barzun, Reminiscences of the Columbia History Department: 1923-1975, *Living Legacies*.
46 Carta de Francis B. Simkins a Gilberto Freyre, 26 jun. 1934, Arquivo da Fundação Gilberto Freyre (daqui em diante referido pelas iniciais AFGF).

O caminho de Bilden para a América Latina

Ao ingressar na Faculdade de Ciências Políticas da Columbia em fevereiro de 1917, no início da "Sessão da Primavera", provavelmente Bilden ainda não tinha nos seus horizontes de estudo a América Latina.[47] Dos dez cursos de história que seguiu – que incluíam história política e social dos Estados Unidos entre 1828 e 1876, cujo tema central era a escravidão e diferentes aspectos da Guerra Civil e da Reconstrução; a formação da Constituição Inglesa, enfatizando a dívida das outras nações para com as instituições políticas inglesas; e história geral das teorias políticas antigas e medievais – nenhum tinha a América Latina como tema. É provável que seu primeiro contato formal com esse tópico tenha sido nas duas séries de aulas sobre a "Expansão da Europa" ministradas por Shepherd em 1918-1919, em que "a devida atenção era dada aos fatores espanhóis e portugueses em comparação com outros Estados europeus", quando "explica como certas características da civilização moderna derivaram do contato dos europeus com os povos da América, Ásia, África e Oceania desde o século XV".[48] Os demais cursos que frequentou cobriam várias disciplinas e, em 1918, ele se inscreveu no programa de "honras" em governo (nome usado então para ciências políticas) e história. Essa era uma opção que não só permitia a obtenção de um grau diferenciado em duas disciplinas como facultava ao aluno um programa de estudos ao mesmo tempo mais livre e exigente do que o "currículo geral". Comprometendo-se a fazer suas leituras e a aprofundar os conhecimentos com menor assistência do que o aluno regular, o candidato obtinha o grau de "honras" dependendo do resultado de um

---

47 O ano acadêmico da Columbia nessa época se dividia em três partes: a *Winter Session* (final de setembro a início de fevereiro), a *Spring Session* (início de fevereiro a início de julho) e a *Summer Session*, destinada a cursos especiais. O curso de graduação de Bilden – como aluno da Columbia College, tal como era chamada a escola de graduação da Columbia University – incluiu um curso de jurisprudência, quatro de filosofia, seis de economia, dois de inglês, um de francês, quatro de política, dez de história, quatro de governo, dois de matemática, um de educação física e um de sociologia. Cf. Transcript of Record, student record, Columbia University. Por impossibilidade legal, as notas de Bilden não podem ser tornadas públicas, nem mesmo sendo requeridas por um parente relativamente próximo (e o único existente) como sua sobrinha Helga Bilden.

48 Notes and comments, *HAHR*, v.1, n.3, p.344.

"exame bastante geral", parte oral e parte escrito, que avaliava a profundidade das leituras suplementares e do conhecimento adquirido.[49] Além disso, essa era uma opção especialmente interessante para aqueles alunos academicamente ambiciosos que necessitavam de trabalhar para se manter, como era o caso de Bilden, cujas dificuldades econômicas o acompanhariam ao longo da vida, chegando algumas vezes a adquirir proporções dramáticas, como veremos.

Trabalhando como pesquisador no Bureau of Municipal Research (BMR) de Nova York, e dando aulas particulares de inglês, alemão e francês, bem como fazendo ocasionalmente trabalhos de tradução, Bilden finalmente se formou recebendo seu "B.A., com honras em governo e história" em outubro de 1921, um grande feito, a crer pelo número de formandos da Columbia College: dos 308 alunos formados, só 30 receberam "honra" naquele ano.[50]

O contato de Bilden com o polêmico, empreendedor e dinâmico Charles A. Beard, a outra figura de professor e intelectual público que marcou sua trajetória, ainda que não tão profundamente quanto Shepherd, ocorreu logo no início de seus estudos na Columbia. Apesar de Beard ter-se demitido da universidade em 1917 pelos motivos já apontados no capítulo anterior, os dois mantiveram-se ligados por algum tempo. "Tive a grande sorte", confessou Bilden a Shepherd, "de estar intimamente associado ao senhor e ao Dr. Charles A. Beard [...] como meus principais professores e conselheiros"; suas "influências sobre mim" sendo, "em certo sentido, complementares". Mas, com o afastamento de Beard da universidade, Bilden confessa a Shepherd, "minha ligação com o senhor foi se tornando cada vez mais direta e produtiva".[51]

É muito provável que tenha sido por intermédio de Beard que Bilden obteve o lugar de pesquisador no Bureau que este empreendedor intelectual ajudara a organizar e que dirigira desde sua saída da Columbia

---

49 Cf. *Bulletin of Information, Columbia College, Announcement*, seventeenth series, n.17, p.14-5; nineteenth series, n.17, p.1.

50 Cf. documentação e confirmação do Student Service Representative do Transcripts Department da Columbia University, *Columbia University Commencement Programs*, 7 jun. 1922, p.2.

51 Carta de Rüdiger Bilden a William Shepherd, 20 set. 1925, William Shepherd Papers, CURBML, caixa 2.

até 1920, quando se demitiu. Fundado por particulares em 1907 – um contador, um assistente social, um advogado socialista, um renomado economista da Columbia e um cientista político – fora o primeiro centro de pesquisa municipal criado para ajudar a melhorar os governos municipais, tornando-os mais responsáveis por prestar contas de sua atuação e provendo o público com informações fidedignas sobre as atividades e o orçamento do governo.[52]

A demissão autoimposta de Beard em 1920 tinha a ver com sua pouca habilidade em levantar fundos, para o que sua reputação de radical era um empecilho. Como lembra seu ex-aluno e grande admirador do Brasil Roy Nash, "um ditado favorito de Charles A. Beard" era: "nós fazemos tudo muito bem na América, exceto pensar".[53] Tal postura evidentemente não ajudava suas tarefas de diretor. "Simplesmente não sou bom para levantar fundos. O contato com pessoas de dinheiro não me faz ter nenhum respeito especial por elas ou por seus talentos, e nada do que escrevo ou digo parece fazer com que tenham qualquer respeito por mim." A isso acrescentava-se a resistência que encontrara no próprio conselho administrativo para alguns de seus projetos. Por considerá-lo "muito comunista", haviam tentado, por exemplo, abafar o relatório sobre o problema de trânsito de Nova York, um trabalho de pesquisa esmerado do qual Beard muito se orgulhava e que lhe deu a reputação de grande modernizador urbano, pela qual foi convidado pelo governo de Tóquio para colaborar na reconstrução da cidade após o catastrófico terremoto de 1922. Como diz sua biógrafa, ao decidir se demitir, Beard deve ter reconhecido que era hora de deixar que alguém com reputação de mais moderado levasse adiante a obra do Bureau.[54] Coincidentemente, a saída de Beard da diretoria do Bureau of Municipal Research em meados de 1920 para se dedicar à New School for Social Research, que fundara em 1919

---

52 Os nomes dos fundadores eram Frederick A. Cleveland, William Allen, Henry Bruère, Edwin R. A. Seligman e Frank J. Goodnow. Sobre Charles A. Beard e sua atuação pública, ver Barrow, *More than a Historian: The Political and Economic Thought of Charles A. Beard*, p.12-4, 176; e Nore, *Charles A. Beard: An Intellectual Biography*, p.41-5, 91-3.

53 Carta de Roy Nash a Gilberto Freyre, 31 jul. 1964, AFGF.

54 Nore, *Charles A. Beard*, p.93.

ao lado de Thorstein Veblen, Edwin R. A. Seligman e John Dewey, entre outros – presumivelmente como um antídoto à ausência de liberdade intelectual nas ciências políticas da Columbia[55] –, é também o momento em que Bilden deixa o Bureau e se candidata a trabalhar na New York Public Library, apontando Beard como uma de suas referências. Apesar das palavras elogiosas de Beard a seu favor – "veio a mim recomendado [...] e o achei um jovem excepcionalmente capaz e bem informado, [...] [com] evidente talento linguístico e ampla cultura literária" –, Bilden não conseguiu o emprego, talvez pelo fato de não ter experiência de trabalho em biblioteca, não saber estenografia e escrever à máquina "não muito bem".[56]

Mas, em 1922, ao se matricular novamente na universidade para fazer doutorado sob a supervisão de William R. Shepherd, seu "sonho longamente acalentado" de continuar seus estudos parecia ter tudo a seu favor. Estava casado com uma linda jovem de Mississipi, também estudante da Columbia, Eloise McCaskill (chamada de Jane por Bilden e amigos íntimos, como Gilberto Freyre e Francis B. Simkins), pessoa "brilhante, divertida e elegante".[57] Segundo Beard, Jane tinha representado um excelente acréscimo na vida tanto pessoal como intelectual de Bilden. Seus problemas econômicos pareciam também ter chegado ao fim.[58] Obteve duas bolsas de estudo que lhe garantiam a sobrevivência por dois anos – a Gilder Fellowship (conferida a "alunos de qualificações excepcionais"), para o período de 1922-1923, e a Schiff Fellowship (por nomeação da Faculdade de Ciências Políticas)

---

55 Butler, como não é de espantar, tornou-se um dos maiores críticos dessa instituição, chamando seus fundadores de "um pequeno bando de liberais ranzinzas fundando uma dissimulação de educação radical inconfiável" (apud Nore, *Charles A. Beard*, p.89).

56 Application for position on the library staff, 2 set. 1920, com carta de referência de Charles A. Beard, sem data, Collection Edwin H. Anderson [então diretor da biblioteca], New York Public Library Books and Manuscripts Division, caixa 19.

57 Cf. depoimento de Cease, sobrinha de Eloise, nov.-dez. 2011.

58 Beard, em sua carta de recomendação para Anderson, refere-se aos hábitos desorganizados de Bilden corrigidos pelo casamento com Jane: "Ele foi um pouco desorganizado em seus hábitos por algum tempo, mas está agora muito bem casado e assentado". Em 1923, Eloise McCaskill Bilden, que também era professora numa escola secundária de Nova Jersey, defendeu tese de mestrado sobre poesia medieval latina na Faculty of Philosophy, com o título de *The Origin and History of the Term "Goliard"*.

O triunfo do fracasso

para 1923-1924 – e era de se esperar que, dali em diante, com os créditos de doutorado já obtidos, sua carreira acadêmica fosse prosseguir sem grandes obstáculos.[59]

Concentrando seus cursos em história (dos dezenove, só três tratavam de economia e dois de antropologia), foi nessa ocasião que pela primeira vez Bilden seguiu cursos regulares sobre a América Latina, ministrados por Shepherd entre 1922 e 1924: um sobre a "América hispânica e suas relações com os Estados Unidos" e dois sobre a "América Latina contemporânea". Significativamente, voltou também nessa época a fazer o curso de Shepherd sobre a expansão da Europa, que já cursara em 1918-1919, mas que agora, provavelmente mais desenvolvido, tinha o novo título de "Expansão da Civilização Europeia".[60] A crer no testemunho de seu amigo e colega de curso de doutorado, Simkins, o clima reinante era de grande abertura. Nas aulas do professor Dixon R. Fox, por exemplo, professor de história norte-americana que Bilden também frequentou, "era permitido ao aluno advogar amor livre, comunismo, negroismo, torismo, absolutismo, ou qualquer outro ismo", desde que justificasse "quaisquer dessas posições". "Estávamos sendo treinados",

---

59 Informação obtida nos *Columbia University Catalogues* em pesquisa feita com o auxílio de Jennifer Ulrich, arquivista do Columbia University Archives e da Columbia Library, em out. 2004. Jacob H. Schiff fora um dos destinatários de carta do renomado economista político Edwin R. Seligman pedindo a homens de negócios norte-americanos que fizessem doações a fim de Franz Boas poder "continuar seus estudos sobre a 'instabilidade dos tipos humanos sob condições variadas'". Estudos desse tipo tinham grande importância para aqueles que se opunham a "qualquer restrição à imigração", pois seu objetivo era se contrapor à crescente noção da superioridade de certas raças e a inferioridade de outras. Das respostas a questões semelhantes dependia "toda a nossa atitude quanto a questões raciais" (cf. carta de 23 jan. 1912 de Edwin R. A. Seligman a Adolph Lewisohn, Julius Rosenwald e Jacob Schiff). A resposta de Schiff, de fevereiro de 1912, foi positiva (doou US$ 1.000,00), mas cética: "Tenho grande estima pelo Dr. Boas e seu trabalho e acredito que o que ele propõe não só será eventualmente valioso como causará impressão, mas atualmente não acredito que os restricionistas que parecem estar forçando suas medidas com certo fanatismo se impressionam com quaisquer propostas desse tipo". Cf. Edwin Seligman Papers, CURBML, caixa 24.

60 Os outros dez cursos de história que Bilden seguiu versavam sobre "Civilização do mundo helenístico" (215-216); "História antiga do Oriente Próximo e do mundo romano" (e111-112); "A evolução dos ideais americanos" (287-288); "História do povo americano" (163-164), "História social e industrial do mundo" (161-162). Cf. *Catalogue General Courses*, Columbia University, 1922-1924.

como disse, "para uma abertura mental sem paralelo, que jamais, em minha experiência, tinha sido tolerada na Carolina do Sul ou em qualquer outro lugar do Sul."[61]

A essa altura, a "influência da escravidão no desenvolvimento do Brasil" já era seu tema de doutorado, e Bilden sabia que tinha todo um terreno virgem a explorar. Foi, pois, com entusiasmo redobrado que se dedicou à pesquisa das fontes históricas para a qual seu cabedal linguístico representava um recurso providencial. Era fluente em português, inglês, francês, alemão e holandês, mas em 1925 manifestou seu propósito de melhorar seu conhecimento de italiano, espanhol e também dinamarquês, já que essa língua era essencial para a leitura de "tratados científicos de alta importância", muito relevantes para o estudo do Brasil.[62] No entanto, ávido por conhecimento e curioso como era, seu entusiasmo por outros campos de estudo se mantinha e era com pesar que via a perspectiva de focalizar um só tema. Ao amigo Simkins, Bilden manifestara seu grande interesse pelos cursos sobre a "Civilização do mundo helenístico" e "História antiga do Oriente Próximo e do mundo romano", ministrados pelo novo professor de Columbia, vindo da Cornell University, o classicista alemão William Linn Westermann. Ele fora aluno do famoso Mommsen em Berlim, era um "historiador de importância" e representava "a velha e formidável escola germânica", comentara Bilden entusiasmado. As qualidades desse professor pareciam somar tudo aquilo que Bilden valorizava num acadêmico: era um "excelente linguista, pesquisador objetivo", com "amplo conhecimento e uma mente liberal bem aberta". "Ele e eu somos excelentes amigos [...] ele expressou sua alegria de me ter como seu aluno e disse que nós deveríamos trabalhar juntos."[63]

O encorajamento que logo Bilden recebeu não só de Shepherd como do próprio Westermann e do diplomata Hélio Lobo, então cônsul-geral do Brasil em Nova York, com quem tinha ótimas relações, parece tê-lo incentivado a se concentrar no tema escolhido. "Fico feliz por

---

61 Simkins, *Autobiografia* (manuscrito), Simkins Collection, GL.

62 *Memorandum* de Rüdiger Bilden ao professor Carlton Hayes, Rockefeller Archive Center, 1925.

63 Carta de Rüdiger Bilden a Francis B. Simkins, 28 out. 1923, Simkins Collection, GL.

O triunfo do fracasso

ter sido você e não meus outros alunos a empreender essa investigação", confessara-lhe Shepherd, que, decepcionado com muitos de seus alunos, aceitara somente dois para o seu seminário do ano acadêmico de 1923-1924.[64] Ele, assim como os demais encorajadores de Bilden, pareciam certos de que seu estudo iria abrir novas perspectivas para a história do Brasil, contribuindo para o necessário conhecimento de uma parte do continente negligenciada e para a dissolução de distorções e preconceitos vigentes. Bilden não continha sua felicidade ao ver o "reconhecimento por seu árduo trabalho, que para muitos parecia um *hobby* ou uma idiossincrasia" e relatou ao amigo Simkins as palavras que tanto o estavam animando. O encorajamento dado por Lobo ao seu trabalho, por exemplo, era bombástico:

> Você tem uma abordagem nova e valiosa para a história brasileira. Depois de sua investigação, toda a história brasileira terá de ser reescrita. Terá um efeito revolucionário e cairá como uma bomba no Instituto Histórico Brasileiro etc., explodindo aquele ninho de velhos *cronies*.

Já para Westermann, o trabalho de Bilden iria repercutir para além da história do Brasil:

> Você tem uma abordagem nova e científica da história, envolvendo um método e uma interpretação que têm um tremendo valor não somente para a história brasileira, mas para toda a história, incluindo meu próprio campo. Sua teoria de energia cultural como a base de interpretação histórica tem meu apoio total. Eu vou apoiá-lo até o fim e usar sua investigação e descobertas para casos análogos em minha própria área.[65]

Mas, antes de se dedicar integralmente ao seu estudo desbravador, Bilden tinha de fazer o exame geral oral, o principal requerimento para a obtenção do PhD Seu amigo Simkins não fora bem-sucedido em

---

64 Cartas de Rüdiger Bilden a Francis B. Simkins, 6 fev. 1924 e 28 out. 1923, Simkins Collection, GL.

65 Carta de Rüdiger Bilden a Francis B. Simkins, 6 fev. 1924, Simkins Colletion, GL.

primeira instância e tivera de retomá-lo. Bilden, que para seu preparo dedicara-se oito horas por dia, foi aprovado, o que já representava uma vitória, pois naquela época, em resposta às críticas sobre a baixa qualidade das teses, aparentemente as exigências haviam se extremado. Falava-se em 60% de reprovação nesses exames gerais na Faculdade de Ciências Políticas da Columbia. Neles se esperava que, diante de doze examinadores que os atacavam com "tiros de bala", como disse Simkins, os alunos fossem uma "enciclopédia falante, uma esponja gotejante".[66]

Já nessa época, no entanto, o empenho de Bilden na dissertação era grande. Em novembro de 1923, estava imerso num "trabalho terrível" e insano de fazer o levantamento bibliográfico inédito sobre o Brasil, cujo resultado iria ser incluído em um apêndice da tese, "ou, se muito longo, publicado separadamente". Em dezembro do mesmo ano, comunicara ao amigo Gilberto Freyre que sua dissertação estava "ameaçando adquirir imensas proporções".[67] Enfim, tudo parecia caminhar bem na vida acadêmica do ambicioso Bilden.

Pessoalmente, a vida de Rüdiger Bilden também florescia. Jane estava grávida e o primeiro filho do casal deveria chegar em maio de 1924, com a primavera.[68] Grande conversador que era, Bilden tinha não só Jane como grande companheira intelectual, mas também sua família em Columbus, no Mississipi, a quem sempre visitavam. O liberalismo de seus sogros lhe agradava e talvez mais ainda o fato de serem cultos e viverem rodeados de livros. Ambos, como lembra a neta Jane, "liam vorazmente". Donos da livraria da Mississipi State College for Women, definitivamente "livros e leitura ocupavam a maior parte de suas vidas".[69] Mary Virginia, a irmã mais jovem de Jane, era especialmente interessante e talentosa, e Bilden chegou a ver nela uma futura Julia

---

66 Carta de Rüdiger Bilden a Francis B. Simkins, 7 nov. 1923, Simkins Collection, GL; Simkins, *Autobiografia* (manuscrito), Simkins Collection, GL.

67 Carta de Rüdiger Bilden a Francis B. Simkins, 7 nov. 1923, Simkins Collection, GL; carta de Rüdiger Bilden a Gilberto Freyre, 16 dez. 1923, AFGF.

68 Carta de Rüdiger Bilden a Oliveira Lima, 20 mar. 1924, em Oliveira Lima Family Papers, Oliveira Lima Library, Catholic University of America, Washington D. C. (daqui em diante Lima Family Papers, CUA).

69 Cf. depoimento de Jane Hardy Cease, nov.-dez. 2011.

Peterkin, a aclamada escritora da Carolina do Sul que valorizava a cultura negra em sua obra.[70]

Os amigos de Bilden também eram fascinados por sua cultura e verve. Dono de uma personalidade exuberante e destemida – que poderia ser potencialmente perigosa para ele, já que tendia a dizer o que pensava –, Bilden atraía ao seu redor indivíduos inquisitivos que apreciavam seu pendor para "longas conversas especulativas" e admiravam seu "armazém de conhecimentos e ideias". Como se recorda Sam Allen, seu conhecimento enciclopédico e sua capacidade analítica invejáveis, aliados a um interesse amplo e inesgotável, faziam com que Bilden procurasse sempre chegar às origens de qualquer coisa sobre a qual girava a conversa. Bastava se falar sobre a rua pela qual se estava passando, por exemplo, para ele se voltar para a importância das estradas romanas, da Via Appia etc. "Era, enfim, um grande prazer estar com ele, conversar com ele."[71]

Essas qualidades, acrescidas de uma generosidade exemplar, tornavam Bilden um interlocutor precioso a quem seus amigos e colegas apelavam com prazer. Aos que o procuravam para pedir opinião sobre trabalhos e textos, fazia frequentemente uma análise profunda e erudita ser acompanhada de sugestões concretas e palavras animadoras, construtivas e calorosas. Exigente até em demasia consigo mesmo quanto à precisão, à profundidade e à fundamentação das ideias que desenvolvia, ajudava e incentivava também os amigos a se superarem, o que fez, por exemplo, com seu amigo Francis B. Simkins num momento difícil de sua vida acadêmica.[72] As perguntas que lhe faziam eram usualmente respondidas com abundância de ideias e dados, "com completude erudita" por meio de "cartas esplêndidas", como, certa vez, Simkins comentou entusiasmado.[73] Com Freyre, por exemplo, Bilden insistia para que aprendesse alemão, sem o que suas possibilidades de desenvolver um trabalho profundo e rigoroso ficariam limitadas. No ínterim, no entanto, ajudava-o a compensar a deficiência traduzindo os autores

---

70 Carta de Rüdiger Bilden a Gilberto Freyre, 6 fev. 1936, AFGF.
71 Conversa com Sam Allen, dez. 2011.
72 Cartas de Rüdiger Bilden a Francis B. Simkins, 28 out. 1923 e 5 nov. 1923, Simkins Collection, GL; Simkins, *Autobiografia* (manuscrito), Simkins Collection, GL.
73 Carta de Francis B. Simkins a Gilberto Freyre, 18 abr. 1923, AFGF.

alemães a quem Freyre não tinha acesso diretamente ou discorrendo sobre eles.[74] Simkins, que ao lado de Gilberto Freyre formara com Bilden no início dos anos 1920 um trio inseparável, reconhecia claramente que sua influência sobre ele fora determinante. De Bilden obtivera, como confessou em sua autobiografia, "munição que podia usar para defender minha região contra o arrogante idealismo da maioria americana".[75]

Originário da Carolina do Sul e interessado em interpretações sobre a história sangrenta da abolição da escravatura nos Estados Unidos, fora-lhe "uma revelação" a ideia exposta por seu amigo alemão de que os vitoriosos da Guerra Civil Americana e da Primeira Guerra Mundial "tinham sido motivados por interesses econômicos egoístas ao invés de idealismo e humanitarismo" e de que a posição conciliadora de Stephen A. Douglas (candidato democrático e rival de Abraham Lincoln na eleição de 1861) teria sido "potencialmente mais útil" do que a do "moralizador e belicoso Lincoln". Do mesmo modo, ampliaram-lhe os horizontes os paralelos que Bilden, com grande perspicácia, apontava entre as atitudes dos vencedores nas duas guerras, usando raça e preconceito como armas de pós-guerra. Tanto no sul durante a Reconstrução, como na Alemanha pós-1919, a derrota viera acompanhada de forças de ocupação compostas de tropas negras, o que, de certo modo, significava a imposição de uma espécie de guerra psicológica contra os perdedores.[76]

Essa imposição do Tratado de Versalhes de ocupar militarmente a região do Reno (de onde, como vimos, Bilden era originário) fora um dos itens do acordo que mais geraram controvérsias e discussões acaloradas

---

74 Carta de Rüdiger Bilden a Gilberto Freyre, 29 mar. 1936, AFGF; Simkins, *Autobiografia* (manuscrito), Simkins Collection, GL.

75 Intrigantemente, em sua autobiografia inédita, Simkins referiu-se, em alguns momentos, a Rüdiger Bilden como "Karl Wilden" e a Jane como "Isabel". Levando-se em conta os comentários e o contexto, não há qualquer dúvida, no entanto, de que se tratava de Bilden e Jane. Para afastar qualquer possibilidade remota de engano, o registro de alunos da Columbia University foi consultado. Confirmou-se que nela não cursou nenhum aluno com o nome de Karl ou Isabel Wilden.

76 Simkins, *Autobiografia* (manuscrito), Simkins Collection, GL. Sobre o chamado "horror negro" das tropas senegalesas na região do Reno, ver Nelson, The "black horror on the Rhine": race as a factor in post-world war I Diplomacy, *The Journal of Modern History*, v.42, n.4, p.606-27; e Marks, Black watch on the Rhine: a study in propaganda, prejudice and prurience, *European Studies Review*, v.13, p.297-334.

durante a Conferência de Paz em Paris. A despeito de críticas, como as de David Lloyd George, que considerava tal item "indefensável de todos os pontos de vista" e firmemente aconselhava os conferencistas a proporem um acordo de paz severo, "não para satisfazer vingança, mas para fazer valer justiça", a ocupação militar dessa rica região da Alemanha por tropas africanas – desprezadas pelos próprios aliados – acabou por vigorar de 1919 a 1930.[77] A crer no que Simkins sugere, Bilden previra quanto essa tática ofensiva iria alimentar ainda mais os ressentimentos dos alemães e ser potencialmente usada por líderes desejosos de se vingar da humilhante derrota de 1918 e do tratado injusto e mesquinho imposto pelos vencedores, como efetivamente ocorreu. Adolf Hitler, já em seu *Mein Kampf* (1925), refere-se à degradação dos 7 milhões de alemães que viviam no que se transformara em "pátio de recreio de hordas de africanos negros".[78]

De Washington ao Brasil

A obra promissora de Bilden, na qual tantos apostavam, exigia, entretanto, muito mais do que perspicácia, cultura e esforço – qualidades que não lhe faltavam. O imenso material especializado que já estava levantando na New York Public Library tinha de ser ampliado com visitas a outras bibliotecas do país e requeria também uma estada relativamente longa no Brasil para uma complementação essencial ao trabalho de investigação. E tudo isso exigia fundos que eram extremamente difíceis de obter. Howard Lee McBain, professor de ciência municipal da Columbia University, pessoa "prática, quase cínica" e profunda conhecedora das condições existentes, havia alertado Bilden sobre as dificuldades que teria em obter financiamento para seu trabalho. Do mesmo modo, lhe dissera franca e bruscamente que, "como alemão", seria muito difícil arranjar "uma posição" em alguma instituição educacional. Após "vários

---

77 George, *The Truth About the Peace Treaties*, v.1, p.574, 587, 692 e passim.
78 Apud Nelson, The "black horror on the Rhine", p.626; ver também Coquery-Vidrovitch, *Des victimes oubliés du nazisme: les noirs et l'Allemagne dans la première moitié du XIX siècle*.

anos" dedicados a um trabalho de pesquisa de peso e com reputação já ganha, seria "muito mais fácil". Esse seria o caminho ideal.[79] Assim, durante o ano letivo de 1923-1924, ao final do qual a *fellowship* que o ajudara no curso de pós-graduação iria terminar, Bilden já começava a sentir aquilo que ao longo dos anos iria se acentuar dramaticamente: o descompasso entre as suas imensas e inabaláveis ambições intelectuais e as possibilidades reais de realizá-las, quer por circunstâncias quer por temperamento.

William Shepherd, que o estimulara a fazer um estudo exaustivo do tema, acenando-lhe com o total apoio para obter financiamento, diante das dificuldades concretas que logo percebeu chegou a repensar seu conselho e tentou dissuadir Bilden de seguir o caminho que antes estimulara. Que se limitasse a "satisfazer as exigências" para o grau de doutor com uma tese de duzentas páginas, arranjasse um emprego e voltasse a trabalhar no projeto original mais tarde, em época mais propícia. Bilden, surpreso e um tanto ofendido, perseverou.[80] Pouco depois, no entanto, o professor mudou de atitude e Bilden escreve a Simkins, satisfeito com o apoio que estava recebendo: "Ele mudou seu ponto de vista e acredita que eu devo continuar com o estudo e, se possível, não arranjar nenhuma posição de instrutor [...] sinto que Shepherd está fazendo tudo por mim".[81] É de imaginar que seu orientador tenha percebido que as ambições de Bilden eram inquebrantáveis ou até obsessivas, dificilmente se abalando com as decepções que sofria – e que, dada a qualidade do projeto, valia a pena apoiá-lo mesmo em circunstâncias não muito auspiciosas. Ao diplomata e historiador Manoel de Oliveira Lima, aposentado e estabelecido em Washington D. C. desde 1920 – que Bilden conhecera recentemente e de quem se tornaria grande amigo –, ele referiu-se, nessa ocasião, às suas dificuldades e à sua determinação:

> Eu vou perseguir todas as vias que possam trazer resultados, a fim de neste ano fazer o melhor uso possível de sua maravilhosa biblioteca assim

---

79 Carta de Rüdiger Bilden a Francis B. Simkins, sem data (1923), Simkins Collection, GL.
80 Carta de Rüdiger Bilden a Francis B. Simkins, 16 dez. 1923, Simkins Collection, GL.
81 Cartas de Rüdiger Bilden a Francis B. Simkins, 6 jan. 1924 e 15 jan. 1924, Simkins Collection, GL.

como de outras e ir ao Brasil mais tarde. Nesse meio-tempo, irei adiante, coletando material, aperfeiçoando e complementando minha bibliografia crítica, que eu espero que atinja no mínimo mil trabalhos. [Em janeiro de 1924 Bilden afirma que sua bibliografia crítica já contava com trezentos trabalhos anotados.][82]

Além de Shepherd, pois, Bilden contou nessa época com o apoio vigoroso e encorajador de Manoel de Oliveira Lima e do cônsul Hélio Lobo que, convictos do valor do projeto já em curso, empenharam--se arduamente em conseguir fundos para sua realização. Para tanto, várias entidades foram procuradas, como a Pan American Union, a Carnegie Institution, a New School for Social Research e a Hispanic Society, enquanto, ao mesmo tempo, Bilden buscava um emprego de instrutor em alguma instituição de Nova York ou Washington que pudesse viabilizar a continuação de ao menos parte de seu projeto. No entanto, quer pela política e pelos recursos limitados dessas instituições, quer também provavelmente em alguns casos pelo fato de se tratar de um alemão, como Bilden já fora alertado, as tentativas foram uma a uma sendo frustradas. A Pan American Union, por exemplo, estava fundamentalmente interessada não em questões intelectuais, mas de negócios, como lhe comunica Oliveira Lima.[83] A Carnegie Institution comunicara ao professor Shepherd que iria tentar ajudar, mas que, devido a fundos limitados, somente havia financiado no passado "investigações de membros de seus próprios departamentos de pesquisa".[84] De qualquer modo, para que essa tentativa fosse feita, o presidente da instituição, Dr. John C. Merriam, solicitou a Bilden "um esboço" de sua "abordagem do problema". Atendendo-o, Bilden deixou claro que se iludira inicialmente de que seu estudo pudesse ser comprimido "dentro dos limites de uma dissertação de doutorado comum (duzentas, trezentas páginas)". Mesmo tendo se esmerado na produção de um resumo detalhado e benfeito de seu projeto e contando com o

---

82 Carta de Rüdiger Bilden a Oliveira Lima, 20 jan. 1924; carta de Rüdiger Bilden a John C. Merriam, 24 jan. 1924, com cópia enviada a Oliveira Lima, Lima Family Papers, CUA.
83 Carta de Oliveira Lima a Rüdiger Bilden, 13 jan. 1924, Lima Family Papers, CUA.
84 Carta de Rüdiger Bilden a Oliveira Lima, 20 jan. 1924, Lima Family Papers, CUA.

apoio dos professores Westermann, Boas, Seligman e Shepherd, além de Oliveira Lima, não foi possível convencer a fundação a mudar sua política e conceder o auxílio a um pesquisador fora de seus quadros.[85] Quanto a achar uma posição em instituição educacional, alternativa que não descartou, apesar dos prognósticos pessimistas do professor McBain, ele comentou em meados de 1924: "principalmente devido à minha nacionalidade alemã tenho fracassado em obter uma posição numa *college* ou universidade americana", referindo-se a um problema que o acompanharia ao longo de toda a sua atribulada vida.[86] A tentativa de conseguir alguma posição na Catholic University of America de Washington com a ajuda de Oliveira Lima também fracassou. Não havia posição aberta e não haveria nenhuma no futuro próximo devido "a limitações financeiras da instituição", segundo o comunicado do reitor.[87] Buscar apoio financeiro de alguma instituição brasileira, o que parece ter-lhe sido sugerido em algum momento, não era opção viável para Bilden, porque, como disse – e seguindo nisso o conselho enfático de Hélio Lobo –, queria "manter liberdade crítica absoluta".[88]

Mas a determinação de Bilden permanecia teimosamente irredutível, mesmo diante de condições bastante adversas. Pessoalmente, o quadro era trágico, pois tanto a sua família próxima quanto a distante passavam por grandes dificuldades. Em março de 1924, seu apartamento se incendiara, Jane sofrera uma queda na fuga, perdendo o bebê que deveria nascer dali a dois meses e tivera de ficar internada durante três semanas com "sérias injúrias". Compreensivelmente abalado pela perda do filho tão esperado e tenso com as grandes dívidas contraídas durante a hospitalização de Jane, Bilden vivia também momentos de grande angústia diante da situação da Alemanha. A hiperinflação atingira o seu auge em novembro de 1923, com 1 dólar valendo 1 trilhão de marcos, e fizera milhares de pessoas, incluindo sua família, perder seus bens, suas economias e sua autoestima. Profundamente abalado com tudo

---

85 Cartas de Rüdiger Bilden a John C. Merriam, 24 jan. 1924, com cópia enviada a Oliveira Lima, e de Rüdiger Bilden a Oliveira Lima, 14 fev. 1924, Lima Family Papers, CUA.
86 Carta de Rüdiger Bilden a Oliveira Lima, 5 jun. 1924, Lima Family Papers, CUA,
87 Carta de Rüdiger Bilden a Oliveira Lima, 12 jul. 1924, Lima Family Papers, CUA.
88 Carta de Rüdiger Bilden a Oliveira Lima, 20 mar. 1924, Lima Family Papers, CUA.

isso e desiludido com a decisão negativa da Carnegie, ele confessou, no entanto, ao seu novo amigo diplomata, sua disposição: "mais do que nunca estou determinado a exaurir toda possibilidade que me possa permitir levar esse trabalho até o fim, um trabalho ao qual eu quero devotar todo o meu tempo e energia durante os próximos anos".[89]

Em outubro de 1924, no entanto, a sorte lhe sorriu, pois quando as perspectivas para a realização do trabalho em que já investira quase dois anos pareciam mínimas, obteve uma *fellowship* da Rockefeller Foundation que lhe garantiu as condições econômicas para prosseguir seu trabalho durante três anos sob a supervisão da Faculdade de Ciências Políticas da Columbia. Depois de várias tentativas frustradas, essa era sua "última esperança" de obter subsídios; mas estava "bastante cético sobre os prospectos" dessa que parecia ser sua chance derradeira, disse Bilden num raro momento de desesperança. Hélio Lobo fora essencial nesse processo, fazendo o presidente da fundação, sr. Vincent, interessar-se pelo tema e conseguindo o "apoio entusiástico" do embaixador norte-americano no Brasil, Edwin Morgan, que escreveu a Vincent em favor de Bilden.[90] O processo fora, no entanto, tenso e difícil, pois essa instituição era "estritamente voltada a pesquisas médicas". O Laura D. Spelman Rockefeller Memorial Fund, parte da instituição que dispunha de fundos e a que Vincent fez se interessar pelo tema, não podia financiar diretamente o projeto de Bilden. Apoiá-lo exigiu, de um lado, a "aprovação geral" da fundação e, de outro, uma certa ginástica burocrática, já que "conceder essa *fellowship*" era "uma decisão muito incomum para o Memorial tomar", havendo, pois, a necessidade de manter tudo no anonimato. A solução fora fazer a doação para a própria Columbia University, que tinha de se responsibilizar pela administração dos fundos e se comprometer a manter sigilo sobre sua origem.[91]

---

89 Carta de Rüdiger Bilden a Oliveira Lima, 20 mar. 1924, Lima Family Papers, CUA; carta de Rüdiger Bilden a Francis B. Simkins, 18 mar. 1924, Simkins Collection, GL.

90 Carta de Rüdiger Bilden a Oliveira Lima, 5 jun. 1924, Lima Family Papers, CUA.

91 Cartas de Rüdiger Bilden a Beardsley Ruml, 16 jul. 1924 (na margem está escrito à mão que tal concessão exigiria "a aprovação geral" da fundação); de Beardsley Ruml a Dixon R. Fox, 23 jul. 1924; de Dixon R. Fox a Beardsley Ruml, 1º ago. 1924; de Beardsley Ruml a Frank Diehl Fackenthal, secretário do Departamento de História da Columbia University, 8 ago. 1924; de Frank Diehl Fackenthal a Beardsley Ruml, 9 ago. 1924; de Beardsley

Para que tal arranjo se viabilizasse e a *fellowship* fosse concedida, as cartas de referência enviadas a favor de Bilden foram determinantes, pois havia necessidade de convencer o Conselho Executivo do valor da investigação proposta e das razões pelas quais era "suficientemente importante para justificar o apoio de uma instituição científica".[92] Bilden, ele próprio, manifestara desde sempre sua convicção de que seu trabalho, baseado em pesquisas das mais rigorosas, para não dizer científicas, poderia ter repercussões concretas no país, com o que Lobo e Lima concordavam. Era questão, pois, de deixar isso claro para convencer o centro decisório da Rockefeller Foundation. Ao Dr. Beardsley Ruml, presidente do Laura Spelman Rockefeller Memorial Fund, Bilden esclareceu que seu "trabalho era uma tentativa de interpretação total da história brasileira desde 1800 com base na escravidão" e que "a realização desta tarefa histórica iria abrir novas perspectivas para vários problemas vitais na vida do Brasil" da atualidade. Não tivemos acesso às cartas de apoio de Lobo, Oliveira Lima e Morgan, mas as dos professores da Columbia foram eloquentes a favor de Bilden. O renomado professor de economia política, Edwin Seligman, escrevendo em nome da Faculdade de Ciências Políticas, dizia: "nós todos temos o sr. Bilden em alta consideração e o achamos eminentemente qualificado para completar a tarefa, cuja importância está acima de qualquer dúvida". E, em nome do Departamento de História da mesma universidade, Dixon Ryan Fox era ainda mais pródigo nos elogios a Bilden:

> é a opinião dos professores que melhor conhecem seu trabalho de que ele é um dos alunos mais capazes que têm estudado na Columbia sob nossa direção nos últimos anos. Ele tem um raro equipamento de conhecimento linguístico e de capacidade analítica e, acima de tudo, tem um entusiasmo intenso e implacável pelo grande empreendimento em que embarcou. Em

---

Ruml a Nicholas Murray Butler, presidente da Columbia University, 12 set. 1924; de Frank Diehl Fackenthal a Beardsley Ruml, 18 set. 1924; e de Rüdiger Bilden a Beardsley Ruml, 7 out. 1924, Laura Spelman Rockefeller Memorial Collection, série III, subsérie 6, caixa 51, Rockefeller Archive Center (daqui em diante, referido como RAC).

92 Cartas de Beardsley Ruml a Dixon R. Fox, 23 jul. 1924 e 1º ago. 1924, Laura Spelman Rockefeller Memorial Collection, RAC.

todos os seus compromissos, tanto os acadêmicos quanto os de outra natureza, tem se mostrado digno de confiança e, tanto quanto se pode observar, tem mostrado uma fidelidade absoluta em cumprir suas promessas e propostas. Ele não é, de modo algum, um especialista *stricto sensu*, tendo feito trabalhos excelentes em todos os nossos ramos de história; no entanto, pode-se dizer que ele adquiriu o *status* de um especialista em material brasileiro devido a ter-se devotado seriamente ao estudo desse tema por vários anos. Ele é um *gentleman* com charme pessoal e eu acredito que causará boa impressão entre as autoridades oficiais e outros cidadãos do Brasil com quem entrar em contato.

Tivesse o próprio Departamento de História fundos suficientes, a carta conclui: "não posso pensar em qualquer outra pesquisa em andamento na qual investiríamos com maior boa vontade e maior satisfação".[93]

Mesmo descontando-se os eventuais exageros em cartas de referência, é inegável que Bilden se impunha como um jovem culto, sério, promissor e talentoso, que era atraído mais pelas realizações intelectuais do que pelos louros acadêmicos. Até mesmo um representante da Carnegie Institution of Washington – à qual, como foi visto, Bilden havia solicitado fundos para sua pesquisa – escreveu ao Dr. Ruml lamentando terem sido impedidos de financiar o excelente projeto de Bilden, devido a "obrigações já assumidas". Gostariam, no entanto, de informar o Laura Spelman Rockefeller Memorial Fund de que, além das referências da Columbia, eles haviam se empenhado "em obter informação de outras fontes sobre o valor e a importância de seus estudos". Em todos os casos, as impressões foram extremamente "favoráveis" sobre o "propósito e o plano do programa do sr. Bilden".[94] Ficava claro, pois, que o mérito do projeto e do pesquisador não fora, de modo algum, a razão pela qual Bilden não recebera o auxílio requisitado àquela instituição.

---

93 Cartas de Edwin R. A. Seligman a Beardsley Ruml (presidente da Laura D. Spelman Foundation), 24 jun. 1924; e de Dixon R. Fox a Beardsley Ruml, 17 jul. 1924, Laura Spelman Rockefeller Memorial Collection, RAC.

94 Carta do secretário administrativo da Carnegie Institution of Washington [nome ilegível] a Beardsley Ruml, 3 jul. 1924, Laura Spelman Rockefeller Memorial Collection, RAC.

Quando finalmente foi notificado pela Columbia University, em 4 de outubro de 1924, de que obtivera a bolsa de US$ 3 mil anuais durante três anos, Bilden, exultante, manifestou sua alegria e gratidão aos que o tinham ajudado a conseguir essa "oportunidade maravilhosa" de realizar seus planos e de continuar seus esforços, apesar dos vários desapontamentos que sofrera no caminho. A Oliveira Lima, de quem ficara próximo desde o Natal de 1923, escreveu dizendo que tentaria "lhe retribuir produzindo um trabalho acadêmico sobre o Brasil o melhor possível", adiantando-lhe seu cronograma de trabalho para os três anos seguintes. Primeiro, procuraria exaurir até novembro do ano seguinte o material existente em bibliotecas norte-americanas, incluindo, além da Oliveira Lima Library e a do Congresso, em Washington, a New York Public Library e outras, como as das universidades de Harvard, Clark, Brown, Boston e Chicago; segundo, iria passar um mês na Alemanha para, como dizia, "inspecionar material brasileiro em Berlim, Hamburgo e Colônia, além de visitar meus pais"; e finalmente deveria embarcar para o Brasil em dezembro de 1925, para um programa de estudos ainda não muito definido.[95]

A primeira visita à Oliveira Lima Library, fundada na Catholic University of America em Washington D. C. em 1920 e parada obrigatória desde então para estudiosos do Brasil e da América Latina, Bilden a fizera ainda no meio da incerteza de que conseguisse levar adiante seu trabalho. Ao procurar Oliveira Lima em Washington, contava que a amizade que o unia a Gilberto Freyre e a autoridade do professor Shepherd em estudos latino-americanos fossem suficientes para lhe garantir a necessária permissão de acesso. Em dezembro de 1923, ao ser notificado pela embaixada do Brasil sobre o retorno de Oliveira Lima ao país, Bilden lhe escreveu anexando as cartas de apresentação de Freyre e Shepherd, certo de que, como lhe dissera seu orientador, "Lima mais do que ninguém teria interesse pessoal suficiente na investigação para ajudá-lo a levá-la a uma conclusão bem-sucedida".[96] Mas o interesse de Lima extravasou bem cedo o âmbito estritamente acadêmico.

---

95 Carta de Rüdiger Bilden a Oliveira Lima, 6 out. 1924, Lima Family Papers, CUA.
96 Ibid., 14 dez. 1924, Lima Family Papers, CUA; carta de Rüdiger Bilden a Francis B. Simkins, 16 dez. 1923, Simkins Collection, GL.

O triunfo do fracasso

As visitas de Bilden a Washington, muitas vezes acompanhado de Jane – algumas breves, a partir do Natal de 1923, quando Lima lhes fez "um convite tão caloroso e insistente" que se tornava irrecusável, e uma mais longa, que se estendeu de meados de junho a novembro de 1925 –, não só lhe possibilitaram acesso a uma riquíssima fonte de estudo como

Rüdiger Bilden, Jane Bilden e Manoel de Oliveira Lima – Washington D. C., 1925.
Fonte: Arquivo da Oliveira Lima Library, The Catholic University of America, Washington D. C.

foram ocasião para que se criasse entre Bilden e Oliveira Lima uma forte e enriquecedora amizade. Quase de imediato, os Lima cativaram Bilden. "Eles falaram com uma cordialidade fora do comum sobre a Alemanha", comentou comovido. "Quando parti, eu lhes disse *au revoir*, e ambos me responderam: 'Não, não *au revoir*: *auf wiedersehen*'."[97]

Na verdade, como conhecedor da Alemanha (país que visitara várias vezes e onde servira como diplomata), grande admirador de sua cultura e profundo crítico do caráter vingativo do Tratado de Versalhes, Oliveira Lima só podia se solidarizar com um jovem alemão como Rüdiger Bilden. Diferentemente da grande parte dos pensadores latino-americanos e brasileiros que se vinculava à cultura francesa, Lima nutria grande admiração pela forma como mudanças econômicas e políticas profundas se faziam na Alemanha, "sem revolta nem sequer sobressaltos", ao contrário do explosivo modelo francês que ele repudiava.[98] Segundo Lima, "os alemães estavam demonstrando as possibilidades de ajuste das monarquias modernizadoras ao mundo contemporâneo" e, nessa linha, defendeu muitas vezes o imperador Guilherme II das acusações de autocrata vaidoso e perigoso, tão comumente feitas no início do século XX.[99] O imperador alemão seria na verdade, segundo Lima, um "soberano que, mesmo quando pecava pela teatralidade (se tal substantivo é lícito), nunca perdeu de vista a prosperidade e a glória de sua terra".[100] A eclosão da Primeira Guerra Mundial não abalou as crenças e a coragem de Oliveira Lima de, na defesa delas, enfrentar profundos dissabores. Sua simpatia pela Alemanha e sua recusa de culpá-la pelo início do conflito, preferindo, como Shepherd, "culpar o imperialismo predatório e a disputa comercial", teve como resultado a proibição de sua entrada em território inglês.[101] Como bem disse Gilberto Freyre, com a perspicácia de que era tão capaz, o "homem singular" que era Oliveira Lima não titubeava em defender causas impopulares e antipáticas para o

---

97 Cartas de Rüdiger Bilden a Oliveira Lima, 14 dez. 1923, Lima Family Papers, CUA; e de Rüdiger Bilden a Francis B. Simkins, 6 jan. 1924, Simkins Collection, GL.

98 Santos, Um éden germânico: Europa e América nas viagens de Oliveira Lima, *Estudos Históricos*, n.35, p.37.

99 Ibid., p.35-40.

100 Ibid., p.37.

101 Ibid., p.23-46.

momento e sofrer "fracassos quixotescos" defendendo, por exemplo, o pacifismo durante a Guerra de 14 e repudiando *"slogans* simplistas, qual o de ter rebentado a mesma guerra como luta da 'Civilização' (a França e a Inglaterra) contra a 'Barbárie' (a Alemanha)".[102]

Jane Bilden em Washington D. C., 1925.
Fonte: Arquivo da Oliveira Lima Library, The Catholic University of America, Washington D. C.

---

102 Freyre, A propósito do centenário de Oliveira Lima, *Brasil Açucareiro*, v.7, n.3, p.10-2; id., Prefácio, *Oliveira Lima, Don Quixote gordo*.

Era evidente que o grande diplomata gostava de Bilden como pessoa, acreditava no valor de seu projeto de estudo e na sua capacidade de levá-lo a cabo. A Gilberto Freyre, Oliveira Lima escreveu em 1925 que o "grande trabalho" de Bilden iria "nos" dar "o estudo definitivo da escravidão".[103] Confirmando tal avaliação, foi pródigo em suas *Memórias* sobre as qualidades do jovem pesquisador alemão e seu tema de doutorado. "O sr. Bilden é dotado da faculdade alemã de observação das realidades, mas a mentalidade germânica está sabidamente longe de desprezar as feições idealistas." Daí seu preparo para enfrentar um tema novo e ambicioso: a questão da influência da escravidão na

> nacionalidade brasileira, para depois comparar-lhe os efeitos com os produzidos pela escravidão nos Estados Unidos [...] Se minha biblioteca, onde os Bildens têm estado por meses trabalhando, não tivesse outro préstimo [...] eu já me dava satisfeito de a ter formado.[104]

Ao novo amigo, esse "homem maravilhoso tanto como um acadêmico quanto como uma personalidade", Bilden não se intimidava em pedir ajuda para o irmão – especialista em agricultura, formado na Escola Colonial Alemã de Witzenhausen – que, diante da situação crítica em que vivia a Alemanha, manifestara interesse em emigrar para o Brasil e dedicar-se à criação de cavalos, gado e à horticultura, assim como familiarizar-se com "culturas tropicais". Ele é "forte, sadio e comparativamente jovem (31 anos) e seria capaz de suportar o clima", diz Bilden a Oliveira Lima em março de 1924, ansioso de que ele cumprisse a promessa de apresentá-lo a pessoas em São Paulo que pudessem ajudá-lo a se estabelecer no país. Como disse, "a crescente emigração de alemães qualificados para o Brasil" que estava ocorrendo naquela época iria, sem dúvida, beneficiar "tanto o Brasil como os imigrantes alemães".[105]

---

103 Apud Freyre, Sobre as ideias gerais de Rüdiger Bilden, *Diário de Pernambuco*, 17 jan. 1926. Sobre as alterações feitas por Freyre em versões posteriores desse artigo, ver Pallares-Burke, *Gilberto Freyre: um vitoriano dos trópicos*, p.381, 435-46.

104 Lima, *Memórias (estas minhas reminiscências)*, p.64-5.

105 Cartas de Rüdiger Bilden a Oliveira Lima, 24 mar. 1924, Lima Family Papers, CUA; e de Rüdiger Bilden a Gilberto Freyre, 27 nov. 1926, AFGF.

A farta correspondência trocada entre Bilden e Oliveira Lima é, pois, um belo testemunho não só da calorosa amizade que se estabeleceu entre ambos, mas da rica troca de ideias e informações entre dois indivíduos diferentes em origem, trajetória e idade, mas unidos por curiosidade e ambição intelectual semelhantes. A distância do casal Lima era sempre lamentada, e o convívio próximo era lembrado com saudades. "Com a partida sua e de madame Lima, Washington está deserta e solitária para nós", confessa Bilden em meados de 1925. "O tempo que passamos juntos em sua casa foi tão maravilhoso e estimulante que nenhuma distração social pode compensar sua ausência. Eu, é claro, me enterrei em meu trabalho desde que nos deixou." Fica feliz em saber que Oliveira Lima também "sente falta" de sua companhia e não vê a hora de revê-lo e continuar o diálogo *tête-à-tête* interrompido pela viagem de vários meses do casal Lima a Fernbrook, em Lenox, Massachusetts, no verão de 1925. "Não há ninguém aqui com quem se possa conversar de forma inteligente sobre o Brasil", lamenta. Ao saber de seu retorno a Washington dali a um mês, Bilden escreve aliviado: "parece que faz uma eternidade que nos deixou".[106] Nessa ocasião, manifesta também sua alegria por saber que logo Oliveira Lima lhe leria ao vivo as memórias que estava a escrever durante todo o verão de 1925.[107]

A Oliveira Lima também Bilden manifestava seu entusiasmo pelas obras sobre o Brasil que estava descobrindo e estudando em ricas bibliotecas, como a New York Public Library, a Library of Congress e a própria Oliveira Lima Library; fazia-lhe recomendações de livros e lhe passava alguns dos comentários que redigia para a imensa bibliografia crítica anotada que estava produzindo.[108] Foi, portanto, com imensa alegria que recebeu o incentivo de Lima para prosseguir nesse seu trabalho ambicioso e até insano: "é para mim um grande encorajamento saber que pensa tão elogiosamente sobre minha bibliografia.

---

106 Cartas de Rüdiger Bilden a Oliveira Lima, 21 jul. 1925 e 10 ago. 1925, Lima Family Papers, CUA.

107 Carta de Rüdiger Bilden a Oliveira Lima, 8 set. 1924, Lima Family Papers, CUA.

108 Cartas de Rüdiger Bilden a Gilberto Freyre, 5 mar. 1925, AFGF; e de Rüdiger Bilden a Oliveira Lima, 10 jul. 1925, 21 jul. 1925 e passim, Lima Family Papers, CUA.

Seu julgamento favorável vale-me mais do que o de qualquer outra pessoa".[109]

Lima lhe havia dito que em sua biblioteca encontraria "um registro completo das discussões parlamentares durante o Império, tanto na Câmara dos Deputados como no Senado" que seriam "muito iluminadoras para sua pesquisa", mas Bilden nela encontrou muito mais que o entusiasmou.[110] De Washington, no tórrido verão de 1925, Bilden escreveu a Oliveira Lima em Lenox sobre o que em alemão se chamaria *kannibalische Hitze* (calor canibalístico), lamentando que tivesse de esperar o outono para revê-lo e tecendo comentários sobre algumas de suas recentes descobertas.

> Fiquei surpreso com a excelência de [Charles] Ribeyrolles. Sua análise dos defeitos do sistema social e econômico brasileiros por volta de 1860 é extraordinariamente perceptiva e penetrante, particularmente em relação à escravidão e colonização. Para Ribeyrolles a escravidão ocupa essencialmente a posição na história do Brasil que eu atribuo a ela na minha investigação. Suas deduções são uma evidência substancial para minha tese. Escrevi uma longa crítica de Ribeyrolles para a bibliografia, que eu gostaria que visse.

E, continuando, Bilden deixa entrever as ricas conversas que já tinham tido em Washington.

> Liais e Brandenburger já discutimos antes. O livro de Watjen parece um trabalho muito bem pesquisado e profundo e a última palavra no que se refere ao período holandês. Ele anuncia uma "História do Brasil" que valerá a pena esperar e, se tiver as qualidades de sua monografia holandesa, será um trabalho de suprema importância.

Conhecedor da admiração que Oliveira Lima tinha pelos trabalhos alemães sobre o Brasil, Bilden expressa-lhe seu orgulho pela qualidade

---

109 Carta de Rüdiger Bilden a Oliveira Lima, 26 ago. 1925, Lima Family Papers, CUA.
110 Carta de Oliveira Lima a Rüdiger Bilden, 13 jan. 1924, Lima Family Papers, CUA.

intelectual de muitos de seus compatriotas.[111] Seu contentamento por encontrar tantas obras de valor escritas por alemães no pós-guerra é expresso sem meias palavras, como se ali estivesse a demonstração da resiliência de uma cultura que se mantinha viva e dinâmica no meio da catástrofe.

> É realmente surpreendente quantos livros de excelente valor acadêmico vieram de historiadores alemães do Brasil depois do Armistício. Se levarmos em conta Brandenburger, Brandt e Watjen, não há nada em inglês ou francês que seja comparável. O trabalho de Handelmann, Wappius, [...] está sendo continuado sem qualquer deterioração. Em história natural parece ser o mesmo.[112]

O mesmo entusiasmo manifesta sobre "o ganho intelectual e científico" da Argentina com a emigração de alemães de renome. O cientista e pacifista Georg Nicolai, por exemplo, era homem de "coragem e originalidade" que estava engrandecendo a Universidad de Córdoba após "os estudantes nacionalistas o terem expulsado de Berlim" com a conivência da "conspiração de silêncio" de parte da *intelligentsia* alemã.[113]

Bilden também manifestava interesse em saber a opinião do amigo diplomata sobre quase tudo o que lhe dizia. "Fiquei muito interessado em sua opinião sobre Ribeyrolles" e "estou ansioso para saber se concorda com minha opinião favorável" sobre Watjen. "Escreva-me quando quer que eu lhe mande o Watjen e eu lhe envio", diz Bilden em 21 de julho de 1925, quando também comenta sobre seu desejo de que o Dr. Metz termine logo seu livro sobre o Brasil, pois a parte relativa às "condições econômicas contém, sem dúvida, observações e conclusões que eu poderia citar em apoio à minha tese". O *Brasilien, ein Land der Zukunft*, de Heinrich Schüler, diz Bilden, referindo-se ao predecessor

---

111 Em carta de Rüdiger Bilden a Oliveira Lima de 16 ago. 1925 (Lima Family Papers, CUA), ele comenta: "gostei muito de seu *Geleitwort* [prefácio] a Schüler, no qual fala da excelência dos trabalhos alemães sobre o Brasil".

112 Carta de Rüdiger Bilden a Oliveira Lima, 10 jul. 1925, Lima Family Papers, CUA.

113 Cartas de Rüdiger Bilden a Oliveira Lima, 10 jul. 1925, 26 ago. 1925, Lima Family Papers, CUA; Attacks intelligentsia: prof. Nicolai accuses German liberals of conspiracy to prevent his teaching, *The New York Times*, 21 maio 1922.

do livro de Stefan Zweig que o antecede por mais de trinta anos, "é um bom livro, bastante acurado e objetivo para um oficial brasileiro". Ele o lera e relera e gostara muito do prefácio escrito por Oliveira Lima. Schüler, que chegara ao Brasil em 1898 para dirigir as colônias alemãs do Dr. Hermann Meyer, no noroeste do Rio Grande do Sul, já havia se tornado um importante divulgador do Brasil no exterior, assim como da Alemanha no Brasil.[114] Bilden não deixava de também louvar trabalhos do próprio Oliveira Lima como essenciais para o preparo de seu livro. "Seu trabalho sobre D. João V sem dúvida será minha única e principal fonte para o período de 1808 a 1822, que, afinal de contas, é o período mais importante para minha investigação."[115]

Os trabalhos fracos sobre o Brasil também eram listados por Bilden sem dó ou constrangimento. *Letters from Brazil*, de Hamlet Clark, por exemplo, é "um livro superficial, cheio de idiossincrasias inglesas"; *Le Brésil nouveau*, de Gustave Aimard, é "sem valor, novelístico e incorreto"; o *The Rubber Country of the Amazon*, de Henry Clemens Pearson, é "um livro tosco, muito jornalístico"; *Le Brésil contemporain*, de Adolphe d'Assier, "inferior ao livro de Ribeyrolles, parcialmente incorreto, de certo modo preconceituoso, lembra vagamente Expilly, mas, apesar disso, o tratamento da escravidão e da vida social é bom. O livro pode ser utilizado se os exageros forem descontados; o autor era o companheiro de viagem de Ribeyrolles"; e o subsídio de 20 mil dólares que esse "Dr. Cook da América do Sul" que é Savage Landor obteve do governo brasileiro "é uma grande piada. O governo brasileiro deveria dar uma grande soma de dinheiro para um objetivo valioso, para seu Instituto Ibero-Americano, por exemplo, a fim de obliterar a memória desta farsa". Bilden comenta que, lendo esse livro, ele e Jane riram muito, como se estivessem vendo um "filme de comédia". A obra que tanto irritou Bilden relatava uma expedição realizada sob os auspícios do governo brasileiro ao Mato Grosso – região "cinco vezes o tamanho

---

114 Barret, *Bibliografia sul-riograndense: a contribuição portuguesa e estrangeira para o conhecimento e a integração do Rio Grande do Sul*, v.2, p.1236-7; Geographical Literature of the Month, *Geographical Journal*, v.39, n.3, p.303.

115 Cartas de Rüdiger Bilden a Oliveira Lima, 10 jul. 1925; 21 jul. 1925; 16 ago. 1925 e passim, Lima Family Papers, CUA.

da Itália e três vezes o da França", como aponta o jornal *The New York Times* – sob a liderança do explorador inglês Arnold Henry Savage Landor.[116] Infelizmente, lamenta Bilden, o exemplo de Savage foi seguido e "desde que a exploração deixou de ser uma atividade científica para se tornar um esporte – ao menos nos países anglo-saxões – algumas tolices atrozes têm sido escritas sobre o interior do Brasil".[117] Lima, que escrevera uma crítica sobre esse autor (que Bilden citava em seus comentários), só pode ter-se regozijado com o que lia.[118] *Au pays de l'or noir* e *Au Brésil: de l'Uruguay au Rio São Francisco*, de Paul Walle, também o desapontaram. "É verdade que são bons e instrutivos, mas tinha esperado encontrar menos uma descrição cheia de lugares-comuns e mais crítica balizada." Maior desapontamento, entretanto, lhe causou a leitura de Latteux, "pois esse cientista francês escreve como se fosse uma combinação de turista e de panegirista contratado. Será que ele foi subsidiado?".

> O *Brasilien und Blumenau*, de Wettstein, contém uma massa de informação econômica importante sobre a colonização alemã, mas é muito doutrinário e preconceituoso [...] muito pouco favorável aos brasileiros e cheio de asneiras ridículas sobre a superioridade alemã; sua atitude é o equivalente alemão de um certo tipo de escritor anglo-saxão.

De sua crítica aguda não escapavam alguns brasileiros, como Luís da Câmara Cascudo. Comentando seu livro *Histórias que o tempo leva*, Bilden escreve: "É ingênuo, retórico, carece de objetividade e perspectiva histórica". Vicente Licínio Cardoso, por outro lado, cuja obra ainda não conhecia bem, mas que pretendia ler atentamente, parecia-lhe muito melhor. "Ele parece ser um pensador muito perceptivo."[119]

---

116 To explore unknown Brazil: A. H. Savage Landor to head expedition – Brazilian government aids him, *The New York Times*, 2 fev. 1911.

117 Carta de Rüdiger Bilden a Oliveira Lima, 16 ago. 1925, Lima Family Papers, CUA.

118 Carta de Rüdiger Bilden a Oliveira Lima, 26 ago. 1925, Lima Family Papers, CUA.

119 Carta de Rüdiger Bilden a Oliveira Lima, 28 jul. 1925; 10 ago. 1925; 16 ago. 1925; 8 set. 1925 e passim, Lima Family Papers, CUA.

Rüdiger Bilden, srta. Holmes (a primeira bibliotecária da Biblioteca Ibero-Americana, fundada em 1924) e Manoel de Oliveira Lima – Washington D. C., 1925.
Fonte: Arquivo da Oliveira Lima Library, The Catholic University of America, Washington D. C.

Muitos dos comentários de Bilden sobre o que ouvia e lia nos permitem entrever o que ele pretendia alcançar com seu trabalho sobre a escravidão brasileira. Em primeiro lugar, desde logo fica claro quão exigentes eram seus critérios acadêmicos. O conhecimento histórico, insistia, constrói-se passo a passo, buscando-se "evidência substancial" que gradativamente poderá vir a apoiar ou não interpretações generalizadoras ou grandes teorias sobre a história.[120] Análises penetrantes e criteriosas são, enfim, o oposto de "criticismo estético", que no Brasil abunda mais do que trabalho histórico firmemente fundamentado.[121]

Referindo-se, por exemplo, aos comentários de Lima sobre um artigo que fazia referência aos "senhores e escravos", Bilden comenta que as afirmações ali contidas confirmavam sua "opinião de que a hora havia chegado para uma análise penetrante desse período da história brasileira e para uma reinterpretação à luz do conhecimento moderno sobre as forças que determinam o desenvolvimento das nações".[122] É a partir desses critérios que Bilden avaliava os livros que anotava. O francês Liais, por exemplo, diz ele,

> é excelente. Achei em seu *Climats, géologie, etc. du Brésil* algumas considerações pertinentes e muito perceptivas sobre a expansão do solo e a alteração do clima em conexão com os métodos de agricultura primitivos nas plantações escravocratas brasileiras. Do mesmo modo, obtive alguma evidência na *Description of View in South America*, de Sir William Gore Anseley [sic] [Ouseley], sobre a conexão entre escravidão e a desgraça do trabalho manual no Brasil. Ouseley evidentemente conhecia o Brasil muito bem.[123]

Sua opinião sobre o livro do médico Alphonse Rendu relatando suas observações sobre o Brasil é também reveladora. O que lhe chama a atenção não são as referências desabonadoras à mistura racial e ao mulato, ou seja, ao que chama de "pequenas derrapadas" do livro, mas sim a "análise penetrante da sociedade brasileira e da influência da doença e da falta de saneamento e higiene" sobre os brasileiros e sua vida social. Era nisso que o livro era excepcional. Esse autor, diz Bilden, é um dos poucos que apreciaram em profundidade a influência da escravidão na "decadência social e na estagnação do Brasil e na sua conexão com forças sociais destrutivas", que incluem doença, indolência, falta de energia do

---

120 Carta de Rüdiger Bilden a Oliveira Lima, 14 dez. 1923, Lima Family Papers, CUA.
121 Carta de Rüdiger Bilden a Francis B. Simkins, 15 jan. 1924, Simkins Collection, GL.
122 Carta de Rüdiger Bilden a Oliveira Lima, 22 fev. 1925, Lima Family Papers, CUA.
123 Carta de Rüdiger Bilden a Oliveira Lima, 28 jul. 1925, Lima Family Papers, CUA.

povo, dieta imprópria e insuficiente, "corrupção da moral pública e privada, reclusão das mulheres, sistema brasileiro de educação etc. etc.".[124]

Rüdiger Bilden, Jane Bilden e Manoel de Oliveira Lima, em Washington D. C., 1925.
Fonte: Arquivo da Oliveira Lima Library, The Catholic University of America, Washington D. C.

Bilden também punha Oliveira Lima a par de suas conversas com outras pessoas de interesse para o tema de seu trabalho, dispondo-se a buscar, através delas, informações de que o amigo porventura precisasse. Lima, por exemplo, a quem o governo de Pernambuco pedira um estudo da "cultura e comércio de algodão" nos Estados Unidos, contava com a ajuda de Bilden para lhe obter as informações necessárias para realizar esse trabalho. Sabendo, por exemplo, que ele entrara em contato com o antigo secretário da Agricultura norte-americano David F. Houston, a fim de obter informações sobre os métodos de produção durante o período escravocrata, esperava por seu intermédio obter dados preciosos desse especialista em cultura do algodão nos Estados Unidos.[125] Da conversa com o ex-secretário Bilden não obteve dados muito concretos

---

124 Carta de Rüdiger Bilden a Oliveira Lima, 8 set. 1925, Lima Family Papers, CUA. Sobre Alphonse Rendu e sua expedição ao Brasil, ver Edler, De olho no Brasil: a geografia médica e a viagem de Alphonse Rendu, *História, Ciência, Saúde* – Manguinho, v.8 (suplemento), p.925-43.
125 Carta de Oliveira Lima a Rüdiger Bilden, 13 jan. 1924, Lima Family Papers, CUA.

sobre "métodos de produção" que buscava avidamente, por ser tema essencial para seu trabalho, mas Houston aparentemente foi útil para o trabalho de Lima.[126] Bilden também fazia sugestões entusiásticas a Lima para a transformação da sua biblioteca num "instituto internacional ibero-americano, para onde estudiosos viriam de toda parte do mundo e palestras seriam dadas regularmente, seguindo o modelo do Williamstown Institute of Politics". Sobre isso já tivera conversas com "o bispo", que concordava com esse "plano ambicioso" de transformar "a biblioteca numa instituição mundial", relata Bilden. Bastava arranjar fundos para isso, pois o apoio da direção da Catholic University parecia garantido.[127] Com igual entusiasmo, recomendava a Oliveira Lima que comprasse livros que estava a descobrir e que lhe pareciam fantásticos, como o pequeno livro de Bernhard Brandt sobre a América do Sul recentemente publicado: "contém excelentes passagens e caracterizações do Brasil, algumas das quais são bastante inéditas".[128]

Os últimos preparativos para a viagem ao Brasil: e o passaporte?

Bilden deixou Washington em meados de novembro de 1925, após contar com a companhia de Oliveira Lima, que retornara de Massachusetts, por cerca de um mês e meio. Ao longo dos meses anteriores, enquanto mergulhava na "mina de ouro" que fora a biblioteca de Washington, vários assuntos haviam sido listados para futuras conversas ao vivo entre os dois novos amigos. É de imaginar, pois, quão fértil foram esses momentos havia muito esperados, as "lindas horas" que passaram juntos, nas palavras expressivas de Bilden.[129] Logo ao partir, é calorosamente que expressa as saudades antecipadas que sentia, já sabendo que não veria o casal Lima durante dois anos, no mínimo. Ao deixá-los, "Jane chorou todo o caminho de casa e eu tive dificuldade para

---

126 Carta de Rüdiger Bilden a Francis B. Simkins, 28 out. 1923, Simkins Collection, GL.
127 Carta de Rüdiger Bilden a Oliveira Lima, 28 jul. 1925, Lima Family Papers, CUA.
128 Carta de Rüdiger Bilden a Oliveira Lima, 21 jul. 1925, Lima Family Papers, CUA.
129 Carta de Rüdiger Bilden a Oliveira Lima, 16 set. 1925 e passim, Lima Family Papers, CUA.

consolá-la", confessa Bilden. "À minha gratidão por nossa associação soma-se a gratidão pela grande bondade que ambos mostraram por Jane e o seu profundo apego ao senhor e dona Flora."[130]

Ao chegar a Nova York, aparentemente só restava a Bilden fazer os últimos preparativos para a viagem ao Brasil, que o mais tardar deveria ocorrer em dezembro de 1925. Os planos anteriores de pesquisar nas bibliotecas de Harvard e outras dos Estados Unidos e de ir à Alemanha visitar os pais e ampliar o levantamento de fontes bibliográficas já haviam sido deixados de lado havia tempo, como extravagâncias impossíveis. As despesas inesperadas com o acidente de Jane os haviam deixado endividados e "sem um tostão". Como diz, tinham sido obrigados a gastar "economias, minha *fellowship* e o salário de Jane".[131] Mas, apesar de tudo, os prospectos pareciam excelentes. Praticamente concluída a pesquisa nos Estados Unidos, garantida a bolsa de estudos do Laura Spelman Memorial Fund e com cartas de apresentação de Franz Boas e Oliveira Lima lhe abrindo alas, sua viagem ao Brasil parecia extremamente promissora. Até mesmo seu pedido de última hora para o aumento da bolsa anual – devido a várias mudanças de circunstâncias, a maior delas sendo a alteração inesperada na taxa de câmbio, que fez um dólar passar a valer 6 mil-réis em 1925, quando valia 10 mil um ano antes – obteve apoio dos professores Carlton Hayes e Edwin Seligman e foi finalmente aprovado pela fundação. Seligman fora enfático na carta que escreveu ao Laura Spelman Rockefeller Memorial Fund:

> Bilden tem minha total confiança tanto como pessoa quanto como estudioso, e os fatos arrolados em seu *memorandum* [...] justificam inteiramente a soma adicional. [...] Se o trabalho vale ser feito, é importante que seja feito da melhor forma e sem quaisquer preocupações financeiras de sua parte. Ele já terá um monte de outras preocupações.[132]

---

130 Carta de Rüdiger Bilden a Oliveira Lima, 20 nov. 1925, Lima Family Papers, CUA.

131 Carta de Rüdiger Bilden a Francis B. Simkins, 18 mar. 1924, Simkins Collection, GL.

132 Cartas de Rüdiger Bilden a Leonard Outhwaite, 28 nov. 1925, com *memorandum* anexado; de Carlton Hayes para Leonard Outhwaite, 1º dez. 1925; de Edwin Seligman a Leonard Outhwaite, 3 dez. 1925; de Frank D. Fackenthal a Beardsley Ruml, 31 dez. 1925, com o *memorandum* de Bilden enviado ao professor Hayes anexado; de Beardsley Ruml a Nicholas

Sua autoestima tinha, pois, muito para estar em alta. Para completar, o grande Franz Boas – a quem Bilden se unia por interesses intelectuais e amizade pessoal, e em cuja casa de Nova Jersey se hospedava de quando em quando, em fins de semana – lhe confiara uma importante pesquisa a ser realizada em Pernambuco sobre famílias portuguesas que "viveram por muito tempo num clima tropical sem se misturarem com outras raças". O objetivo de Boas era testar a ideia difundida pela literatura antropológica da época de que, nos trópicos, uma família branca tinha de escolher entre misturar-se ou extinguir-se.[133]

Com tudo isso a seu favor, restava, no entanto, um sério problema que Bilden já havia algum tempo tentava resolver: obter um passaporte, sem o que nenhuma viagem ao Brasil seria possível.[134] Com a passagem já comprada para o vapor Aidan, da Booth de Liverpool, que sairia para Pernambuco em 4 de dezembro de 1925, Bilden chegou a pensar que teria de cancelar a viagem.[135]

Numa era como a nossa, em que os passaportes são um pré-requisito essencial para cruzar a maioria das fronteiras e em que um sistema internacional de passaporte está firmemente estabelecido, é difícil imaginar que no início do século XX os passaportes, "na maioria dos casos", representavam mera sofisticação ou alguma facilidade, mas "não um requisito".[136] E, portanto, que fosse possível fazer então o que hoje se tornou impensável: cruzar o Atlântico e entrar nos Estados Unidos sem esse documento, como fizera Bilden. Mas, de fato, na época em que ele deixou a Alemanha, podia-se sair de um país e entrar em muitos outros sem passaporte, pois, com poucas exceções, desde a segunda metade do século XIX eles haviam caído em desuso ou sido descartados. A Noruega, por exemplo, aboliu sua exigência em

---

Murray Butler, 31 dez. 1925, Laura Spelman Rockefeller Memorial Collection, série III, subsérie 6, caixa 51, RAC.

133 Cartas de Rüdiger Bilden a Oliveira Lima, 12 jul. 1924; 24 nov. 1925; 26 nov. 1925; 29 nov. 1925; 4 dez. 1925, Lima Family Papers, CUA.

134 Carta de Rüdiger Bilden a Oliveira Lima, 16 set. 1925, Lima Family Papers, CUA.

135 Carta de Rüdiger Bilden a Oliveira Lima, 17 nov. 1925, Lima Family Papers, CUA.

136 Lloyd, *The Passport, the History of Man's Most Travelled Document*, p.117; Torpey, The Great War and the birth of the modern passport system. In: Caplan e Torpey (orgs.), *Documenting Individual Identity: The Development of State Practices in the Modern World*, p.256-70.

1859; a Suécia, em 1860; a Itália, em 1861 e a Alemanha, em 1867. Já o ministro das Relações Exteriores da Pérsia deixara claro a irrelevância desse documento, explicando que "estrangeiros entrando em território persa supostamente devem apresentar seus passaportes na fronteira, mas a regra é raramente aplicada a um viajante europeu de aparência respeitável".[137] Nas Américas, havia países como a Venezuela, o Uruguai, o Equador e o México em cujas Constituições constava o direito de viajar livremente sem passaporte, um direito que se estendia aos estrangeiros.[138] E os Estados Unidos, que haviam temporariamente introduzido a exigência de passaporte durante a Guerra Civil, em 1861, já a haviam abolido no final do século, proclamando que não havia "nem lei nem regulamentação [...] requerendo àqueles que chegam aos seus territórios de apresentar passaporte".[139]

A ampla liberdade de movimento que esse relaxamento de controle garantia era o resultado da "enorme influência do liberalismo econômico" que marcara o século XIX, como já atesta um estudo de controle de passaportes feito pouco antes da eclosão da Primeira Guerra Mundial:

a maioria dos Estados modernos, com poucas exceções, aboliram suas leis de passaporte ou ao menos as neutralizaram por não a aplicarem [...] [Estrangeiros] não são mais vistos pelos Estados com suspeita ou desconfiança, mas, ao contrário, em reconhecimento pelo tremendo valor que pode ser derivado do comércio e do intercâmbio, são bem-vindos com braços abertos e, por essa razão, obstáculos são removidos tanto quanto possível de seus caminhos.[140]

Tudo isso, no entanto, começaria a mudar com a Guerra de 14, que se iniciou dias após Bilden desembarcar em Nova York. O relaxamento

---

137 Passport Office File, *Foreign Office* 614/2, apud Lloyd, *The Passport*, p.116.
138 Lloyd, *The Passport*, p.115.
139 Passport Office File, Foreign Office 614/2, apud Lloyd, *The Passport*, p.116.
140 Bertelsmann, *Das Passwesen: Eine volkerrechtliche Studie*, apud Torpey, The Great War and the birth of the modern passport system, p.256.

O triunfo do fracasso

e a informalidade que haviam vigorado até então logo se tornaram coisa do passado.

A crer na informação de seu amigo Francis Butler Simkins, Bilden desembarcara nos Estados Unidos "como um desertor do navio mercante" em que servia. Não era raro o trabalho marítimo ser utilizado como um meio de emigração, e a deserção era uma forma usual e fácil de romper o contrato com o navio mercante. Terminar o contrato de trabalho por mútuo consentimento com o empregador implicava um risco que a solução ilegal não acarretava.[141] É bem possível, pois, que, tendo como tantos outros jovens usado a viagem como meio de emigrar, Bilden tenha de fato desertado o navio em julho de 1914, durante a escala em Nova York. Ao abandoná-lo, perdera ou esquecera o certificado de serviço militar que se tornara necessário para obter o passaporte alemão.

Do lado norte-americano, a obtenção de um passaporte por via de naturalização parecia uma possibilidade que estava a recuar em meados da década de 1920, quando as tradições nativistas e o ideal de "puro americanismo" geraram uma avassaladora onda anti-imigratória nos Estados Unidos, que iria culminar com o Immigration Restriction Act de 1924 (também conhecido como Johnson & Reed Act). Evidentemente, Bilden, como alemão – e, portanto, parte integrante da "raça branca por excelência", como eram então considerados os anglo-saxões e teutônicos –, não era o tipo de imigrante visado por essa nova lei.[142] No entanto, provavelmente nos anos logo após o fim da guerra, a má vontade para com os alemães necessitando lidar com oficiais do governo não devia ser pouca, e não é inadmissível que lhes fossem criados obstáculos burocráticos desnecessários. Já havia algum tempo Bilden estava tentando naturalizar-se, mas as dificuldades eram várias, pois o pedido de naturalização só poderia ser feito após certas autoridades sanarem dúvidas sobre seu *status*, dúvidas que lhe pare-

---

141 Cooper, Maritime labour and crew list analysis: problems, prospects, and methodologies, *Labor/Le Travail*, v.23, p.179-94.

142 Sobre o racismo emergente nos Estados Unidos nessa época e sobre seu impacto na trajetória do amigo de Bilden, Gilberto Freyre, ver Pallares-Burke, *Gilberto Freyre: um vitoriano dos trópicos*, p.261-97.

ciam totalmente infundadas. Como chegou a comentar com amigos, certos oficiais do "Serviço de Naturalização" tinham dúvidas sobre a "validade da legalização" de sua entrada no país feita pelo Departmento do Trabalho (a quem o Immigration and Naturalization Service esteve submetido até 1940, quando passou a fazer parte do Departamento de Justiça). Para Bilden era "incompreensível" que isso estivesse acontecendo, dado que sua entrada fora legalizada pela "mais alta autoridade em assuntos de imigração" do país, à qual o Departamento de Nova York estava subordinado. Chegou nessa ocasião a entrar em contato com o secretário de um senador poderoso da Carolina do Sul, Coleman Livingston Blease, mas sem qualquer sucesso; só vinte anos mais tarde conseguiria naturalizar-se norte-americano.[143]

As relações diplomáticas de Oliveira Lima foram essenciais para Bilden conseguir obter, na última hora, o passaporte alemão, sem o que sua viagem ao Brasil não poderia se realizar. A carta de recomendação do já então influente diplomata Hans-Heinrich Dieckhoff – o futuro embaixador alemão nos Estados Unidos, de 1937 a 1938, sobre quem o jornal *Washington Post* afirmou que "todo mundo gosta [...], não importa o que Washington pense da política nazista" – provou-se essencial para Bilden conseguir que o consulado alemão de Nova York preparasse o precioso documento em tão pouco tempo. Até o telegrama para a Alemanha, a fim de confirmar sua cidadania, foi no final dispensado pelo vice-cônsul, dadas as recomendações de Dieckhoff.[144] Certamente Bilden teria hesitado em aceitar essa interferência, soubesse ele que Dieckhoff, apesar de não declarar-se abertamente nazista, iria associar-se ao governo de Hitler nas décadas seguintes.[145]

Finalmente, após tantos percalços, Jane e Rüdiger embarcaram no Aidan a 5 de dezembro de 1925, com a intenção de visitarem rapidamente os Lima na parada de um dia que o vapor faria no porto de

---

143 Cartas de Rüdiger Bilden a Francis B. Simkins, 18 mar. 1925, Simkins Collection, GL; e de Rüdiger Bilden a Oliveira Lima, 16 set. 1925; 17 nov. 1925, Lima Family Papers, CUA.
144 Cartas de Rüdiger Bilden a Oliveira Lima, 17 nov. 1925; e duas cartas de 20 nov. 1925, Lima Family Papers, CUA.
145 Para uma iluminadora biografia de Dieckhoff, ver Taschka, *Diplomat ohne Eigenschaften? Die Karriere des Hans Heinrich Dieckhoff* (1884-1952).

Norfolk, no estado da Virgínia, para se reabastecer de carvão. Teria sido ótimo vê-los "uma última vez antes de uma separação tão longa", escreve Bilden, lamentando que a visita não se tivesse realizado. Do navio, manifesta de novo e de forma calorosa a amizade que sente pelo casal.

Dizemos *Lebewohl* uma última vez, agradecendo novamente pela maravilhosa amizade sua e de dona Flora, por sua bondade e hospitalidade. Conhecer a ambos significou muito para nós e desejamos continuar a amizade, apesar de estarmos nos separando por milhares de milhas.[146]

Foto de Rüdiger Bilden, dos anos 1920, em local não identificado.
Fonte: Arquivo da Fundação Gilberto Freyre, Recife

---

146 Carta de Rüdiger Bilden a Oliveira Lima, 6 dez. 1925, Lima Family Papers, CUA.

Durante a viagem, Bilden mostrou-se exultante com tudo: "a comida não podia ser melhor", a limpeza era "meticulosa", o bom gosto dominava tudo, os serviçais eram selecionados e dos "mais corteses", o capitão e os oficiais eram finos e cordiais, a acomodação era moderna e confortável. Enfim, é incrível que "não deixe nada a desejar" por um preço surpreendentemente modesto de US$ 145 por pessoa, comenta. Além disso, entre os poucos passageiros, havia dois padres alemães de muito charme e "grande inteligência e conhecimento", com quem era um prazer conversar: o bispo de Santarém, Amandus Buhlmann, e seu secretário. O bispo, que estava havia 33 anos no Brasil, era profundo conhecedor dos "índios do Tapajós" e estava organizando "a compilação de um vocabulário da língua dos Mundurucus".[147]

Após dezesseis dias de viagem, chega finalmente a hora tão esperada da chegada em terras brasileiras, e a exultação de Bilden não tem limites.

> Foi um grande evento para mim colocar os pés pela primeira vez em solo brasileiro [...] O Pará é tão estranhamente diferente de tudo o que jamais vi antes. A mistura racial, os tipos indígenas, o esplendor tropical, a vida pitoresca, tudo nos fascinou. Mesmo para mim, que conhecia o Brasil através de um estudo íntimo por um período de três anos, as primeiras impressões foram inteiramente novas e muito poderosas.[148]

A aventura brasileira de Bilden, que se iniciou com grande entusiasmo e expectativa em dezembro de 1925 e iria se estender até abril de 1927, é o assunto do próximo capítulo.

---

147 Ibid.
148 Carta de Rüdiger Bilden a Oliveira Lima, 27 dez. 1925, Lima Family Papers, CUA.

Capítulo 3
"A escravidão como um fator na história brasileira": a preparação do livro que não foi

Francis Butler Simkins, o amigo sulista de Freyre e Bilden, esteve no Brasil em meados de 1924, um ano e meio antes de Bilden ali chegar. Adquirira na Columbia University, como diz, a "ambição de ampliar seus horizontes intelectuais" e, tendo economizado US$ 600, resolvera começar esse empreendimento educativo viajando ao Brasil, com seu amigo Freyre como guia. A reescrita de seu trabalho de doutorado para reapresentá-lo na Columbia University e o desenvolvimento de outros projetos de pesquisa já idealizados deveriam aguardar até que ficasse um pouco "mais velho e mais maduro".

Sua experiência brasileira, no entanto, não foi das mais felizes. O tempo em que esteve no Brasil foi "mais de confusa estupefação do que de ampliação de entendimento de novos povos e novas paisagens". Como admite, os "meses mais difíceis de minha vida foram os que passei no Brasil tentando inutilmente compreender por que razão as coisas eram como pareciam ser". Por exemplo, não esperava encontrar uma instituição educacional séria que não fosse "sobriamente profissional" e, portanto, não entendera por que o reitor da Faculdade de Direito do Recife, que o guiara na visita, parecia orgulhar-se de sua escola acima de tudo pelos "esplendores mecânicos das *toilettes* e das pias do banheiro dos homens". A biblioteca da cidade também o desconcertou por encontrar dentro de um prédio ensolarado e reluzente uma sala cavernosa, tomada por morcegos, com livros que, ao invés de serem "classificados logicamente", eram organizados "por tamanho". Não entendia também o contraste entre o comportamento das pessoas da classe média e baixa e as da classe alta, as primeiras "rindo, dançando, gritando e abraçando de modo exasperante" enquanto as demais "se conduziam com dignidade fúnebre". Nunca conseguira descobrir "como ser agradável e ao mesmo tempo não perder a dignidade diante de tais pessoas". As mulheres da casa de Freyre, por exemplo, só apareciam à noite para o jantar, quando comiam uma refeição de muitos pratos em "silenciosa dignidade". A comida e os mosquitos também não ajudaram a tornar sua estada agradável. Freyre decidira que ele deveria aprender sobre o Brasil através da comida, mas a falta do pão, substituído pela mandioca, e o exagero de frutas, muitas vezes preparadas de modo "doentiamente doce", de modo algum lhe agradavam. Quanto aos mosquitos, que picavam livremente – pois, inexplicavelmente, em uma região rodeada de pântanos, não havia nenhuma tela nas janelas ou mosquiteiros nas camas –, fizeram com que ele "tivesse visões de uma morte prematura nas mãos da febre amarela ou da malária". Simkins admite, enfim, que os quatro meses no Brasil haviam sido insuficientes para que ele compreendesse mais do que "os fenômenos de superfície", pois, quando olhava para além das aparências, ficava perplexo e "frustrado". A única saída, relata Simkins, fora "rir dos brasileiros e deixar que eles rissem de mim".[1]

Impressões de viagem

A experiência de Bilden foi muito diferente. Preparado por leitura ampla, cuidadosa e crítica de viajantes, historiadores e cientistas, bem como por longas conversas sobre o Brasil, sua cultura e sua gente com Gilberto Freyre, com o diplomata Hélio Lobo e, principalmente, com Oliveira

---

1 Simkins, *Autobiografia* (manuscrito), Simkins Collection, GL.

O triunfo do fracasso

Lima, não se chocou muito com o que viu, nem sofreu no mesmo grau o estranhamento de Simkins. Os comentários que enviou a seu amigo em Washington, com quem se comprometera a escrever com frequência e que lhe cobrava notícias e comentários – já que admirava Bilden por ter "a paciência, o espírito crítico e a imparcialidade *peculiares* do alemão" – são um testemunho interessante, inteligente e, dado o seu tom assertivo, às vezes um pouco irritante, do jovem alemão que, na década de 1920, apaixonou-se pelo Brasil, sua história e seus problemas. Assim como muitos intelectuais brasileiros respeitados da época, Bilden era muito crítico e desiludido com o resultado de mais de trinta de anos de regime republicano.[2] Pode-se dizer que o espírito do livro *À margem da história da República*, que congregava intelectuais de peso para pensar sobre o situação do país e reagir diante da "gravidade" do "momento histórico presente", ressoou muito bem em Bilden, desde que o lera em Washington, em 1925.

Organizado por Vicente Licínio Cardoso em 1924 para "marcar com um ato de inteligência a passagem do 35º aniversário do novo regime", o livro reunia "autores" que haviam nascido com a República e que, como diz Cardoso, tinham tido "a grande e triste surpresa" de "sentir que o Brasil retrogradou". Eram, enfim, intelectuais que se irmanavam no interesse de estudar o passado do país, "investigar a pluralidade das causas" de seus problemas e "projetar para o Brasil o futuro".[3] Fora por simpatizar profundamente com essa causa que Bilden logo afirmou que seria "esplêndido" se, logo ao chegar ao Brasil, entrasse "em contato com um jovem intelectual do tipo de Cardoso", esse "pensador arguto".[4]

Os poucos dias que passou em Belém do Pará o encheram de entusiasmo, pois o fizeram antecipar o resto do país que visitaria dali em diante. "Percebi de imediato que o conhecimento direto do Brasil é absolutamente necessário, essencial mesmo para o meu trabalho. No

---

2 Cartão-postal de Oliveira Lima a Gilberto Freyre, 1925 (dia e mês ilegíveis), Oliveira Lima Family Papers, reproduzido em Gomes (org.), *Em família: a correspondência de Oliveira Lima e Gilberto Freyre*, p.192. O grifo em "peculiares" está no original.

3 Cardoso (org.), *À margem da história da República* (1924), p.11-3, 303-5.

4 Carta de Rüdiger Bilden a Oliveira Lima, 28 jul. 1925, em Lima Family Papers, CUA.

entanto, meu longo estudo da história e da vida brasileira emprestaram maior significado para minhas observações."[5]

Em Belém, onde as cartas de apresentação de Oliveira Lima já começaram a ajudá-lo, conheceu o "senhor Chamié, um sírio, o maior homem da borracha no Pará", dono da única fábrica brasileira destinada ao preparo da borracha para exportação, e fez amizade imediata com o cônsul norte-americano. Esse "jovem muito inteligente" e culto, que ocupava o posto havia vinte meses, falava "tanto português como alemão fluentemente" e estava profundamente interessado pelo país. Sem dúvida, comenta Bilden, ele estava "livre dos costumeiros preconceitos norte-americanos".[6]

Na parada seguinte do navio em Fortaleza, chama a atenção de Bilden o contraste entre as "pessoas de aparência indígena, pequenas e lânguidas do Pará e os vigorosos, altos e bastante brancos cearenses". Surpreende-se, na verdade, ao encontrar tantos loiros de olhos azuis entre eles. E, diante das críticas à ineficiência e corrupção dos governos que ouve dos paraenses e cearenses, manifesta a esperança de "encontrar melhores relatos no sul".[7]

As três semanas que Bilden passou com Jane em Recife, cidade pela qual tinha imenso interesse "devido ao papel histórico que Pernambuco havia desempenhado no passado do Brasil", foram marcadas não tanto pelas descobertas que fez, mas por suas observações confirmarem muito do que tinha ouvido de Gilberto Freyre e Oliveira Lima sobre a região de onde vinham. A cidade tinha grande beleza e charme, sem dúvida, mas a vida evidenciava "muita superficialidade" e pouca "substância". Na verdade, muitas vezes, ao observar "as pessoas e as condições", lembrava-se das "críticas incisivas" que ouvira e se via compelido a concordar com elas. "A retórica e a pose parecem reinar aqui", escreve Bilden a Oliveira Lima. Apesar de as pessoas "parecerem sinceras, os gestos graciosos e ao mesmo tempo vazios" preponderam, e uma ênfase exagerada é dada "a cerimônias e formalidades sem sentido e desnecessárias". O forte legado

---

5 Carta de Rüdiger Bilden a Oliveira Lima, Between Pará and Fortaleza, 27 dez. 1925 e Between Fortaleza and Recife, 29 dez. 1925, Lima Family Papers, CUA.

6 Ibid.

7 Ibid.

deixado pela escravidão era também marcante e visível em muitos hábitos e costumes brasileiros. Um dos exemplos flagrantes era a relutância dos pernambucanos de carregar qualquer pacote, característica local que muito impressionou Bilden.[8]

Tendo várias cartas de Oliveira Lima para apresentá-los a figuras de interesse e ciceroneados pelo amigo Gilberto Freyre, que os apresentou a vários amigos e os levou aos engenhos "típicos das plantações de açúcar pernambucanas", Bilden e Jane tiveram em Recife uma estada intensa, apesar de breve. Entre as várias pessoas interessantes que conheceram, destacou-se Odilon Nestor Ribeiro, o sofisticado pernambucano ou "o sertanejo-*gentleman*", como dizia Freyre, que os recebeu com cordialidade e interesse comoventes. Era admirador da cultura alemã e "foi um dos espíritos mais cultivados que encontrei no Brasil", comentou Bilden.[9]

Ao deixar Recife, sua conclusão sobre a cidade era bastante negativa, apesar de admitir que fosse talvez apressada, já que o tempo que ali permanecera e o conhecimento adquirido poderiam ter sido "insuficientes para um julgamento sólido": mais do que esperava, a vida ali era

caracterizada por intoxicação com frases vazias e liberdade não merecida [...] Creio que republicanismo, democracia, liberdade e coisas assim agem como drogas sobre os brasileiros. Disciplina parece ser o principal requisito. Alguns brasileiros dizem: "se tivéssemos educação, tudo iria bem". Mas por educação eles querem dizer conhecimento *a priori*, ao invés de treinamento de caráter. Disciplina deve ser a base da educação no Brasil, e sem disciplina o brasileiro não pode ter conhecimento, nem pode traduzir seu conhecimento em ação.[10]

Cumpre salientar que, apesar da aparência, palavras como essas não vêm de um indivíduo cheio de si e de certezas inquestionáveis. Sem dúvida, Bilden não era imune aos arroubos da juventude e às vezes

---

8 Carta de Rüdiger Bilden a Oliveira Lima, 16 jan. 1926, Lima Family Papers, CUA.
9 Ibid.
10 Ibid.

podia ser demasiado enfático e apressado em seus julgamentos, mas esperava – como claramente reconhecia – ser questionado e corrigido, quando fosse o caso, pelo amigo a quem escrevia.

> É verdade que sou jovem e que às vezes expresso minha visão com muita ênfase [...] mas se expresso minhas opiniões é porque, encorajado por sua amizade, adquiri o hábito de expor francamente ao senhor, um mestre nessa área, meus pontos de vista e impressões sobre assuntos brasileiros, algo que não faço com outras pessoas [...] Se esses pontos de vista são errados, o que pode bem ser frequentemente o caso, aceitarei, com prazer, que me corrija em suas cartas.[11]

Mesmo admitindo a "decadência e atraso manifesto" de Recife, tal como Bilden os julgou, no meio disso havia, no entanto, alguns sinais de incipiente progresso tanto no sistema da educação, como no da saúde pública. O da saúde, em especial, estava tornando-se mais moderno e eficiente, havendo mesmo o estabelecimento de "estações sanitárias no interior", com a ajuda monetária da Rockefeller Foundation. A crítica dos avanços precários feita pelo representante dessa fundação, Dr. Carr, comenta Bilden, era bastante imprópria e insensível aos esforços hercúleos que qualquer medida progressista exigia num meio marcado tão fortemente por séculos da "complexa influência da escravidão" sobre a vida e os homens do país. O jovem Freyre, seu cicerone, era um dos espíritos críticos a também fazer uma campanha contra a "modernização barata" e a favor do bom gosto e da cultura, mas ele ainda precisava amadurecer e aprimorar-se, para o que um afastamento de Recife por "ao menos meio ano" era, no entender de Bilden, indispensável. Só em meios mais avançados como os do sul do país ele poderia "ganhar mais experiência e equilíbrio".[12]

Ao partir para o Rio de Janeiro no vapor Flandria, as expectativas de Bilden eram, pois, das maiores.

---

11 Carta de Rüdiger Bilden a Oliveira Lima, 8 jan. 1927, Lima Family Papers, CUA.
12 Carta de Rüdiger Bilden a Oliveira Lima, 20 jan. 1926, Lima Family Papers, CUA.

O triunfo do fracasso

> Se o sul for realmente tão avançado e moderno quanto eu julgo a partir do meu conhecimento livresco, então, a não ser que mudanças radicais para melhor ocorram no norte, chegará uma época em que a diferença de progresso entre o norte e o sul provar-se-á uma pressão muito grande para a unidade do país.[13]

Não supunha, mas logo iria descobrir, que o Rio de Janeiro na verdade era, como disse um estudioso, "uma cidade em que desmoronava a ordem antiga sem que se implantasse a nova ordem burguesa", e que "o peso das tradições escravista e colonial" era ali também muito marcante.[14]

Na viagem, uma agradável surpresa foi encontrar-se com um sobrinho de Oliveira Lima, Dr. Luiz Wanderley, de São Paulo, cuja inteligência e amplidão de horizontes o fascinaram. "Dr. Wanderley não tem nada daquela meia-cultura e diletantismo que caracterizam a maioria das pessoas educadas daqui do Brasil, mas tem os interesses genuínos e visões amplas de um homem de cultura cosmopolita."[15] Outro companheiro de viagem interessante foi o conde Pereira Carneiro, "dono de vários navios e do *Jornal do Brasil*", que lhe ofereceu seus préstimos "em todos os modos possíveis".[16]

No Rio, a beleza estonteante da cidade e a variedade das pessoas interessantes que conheceu somaram-se para dar à visita de Bilden um caráter especial. Viveu grande parte do tempo numa pensão no topo da Ladeira da Glória, donde tinha uma vista belíssima de parte da baía e das montanhas, incluindo o Pão de Açúcar. Seus contatos com diplomatas norte-americanos, alemães e brasileiros, com fazendeiros e com intelectuais – como a cientista e feminista Bertha Lutz, o historiador

---

13 Carta de Rüdiger Bilden a Oliveira Lima, 16 jan. 1926, Lima Family Papers, CUA.

14 Carvalho, *Os Bestializados: o Rio de Janeiro e a República que não foi*, p.162.

15 Tratava-se de Luiz Adolpho Accioly Wanderley, filho de uma das irmãs de Oliveira Lima, que era catedrático da Escola Politécnica de São Paulo. Em carta ao tio, de 22 abr. 1926, ele comenta sobre as "boas relações" que tivera com "R. Billinger" [sic] e "Senhora" a bordo do Flandria e sobre a correspondência que trocavam desde que ele fora para São Paulo, enquanto Bilden permanecera no Rio de Janeiro. (Agradeço a Maria Ângela Leal por ter me enviado documentos relevantes sobre Luiz Wanderley, que se encontram na Biblioteca Oliveira Lima, em Washington D. C.)

16 Carta de Rüdiger Bilden a Oliveira Lima, 28 jan. 1926, Lima Family Papers, CUA.

Max Fleiuss, o antropólogo Roquette-Pinto, o engenheiro polimata Vicente Licínio Cardoso, o educador Carneiro Leão, o jornalista Assis Chateaubriand e o folclorista e historiador alemão radicado em Vassouras Clemens Brandenburger – contribuíam para tornar sua experiência brasileira muito mais rica e significativa do que antevira. Até mesmo intelectuais norte-americanos interessantes pareciam mais fáceis de se encontrar por ali. O professor Haring, de Harvard, por exemplo, encontrara-se com Bilden no Rio, vindo de Buenos Aires e a caminho de

Rüdiger Bilden, à direita, ao lado de um homem não identificado. Foto tirada no Brasil entre 1926 e 1927, provavelmente no Rio de Janeiro.

Fonte: Arquivo particular de Helga Bilden

Recife para visitar Gilberto Freyre. E iria conhecer pessoalmente Percy A. Martin, professor da Stanford University, que não o impressionou tão bem naquela altura: "Em meia hora ele conseguiu me fazer um número incrível de perguntas tontas sobre meu trabalho", sugerindo que o "lado político da escravidão" era muito mais relevante do que "os efeitos econômicos e sociais" que estudava. Na verdade, "como historiador do Brasil ele é estreito, parcial e extremamente limitado", acrescenta Bilden sem comiseração. "Essa é também a opinião de Haring, Wanderley e Taunay."[17] Como veremos, sua opinião sobre Martin mudaria drasticamente anos mais tarde.

A vinda de Bilden ao Rio não passou despercebida pela imprensa e logo após sua chegada uma longa entrevista foi publicada no *Correio da Manhã* – jornal que parecia "pender para coisas alemãs", segundo Bilden –, fato que provavelmente não deixou de agradá-lo, apesar de sua "extravagância" ser um tanto constrangedora, como disse a Oliveira Lima. Fora à redação do jornal antes da publicação e tentara "erradicar as afirmações extravagantes", mas, mesmo assim, não conseguira fazer com que cortassem o título de "professor da Columbia University" – o que é "absurdo", comentou. Usaram de qualquer modo, insistindo que "era necessário, porque as pessoas no Brasil não entenderiam minha posição na Columbia".[18] O jornalista surpreendeu-se com sua figura. Como disse na abertura do artigo, tinha imaginado encontrar um *"Herr Professor* [...] calvo, de melenas, longas barbas", provavelmente sério e sisudo, e deparara-se com um "homem moço, de maneira simples e de uma jovialidade comunicativa", já se exprimindo "com relativa facilidade no nosso idioma". Após minutos de conversa, que "denunciaram a inteligência vívida e os conhecimentos sólidos e profundos da matéria a que se dedica", ficara evidente que por trás daquela aparência leve e jovial havia "a gravidade, a respeitabilidade e a seriedade de um mestre à antiga".[19]

---

17 Carta de Rüdiger Bilden a Oliveira Lima, 4 jun. 1926, Lima Family Papers, CUA.

18 Carta de Rüdiger Bilden a Oliveira Lima, 20 fev. 1926 e 4 mar. 1926, Lima Family Papers, CUA.

19 "'A influência da escravatura negra sobre a evolução do Brasil moderno' foram algumas palavras do professor Bilden, incumbido dessa obra e um dos mais perfeitos conhecedores da matéria." Cf. *O Correio da Manhã*, 24 fev. 1926.

Não foi à toa, pois, que Bilden se referiu à maioria dos comentários publicados no Brasil da seguinte maneira: "parecia que eu tinha contratado um gerente de publicidade para me promover".[20] Aparentemente, o primeiro deles sobre seu trabalho, como foi informado por Hélio Lobo, apareceu no jornal *A Folha do Rio de Janeiro,* ainda no início de 1925.

Seu contato com o que na cultura alemã lhe causava orgulho foi também muito gratificante. O embaixador alemão em Washington, o barão Heinrich von Maltzan, e o diplomata Dieckhoff, o mesmo que o ajudara a obter os documentos para sua viagem ao Brasil, haviam-lhe aberto as portas da comunidade alemã no Rio de Janeiro, e Bilden, aproveitando a oportunidade, logo tornou-se amigo do ministro alemão no Rio, sr. Hubert Knipping, que o apresentou a alguns compatriotas interessantes que ali se haviam estabelecido (como o dono da Fazenda São Lucas, em Volta Redonda, que "usa métodos agrícolas modernos") e às várias personalidades culturais alemãs em visita ao país.

Tal foi o caso de seu encontro com o vice-reitor da Universität Hamburg, Hans-Friedrich Blunck, professor de literatura e também romancista de renome. Esses conhecimentos, que só podiam agradar imensamente a quem, como Bilden, era grande conversador e ansiava por trocar ideias com pessoas cultas e interessantes, também lhe possibilitavam satisfazer a outra de suas grandes ambições: promover contatos culturalmente valiosos entre as pessoas que prezava. Nesse caso, foi com imensa alegria que comunicou a Oliveira Lima que o vice-reitor Blunck estava interessado em estabelecer relação entre a Biblioteca Ibero-Americana e o Ibero-Amerikanisches Institut de Hamburgo, algo que seu amigo brasileiro já tentara fazer antes, sem grande sucesso.[21] Foram também seus contatos com o mundo diplomático que lhe permitiram ajudar Vicente Licínio Cardoso, "um amigo sincero da Alemanha", na viagem de um ano que este faria pouco depois a esse país, provendo-o com preciosas cartas de apresentação dirigidas ao ministério de Relações Exteriores e às universidades de Berlim e Hamburgo.[22]

---

20 Carta de Rüdiger Bilden a Francis B. Simkins, 18 mar. 1925, Simkins Collection, GL; carta de Rüdiger Bilden a Oliveira Lima, 28 jul. 1927, Lima Family Papers, CUA.
21 Carta de Rüdiger Bilden a Oliveira Lima, 15 mar. 1925, Lima Family Papers, CUA.
22 Carta de Rüdiger Bilden a Oliveira Lima, 18 maio 1926, Lima Family Papers, CUA.

Jane Bilden, durante sua permanência no Brasil. Foto tirada no Brasil entre 1926 e 1927, provavelmente no Rio de Janeiro.

Fonte: Arquivo da Oliveira Lima Library, The Catholic University of America, Washington D. C.

Bilden também não perdeu a oportunidade de apresentar seu amigo Freyre ao Dr. Krauel, o secretário da Legação alemã, que com ele fez planos para "futura cooperação", o que muito agradou a Bilden, pois desde os Estados Unidos ele desejara fazer com que Freyre tivesse "mais contato com coisas alemãs". Teve o mesmo papel de intermediário com Hélio Lobo, que, como disse, "pouco sabe" sobre a Alemanha, mas "é justo e sem preconceitos". Promoveu um encontro entre ele e o

Dr. Krauel, que se mostrou "muito auspicioso", parecendo-lhe "frutífero para as boas relações" entre a Alemanha e o Brasil.[23]

Já seu relacionamento com Edwin Morgan, embaixador norte-americano no Brasil entre 1912 e 1933 que também era historiador, proporcionava-lhe conversas das mais estimulantes, além de importantes contatos. Tanto ele quanto seu *chargé d'affaires*, o sr. Daniels, eram "homens cosmopolitas, de amplos horizontes e amigos sinceros do Brasil". E Bilden, sempre prestativo, não só colocou Daniels em contato com Oliveira Lima como apaziguou seu amigo de Washington sobre suas apreensões quanto a uma possível animosidade que o embaixador Morgan teria desenvolvido contra ele. Como Bilden insistiu sigilosamente mais de uma vez, tanto Morgan quanto Daniels estavam dando total apoio à nomeação de Oliveira Lima como ministro das Relações Exteriores do então presidente Washington Luiz, tal como era o rumor no Rio em 1926, quando o novo governo estava a se constituir.[24] Que Oliveira Lima não se preocupasse mais com a animosidade que erradamente supunha que Morgan teria desenvolvido contra ele, pois podia lhe garantir que tais apreensões eram "totalmente infundadas", escreveu-lhe Bilden. Morgan não era do tipo a dar "qualquer crédito à conversa fiada de seus inimigos", argumentou. Igual apoio à nomeação de Oliveira Lima ouvira do secretário da Legação alemã, Dr. Krauel. A segunda melhor opção para o cargo, segundo todos os que ouvira e os "rumores persistentes" da cidade, seria Hélio Lobo. Mas, como confessou a Oliveira Lima,

> sua nomeação é a melhor coisa que poderia acontecer com o Brasil. O senhor é o único brasileiro que pode trazer ordem para o estado desesperançoso das Relações Exteriores brasileiras e para a bagunça que Pacheco deixou. Se Washington Luiz o escolher, ele estará dando a melhor prova de sua visão de estadista e de seu firme caráter.[25]

---

23 Carta de Rüdiger Bilden a Oliveira Lima, 10 jun. 1926, Lima Family Papers, CUA.

24 Carta de Rüdiger Bilden a Oliveira Lima, 10 jun. 1926 e 10 set. 1926, Lima Family Papers, CUA.

25 Carta de Rüdiger Bilden a Oliveira Lima, 10 set. 1926, Lima Family Papers, CUA. José Felix Alves Pacheco (1879-1935) foi ministro das Relações Exteriores do governo Arthur Bernardes (1922-1926).

No final, quando as escolhas de Washington Luiz não contemplaram nenhum de seus dois amigos, o desapontamento de Bilden foi grande e expresso bem à sua maneira.

> Washington evidentemente quer ser o chefão. Todo mundo ficou perplexo [...] Quais são as qualificações de Mangabeira, eu não sei. O melhor que pode ser dito dele é que é um homem relativamente modesto. Nesse respeito ele certamente é uma melhoria em relação a Pacheco. Quando perguntei ao antigo secretário de Agricultura do Minas [sic] sobre Mangabeira, ele respondeu: "Oh, ele é um dos nossos oradores de maior distinção". Pois não, mas o que isso tem a ver com o Itamaraty? [...] O ministro da Agricultura, o cargo mais importante na minha opinião [...] é uma nulidade que não sabe nada sobre agricultura e representa um estado [Pará] no qual a agricultura não tem importância. O ministro do Interior é menos que medíocre. Comentários semelhantes podem ser feitos sobre os outros membros do gabinete. A única nomeação que vale a pena é a de Romero F. Zander como diretor da Estrada de Ferro Central do Brasil. Viajei com ele em Minas e tenho grande respeito por ele.[26]

Inegavelmente, pois, apesar das grandes expectativas, nem tudo no Rio agradou ao exigente e crítico Bilden. Uma das grandes atrações da cidade, o carnaval, pareceu-lhe um "espetáculo triste" ao qual faltava o "humor genuíno" do carnaval europeu e prevalecia um erotismo vulgar. Originário de uma cidade que se orgulhava de ser um dos principais centros do carnaval da região do Reno, Bilden não era um novato nesse assunto e via o espetáculo carioca com os olhos de um nativo da região em que, no século XIX, o carnaval havia sido revitalizado, desenvolvendo-se de modo disciplinado e ordeiro, em que o *decorum apropriado* era incentivado em oposição à vulgaridade e sensualidade exacerbada que, segundo os críticos, haviam sido a marca do carnaval do

---

26 Carta de Rüdiger Bilden a Oliveira Lima, 6 dez. 1926, Lima Family Papers, CUA. Os nomes dos ministros mencionados são: Otávio Mangabeira, ministro das Relações Exteriores; Geminiano Lira Castro, ministro da Agricultura, Indústria e Comércio; Augusto Viana de Castelo, ministro da Justiça e Negócios Interiores.

passado.[27] Como disse mesmo o grande Goethe nos anos 1820, apoiando a revitalização em marcha, as iniciativas dos patronos eram louváveis por promoverem um carnaval "sensato e moderado". As autoridades civis e militares prussianas revelavam ter "vistas largas" ao permitirem esse "empreendimento excêntrico", desde que "a disciplina e a ordem prevalecessem".[28] Fora o carnaval dessa região que não só passou a atrair o maior número de turistas como a se impor como modelo para outras regiões do país ao longo do século XIX, até a Primeira Guerra Mundial.[29]

Quanto às personalidades que Bilden conheceu no Rio, evidentemente nem todas eram muito atraentes. Chateaubriand, disse ele, talvez fosse "um pouco superficial", mas sua "inteligência aguda" tornava sua conversa interessante.[30] Já o ex-embaixador do Brasil nos Estados Unidos, Augusto Cochrane de Alencar, não deixava de ser simpático, mas não valia tanto a pena revê-lo, pois conversar não era o seu forte. Em seu primeiro encontro, fora capaz de falar "três horas sólidas sobre si mesmo", comentara Bilden.[31] Outro diplomata cuja atitude tinha muito mais a lamentar era Gerry Duval, o ministro brasileiro na Alemanha: "Pessoa impossível, por muitas razões, delicadas demais para eu relatar", diz Bilden a Oliveira Lima. "Espero que seja rapidamente removido de Berlim", comenta.[32]

Em compensação, o contato mais íntimo que manteve com Hélio Lobo, com quem desde Nova York tinha grande afinidade e que, além de culto e inteligente, era generoso e prestativo, foi-lhe muito prazeiroso e de grande valia.

Ao partir em visita a São Paulo, três meses após chegar ao Rio, a exultação de Bilden não tinha limites. Como confessou, já começavam a irritá-lo "os políticos, os intermediários vigaristas, os parasitas, os

---

27 Spencer, Regimenting revelry: Rhenish carnival in the early nineteenth century, *Central European History*, v.28, n.4, p.457-81.

28 Apud Spencer, Regimenting revelry, p.466.

29 Id., Custom, commerce and contention: Rhenish carnival celebrations, 1890-1914, *German Studies Review*, v.20, n.3, p.323-41.

30 Carta de Rüdiger Bilden a Oliveira Lima, 29 jun. 1926, Lima Family Papers, CUA.

31 Carta de Rüdiger Bilden a Oliveira Lima, 20 fev. 1926, Lima Family Papers, CUA.

32 Carta de Rüdiger Bilden a Oliveira Lima, 10 set. 1926, Lima Family Papers, CUA. Não foi possível obter mais dados sobre Gerry Duval.

vadios, as *cocottes*, a corrupção e a degeneração" que proliferavam na capital do país. Seu otimismo em relação ao Brasil e seu povo, que estava bastante abalado, ganhou, no entanto, novo vigor ao chegar a São Paulo, cidade que qualificou como "ativa e florescente".[33]

Assim que cruzou a fronteira dos estados, "as coisas começaram a mudar", afirma Bilden com eloquente entusiasmo. "O solo era melhor cultivado, as casas eram mais cuidadas, os sinais da atividade humana estavam por todo lugar." E a própria cidade de São Paulo, apesar de industrial, era "limpa e interessante" e sua modernização não se fizera à custa do pitoresco e do bom gosto, observa. "No geral, São Paulo [...] é mais pitoresca do que qualquer outra parte do Brasil que já vi. Há mais bom gosto aqui."[34]

Quanto à população, Bilden só tinha elogios a fazer.

> As pessoas são viris, vigorosas e ativas, e não decadentes e resignadas como no Rio ou em Pernambuco. Elas também são mais honestas. Isso se aplica não somente aos estrangeiros, mas também aos paulistas tradicionais, que me impressionaram ainda mais do que os estrangeiros.[35]

O convite fora feito por Júlio de Mesquita Filho, recém-empossado na direção dos negócios da influente família paulista, por intermédio de Vicente Licínio Cardoso, intelectual por quem Bilden já desde antes, como vimos, manifestara grande apreço. O livro por ele organizado e publicado em 1924, *À margem da história da República*, muito o havia impressionado, como já foi apontado, convencendo-o de que estava diante de um espírito afim e preocupado, como ele, com o passado escravocrata ainda presente a impedir o real desenvolvimento da república brasileira.[36]

O convite de Mesquita para "visitar o estado como seu convidado", acrescido das cartas de apresentação que trouxera de Oliveira Lima para figuras públicas eminentes, como Antônio Prado, Carlos de Campos e o jornalista Nestor Rangel Pestana, bem como para intelectuais, como

---

33 Carta de Rüdiger Bilden a Oliveira Lima, 18 maio 1926, Lima Family Papers, CUA.
34 Ibid.
35 Ibid.
36 Carta de Rüdiger Bilden a Oliveira Lima, 28 jul. 1925, Lima Family Papers, CUA.

Afonso d'E. Taunay, foram grandemente responsáveis por fazer da estada dos Bildens em São Paulo uma experiência de primeira linha, ainda mais porque a economia cafeeira estava no seu auge.[37] "A viagem a São Paulo fez-me um grande bem. Vi o Brasil trabalhando", conclui.[38]

Júlio de Mesquita Filho se esmerou em fazer Bilden conhecer as melhores e mais modernas fazendas de café do estado, assim como seus proprietários. Logo à primeira parada em sua moderna Fazenda Nossa Senhora da Conceição de Louveira, em Jundiaí, Bilden se encantou com a atenção recebida. "Suas palavras 'a casa é sua' implicava tudo o que a velha hospitalidade brasileira poderia querer dizer", comentou. A partir daí tudo foi um encantamento de descobertas atrás de descobertas, na "tournée de fazendas" organizada pelo anfitrião pelas propriedades de seus amigos da elite cafeeira. Assim, Bilden conheceu não só fazendas-modelo de proprietários poderosos como Martinho Prado, Moraes Barros e Souza Queiroz, mas também as florestas virgens do noroeste do estado, onde os Mesquita estavam abrindo duas "novas grandes fazendas de café". Nessa tournée estava incluída também a fazenda Val das Palmas, em Bauru, pertencente ao alemão Richard von Hardt, diretor da fábrica de cerveja Antárctica, pessoa que estava já na lista de contatos importantes de Bilden. Fica sempre evidente a alegria manifestada por Bilden quando encontra algum compatriota de valor, quer por seus empreendimentos, quer por sua cultura.

Estudando a cultura do café em diferentes partes do estado, observando as variadas atividades das suas muitas regiões e conversando com pessoas de gabarito, como o secretário da Agricultura de São Paulo Gabriel Ribeiro dos Santos ("o único homem do governo Carlos de Campos que vale alguma coisa", segundo ouvira dizer), Bilden acaba por confessar ao final da visita que

> São Paulo é um estado dos mais interessantes, mas não é fácil de estudar. A civilização progrediu muito aqui, e consequentemente um grande

---

37 Perissinotto, Estado, capital cafeeiro e crise política na década de 1920 em São Paulo, Brasil, *HAHR*, v.80, n.2, p.299-332.

38 Carta de Rüdiger Bilden a Oliveira Lima, 18 maio 1926, Lima Family Papers, CUA.

número de problemas complexos se apresentam. Diferente dos outros estados, São Paulo não é uniforme, mas possui uma variação supreendente de acordo com a região, a atividade econômica, o tipo de colono etc.

Enfim, preste a deixar São Paulo, Bilden chegou a manifestar a intenção de ali voltar para fazer da cidade seu "quartel-general", como disse.[39]

As conversas com membros da elite econômica, como Moraes Barros e Souza Queiroz – com quem Bilden se encontrara na "sala editorial de *O Estado*" e o impressionaram como "homens de grande inteligência, que falam alemão" e admiram Oliveira Lima pela "crítica incisiva e destemida das condições federais" –, mostraram-lhe um quadro brasileiro ao mesmo tempo inquietante e auspicioso, que Bilden transmitiu a Oliveira Lima em sigilo. Tudo indica, disse ele, que "algo está fermentando" aqui e que, se não fosse o próximo presidente um paulista, "de cuja honestidade e energia muito se espera, uma explosão aconteceria logo". Obviamente, já em 1926 Bilden estava a sentir a aproximação da Revolução de 1930. De muitos paulistas modernizantes ouvira afirmações indignadas como estas: "A República é uma falência terrível"; "nós, pessoas do sul, estamos cansadas de termos nosso progresso retardado por políticos corruptos; por fim, deve vir uma ditadura do sul e um estado de coisas no qual o norte e o interior atrasados formarão um apêndice colonial do sul".[40]

As oportunidades que Bilden teve de viajar pelo Brasil foram muitas, mas algumas das viagens mais interessantes tiveram de ser relegadas a uma futura visita – que, para a sua tristeza, jamais iria ocorrer. O engenheiro Firmo Dutra, amigo de Hélio Lobo e conhecido construtor de estradas de ferro pelo Brasil afora – a Madeira-Mamoré e a Noroeste, por exemplo – convidara Bilden a acompanhá-lo por dois meses ao Maranhão, Piauí e Ceará, onde estava construindo pontes e abrindo estradas, mas o tempo era exíguo para Bilden visitar as muitas atrações do país e, ao mesmo tempo, dedicar-se à escrita de seu livro. Muita coisa precisava ser deixada de lado. O Dr. Krauel, da Legação alemã, o convidara a acompanhá-lo ao Paraná e às "novas colônias alemãs do Alto

---

39 Ibid.
40 Ibid.

Uruguai e Rio Grande do Sul", mas também essa oportunidade Bilden decidira não aproveitar, ao menos naquele momento. O retorno ao Pará e Pernambuco, com que contava desde seus primeiros contatos no Brasil, igualmente jamais ocorreria.

Hélio Lobo, sempre muito solícito e empenhado, organizara viagens de Bilden a Minas Gerais, ao rio São Francisco e ao Mato Grosso; no entanto, também parte dessa *tournée* teve de ser deixada de lado, e só Minas e a região do São Francisco puderam ser percorridos. No entanto, pode-se dizer que Bilden aí esteve quase como um visitante oficial. Foi recebido em Belo Horizonte pelo governador Mello Vianna – "o mulato Mello Vianna, filho de uma escrava mineira e um comerciante português

Foto de Bilden de 1926, provavelmente tirada em Minas Gerais.
Fonte: Arquivo da Fundação Gilberto Freyre, Recife

de visão", que logo iria assumir a vice-presidência da República – e teve contato com o secretário da Agricultura, Daniel de Carvalho, além de outros membros do governo que lhe facilitaram a visita a grande parte do estado: Sabará, Santa Luzia, Lagoa Santa, Morro Velho, Palmira, Ouro Preto etc. Como não poderia deixar de ser, Ouro Preto lhe pareceu "a mais pitoresca de todas as cidades brasileiras" que visitou, mas foi em Palmira, então com 10 mil habitantes, que Bilden e Jane adquiriram *status* de visitantes quase oficiais, com uma "recepção esplêndida". O senador do estado, o presidente da Câmara e o juiz de direito os levaram a visitar a cidade, as indústrias de laticínios, "uma próspera fábrica de produtos químicos" e organizaram uma semana de visitas pelas fazendas de gado e de café das redondezas.[41]

Acompanhando o chefe do Movimento da Estrada de Ferro Central em seu trem especial, os Bildens também visitaram Pirapora, Bocaiuva e Diamantina, ocasião em que Rüdiger pôde "dar uma olhada no real sertão de Minas" – região que, como um todo, ainda veremos, chegou a ser alvo de um de seus futuros projetos de trabalho, também malogrado. Confessa, nessa ocasião, que teria preferido ir sozinho e explorar mais livremente regiões em que "as condições do século XVIII ainda prevaleciam" em muitos aspectos, o que teria tornado a viagem "totalmente produtiva", embora o tempo fosse escasso. Diamantina lhe agradou especialmente. Era muito pitoresca e sua estada na cidade coincidiu com a visita do herdeiro D. Pedro e sua família, que o impressionaram pela simplicidade, amabilidade e por lhe parecerem democráticos. Teria gostado de entrevistar o príncipe, confessou, mas ficou em dúvida sobre a propriedade de procurá-lo sem uma apresentação mais formal. A única carta de apresentação que tinha para um membro da aristocracia, como lembra, era para a baronesa de Loreto, no Rio, a quem ainda iria procurar e era de esperar que ela o apresentasse devidamente a D. Pedro. De qualquer modo, em Diamantina teve a experiência inusitada de compartilhar o transporte com a figura real. Por haver só um automóvel na cidade, o seu "grupo" e o do príncipe tiveram de usá-lo alternadamente, conforme

---

41 Carta de Rüdiger Bilden a Oliveira Lima, 22 ago. 1926, Lima Family Papers, CUA.

relatou a Oliveira Lima.[42] Meses mais tarde, ao ser apresentado por Max Fleiuss a D. Pedro no Instituto Histórico, este, ao saber que Bilden não o procurara por falta de apresentação formal, ter-lhe-ia dito, rindo: "O nome de Oliveira Lima é apresentação suficiente em qualquer hora e em qualquer lugar!".[43]

A impressão de Bilden sobre Mello Vianna, seu governo e seu estado foi expressa de seu jeito incisivo e perspicaz: "ele é um político, mas do tipo brasileiro do melhor. É honesto, inteligente, progressista. É dado um pouco à autopromoção e há muito compadrismo, mas no geral seu governo tem sido uma bênção para Minas", um estado que, como pudera observar – visitando muitas fazendas, fábricas e até minas de manganês em Queluz e Lafayette –, estava se refazendo após uma "longa estagnação".[44]

Compreensivelmente, após Bilden ter tido a experiência paulista, a comparação de Minas com São Paulo era inevitável. O atraso econômico, social e cultural de Minas em relação ao estado vizinho pareceu-lhe notório. "Os efeitos da emancipação prematura dos escravos estão ainda muito em evidência, assim como os efeitos da escravidão como tal." O mineiro – que é inegavelmente "hospitaleiro, cortês, inteligente, reservado" – "tem muitos hábitos arcaicos e atrasados e vive sob condições que pertencem a uma época já há muito extinta, da qual o paulista da mesma classe se emancipou há muito tempo". Em Belo Horizonte, participara de algumas "festividades oficiais" e pudera observar de perto a "etiqueta social do mineiro da classe alta", que lhe pareceu grandemente "atrasada e bombástica". Como explicação fundamental desse atraso, Bilden categoricamente aponta a ausência de imigrantes e da mentalidade dinâmica e dos métodos de agricultura e pecuária modernos vindos com eles. "Se Minas tivesse imigrantes em número suficiente, seria um estado maravilhoso", conclui, pois eles complementariam as qualidades da população, bem como do clima e do solo de grande parte do estado.

---

42 Carta de Rüdiger Bilden a Oliveira Lima, 18 jul. 1926 e 22 ago. 1926, Lima Family Papers, CUA.

43 Carta de Rüdiger Bilden a Oliveira Lima, 5 maio 1927, Lima Family Papers, CUA.

44 Cartão-postal de Rüdiger Bilden a Oliveira Lima, sem data (c. jul.-ago. 1927), com vista do rio São Francisco em Pirapora; cartas de Rüdiger Bilden a Oliveira Lima, 18 jul. 1926 e 22 ago. 1926, Lima Family Papers, CUA.

Na "situação atual", entretanto, os mineiros persistiam em "extrair do solo maltratado o pouco da fertilidade que resta" e a "estudar direito, a fazer política, a recitar poesia e a proclamar que a terra mineira pertence ao mineiro e não ao imigrante estrangeiro". Sobre essa questão, Bilden relata para Oliveira Lima uma conversa reveladora e engraçada, "regada a champagne", que teve com o secretário da Agricultura Daniel Carvalho no Clube Central de Belo Horizonte: "O mineiro", disse Carvalho, "planta milho, o porco come milho, o mineiro come porco; tal é o curso das coisas". Ao que Bilden teria respondido: "E se vocês não acordarem e importarem imigrantes, o americano come o mineiro; tal é também o curso das coisas".[45]

No final da viagem, ao fazer um balanço de suas observações e impressões, admite que "a Minas de hoje é diferente da de 1910" graças ao esforços dos governantes, especialmente Raul Soares e Mello Viana, que se esmeraram por dar início a uma "era de progresso", melhorando a educação, o transporte e as finanças do estado, fazendo "propaganda" de "modernos métodos de produção", tomando medidas contra o desflorestamento e muito mais. No entanto, todas essas reformas progressistas, argumentava, chocavam-se com os obstáculos representados, por exemplo, pela persistência de um forte "favoritismo" e pela excessiva ênfase em "equipamento material", ao invés do "desenvolvimento de disciplina e método", enfatizando aquilo que se impunha como um refrão preferido de seus comentários críticos. Em resumo, Bilden volta a insistir que "todo progresso é dolorosamente vagaroso e de pouco efeito se não houver centenas de milhares de imigrantes, o fermento do progresso". Fermento do progresso porque, como procurou deixar claro, os imigrantes representavam um sopro de ar fresco num ambiente marcado pelo legado de estagnação da escravatura brasileira. Visitara a "nova esplêndida Hospedaria em Belo Horizonte", recém-aberta para receber os colonos estrangeiros e soubera que, desde sua inauguração, quatro meses antes, tinha tido simplesmente "24 (!!!) imigrantes dentro de seus muros". Os poucos que chegavam ou seguiam logo para São Paulo, que os atraía com propaganda e lhes dava passagem gratuita para

---

45 Carta de Rüdiger Bilden a Oliveira Lima, 22 ago. 1926, Lima Family Papers, CUA.

"suas fazendas e colônias", ou se viam "tolhidos em suas terras pela indiferença e ineficiência das autoridades e pelo favoritismo no governo".[46]

Retornando ao Rio de Janeiro, após mais de um mês de viagem por Minas Gerais, Bilden sente-se um tanto reconciliado com a capital. "Nós dois gostamos mais da cidade agora. Não dá para deixar de se encantar com sua beleza maravilhosa, quaisquer que sejam as desvantagens sociais e culturais que possa haver." Ao professor Shepherd escreve uma carta entusiasmada sobre o significado das observações que havia feito no Brasil até então e se desculpa por não ter enviado a Columbia relatórios mais frequentes sobre seu trabalho. Estivera tão "profunda e entusiasticamente absorvido" em seu estudo sobre o Brasil que talvez fosse "culpado de grave negligência em relação a tudo o mais". Quanto aos últimos meses, concluía, não havia como negar que as viagens pelos "dois estados mais importantes do Brasil [...] foram produtivas ao máximo. Deram-me pela primeira vez a maturidade necessária para escrever, cuja tarefa estou começando imediatamente".[47]

Determinado a se concentrar em seu próprio trabalho, Bilden resolve limitar sua visitas e contatos, mas ainda se encontra com visitantes alemães de renome, como o filósofo da Universität zu Berlin, Max Dessoir (que deu uma série de aulas em espanhol no Rio) e o etnólogo Max Schmidt, da mesma universidade, que, na sua terceira viagem ao Mato Grosso, estava a caminho do Alto Xingu, para visitar "seus velhos amigos, os Bakairi, Suyá, Bororo, Guató etc.". Dele recebera "informação etnológica importante" para o seu trabalho, Bilden comenta.[48] A ideia de visitar o Nordeste e conhecer o sertão, de Pirapora ao Ceará, na companhia dos professores Otto Quelle, da Universität Bonn – um renomado geógrafo e diretor do Deutsche-Südamerikanische Institut, que Oliveira Lima ajudara a fundar –, e Philipp von Luetzelburg, botânico da Universität München, foi cogitada com entusiasmo por Bilden, mas também não iria se realizar.[49]

---

46 Ibid.
47 Carta de Rüdiger Bilden a William R. Shepherd, 1º set. 1926, Shepherd Papers, CURBML, caixa 2.
48 Carta de Rüdiger Bilden a Oliveira Lima, 6 dez. 1926, Lima Family Papers, CUA.
49 Carta de Rüdiger Bilden a Oliveira Lima, 8 jan. 1927, Lima Family Papers, CUA.

O triunfo do fracasso

A partir de setembro ou outubro de 1926, uma fonte de distração e preocupação de Bilden foi a situação de seu irmão, Wilhelm Rüdiger, que viera ao Rio com colocação garantida, mas se vira inesperadamente desempregado. Saíra de Hamburgo certo de que tinha um trabalho como especialista em agricultura numa das estações experimentais inauguradas pelo ministro da Agricultura do governo de Arthur Bernardes, Miguel Calmon du Pin e Almeida. Na verdade, Hélio Lobo, que servira de intermediário, havia recebido confirmações verbais e por escrito desse emprego. No entanto, antes de desembarcar, Wilhelm recebera o comunicado de que o convite fora desfeito. Como "o sistema era o do pistolão", outro candidato com ligações mais poderosas provavelmente tomara o seu lugar.[50] O comportamento de Calmon fora tão indigno, escreveu Bilden a Oliveira Lima, que se podia dizer "inequivocamente que Miguel Calmon é um canalha". Enfim, a situação era bastante dramática, pois, para chegar ao Brasil, Wilhelm gastara quase todas as suas parcas economias e agora se achava no Rio sem dinheiro e sem trabalho.[51]

Navio em que Wilhelm Bilden, irmão de Rüdiger, chegou ao Rio de Janeiro em 1926.
Fonte: Arquivo particular de Helga Bilden

---

50 Lopes, *Fragmentos de memórias*, p.54.
51 Carta de Rüdiger Bilden a Oliveira Lima, sem data (c. out. 1926) e 8 jan. 1927, Lima Family Papers, CUA.

Não obstante a dificuldade de arranjar-lhe trabalho de última hora afligir Rüdiger, Wilhelm acabou encontrando uma posição em Minas Gerais e sua experiência brasileira de dois anos, apesar de seu início tempestuoso, foi gratificante. Retornou à Alemanha em 1928 devido à malária que contraiu, mas, ao longo de sua vida, um dos seus passatempos preferidos era mostrar fotos do seu tempo no Brasil e contar histórias sobre suas "imensas florestas" e o estado de Minas Gerais: esse era "um ritual familiar" marcante, como se lembra Helga Bilden.[52]

Vista da casa da fazenda em Minas Gerais, onde Wilhelm Bilden – o irmão que Rüdiger ajudou a vir da Alemanha – trabalhou entre 1926 e 1928.

Fonte: Arquivo particular de Helga Bilden

Faltando pouco tempo para voltar aos Estados Unidos, Bilden se apressou em atender tardiamente a solicitação que o professor Franz Boas lhe fizera ao partir dos Estados Unidos. Essa é também a primeira vez em que se percebe um claro envolvimento de Bilden com a questão

---

52 Conversas com Helga Bilden, filha de Wilhelm Rüdiger, realizadas de maio 2005 a out. 2011.

racial. Como vimos, um dos interesses de Boas era testar a ideia difundida pela literatura antropológica da época de que, nos trópicos, uma família branca tinha de escolher entre misturar-se ou extinguir-se; para isso, queria mais dados sobre famílias portuguesas que "viveram por muito tempo num clima tropical sem se misturarem com outras raças". A resposta de Bilden, fruto de uma investigação ainda a merecer atenção "mais exaustiva", como diz, era que, se a ausência de sangue negro era possível de ser constatada em poucas famílias brancas, como "na grande família Cavalcanti Albuquerque, de Pernambuco, e nos Wanderley, da Bahia", a ausência de sangue indígena era praticamente insustentável. Esse sangue, como relata a Boas – e sobre isso lhe promete enviar publicações do Instituto Histórico Brasileiro –,

> introduziu-se no século XVI em quase toda família branca. Muitos membros dos Cavalcanti Albuquerque, por exemplo, ainda mostram tipologias índias e, por certo, esta tipologia remonta à mãe originária, uma filha natural de Jeronymo de Albuquerque, filho de Affonso de Albuquerque, o Grande, e da filha de um chefe indígena.

Nessa ocasião, Boas também esperava obter de Bilden dados sobre a questão da "consciência de raça", tema que então investigava. Diferentemente da "unidade de raça" biológica, noção totalmente infundada que não merecia atenção, a "consciência de raça" exigia que se discutisse a possibilidade de não ser algo instintivo, como alguns argumentavam, mas sim aprendido e "estabelecido pelos hábitos desenvolvidos na infância". As informações enviadas do Brasil em dezembro de 1926 – e que Boas publicou no seu *Anthropology and Modern Life*, citando Bilden como sua fonte – deram-lhe subsídios para o fortalecimento de sua forte suspeita de que a consciência de raça era mais efeito de hábito, não de instinto. Como Bilden lhe comunicara, o Brasil era um rico manancial a ser explorado sobre essa questão. Tendo herdado dos portugueses uma grande "confusão de raças" ou mesmo certo pendor para a "promiscuidade" (tema que fazia parte de seu próprio projeto de estudo) e revelando possuir uma "consciência racial muito débil" – que, no entanto, estava sendo "continuamente incrementada" pela crescente influência europeia e norte-americana –, o Brasil impunha-se indiscutivelmente como "o país mais interessante" do ponto de vista dos estudos sobre raças. Na verdade, dada a complexidade das misturas raciais e o fato de que "a porcentagem de sangue não branco entre a maioria dos indivíduos já é pequeno", o Brasil, segundo Bilden, deveria ser considerado como um "campo de trabalho enorme e muito interessante para os antropólogos e etnólogos, um campo que até agora tem sido tocado cientificamente só na superfície". Como se pode perceber, já nessa época, a referência ao Brasil como "um campo de trabalho enorme e interessante" anuncia a ideia que Bilden desenvolverá mais tarde sobre o país ser equiparável a um "laboratório de civilização".[53]

Wilhelm Bilden, à direita, ao lado de dois homens não identificados. Foto tirada no Brasil entre 1926 e 1928.

Fonte: Arquivo particular de Helga Bilden

---

53 Carta de Rüdiger Bilden a Franz Boas, 6 dez. 1926, Franz Boas Papers, American Philosophical Society; Boas, *Anthropology and Modern Life*, p.62.

O triunfo do fracasso

Dando por encerradas, ao menos temporariamente, suas viagens de observação, a partir de novembro de 1926 Bilden se voltou para a redação de seu livro, dedicando-se aos primeiros capítulos sobre o "antecedente colonial", que daria a base apropriada para "a análise concreta da escravidão". Tratar dos portugueses antes de 1500 e da colonização portuguesa no Brasil era necessário, como enfatizou, caso contrário "a verdadeira importância da escravidão brasileira", tal como ele a via, "não pode ser entendida na totalidade". E acrescentava: "Estou tentando ser totalmente justo com o trabalho dos portugueses e combater ao mesmo tempo o desdém geralmente manifestado pelos estrangeiros para com eles, a tradicional depreciação dos portugueses pelos brasileiros e também os elogios extravagantes que os próprios portugueses cantam de si mesmos". Em artigo sobre Bilden, publicado no jornal *O Estado de S. Paulo* em maio de 1927, Vicente Licínio Cardoso referia-se entusiasmado à originalidade desse capítulo que, aparentemente, já lera na íntegra. Como diz, Bilden descrevia nele "em páginas cultas, seguras e bem documentadas não só a situação de Portugal naquele momento histórico esplêndido do fim do século XV", como também explicava e concatenava "as razões que iriam exigir do milhão e meio de seus habitantes as conquistas opimas da África, Ásia e América que imortalizariam os feitos daquela gente na história do planeta".[54]

Cumpre apontar que a preocupação com a imparcialidade era frequentemente apontada por Bilden como um dever central do historiador. Seu trabalho, disse ele em resposta a Vicente Licínio, que antevia uma abordagem parcial, pois vinda de um estrangeiro, "cujos olhos de historiador verão sempre a história diferentemente dos nossos",

> será ao mesmo tempo justo e solidário. Não conterá condenações absolutas ou conclusões negras e pessimistas. [...] Admitindo que haja muitos fenômenos finos e sutis na vida brasileira que escaparão a um olhar estrangeiro, eu acredito que para uma interpretação objetiva da história

---

54 Cardoso, O elemento negro na história do Brasil, *O Estado de S. Paulo*, 13 maio 1927, p.2. Agradeço aos jornalistas Ivan Marsiglia e Edmundo Leite, do referido jornal, por terem me ajudado, enviando-me prontamente esse artigo.

brasileira [...] o estrangeiro crítico e imparcial está melhor qualificado do que o brasileiro, a não ser que este seja, como o senhor [Oliveira Lima], cosmopolita em intelecto e métodos.[55]

De qualquer modo, a dificuldade dessa parte de seu trabalho sobre os antecedentes coloniais do Brasil era, como dizia, conciliar as exigências de ser "geral, interpretativa e ao mesmo tempo suficientemente concreta". Sentia, como chegou a confessar, uma imensa falta dos conselhos sólidos de Oliveira Lima e lamentava não poder lhe mostrar seu manuscrito, pois suas críticas eram muito bem-vindas e necessárias. No entanto, como dizia, as conversas estimulantes que tinha com os historiadores Rodolfo Garcia, Capistrano de Abreu, Clemens Brandenburger, Afonso d'E. Taunay e Max Fleiuss eram-lhe de grande valia pelos conselhos, sugestões e inspiração que delas advinham. Em contraponto, os comentários que faz de outros historiadores com quem se encontrou ou leu, como Oliveira Vianna e Alberto Torres, revelam a capacidade que Bilden tinha de perceber ideias úteis no meio de obras questionáveis em muitos aspectos. Como disse em seu *memorandum* ao professor Hayes, da Columbia, por experiência aprendera que "dados muito importantes podem estar contidos em trabalhos aparentemente irrelevantes".[56] Lendo *O problema nacional* e *A organização nacional*, de Alberto Torres, por exemplo, comenta ter encontrado escondido "no meio de uma massa de generalizações, de verborreias sociológicas e filosóficas [...] muito que é valioso e estimulante". Por que então, pergunta, "os homens que têm algo a dizer não podem desistir de fazer generalizações e de filosofar, para se confinarem a coisas concretas?".[57]

O mesmo dizia de Oliveira Vianna, após ter-se encontrado com ele e ter lido seu *Populações meridionais do Brasil*. "O livro é interessante em muitos aspectos e contém ideias proveitosas e estimulantes, mas fracassa totalmente em convencer no que diz respeito à sua tese principal",

---

55 Ibid.; carta de Rüdiger Bilden a Oliveira Lima, de Nova York, 28 jul. 1927, Lima Family Papers, CUA.

56 Bilden, *Memorandum for Professor Hayes*, The Laura Spelman Rockefeller Memorial Fund Archive, RAC.

57 Carta de Rüdiger Bilden a Oliveira Lima, 18 jul. 1926, Lima Family Papers, CUA.

já que tanto os elogios que faz aos senhores de escravos quanto a "depreciação das raças mestiça e de cor" são "absurdos". O que escreve sobre a escravidão é, na verdade, inaproveitável, "obscuro e incompleto. Por que um mulato se põe a prezar a superioridade da chamada raça ariana e a incapacidade da população mestiça?".[58]

Alguns dos comentários sobre seus interlocutores são dignos de nota, pois revelam os padrões de exigência do próprio Bilden consigo mesmo. O valor de Rodolfo Garcia como historiador o impressionava além das expectativas.

> Ele possui julgamento crítico e objetividade rara, assim como um conhecimento amplo de toda a história brasileira. [...] Nada deixa a dever a Capistrano e possivelmente a Branderburger, mas é superior a Taunay, a quem ele supera não em produção, mas em imparcialidade e solidez de julgamento.

O fato de Garcia ser um "*outsider* na vida brasileira" e de não ser devidamente honrado por suas realizações – e nisso se equipara a Oliveira Lima, aponta Bilden – era revelador de quão culturalmente atrasado o Brasil é. Sua situação ilustrava um traço característico da cultura brasileira, que Bilden lamentava. Garcia, dizia ele, era uma "figura um tanto patética, vivendo em relativa pobreza e num meio superficial, não tendo oportunidade de viajar ou debater com seus iguais". A não ser que uma realização cultural tenha aplicação concreta e imediata ou que seja "entusiasticamente aclamada no estrangeiro", o país é ainda incapaz de honrar e apreciar as verdadeiras realizações culturais e científicas de seus próprios membros.[59]

Quanto a Taunay, apesar de Bilden apontar os seus senões e o seu "claro viés católico", confessa admirar-lhe o trabalho e reconhecer suas características positivas de historiador: "capacidade inesgotável de trabalho, análise crítica, interpretação de evidência documental e comando

---

58 Carta de Rüdiger Bilden a Oliveira Lima, 23 maio 1927 e 28 jul. 1927, Lima Family Papers, CUA.

59 Carta de Rüdiger Bilden a Oliveira Lima, 6 dez. 1926, 8 jan. 1927 e 28 jul. 1927, Lima Family Papers, CUA.

extenso da história colonial do sul do Brasil". Contato muito valioso e estimulante para seu trabalho Bilden também comenta estar tendo no Rio com Roquette-Pinto e a Dra. Emilie Snethlage, "a grande ornitóloga" alemã em viagem de pesquisa ao país.[60]

Por ocasião da morte de Capistrano de Abreu, por quem tinha enorme respeito, Bilden se condói ao descobrir que o grande historiador vivera tão mal. Lamenta "ser uma pena que um *scholar* brasileiro genuíno tenha vivido em circunstâncias tão pobres", pois tinha certeza de que, com mais cuidados, "sua natureza robusta teria sobrevivido e permitido que o Brasil contasse por mais tempo com um dos poucos brasileiros que são aceitos no exterior incondicionalmente".[61]

Foi em meados de abril de 1927 que Bilden embarcou para os Estados Unidos. O calor estivera insuportável desde dezembro e em abril já lhe exaurira todas as forças.

> Muito quente para trabalhar, pensar ou escrever [...] Paga-se pela beleza realmente maravilhosa do Rio com transpiração copiosa, incapacidade para trabalhar, doenças ocasionais etc. A baía fechada, a fonte de suas vistas deslumbrantes é ao mesmo tempo a causa do clima intolerável.[62]

Percebendo que ou tinha de se refugiar no interior ou retornar aos Estados Unidos para poder produzir, decide voltar. Jane, fugindo do calor, já havia retornado em março, possivelmente também para adiantar a preparação de uma nova etapa de vida pós-Brasil: arranjar novo emprego e nova acomodação em Nova York, onde os dois haviam se conhecido e sempre seria a morada para onde Bilden retornava.

Foi pouco antes de retornar a Nova York que Bilden iria conhecer pessoalmente Roquette-Pinto, a quem muito admirava. Bilden lhe escreve

> Desde nossa longa conversa no seu escritório, pouco antes de minha saída do Brasil, estou convencido de que nossos pontos de vista e objetivos

---

60 Ibid.
61 Carta de Rüdiger Bilden a Oliveira Lima, 29 out. 1927, Lima Family Papers, CUA.
62 Carta de Rüdiger Bilden a Oliveira Lima, 26 jan. 1927, Lima Family Papers, CUA.

são muito semelhantes e que meu trabalho – a interpretação da história brasileira sob a luz da escravidão e da mistura racial – encontra mais simpatia em você do que em qualquer outra pessoa. Disso estou muito contente, pois o tema de nosso mútuo interesse é vasto e muito complexo e requer a colaboração de um antropólogo e um historiador.[63]

Mas se Bilden retornava a Nova York contente e aliviado do calor sufocante, logo iria ser acometido de uma nostalgia que o acompanharia ao longo da vida. Deixara o Brasil um tanto "saciado com os trópicos", mas cada vez mais cresciam as saudades do que lá deixara e do que lá vivera – "do país e seu esplendor de cor e de vegetação luxuriante". Mas, como admite, não era somente "o feitiço que os trópicos usualmente lançam num visitante do norte" a causa de suas saudades. O fato é que aprendera a gostar muito "do Brasil e de seu povo" e não era tanto do Rio que sentia falta, mas do país como um todo. "Não é o Rio com sua beleza incomparável que me atrai mais, mas cidades como Pernambuco, Bahia, São Paulo, Belo Horizonte e acima de tudo o interior, com sua vida genuinamente brasileira", confessa a Oliveira Lima.[64]

Ao partir para Nova York, seus planos para o ano eram firmes e realistas: para evitar que a tarefa de escrever todo o livro fosse assoberbá-lo e superasse suas possibilidades de trabalho, decidira se concentrar na escrita do primeiro volume de sua obra, no qual trataria da "produtividade da escravidão brasileira" e seus antecedentes. O segundo volume, sobre a "abolição gradual da escravidão" e outras questões, incluindo a bibliografia comentada, seria adiado até ter colocado por escrito o material da primeira parte. Daria a Oliveira Lima mais detalhes sobre seu plano quando o encontrasse pessoalmente, mas sabia que ele concordaria com sua escolha. Afinal, como disse, "eu devo à Columbia a produção de uma evidência concreta de meus estudos".[65]

---

63 Carta de Rüdiger Bilden a Roquette-Pinto, 13 set. 1929, Arquivo Roquette-Pinto, Academia Brasileira de Letras.

64 Carta de Rüdiger Bilden a Oliveira Lima, 20 jul. 1927, Lima Family Papers, CUA. Constantemente Bilden refere-se a Recife como "Pernambuco" e a Salvador como "Bahia", como deve ter sido usual àquela época.

65 Carta de Rüdiger Bilden a Roquette-Pinto, 13 mar. 1927, Lima Family Papers, CUA.

A questão econômica, após o término de sua *fellowship* em outubro de 1927, era, no entanto, difícil de resolver. Chegara aos Estados Unidos fora da época para tentar alguma posição de instrutor em universidades, e conseguir uma extensão da bolsa de estudos era uma alternativa possível, mas muito incerta.[66] Sempre amigo, Franz Boas, provavelmente querendo amenizar as dificuldades econômicas do jovem conterrâneo, cedeu-lhe sua casa em Nova Jersey enquanto estava na Califórnia durante o verão de 1927. Foi ali que Bilden trabalhou com afinco no manuscrito de seu livro que, como chegou a dizer a Oliveira Lima, "ainda progride devagar". As condições eram, no entanto, ideais, pois Grantwood ficava "do outro lado do rio Hudson", a só meia hora de Nova York, e tinha uma temperatura substancialmente mais agradável. Além disso, tinha à sua disposição "a excelente biblioteca antropológica e etnológica" de Boas, onde encontrava "numerosas referências importantes" para seu estudo sobre a escravidão brasileira. "Logo espero lhe enviar parte do manuscrito", escreve ao amigo e mentor Oliveira Lima.[67]

Por que o livro inacabado?

O que poderia, pois, explicar a não finalização de um trabalho inovador e de qualidade, que entusiasmou e interessou a tanta gente e no qual Bilden investiu tanta pesquisa, tanta reflexão e tanta paixão?

Como sempre, não se pode falar de uma única causa para esse fracasso. Um complexo de razões e de circunstâncias, tanto objetivas quanto psicológicas, contribuíram para que Bilden jamais finalizasse o tão esperado livro em que tanto se empenhou.

Deixando de lado as circunstâncias adversas que um jovem alemão tinha de enfrentar entre e durante as duas Grandes Guerras, detenhamo-nos um pouco na amplitude do projeto de trabalho que Bilden se impusera e nos padrões de exigência que este deveria atender.

---

66 Carta de Rüdiger Bilden a Roquette-Pinto, 5 maio 1927, Lima Family Papers, CUA.
67 Carta de Rüdiger Bilden a Roquette-Pinto, 20, 28 e 29 ago. 1927, Lima Family Papers, CUA.

Slavery as a Factor in Brazilian History (A escravidão como um fator na história brasileira) era o título da pesquisa que Bilden iniciou em novembro de 1922. Outro título com o qual se referia ao projeto era "escravidão e evolução do Brasil moderno".[68] Como explica ao presidente da Carnegie Institution de Washington, Dr. John Merriam, esse tema surgira como resultado de seu interesse em estudar a questão da escravidão nos Estados Unidos, discutindo até que ponto ela, entendida como modo de produção, estava ou não se tornando "crescentemente improdutiva nas décadas anteriores à Guerra Civil" a ponto de minar a "energia social, política e cultural do Sul" e, com isso, ser um "fenômeno anômalo na vida dos Estados Unidos" como um todo.[69]

Reconhecendo a imensidão desse projeto, decidira "atacar o problema brasileiro, de certo modo análogo" ao norte-americano e mais viável naquele momento, como uma preliminar ao estudo originalmente intencionado. Seu objetivo, pois, nesse novo projeto, era relacionar o "método de produção" econômica do Brasil à sua história política, social e cultural desde "a abertura do país para o mundo em geral em 1808 até os dias atuais". Para isso, a escravidão deveria ser analisada sob os vários aspectos de sua "produtividade": "material, social, política e cultural", já que

> durante esse período, a escravidão era, no Brasil, o método quase exclusivo pelo qual a energia humana era aplicada à energia material, a fim de produzir tanto as necessidades da vida como artigos de exportação. Em outras palavras, a escravidão era o agente imediato para a geração de poder cultural.[70]

No detalhado projeto enviado ao Dr. John Merriam, Bilden explicitara a necessidade de conduzir uma "investigação completa e exaustiva

---

68 Bilden, *Slavery as a Factor in Brazilian History* (esboço), acompanhando carta-proposta ao Dr. John C. Merriam, presidente da Carnegie Institution of Washington, 24 jan. 1924, Lima Family Papers, CUA; *Memorandum for Professor Hayes*, sem data (c. maio 1925), Rockefeller Archives.

69 Carta de Rüdiger Bilden ao Dr. John C. Merriam, 24 jan. 1924, com cópia enviada a Oliveira Lima, Lima Family Papers, CUA.

70 Ibid.

da escravidão em todas as suas repercussões no desenvolvimento do Brasil". Fora ao tomar consciência de que a história da escravidão brasileira no século XIX era, na verdade, a história do Brasil em si, explica Bilden ao presidente da Carnegie, que percebera, logo após os primeiros meses da pesquisa, que ela não poderia ser contida nos limites de uma dissertação de doutorado de duzentas a trezentas páginas. "Tinha de ser conduzida numa escala larga e abrangente, a fim de produzir resultados acurados e científicos." Uma das suposições a ser testada por um estudo acurado era a de que a abolição da escravatura fora condicionada muito mais pela improdutividade crescente de um sistema antiquado de produção – que causava uma "devastação na vida econômica, social e cultural do Brasil" – do que pelo movimento abolicionista, pelos tratados com a Inglaterra ou por medidas legislativas. Uma crença de Bilden, também a ser provada, era a de que o fim gradual e lento da escravidão era condição para que o país não se arruinasse e seus "recursos materiais" e sua "energia cultural" não se esvaíssem.[71]

Examinando-se o esboço enviado por Bilden à Carnegie e às outras fundações a que recorreu na tentativa de angariar meios para a realização de seu ambicioso projeto, ficam evidentes sua visão ampla de história e sua compreensão da interconexão de todas as coisas. Também fica claro que Bilden combinava uma abordagem mais precisa e acurada, própria de uma mente mais econômica, com uma abordagem cultural mais ampla, vaga e difusa, própria de uma mente, por assim dizer, mais ousada e arriscada. Um exemplo disso pode-se entrever neste trecho de sua ambiciosa proposta:

> Como as ramificações do sistema escravocrata se estendiam por todos os aspectos da vida brasileira e eram intimamente entrelaçados, alguns deles não podem ser consignados a qualquer categoria definitiva. Tais são: o fracasso relativo dos negros em se reproduzir, a forma distorcida da sociedade brasileira com seu "fator de carga" distribuído de forma desigual, com uma classe carregando quase todo o peso da produtividade econômica, enquanto outra, o peso da atividade política, e ainda uma

---

71 Ibid.

terceira se desperdiçando em uma ociosidade estúpida e enervante; as influências de certos tipos de comida produzidas pelo trabalho escravo e seus efeitos na população, desnutrição etc. Em resumo, deve ser possível provar [...] que, de todas as forças que contribuíram para drenar a soma total de energia da nação, a escravidão foi a mais poderosa. Tal força deve ser medida pela extensão com que drenou a reserva de recursos naturais e da energia humana que compunham a nação brasileira. O padrão de medida pode não ser, no geral, o econômico, mas deve ser o da energia cultural, que eu bem sei que é um termo esquivo. De qualquer modo, meu conhecimento do problema me dá razão para acreditar que será possível colocar o dedo em fatos concretos e deles derivar conclusões concretas e acuradas.[72]

Contrariamente ao que se poderia supor, como esclareceu mais de uma vez a seus amigos, Bilden não partilhava do "determinismo econômico" e queria, sim, tentar chegar a uma "concepção da história que fosse além, tanto da concepção espiritual quanto da econômica". Nisso, portanto, ele diferia da "escola de jovens historiadores e escritores" brasileiros – da qual lhe parecia que Oliveira Vianna e Vicente Lícinio Cardoso eram os líderes – cuja existência só descobrira ao chegar ao Rio de Janeiro. A Oliveira Lima ele relata que tais estudiosos enfatizavam a importância das forças econômicas, sociais, geográficas e raciais, e pendiam para um determinismo econômico na esteira dos historiadores econômicos e sociais que haviam aparecido na Europa havia algum tempo. Apesar de não partilhar dos mesmos pressupostos, simpatizava com eles e acreditava, como disse, que

seus esforços resultarão em uma nova atitude em relação a aspectos muito importantes da história e da vida atual brasileiras; mas desde que se mantenham longe da sociologia, de Comte, do positivismo e de outras interpretações já prontas da vida para as quais o brasileiro médio tem um forte pendor.[73]

---

72 Ibid.
73 Carta de Rüdiger Bilden a Oliveira Lima, 4 mar. 1926, Lima Family Papers, CUA.

Os comentários entusiasmados que o jovem Gilberto Freyre fez publicamente sobre o projeto em andamento de Rüdiger Bilden em janeiro de 1926 – e que, ao lado de poucos outros de que Bilden teve conhecimento, como o de Oliveira Lima no jornal argentino *La Prensa* e de Vicente Licínio Cardoso em *O Estado de S. Paulo*, ele considerou "uma explicação sólida e digna de seu trabalho" –[74] podem iluminar um pouco mais a obra inacabada que "o jovem e brilhante historiador alemão" desenvolvia sobre o Brasil. As reservas que o jovem Freyre tinha sobre o trabalho de Bilden, manifestadas a Simkins no ano anterior, quando não compreendera o sentido da "nova interpretação da história" que Bilden propunha, e temia que implicasse simplesmente o uso de uma "linguagem cabalística", já haviam desaparecido.[75] Em primeiro lugar, impressionou imensamente a Freyre o material já levantado pelo amigo alemão e a bibliografia crítica que estava sendo elaborada, cujo valor entrevira "lendo alguns cartões que constituem a sua forte e numerosa bibliografia". Este já era um forte sinal de que seu amigo estava "animado de um entusiasmo nietzschiano de renovação" e que a história brasileira e norte-americana não seriam mais as mesmas após as inovadoras análises de Rüdiger Bilden. A maior novidade de seu trabalho, Freyre então percebera, era aplicar à pesquisa histórica os ensinamentos das "mais recentes pesquisas científicas" sobre a existência de "íntimas e sutis relações entre as mais diversas forças da vida".[76]

De fato, o plano do trabalho de Bilden era bastante revelador de quanto a noção de "energia", importada da física, permeava o pensamento social do período, que insistia em acreditar numa "concepção do mundo e da vida cientificamente unificada, total". No caso de Bilden, suas ideias sobre combinação ou interação de energia ou "forças diversas" seguiam muito provavelmente a tradição germânica anti-idealista e antivitalista conhecida como "materialismo reducionista", que era

---

74 Carta de Rüdiger Bilden a Oliveira Lima, 28 jul. 1927, Lima Family Papers, CUA.

75 Carta de Rüdiger Bilden a Francis B. Simkins, 8 abr. 1925, Simkins Collection, GL.

76 Freyre, Sobre as ideias gerais de Rüdiger Bilden, *Diário de Pernambuco*, 17 jan. 1926, republicado com significativas mudanças em id., *Tempo de aprendiz*, v.2, p.249-52, e *Antecipações*, p.29-34. Algumas dessas mudanças serão analisadas na parte final deste livro.

parte do "movimento empiricista radical" que floresceu na Alemanha em meados do século XIX. Inaugurada por cientistas como Hermann von Helmholtz (1821-1894), Rudolf Virchow (1821-1902) e Karl Vogt (1817-1895) e estreitamente filiada ao desenvolvimento da física e da química do início do século XIX, essa era uma tradição científica que buscava "quebrar a barreira entre o inorgânico e o vivo e entre a vida interior e exterior, corpo e mente", propondo a noção de "continuidade da natureza". Experimentalistas e reducionistas, os cientistas alemães que se filiavam a esse movimento – e que prepunhariam o campo para as ideias evolucionistas – travavam "conscientemente uma guerra" contra a *Naturphilosophie*, com sua crença na existência de "ideias imanentes" por trás das várias formas materiais e sua "noção de força vital criativa" como sendo "específica dos seres vivos". Segundo o "materialismo reducionista", "a matéria era eterna e a energia era uma qualidade da matéria; e a vida uma matéria em movimento". O calor fisiológico, por exemplo, podia ser reduzido a processos físico-químicos, já que o organismo era uma "máquina de conversão de energia".[77]

É importante assinalar, como o historiador intelectual inglês John Burrow bem apontou, que na Alemanha pós-1848 essa tradição científica adquiriu uma conotação política radical e também que esse chamado "movimento empiricista radical" alemão foi marcante na formação de Franz Boas, o professor, amigo e conterrâneo de Rüdiger Bilden.[78] O estudioso da obra de Boas, George Stocking Jr., refere-se ao criador da "teoria da célula", Rudolf Virchow – a quem Boas iria dedicar um eloquente obituário em 1902 –, como um "modelo de cientista" para ele. Como Boas, Virchow era "metodologicamente conservador, institucionalmente ativista e politicamente liberal". Era também movido, como lembra Stocking, pelo que Boas iria mais tarde chamar de "chama gelada da paixão pela busca da verdade, por amor à verdade".[79]

---

77 Burrow, *The Crisis of Reason: European Thought, 1848-1914*, p.32-8, 51-2 e passim.
78 Ibid., p.36-7.
79 Boas, Rudolf Virchow's anthropological work (1902). In: Stocking Jr. (org.), *The Shaping of American Anthropology 1883-1922: A Franz Boas Reader*, p.36-41; Stocking Jr., *The Background of Boas's Anthropology*, p.22.

Pressupondo um padrão teórico que identificava "o trabalho escravo" com o "processo de utilização de energia" ou o "método de produção" que dera origem à civilização brasileira, Bilden, conforme Freyre esclarecia aos leitores do *Diário de Pernambuco*, desenvolvia a ideia de que estudar a escravidão era, na verdade, "estudar a história do Brasil". A relevância das ideias de Bilden para uma inovadora interpretação do país é então apresentada por Freyre com irrestrito entusiasmo. Empolga-o, por exemplo, o que Bilden entende pelo estudo das civilizações e o modo como essa sua concepção repercute no estudo da sociedade criada pelo "grande esforço português":

> Para o jovem e brilhante historiador alemão, o estudo das civilizações – da brasileira, por exemplo, ou seja o desenvolvimento do grande esforço português que criou, pelo trabalho escravo, a moderna agricultura tropical – é, em última análise, o estudo da pior ou melhor utilização de energia. A energia não é jamais estática, explica o sr. Rüdiger Bilden. Se não cresce e se expande – o imperialismo é uma expansão de energia –, perece ou se torna molemente passiva em proveito de forças estrangeiras. As energias tendem a chocar-se rudemente; mas é possível dar-se a sua combinação em proveito de um grande interesse comum, maior que as diferenças, refinando-se assim a brutalidade da vida; elevando-se assim a vida nas suas qualidades e condições de beleza, ou estéticas, como nas suas qualidades ou condições de amor e simpatia humana, ou éticas.[80]

A ideia de que uma civilização tanto mais se desenvolve quanto mais complexa se torna e quanto mais dá espaço para que as forças diversas interajam fascinou Freyre, especialmente, é de crer, pelo que isso implicava de crítica a um dos maiores males da "democracia burguesa": a tendência à uniformidade e à "redução de todas as forças ao *standard* da maioria". Para que uma civilização progrida, é imperativo que haja, no entender de Bilden, uma "harmoniosa e quase se poderia dizer musical interação de forças diversas. Só assim se rejuvenescem as mesmas forças".[81]

---

80 Freyre, Sobre as ideias gerais de Rüdiger Bilden, *Diário de Pernambuco*, 17 jan. 1926.
81 Ibid.

Empolgava-o também – e talvez sobretudo – a ampla e nada convencional noção de "método de produção" que Bilden então veiculava. Desconsiderando a usual diferenciação entre o espiritual e o material – na linha da corrente reducionista alemã, de Spencer e de tantos outros pensadores do século XIX –, seu amigo e ex-colega da Columbia entendia por "produção" tanto os valores econômicos quanto os "mais sutis valores de cultura", esclarecia Freyre. É por isso que seu projeto de estudar a civilização brasileira por meio da escravidão, ou seja, do método de produção "que a criou e continua a plasmá-la" era algo extremamente arrojado. "A escravidão tornou possível uma cultura nacional brasileira. Tornou possíveis os começos no Brasil de uma arte autóctone. Estudá-la é estudar a história do Brasil na qual tudo o mais [...] é secundário ou dependente ou exterior."[82]

A inovação que essas ideias iriam trazer para a história do Brasil foi atestada por historiadores de renome, como Oliveira Lima e Hélio Lobo, que não pouparam palavras de louvor ao significado da arrojada iniciativa de Bilden. "Eu não conheço nenhuma tentativa bem-sucedida de se fazer um tratamento abrangente do papel desempenhado pelo fator econômico na evolução do povo brasileiro", dissera Lobo. "A história do Brasil, apesar de ter sido tratada por historiadores de renome, tanto brasileiros quanto estrangeiros, ainda não foi objeto de uma investigação econômica abrangente e de peso." Já Oliveira Lima, a levar em conta o projeto de Bilden e a imensa e variada bibliografia que estava sendo levantada, afirmava estar totalmente seguro de que "a questão da escravidão em meu país será finalmente examinada e exposta profunda, competente e completamente" e que os "muitos problemas vitais da vida social do Brasil, que não foram até agora tratados suficientemente", seriam também finalmente contemplados por um estudo cujo valor estava acima de qualquer dúvida.[83] E Vicente Licínio Cardoso, apesar de manifestar certo desconforto pelo fato de um estrangeiro estar a escrever sobre um assunto brasileiro, reconhece que, dado o caráter pioneiro

---

82 Ibid.

83 Carta de Hélio Lobo a Rüdiger Bilden, 10 jul. 1924, enviada à Rockefeller Foundation, dando apoio ao pedido de fundos; carta de Oliveira Lima a Rüdiger Bilden, 15 jul. 1924, também enviada à Rockefeller Foundation, Rockefeller Archives.

desse estudo e a "tenacidade valente do autor [...] a seriedade de seus estudos [...] e a robustez de sua cultura", sua obra inauguraria uma nova fase de estudos históricos sobre o Brasil. Afinal, como diz num artigo publicado exatamente na data da abolição da escravatura, "a interferência do sangue negro dentro de nossa evolução histórica foi de fato bem maior do que até hoje tem sido reconhecido por nossos historiadores", dominados, muitos deles, por uma "inércia acomodatícia em relação ao exame criterioso dos fatos históricos".[84]

O que parece surpreendente é Bilden ter sido apoiado e estimulado de forma tão entusiástica a fazer um trabalho que um estudioso experiente de hoje consideraria, se não uma loucura, certamente um projeto totalmente irrealista para ser realizado num período de três ou mesmo cinco anos. Sem dúvida, era um projeto brilhante, lúcido, organizado, amplamente informado, mas sua amplitude e sua profundidade eram tamanhas que, para alguém levá-lo a termo sozinho, precisaria não menos de vinte anos – e mesmo assim em condições favoráveis.

Rüdiger Bilden, Jane Bilden e Wilhelm Bilden – foto tirada no Brasil, provavelmente no final de 1926.

Fonte: Arquivo particular de Helga Bilden

---

84 Cardoso, O elemento negro na história do Brasil, *O Estado de S. Paulo*, 13 maio 1927, p.2.

O triunfo do fracasso

Tal fora o caso do grande historiador francês Fernand Braudel, que tinha a ambição de escrever uma *histoire totale* sobre o Mar Mediterrâneo, mas que publicou esse trabalho (idealizado por volta de 1927) somente em 1949, ajudado, como admite, por dois acasos providenciais. Seus amigos e colegas não acreditavam que um dia ele fosse terminar "este trabalho ambicioso demais" de "redescobrir o passado desse mar". No entanto, tanto seus três anos no Brasil, para onde foi convidado em 1934 pela recém-fundada Universidade de São Paulo, quanto a Segunda Guerra Mundial se mostraram essenciais para que sua obra monumental chegasse ao fim. O Brasil revelou-se "um paraíso para trabalho e reflexão", provendo-o com "lazer e possibilidade fantástica de leitura"; foi ali que lera "quilômetros de microfilme"! E, como prisioneiro de guerra dos alemães, entre 1940 e 1945, não só descobriu que "a prisão pode ser uma boa escola", como teve condições propícias para buscar no Mediterrâneo um refúgio para os "trágicos momentos que estava vivendo". Ironicamente, foi "no cativeiro que escreveu seu enorme livro".[85] E, mesmo assim, como alguns estudiosos apontaram, Braudel não conseguira fugir do ensaísmo, e sua obra chegou a ser rejeitada como impressionista. Para o historiador norte-americano Bernard Bailyn, Braudel havia "confundido uma resposta poética ao passado com um problema histórico", enquanto para o historiador italiano Delio Cantimori, o *Mediterranée* era o "... E o vento levou da historiografia".[86]

Se tivesse sido mais realista ou recebido conselhos sobre a inviabilidade de seu imenso projeto naquele momento, Bilden teria percebido que tinha duas alternativas à sua frente em 1926: ou fazer um estudo preciso, focalizando essencialmente a história econômica da escravidão, ou escrever um ensaio intepretativo e impressionista sobre os vários aspectos da história do Brasil. Mas se, de um lado, seu sentido da interconexão de todas as coisas o impedia de contentar-se em escrever um trabalho mais breve e limitado, por outro, uma "história total",

---

85 Braudel, Personal testimony, *Journal of Modern History*, v.44, n.4, p.448-53.
86 Bailyn, Braudel's Geohistory, *Journal of Economic History*, v.11, 1951, p.277-82; Cantimori apud Marino, Braudel's Mediterranean and Italy, *California Italian Studies Journal*, v.1, n.1, p.4.

ensaística e impressionista, era vista como uma traição aos seus altos, rigorosos e quase científicos padrões de qualidade acadêmica.

Rüdiger Bilden, mentor de Francis B. Simkins

Em uma carta de aconselhamento que Rüdiger Bilden enviou de Nova York em março de 1924 a seu amigo Francis B. Simkins, então ensinando em Lynchburg, na Virgínia, temos uma exposição clara, brilhante e até comovente daquilo que ele acreditava serem os requisitos para uma autêntica vida intelectual – requisitos esses que acabaram por se mostrarem obstáculos para a realização de suas próprias ambições intelectuais. Escrita três semanas após o incêndio no seu apartamento e no dia seguinte à saída de Jane do hospital, após ela ter perdido o bebê devido a uma queda durante a fuga – tiveram de fugir no meio da fumaça pelo telhado coberto de neve, e a escada não era iluminada –, é grande a importância dessa carta para o conhecimento de Bilden, tanto como intelectual quanto como homem. Assim, seu conteúdo e circunstâncias merecem aqui, no meu entender, uma maior atenção.

Nessa ocasião, era seu amigo Simkins quem necessitava de conselhos firmes e francos, sob pena de todo seu talento ser desperdiçado. Mencionamos no capítulo anterior que Simkins havia sido reprovado em primeira instância no exame de qualificação geral na Columbia University e que tivera de refazê-lo. Mas, talvez mais dramática do que esse fracasso foi a não aceitação de seu doutorado sobre o líder político sulista Benjamin Tillman, que também teria de ser totalmente refeito antes de ser reapresentado – ou então abandonado. Os dois examinadores, William Shepherd e Holland Thompson, professor de história dos Estados Unidos do Sul na College of the City of New York, julgaram-no grandiloquente, prolixo, difuso e carente de análises críticas e matizadas.[87] Condoendo-se profundamente do seu amigo e solidarizando-se com sua trágica decepção, Bilden se impõe a tarefa de estimulá-lo a não desistir, guiando-o na direção que lhe parecia ser a única alternativa diante do fracasso.

---

87 Humphreys, *Francis Butler Simkins, A Life*, p.80.

Bilden começa por enfatizar a "grande confiança" que sempre teve na habilidade de Simkins "como historiador, confiança que permanece inabalada", fazendo-lhe um resumo das conversas que tivera com o professor Shepherd sobre sua situação. Sem dúvida, relata Bilden, ele ficara muito desapontado com Simkins, pois esperava dele um tratamento muito melhor de um tema tão importante; no entanto, o professor gostaria que Simkins não encarasse o fato "tragicamente". Seu caso não era excepcional, já que Shepherd rejeitava dissertações de seus alunos com frequência, às vezes até quatro vezes, e era seu desejo que Simkins "tomasse isso como uma lição, que, vindo agora quando ele ainda era jovem para realizar um trabalho acadêmico, poderia ter efeitos salutares". Enfim, Bilden salienta, Shepherd não poderia "ter tomado nenhuma decisão diferente da que tomou", pois "seu mais alto padrão de julgamento exige verdade e exatidão históricas".

Após essa introdução, Bilden passa a fazer uma síntese franca das duras críticas de Shepherd e dele próprio ao trabalho de Simkins que merece uma longa citação, já que tudo indica que Bilden aplicava ao seu próprio trabalho as mesmas exigências de precisão e qualidade e a mesma crítica inclemente.

Eu lhe imploro, não leve a mal o que vou lhe dizer. Estas palavras são ditas com sincera amizade e devido à confiança que tenho em sua habilidade, mas precisam ser ditas. Eu não li sua dissertação, portanto devo aceitar as críticas de Shepherd. No entanto, conheço seu trabalho há muito tempo e tenho sentido sempre, especialmente nos últimos tempos, que você tem procurado mais e mais um estilo literário. Tem feito muita escrita literária e estética. Você sacrificou a exatidão para atender suas ambições literárias. Shepherd diz que você está usando uma verbosidade e oratória chamejante sulista, e eu acho que ele tem razão. Penso também que você tem sido influenciado pelo esteticismo de Freyre e por suas superficialidades brilhantes, mas sem sentido. Você deve ser mais sóbrio em sua linguagem, abandonar as atividades jornalísticas e a escrita barata em favor de trabalhos de pesquisa histórica exata, completa e cuidadosa. Lembre-se de que a acuidade histórica (não do tipo antiquário de Fox, mas do tipo mais amplo, que é a base das grandes interpretações históricas) é imperativa, e nenhum iota disso poder ser sacrificado.[88] Você tem a habilidade para fazer isso se treinar-se para tal. Disciplina rígida e metodologia são as principais qualificações para um *scholar*. Os americanos recebem menos treinamento nisso do que nós, alemães meticulosos. Após isso vem a habilidade de organizar os detalhes exatos em um todo histórico, algo que Fox não é capaz de fazer, o que o torna um historiador-antiquário. A forma literária vem por último; se você puder combinar isso com os dois requisitos anteriores, ótimo, mas não pode ser às custas das qualificações históricas. Por que competir em jornalismo com um Shultz ou um Frank Tannenbaum?[89] [...] De você estava esperando um trabalho histórico fino sobre Tillman e a Carolina do Sul, e após esse uma bela biografia de Guzmán Blanco. Você pode e deve fazer isso tudo.[90]

Há outro ponto relacionado a tudo isso. O que você diz sobre ser enfadonho e errático é tolice. Você tem sido, entretanto, indisciplinado em seu trabalho. Estou lhe ofendendo quando lhe digo que me chocou o modo desleixado com que você lida com sua bibliografia? Isso é simplesmente uma

---

88 Trata-se do professor Dixon Ryan Fox (1887-1945), da Columbia, autor de *The Decline of Aristocracy in the Politics of New York* (1919) e que, no período em que Simkins e Bilden estudavam, dava cursos sobre "história do povo norte-americano, de 1789 a 1930" e "história da democracia norte-americana, desde 1830 até a Guerra Civil".

89 Shultz não pôde ser identificado, mas Frank Tannenbaum, que se tornaria conhecido historiador da América Latina e grande amigo e admirador de Gilberto Freyre, fora colega de graduação de Bilden na Columbia University. Ele escrevia para a revista *The Atlantic Monthly*, e seus livros – *Wall Shadows: A Study in American Prisons* (1922) e *Darker Phases of the South* (1924) – eram coletâneas de artigos para jornal. Segundo suas próprias palavras, uma de suas fraquezas era "uma tendência de trabalhar por ímpeto" e "uma falta de paciência com detalhes e, portanto, uma tendência de substimar seu valor" (cf. Delpar, Frank Tannenbaum: the making of a mexicanist 1914-1933, *The Americas*, v.45, p.153-71). A opinião negativa de Bilden sobre ele devia ser partilhada pelo professor Shepherd, pois quando Tannenbaum passou a ocupar seu lugar na Columbia após sua morte em Berlim, Bilden comenta que o "pobre Shepherd" devia estar "se revirando na cova". Afinal, seu substituto era jornalista e escritor de livros populares sobre o México e estava a ocupar a cátedra da América Latina após ter feito "uma viagem turística do tipo da de Cook no ano passado pela América Latina" (cf. carta de Rüdiger Bilden a Gilberto Freyre, 29 mar. 1936, AFGF).

90 Trata-se do político venezuelano Antonio Guzmán Blanco (1829-1899), frequentemente equiparado ao mexicano Porfírio Díaz, sobre o qual Simkins acabou publicando um artigo (Guzmán Blanco: An Appreciation, *South Atlantic Quarterly*, 2e, p.310-18), mas que originalmente fazia parte de um projeto mais amplo sobre a América Latina, intitulado *South American Dictators* (cf., Humphreys, *Francis Butler Simkins, A Life*, p.76). Ver também carta de Gilberto Freyre a Francis B. Simkins, 8 abr. 1925, Simkins Collection, GL.

questão de organização sistemática, mas é indispensável para um *scholar*, sem o que nenhum trabalho pode ser realizado, nem mesmo um trabalho artístico. Este modo descuidado, desmazelado, você tem frequentemente mostrado em seus trabalhos. Eu me contive para não criticá-lo por temer machucá-lo e, nas poucas vezes que o fiz, você me criticou como um alemão meticuloso com um senso exagerado de ordem. Digo-lhe essas coisas duras porque sinto que você se encontra numa encruzilhada e porque como um amigo sincero eu quero que você escolha o caminho certo. Você é jovem; agora é a hora. Imponha-se uma disciplina rígida, tente desenvolver um sentido de ordem em seu trabalho, assim como em outras questões menos importantes; tente melhorar sua ortografia etc. etc. Não considere uma tarefa, por menor que seja, como estando completa até estar certo de que o menor detalhe está correto e bem organizado. Somente assim pode um trabalho acadêmico – que se baseia numa organização de detalhes miúdos em um todo harmonioso – ser completado com êxito.

Perdoe-me por essas palavras ríspidas, mas eu as escrevo como um amigo, *que acredita em você e quer que você realize as coisas de que é capaz,* ao invés de correr atrás de frases vazias e desperdiçar sua habilidade em desleixo dissoluto. Você *deve* corrigir seus defeitos, reescrever seu trabalho sobre Tillman e dele fazer um trabalho de primeira classe. Você pode e deve fazer isso, não importa quanto tempo leve. O trabalho sobre Tillman deve fazer sua reputação. Escreva-o para o tornar um trabalho acadêmico; não pense sobre sua publicação. Pode-se tratar disso mais tarde.

Meu conselho é você se livrar logo do exame que precisa retomar. Prepare-se cuidadosamente para ele e venha para cá [Nova York] o mais cedo possível. Depois disso, comece a escrever cuidadosamente sua dissertação, mas com calma. Não seja apressado; não é tanto o tempo que importa quanto a exatidão e a meticulosidade de seu trabalho. [...]

Agora, uma última palavra: não se sinta desencorajado. Não há necessidade disso. Seguramente deve ter sido um choque para você, mas lembre-se de que todos nós sofremos tais choques algumas vezes, e a coisa racional, viril a fazer em tal caso é apreciar a lição e rearranjar nossas vidas de acordo [...].

E, finalmente, após assegurar a Simkins que não mencionaria a Freyre "sua dissertação e sua não aceitação temporária" – o que explica o fato de Freyre aparentemente jamais ter tido conhecimento do episódio difícil e doloroso que viveu seu amigo –, Bilden conclui a carta com essas palavras de alento e estímulo:

> Espero que você não tome minhas severas críticas e conselhos com atitude errada e que me informe sobre seus planos e seu estado de espírito. Nesse meio-tempo, mantenha a coragem e empenhe-se em seu trabalho com ânimo infatigável. A vida é dura, e o único meio de enfrentá-la é ser ainda mais duro.[91]

Não há dúvida de que Bilden também estava dirigindo a si mesmo palavras duras como essas. Escritas quando os prognósticos de realizar seu ambicioso trabalho sobre a escravidão brasileira eram bem ruins – ele acabara de receber a notícia de que a Carnegie Institution não lhe daria a bolsa de estudos com que tanto contara –, era como se, ao recomendar força e coragem a Simkins, também estivesse falando para si mesmo.

Que ficara preocupado com o efeito das palavras duras que escrevera a Simkins fica claro quando, três dias depois, escreve-lhe novamente procurando suavizar o tom da carta anterior: "Não perca a coragem [...], não sucumba ao fracasso; acredite em você mesmo e dê o melhor de si". As fraquezas que apontara, insiste Bilden, eram pequenas em relação a suas qualidades e totalmente superáveis, desde que resolvesse enfrentá-las honestamente e com maturidade. "Você deve isso a você mesmo e a nós que acreditamos em sua capacidade de realizar um trabalho de destaque. A qualquer um que se aproximar de mim direi o que penso de suas habilidades acadêmicas."[92] E, treze dias após a primeira carta, volta a escrever a Simkins manifestando seu alívio ao perceber seu "espírito corajoso e resoluto" e sua determinação de prosseguir. Também aproveita para lhe transmitir a "excelente impressão" que causara no

---

91 Carta de Rüdiger Bilden a Francis B. Simkins, 18 mar. 1924, Simkins Collection, GL (grifos no original).

92 Carta de Rüdiger Bilden a Francis B. Simkins, 21 mar. 1924, Simkins Collection, GL; Humphreys, *Francis Butler Simkins, A Life*, p.95-7.

O triunfo do fracasso

Departamento a forma madura com que Simkins aceitara a "rejeição de seu manuscrito".[93]

As críticas e o incentivo de Bilden tiveram o efeito desejado. Confirmadas pelo professor Holland Thompson, que, embora com menos ênfase, também apontou as mesmas falhas, Simkins enfrentou o desafio de mudar de estilo e de padrões de exigência intelectual e, como disse mais tarde, transformou-se num historiador que mergulhava "em pesquisa e em notas de rodapé".[94] Após fazer suas visitas ao Brasil e à Europa, reescreveu sua dissertação a contento de seus examinadores, e a renomada editora Duke University Press logo a publicou com o título de *The Tillman Movement in South Carolina*. Como diz seu biógrafo, James S. Humphreys, "Holland Thompson e Rüdiger Bilden provaram-se cruciais para seu desenvolvimento como historiador".[95] A testemunhar a importância de Bilden para o seu sucesso, as palavras de Simkins ao amigo em comum Freyre são bem reveladoras: "Deus bem sabe que Rüdiger educou você e a mim".[96]

Apesar de tudo isso, irônica e lamentavelmente, Bilden não foi mencionado sequer uma vez no trabalho de Simkins. Na lista de agradecimentos, o professor Shepherd foi lembrado, mas o segundo examinador foi quem mereceu as palavras mais efusivas: "Qualquer mérito que meu trabalho possa possuir", escreve Simkins no prefácio, "deve-se em grande parte ao professor Holland Thompson". O livro foi dedicado a Gilberto Freyre, como "o amigo estrangeiro que me ensinou a apreciar o passado de meu estado natal", enquanto Bilden (ou Karl Wilden, lembrando a intrigante troca de nome feita por Simkins em sua autobiografia) não foi publicamente reconhecido pelo inestimável encorajamento e auxílio que lhe prestou.[97]

Se Simkins se refez e terminou seu doutorado com sucesso, o mesmo não ocorreu com Rüdiger Bilden. A amplitude do trabalho planejado, como o desenrolar dos acontecimentos provou, extravasava

---

93 Carta de Rüdiger Bilden a Francis B. Simkins, 31 mar. 1924, Simkins Collection, GL.
94 Simkins, *Autobiografia* (manuscrito), Simkins Collection, GL.
95 Humphreys, *Francis Butler Simkins, A Life*, p.106.
96 Carta de Francis B. Simkins a Gilberto Freyre, 23 nov. 1949, AFGF.
97 Simkins, *The Tillman Movement in South Carolina*, p.ix.

de longe o que era realizável num período limitado e, ao terminarem os três anos de *fellowship*, em outubro de 1927, Bilden encontrou-se novamente em sérias dificuldades econômicas e com sua autoestima, é de supor, também abalada. Afinal, o esforço fora grande para chegar até aquele ponto e a expectativa entre amigos, colegas e professores era, inquestionavelmente, das maiores.

Brasil: um laboratório de civilização

O excelente e inovador artigo que Bilden publicou na renomada revista *The Nation* em janeiro de 1929, intitulado "Brazil, Laboratory of Civilization", parecia bastante auspicioso – e sério indício de que o livro estava bastante adiantado àquela altura.[98] Cumpre aqui lembrar que ideias sobre o Brasil que hoje podem parecer, especialmente a partir de *Casa-grande & senzala*, como nada mais do que parte do senso comum, eram naquela época – quatro anos antes de o livro de Freyre ser publicado e dois anos antes de ser mesmo planejado – nada convencionais.[99] Enfim, eram ideias pelas quais tinha de se lutar com bravura e ousadia.

Roquette-Pinto, que poderia ser descrito como o "Franz Boas brasileiro" e que se tornara admirador de Bilden, não escondeu sua admiração pelas ideias veiculadas no texto para um público tão necessitado de palavras de bom-senso. Afinal, elas acrescentavam uma fundamentação histórica à sua ideia de que o mestiço brasileiro não era um problema biológico, mas econômico e social. Era por isso lamentável, como escreveu em seu livro de 1933, que trechos das "páginas brilhantes" que esse "bom amigo do Brasil" escrevera tivessem sido cortados no que tinham "de mais valioso, como apreciação insuspeita dos nossos mestiços"; "necessidades da imprensa que precisa agradar

---

98 Bilden, Brazil, laboratory of civilization, *The Nation*, v.128, n.3315, p.71-4.

99 Foi durante a sua estada como professor visitante da University of Stanford, em 1931, que Freyre começou a trabalhar em *Casa-grande & senzala*. Até então, o livro planejado era sobre a história da infância no Brasil (cf. carta de Rüdiger Bilden a Francis B. Simkins, p.399-401 e passim).

aos seus leitores", conclui.[100] Esse era, sem dúvida, um artigo que se contrapunha ao livro de Paulo Prado, *Retrato do Brasil*, sobre o qual Roquette-Pinto e Bilden concordavam como sendo "muito bem escrito, mas extremamente errado, porque fruto de enormes preconceitos", como escreve o antropólogo brasileiro ao amigo alemão.[101] Um livro, enfim, que fracassava por causa de seu "exagero pessimista e da distorção de verdades relativas" – ambas as falhas compreensíveis, por virem de um paulista, como disse Bilden. "Por causa de seu avanço inegável e desproporcional, os paulistas tendem a ver o restante do Brasil sob uma luz muito lúgubre."[102]

A despeito de seu artigo ter sido "cortado e mutilado", como se queixou, ele revelava que Bilden tinha raras qualidades: de um lado, que era capaz de combinar a capacidade de fazer uma observação meticulosa dos detalhes de um problema específico com a de vê-lo como parte de um todo mais amplo; de outro, que ele não só era efetivamente inovador em sua abordagem, como também tinha a capacidade de escrever sobre um assunto sério e complexo numa linguagem acessível a um público leigo.

Escrito por encomenda para ser publicado por ocasião da visita ao Brasil do presidente norte-americano recém-eleito, Herbert Hoover, em dezembro de 1928, o artigo de Bilden – que desenvolve alguns pontos anunciados no seu plano de 1922 – tinha um objetivo muito claro: apresentar a um público de uma sociedade violenta e segregadora uma visão alternativa, mais humana e salutar. Como escreveu a Roquette-Pinto, enviando-lhe o artigo e comentando que ouvira dizer por Afonso d'E. Taunay que fora republicado em *O Jornal*, considerara aquela uma "boa oportunidade de ilustrar o americano e dispersar preconceitos correntes" sobre a América Latina e o Brasil.[103]

---

100 Roquette-Pinto, *Ensaios de antropologia brasiliana* (1933), p.79.
101 Carta de Edgar Roquette-Pinto a Rüdiger Bilden, 15 out. 1929, Arquivo Roquette-Pinto, Academia Brasileira de Letras.
102 Carta de Rüdiger Bilden a Edgar Roquette-Pinto, 13 set. 1929, Arquivo Roquette-Pinto, Academia Brasileira de Letras.
103 Carta de Rüdiger Bilden a Edgar Roquette-Pinto, 26 mar. 1929, Arquivo Roquette-Pinto, Academia Brasileira de Letras. Agradeço à pesquisadora Nísia Lima, da Fundação Instituto Oswaldo Cruz (Fiocruz) por ter gentilmente chamado minha atenção para esse documento e enviado-me uma cópia da carta e de seu anexo.

O artigo inicia lembrando o difundido estigma do Brasil como país fadado a ser inferior devido à sua composição racial, estigmatização feita insistentemente, como aponta o autor, não só por leigos como também por cientistas que se esmeravam em cometer "atrocidades intelectuais contra a América Latina e o Brasil em particular". Contrapondo-se à forte corrente que dentro e fora do Brasil via o destino do país como fundamentalmente negativo – nada de bom se pode esperar de um país de "raça *mongrel*" dirigido por um "governo mulato", afirmava o estereótipo –, Bilden argumenta que a alegada inferioridade do país tinha uma explicação histórica e não biológica, cultural e não racial.[104]

Aludindo à viagem de Hoover ao Brasil, a *good will trip* organizada como parte de uma nova política de boa vizinhança com a América Latina – a Good Neighbor Policy que o novo governo introduzira para melhorar as relações estremecidas devido à intervenção armada que seu antecessor, Calvin Coolidge, fizera no Haiti e na Nicarágua –, Bilden alertava que, ainda que louvável, tal política seria estéril se não fosse acompanhada de "um conhecimento elementar" dos países envolvidos.[105] E, no caso do Brasil, dizia, a ignorância de um aspecto básico de sua história tinha de ser primeiramente sanada. Tratava-se, pois, de tornar público o fato de esse país latino-americano ser de origem portuguesa e, diferentemente da América espanhola, não ter sido colonizado por um povo "em busca de ouro, aventura e prosélitos", como fora o espanhol. Ignorando-se isso, qualquer compreensão da cultura e do problema da raça no Brasil torna-se impossível, "pois ambos são fundamentalmente determinados pelo desenvolvimento e caráter da colonização portuguesa". Fora um sistema de colonização caracterizado por três aspectos – monocultura latifundiária, escravidão

---

104 As palavras *mongrel* ou *mongrelisation* não podem ser traduzidas por "mestiço" ou "mestiçagem" sem que se perca a conotação pejorativa que sempre implica. Cunhada originalmente para referir-se ao cachorro "vira-lata", ou seja, o cachorro que é fruto da mistura de raças diferentes, passou a ser usada para se referir, sempre pejorativamente, a pessoas de raça mestiça.

105 Sobre o papel de Hoover nessa política, que ganhou ímpeto com seu sucessor Franklin Delano Roosevelt, a cujo nome essa política ficou ligada, ver, por exemplo, DeConde, *Herbert Hoover's Latin American Policy*.

e miscigenação – que dera ao país condições para se desenvolver de modo *sui generis* e impor-se como modelo alternativo de civilização.

Uma série de circunstâncias históricas portuguesas, aí incluindo falta de gente para levar avante seus empreendimentos de além-mar na África, na Ásia e nas Índias Ocidentais, havia contribuído para que a colonização do Brasil se fizesse "por meio do latifúndio, do trabalho escravo importado e da criação de uma raça mestiça adaptada ao meio e irmanada à causa lusitana".

Detendo-se particularmente na questão da miscigenação existente no Brasil, Bilden a relacionava à "propensão" adquirida pelos portugueses de se unir a outras raças ao longo de sua experiência de dominação moura, seguida por empreendimentos na costa africana. Dando continuidade, e mesmo acentuando esse traço, "o Brasil se desenvolvera como uma sociedade escravocrata na qual o puro elemento branco era numericamente inferior e em que as linhas raciais vinham se tornando mais frouxas do que em qualquer outro país de origem europeia". Tanto por "razões de Estado" como por "necessidade e hábito" – já que nesse país também havia escassez de mulheres brancas –, seus colonizadores se misturaram com indígenas e escravos, dando aí início a uma sociedade em que não se criou "uma rígida identidade de raça e classe" que caracterizava as colônias inglesas, holandesas e, ainda que em menor grau, as francesas e espanholas. Assim, seguindo a tradição portuguesa de estrutura social – estratificada de forma menos rígida e aberta à participação dos mestiços como homens livres ou "meio-livres" –, a sociedade que se desenvolveu no Brasil também foi mais moralmente flexível e humana do que outras "correspondentes na América". A mestiçagem nessa colônia portuguesa, explicava Bilden, fora grandemente encorajada, ao mesmo tempo que se abriam aos escravos "várias vias de fuga para a liberdade".

Sem negar que houvesse antagonismos raciais entre os três principais grupos étnicos brasileiros e que algum grau de discriminação existisse, Bilden enfatizava, no entanto, que o antagonismo existente era mais entre diferentes categorias sociais do que entre raças; entre senhores e escravos, em vez de entre brancos, mestiços, indígenas ou negros. E, acrescentava, esse antagonismo "tendia a desaparecer à medida que essas distinções sociais desapareciam". Por enquanto, como esclarecia, "as linhas raciais ainda seguem as linhas de classe", o que significa que "quanto mais baixa a classe, mais escuro o sangue".

Ao estudioso da história brasileira, argumentava Bilden, ficava evidente que "as restrições à ascensão social e econômica dos membros das raças escravas se tornaram menos severas" e que ao longo dos séculos um "abrandamento gradual mas contínuo das linhas raciais podia ser observado". No último século, esse processo de "equalização social e consequente fusão de elementos étnicos diversos" havia-se acelerado grandemente com a abolição gradual da escravidão (1808-1888)", a ponto de se dizer que "hoje" não existem no Brasil "nem as distinções de raça nem o problema da raça no sentido norte-americano".

Não havendo "barreiras legais" a dividir seus grupos étnicos, o que basicamente divide as pessoas no Brasil é a discriminação social "baseada em preferência individual e classe". Daí ser verdade que a "tendência para a mistura racial está decididamente a favor da raça branca", já que a situação das outras é ainda marcada pelo domínio cultural e econômico do elemento branco, perpetuando em silêncio uma história desumana. A gradual abolição da escravidão foi "construtiva", mas não a ponto de "libertá-la de sua herança miserável e insidiosa". Sem propor, de modo algum, o branqueamento como solução para o problema racial brasileiro – como o faziam Oliveira Vianna, Oliveira Lima, o jovem Gilberto Freyre e tantos outros àquela época –, Bilden observava que o branqueamento da população brasileira era, no entanto, um fato; e um fato que tendia a aumentar, de um lado, devido ao crescente influxo de imigrantes europeus, e, de outro, ao término da entrada do "elemento negroide [...] desde a supressão final do tráfico de escravos em 1856". Se a chegada de imigrantes europeus brancos era positiva, só o era pelo fato de "introduzirem forças revigorantes", capazes de "gradualmente remediarem" os males causados pela escravidão; enfim, não por causa de sua cor, mas por trazerem consigo uma cultura não manchada pelo trabalho escravo.[106]

---

[106] Bilden anexa à carta enviada a Roquette-Pinto uma cópia do artigo que enviara à revista *The Nation*, apontando os cortes que os editores haviam indevidamente feito. Um deles referia-se a Roquette-Pinto como o "antropólogo líder do país", que também chegara às mesmas conclusões por "métodos antropológicos" a que ele havia chegado pelo estudo

O triunfo do fracasso

Sem negar, pois, a hegemonia do elemento branco na sociedade brasileira e a existência, mesmo que comparativamente pequena, de antagonismos, Bilden termina por dizer, no entanto, que o "brasileiro médio jamais será totalmente branco" e que "o Brasil do futuro representará uma nova raça, nem branca, nem indígena, nem negra", na qual elementos étnicos "supostamente incompatíveis" se unem em harmonia e de forma construtiva. E mais: nesse processo ainda em andamento, os grupos mais primitivos têm tido espaço e liberdades "surpreendentes" para fazer valiosas contribuições culturais. É essa a "importância vital do Brasil para o mundo em geral", conclui o entusiasmado Rüdiger Bilden. Cabe ao leitor, pois, decidir "à luz dessas observações, se o Brasil deve ser chamado [...] um país de *mongrels*, ou, ao contrário, ser considerado como um laboratório mundial de civilização tropical".

Um dos trechos cortados pelo editor da *The Nation*, e que Roquette-Pinto fez questão de publicar em seu livro *Ensaios de antropologia brasiliana*, por concordar totalmente com as ideias de Bilden, enfatizava exatamente a importância da diferenciação entre raça e cultura para tratar dos males do Brasil.

> Há, decerto, muita coisa, na vida do Brasil, que não é satisfatória. Mas atribuir tais condições à composição racial do país ou à mistura de raças é completamente errado. Um estudo crítico do desenvolvimento histórico do Brasil demonstra que tais males são consequência de um emaranhado de fatores, consequência da sociedade escravagista. A causa dos males não é a raça: foi a escravidão.[107]

Entusiasmado com a qualidade desse artigo de ponta, o antropólogo Melville Herskovits escreveu a Bilden dizendo que "esperava

---

histórico do Brasil. Um dos trechos cortados pelos editores referia-se a cientistas – como, por exemplo, Eugen Fischer – que disseminavam a ligação vista como "autoevidente" entre miscigenação e atraso: "As únicas tentativas estrangeiras de se fazer uma avaliação objetiva do problema racial brasileiro vieram até agora de uns poucos cientistas exploradores e historiadores desapaixonados, e muito ocasionalmente de um escritor popular; Roy Nash, autor do *The Conquest of Brazil*, é o único exemplar norte-americano dessa última e rara espécie".

107 Roquette-Pinto, *Ensaios de antropologia brasiliana*, p.30.

ansiosamente, com grande impaciência, pela publicação dos resultados integrais" do seu trabalho sobre o Brasil.[108] Afinal, considerar a composição racial como irrelevante e afirmar, em seu lugar, a importância da cultura, era contrapor-se ao chamado "racismo científico" tão difundido naquela época. Dando ares de ciência a preconceitos, a chamada "ciência da raça" afirmava a existência de uma hierarquia natural das raças; hierarquia em que a raça nórdica, a do "homem branco *par excellence*", para usar a expressão do influente Madison Grant, ocupava o lugar proeminente.[109]

Apesar desse ensaio promissor e das grandes expectativas de Oliveira Lima, Herskovits, Franz Boas e tantos outros, além das suas próprias, "Brazil, Laboratory of Civilization" acabou sendo a única amostra publicada, sem dúvida brilhante, do que teria sido o livro de Bilden que jamais veio à luz. Os outros poucos artigos que publicou ao longo de sua vida não eram tão relevantes sobre os tópicos desse grande livro que nunca foi. Seis anos mais tarde, com o projeto ainda não abandonado de todo, mas com a obra inacabada, com dívidas, sem dinheiro e sem ânimo, diz ao amigo Gilberto Freyre – a quem considerava "intelectual e profissionalmente, seu mais próximo parente" e que publicara *Casa-grande & senzala* dois antes antes – que, caso algo lhe acontecesse, gostaria de que todas as suas "anotações, manuscritos papéis etc." fossem enviados a ele para que os usasse como achasse melhor. "Talvez sejam de pouco valor para você, mas ao menos poderei mostrar--lhe minha estima dizendo que não conheço qualquer outra pessoa que poderá fazer melhor uso deles do que você."[110]

Freyre já tivera, na verdade, acesso a esse material antes de escrever *Casa-grande & senzala*, chegando a admitir em suas páginas que "o primeiro" manuscrito de Bilden lhe fora "franqueado à leitura" e que ele fora a pessoa que lhe dera "sugestões valiosas" para seu livro. Na mesma

---

108 Carta de Melville J. Herskovits a Rüdiger Bilden, 20 fev. 1929, Melville J. Herskovits Papers, Northwestern University Archives, Evanston (daqui em diante referido como MHPN), caixa 3, pasta 26.

109 Grant, *The Passing of the Great Race* (1916), p.5-7, 262 e passim; Higham, *Strangers in the Land: Patterns of American Nativism 1860-1925*, p.271-2. Sobre essa questão, ver Pallares--Burke, *Gilberto Freyre: um vitoriano dos trópicos*, p.278-97.

110 Carta de Rüdiger Bilden a Gilberto Freyre, 13 dez. 1935, AFGF.

ocasião, Freyre também confessou que fora para ele uma "fortuna" contar com a companhia de Bilden na viagem que fizera em 1931 ao *"deep South"* dos Estados Unidos – região essencial a ser visitada, como escreveu, por "todo estudioso da formação patriarcal e da economia escravocrata do Brasil".[111]

Podemos, pois, finalizar este capítulo lembrando que ideias não precisam estar impressas para serem difundidas e que, apesar do fracasso de Bilden em terminar e publicar sua volumosa obra, seu esforço não pode ser visto como totalmente em vão. Se ele se impôs como um interlocutor importante, apesar de esquecido, de um dos maiores estudiosos do Brasil, como Gilberto Freyre, e como um guia e encorajador de um historiador norte-americano respeitado, pode-se assumir que suas ideias foram também difundidas em outros círculos mais ou menos restritos, quer por meio de notas e manuscritos, quer por conversas, aulas, encontros informais ou acadêmicos, e assim por diante.

Enfim, a despeito das dificuldades e infortúnios que às vezes o assoberbavam e de períodos de depressão que abalavam sua costumeira determinação de enfrentar com coragem as durezas da vida – "a vida é dura, e o único meio de enfrentá-la é ser ainda mais duro", ele dissera a Simkins –, Bilden acabou se impondo, ainda que efemeramente, como um respeitável especialista em história brasileira e, mais ainda, como um especialista em relações raciais. Como isso ocorreu é o que veremos no próximo capítulo.

---

111 Freyre, *Casa-grande & senzala*, p.xlvii, 66.

Capítulo 4
Para além do livro que não foi:
os anos 1930

No discurso presidencial proferido em 28 de dezembro de 1936 diante da Pacific Coast Branch da American Historical Association e publicado na prestigiosa *Hispanic American Historical Review*, o historiador de Stanford, Percy Alvin Martin, referiu-se a Rüdiger Bilden como "um dos nossos mais hábeis estudiosos das relações raciais no Brasil".[1]

Não é para ser minimizada a importância dessa referência a Bilden. Afinal, havia mais de uma década era anunciada a publicação de sua obra inovadora, mas, para a decepção de tantos, as expectativas vinham sendo sempre frustradas. No entanto, após iniciar seu discurso sobre "As contribuições de Portugal e de seus filhos para a civilização do Novo Mundo", apontando a carência de trabalhos de peso que pudessem servir de "guias confiáveis" para um investigador interessado, Martin logo destacava Bilden como um guia de valor no importantíssimo tema das relações raciais.

Algumas inferências podem ser feitas a partir dessa honrosa referência de Percy Martin. Em primeiro lugar, que, a despeito de Bilden ser

---

1 Martin, Portugal in America, *HAHR*, v.17, n.2, p.198.

um "autor sem livros", seu trabalho era divulgado, respeitado e tido por alguns como exemplar.[2] Até aquele momento, suas ideias sobre mistura racial haviam sido divulgadas em palestras e aulas ao menos nas seguintes instituições e eventos: 23ª International Congress of the Americanists; Institute of Race Relations de Swarthmore College, PA; The Institute of Public Affairs, University of Virginia; The New York Ethnological Society no Natural History Museum de Nova York; New York Society of Physical Anthropology; Philadelphia Anthropological Society; Harlem Branch of the Committee for Adult Education, em Nova York; School of Education and Summer Session da College of the City of New York.[3]

Em segundo lugar, que o foco de trabalho de Bilden, e o que mais atraía a atenção dos estudiosos, não era tanto a questão da escravidão, mas o tema mais amplo das relações raciais. Ele mesmo afirma, em 1937, ao se candidatar como "pesquisador independente" a uma bolsa de estudos da John Simon Guggenheim Foundation: "ampliei minha esfera de interesse de estudo para o campo mais abrangente de relacionamento entre raça e cultura no Novo Mundo".[4]

E, em terceiro lugar, sugere que, paulatinamente a princípio, sua vontade de fazer alguma diferença no mundo – que ele já deixara claro na sua justificativa do trabalho sobre a escravidão no Brasil – foi se impondo, e seu engajamento com a questão racial, então especialmente premente nos Estados Unidos, foi transformando-o num ativista. Um ativista porque mesmo abordando o problema social das relações raciais como um cientista social, Bilden tinha como objetivo mudar o modo como as pessoas pensavam um problema grave como esse, que dizia respeito a todos, e propor uma solução que considerava mais justa.[5]

---

2 Gilberto Freyre escreveu sobre os "autores sem livros", que deixavam suas obras "ficar nas primeiras provas tipográficas da criação mental", mas que nem por isso deixavam de influir sobre "o ânimo e sensibilidade" de outros (cf. *Diário de Pernambuco*, 28 set. 1924, reproduzido em Freyre, *Tempo de aprendiz*, v.2, p.75-7).

3 Bilden, "Accomplishments, 3" (projeto apresentado à John Simon Guggenheim Memorial Foundation), 1936, p.9, John Simon Guggenheim Memorial Foundation Archives (daqui em diante referido como JSGMFA); carta de Rüdiger Bilden a Melville Herskovits, 11 jan. 1935, MHPN, caixa 3, pasta 26.

4 Bilden, "Accomplishments, 3", p.8, JSGMFA.

5 Sobre o *scholar* como ativista, ver Lempert, Activist Scholarship, *Law & Society Review*, v.35, n.1, 2001, p.26.

W. E. B. Du Bois, o intelectual e líder negro fundador da National Association for the Advancement of Colored People (NAACP), afirmou em 1935 que alguns negros educados acreditavam que o "problema" da raça seria resolvido "ignorando-o e suprimindo qualquer referência a ele". Estavam convictos de que à medida que "suas classes mais educadas e ricas escapassem gradual e continuamente de sua raça e entrassem na massa do povo americano", a questão se dissolveria.[6] Essa seguramente não era a posição de Bilden, que se impôs a tarefa de contribuir para a batalha contra a segregação racial norte-americana, falando e escrevendo abertamente sobre essa delicada questão que poucos, àquela época, quer por medo ou omissão, tinham disposição e coragem de enfrentar. Enquanto a maioria dos brancos mantinha-se indiferente ou se abstinha por não perceber que essa batalha dizia respeito à possibilidade de viver em paz e prosperidade a longo prazo, mesmo os indivíduos mais conscientes e progressistas, tanto brancos quanto negros, muitas vezes temiam se manifestar. Como admite Du Bois ao antropólogo Melville Herskovits, em 1939, "os mais corajosos de nós temem falar sobre raça".[7]

Bilden, ao contrário, não obstante sua nacionalidade alemã ser um grande senão no período entreguerras, não hesitava em tratar da controversa questão da raça e em se solidarizar com o ideal da chamada "Renascença de Harlem" – movimento que, desde o início dos anos 1920 e a partir do bairro negro de Nova York, buscava lutar por um "novo negro", orgulhoso de sua identidade e de sua cultura.

Espírito batalhador e determinado como era, ao tratar dessa questão delicada Bilden sempre empenhava seu conhecimento da experiência brasileira na causa da emancipação dos negros norte-americanos. Assim, pode-se dizer que, na sua trajetória, o papel do Brasil mudou ao longo dos anos. Se, enquanto se dirigia fundamentalmente aos brasileiros, sugeria que o país teria muito a se beneficiar com a importação de pessoas, ideias e métodos de produtividade, quando começa a se

---

6 Berry, Du Bois as social activist: why we are not saved, *Annals of the American Academy of Political and Social Science*, v.568, p.106.

7 Carta de W. E. B. Du Bois a Melville Herskovits, 5 jan. 1939, MHPN, caixa 7, pasta 11.

dirigir especialmente aos negros e aos brancos norte-americanos, tanto aos mais letrados quanto aos mais iletrados, o Brasil, dada a "ausência relativa de preconceito racial e discriminação", passa a ser um modelo de relação racial a ser imitado. Enfim, quer como escritor, professor ou ativista – posições que nele normalmente se sobrepunham –, Bilden impôs-se, ao longo dos anos, como uma "autoridade sobre o Brasil" e como propagador do que era comumente chamado de "solução brasileira" para a questão racial.[8]

O destino do livro inacabado

Falemos, em primeiro lugar, do destino do tão esperado livro de Bilden sobre o Brasil. O propósito sempre adiado de finalizar sua grande obra iria manter-se ainda por alguns anos, como atesta amplamente a correspondência trocada com amigos, como Francis Simkins, Gilberto Freyre, Melville Herskovits, Arthur Ramos e Franz Boas. No meio de empregos temporários que se sucediam de modo bastante irregular, de aulas avulsas dadas aqui e acolá e só ocasionalmente remuneradas, Bilden manteve viva a séria determinação de terminar os seus dois ou três volumes sobre o Brasil até o final dos anos 1930; até chegou a mencionar a Herskovits, em 1935, haver um contrato com a North Carolina University Press para a publicação do seu livro.[9] Sua finalização parecia tão iminente para seu amigo Freyre, em 1936, que em julho desse ano chegou a anunciar a publicação do livro na recém-lançada Coleção Documentos Brasileiros que dirigia para a editora José Olympio, do Rio de Janeiro: "ainda neste ano, ou no começo do ano próximo, deve aparecer o estudo sobre o Brasil do pesquisador alemão Rüdiger Bilden – trabalho digno de todo o nosso interesse. Digno de tradução imediata".[10]

Sobre a qualidade dessa obra, tal como alguns puderam inferir pelos vislumbres e fragmentos a que tiveram acesso, parecia não haver

---

8 Carta de Vilhjalmur Stefansson a Rüdiger Bilden, 22 jan. 1931, Stefansson Manuscrits, Dartmouth College Archives, 196 (27).

9 Carta de Rüdiger Bilden a Melville Herskovits, 2 jan.1935, MHPN, caixa 3, pasta 26.

10 Freyre, Prefácio. In: Buarque de Holanda, *Raízes do Brasil*, p.ix.

dúvida. Para o grande Franz Boas – conhecido pelas "críticas perenemente agudas" que enviava às fundações –, a "impressão do primeiro rascunho" do livro de Bilden fora "excelente".[11] Já seu artigo de 1929, "Brazil, Laboratory of Civilization" – que o próprio perfeccionista Bilden admitia estar razoável e conter suas "conclusões sobre a situação racial no Brasil" –, obtivera "a entusiástica aprovação" de estudiosos de peso, como Herskovits, Boas e Roquette-Pinto, que o consideravam um estudo valioso, apesar de breve, de um terreno ainda inexplorado. Como vimos, este último não escondera sua admiração por um texto que acrescentava uma fundamentação histórica à sua ideia de que o mestiço brasileiro não era um problema biológico ou antropológico, mas econômico e social. Esclarecendo seu objetivo maior de contribuir para o desenvolvimento do Brasil com seu trabalho em andamento, poucos meses após a publicação do artigo, em carta a Roquette-Pinto Bilden reitera algumas de suas conclusões sobre "o problema brasileiro".

> Provavelmente o maior obstáculo para o progresso no Brasil é a falta de entendimento da função relativa da escravidão, da composição étnica mista do povo brasileiro e da grande promessa aí contida. O maior perigo, talvez, considerando a ausência de uma homogeneidade nacional, é o aparecimento de discriminação racial no sentido norte-americano. Há muitas indicações de que tal discriminação está em ascensão – o agente mais poderoso nessa direção sendo, sem dúvida, o voga da literatura semicientífica sociológica e o prestígio popular das coisas norte-americanas. Será necessário o esforço combinado de todos os críticos para combater essa tendência.[12]

Outro vislumbre que se tem da obra inacabada de Bilden é sua contribuição para a mesa-redonda "Our Latin-American Relations",

---

11 Carta de Henry A. Moe, presidente da John Simon Guggenheim Memorial Foundation, a Franz Boas, 16 dez. 1936; parecer de Franz Boas ao projeto de Bilden, enviado a Henry A. Moe, 31 dez. 1936, acompanhado de uma carta e de seus pareceres sobre os projetos dos demais candidatos à bolsa de estudos da fundação para estudos de antropologia, JSGMFA.

12 Carta de Rüdiger Bilden a Roquette-Pinto, 13 set. 1929, Arquivo Roquette-Pinto, Academia Brasileira de Letras.

apresentada em 1º julho de 1931 no Institute of Public Affairs da University of Virginia – participação que muito provavelmente se devia à recomendação feita pelo professor Shepherd aos organizadores do evento e na qual Bilden fora acompanhado pelos amigos Freyre e Simkins.[13] Esse era um encontro de prestígio, que contou com a participação de Franklin Delano Roosevelt, então governador de Nova York, e no qual se discutiram questões prementes da época – após o grande *crash*, em 1929, da Bolsa de Valores de Nova York e a dramática crise econômica que se seguiu – como, por exemplo, o desemprego, o "novo industrialismo do sul", e a difícil situação de sua agricultura e a controversa "lei seca", que desde 1920 impusera a proibição de venda, fabricação e transporte de bebida alcoólica no país e que permaneceria em vigor até 1933.[14]

Nesse texto de 1931, reproduzido no final deste livro – que, possivelmente como outros, Bilden fez circular entre amigos e estudiosos do assunto, e que é citado por Freyre em *Casa-grande & senzala* –, percebe-se que novamente o autor trata a questão da miscigenação nos mesmos termos que a tratara no texto de 1929, mas situando-a, dessa vez, no contexto mais amplo das relações raciais na América Latina.[15] Intitulando-o "Race relations in Latin America with special reference to the development of indigenous cultures", Bilden queria contrapor-se à interpretação da América Latina como sendo, basicamente, uma "unidade coletiva" em que as diferentes repúblicas partilhavam um desenvolvimento cultural mais ou menos uniforme. Para ele, uma abordagem como essa, "que enfatizava um grupo de fatores, os de origem europeia", desconsiderando os demais, além de exalar forte "presunção

---

13 Carta de Chas. G. Maphis, diretor do Institute of Public Affairs, University of Virginia, a William Shepherd, 21 fev. 1931, William R. Shepherd Papers, CURBML, caixa 11 (convite para organizar e "dirigir a mesa-redonda da próxima sessão do Instituto, a ser realizada de 28 de junho a 11 de julho").

14 Virginia Institute to Take Up Dry Law, *The New York Times*, 14 jul. 1931, p.18.

15 Nos arquivos de Melville J. Herskovits, de Gilberto Freyre e do antropólogo e explorador Vilhjalmur Stefansson, canadense radicado nos Estados Unidos, pode-se encontrar uma cópia mimeografada desse texto. Quanto ao seu livro, tanto Freyre quanto Boas e o jovem autor Paul Vanorden Shaw afirmam ter tido acesso a "certas partes de seu excelente e erudito manuscrito", como diz este último (cf. Shaw, José Bonifácio, the neglected father of his country, Brazil, *Political Science Quarterly*, v.44, n.1, p.39-43, p.49).

do homem branco", provava ser "fatal para a compreensão" da especificidade dos vários países. Sua proposta era, pois, abordar a história da América Latina "sem qualquer noção preconcebida sobre a superioridade de uma raça sobre outras", interpretando os vários países à luz da "mistura, justaposição ou antagonismo de seus elementos étnicos e de seus correspondentes valores culturais".[16]

Pressupondo esse critério, Bilden apresenta o Brasil como país que ocupa uma posição única na região, por destacar-se como aquele onde o "elemento europeu nunca ocupou uma posição de domínio real e indisputável". Uma das principais razões para isso, esclarece, foi o colonizador português ter sido "forçado" – tanto pelo meio geográfico como pelas exigências de sua "política colonizadora" – a competir com os outros elementos étnicos em quase igualdade de condições. A monocultura em larga escala e a "severa limitação" de mão de obra tornaram "inevitável" que se desenvolvesse "uma política de escravização" e de mistura racial, para a qual o português já adquirira propensão ao longo de sua história.

Assim, a mistura de três grupos étnicos "radicalmente diferentes" e a consequente criação das condições necessárias para a evolução de uma cultura híbrida são, sem dúvida, argumenta Bilden, "o resultado de um equilíbrio excepcionalmente favorável e de uma integração benéfica de forças". Pois, como defende, independentemente do que se possa dizer a favor ou contra, o fato é que "a miscigenação fora a única opção aberta aos portugueses no Brasil".[17]

Reconhecendo, como no texto de 1929, que ainda havia "conflitos e maus ajustamentos" entre os vários grupos "supostamente incompatíveis" de etnias e tradições diferentes, Bilden volta a enfatizar as potencialidades do que agora chama de "encontro harmonioso de forças diversificadas". Sobre a temida diversidade regional acarretada por essa situação, argumentava que na verdade ela poderia ser considerada, ao

---

16 Bilden, *Race relations in Latin America with Special Reference to the Development of Indigenous Cultures*, apresentação feita em 1º jul. 1931, no Institute of Public Affairs, University of Virginia, e arquivada em Albert and Shirley Small Special Collections Library, University of Virginia.

17 Ibid.

contrário, como especialmente promissora para uma "rica existência cultural colorida e luxuriante". Em suma, insistindo novamente no futuro promissor do Brasil, afirmava que a ausência de "antagonismo racial" contribuía para a "equalização progressiva das raças no Brasil" por meio da miscigenação e que isso o fazia um país *sui generis*:

> tornou possível o desenvolvimento pacífico de um país rico e distinto; de fato, o único país de origem europeia onde as três divisões fundamentais da humanidade se misturam em termos mais ou menos iguais e participam da construção de uma cultura singular.[18]

É importante ressaltar, mais uma vez, que a defesa finamente articulada e historicamente fundamentada da miscigenação brasileira era inusitada para a época e não pode deixar de ter impressionado ou até chocado muitos ouvintes e leitores de então. Mascarando profundos preconceitos com um manto de respeitabilidade científica, o racismo legitimado pela chamada "ciência da raça" não só contava com o apoio de respeitáveis professores, cientistas, universidades de renome, ricos industriais, instituições governamentais e filantrópicas norte-americanas, como também permeava a imprensa, os livros de ficção, a indústria cinematográfica, a cultura popular, as histórias infantis etc. Apoiando-se nessa "ciência", a "regra da uma gota" (*the one drop rule*), que fora parte do *ethos* sulista desde meados do século XIX, acabou por contaminar todo o país, impondo a regra de que os mulatos deveriam ser vistos simplesmente como negros. Segundo essa máxima, o sangue negro, não importa quão remoto fosse na linha genealógica, tornava alguém negro, e a mistura com brancos jamais poderia apagar essa gota, tida como uma "mancha". Como disse o líder negro Booker Washington, em 1900, "se se sabe que alguém tem um por cento de sangue negro nas suas veias, ele deixa de ser um homem branco [...]. O sangue branco não conta para nada".[19] Praticamente inconteste, a chamada "ciência da raça" fez

---

18 Ibid.

19 Apud Cruz e Bergson, The American melting pot? Miscigenation laws in the United States, *OHA Magazine of History*, v.15, n.4, p.81.

que casamentos inter-raciais fossem proibidos por lei em quase todo os Estados Unidos e também que a miscigenação fosse considerada um vício que não deveria jamais ser representado em telas, livros de ficção, filmes etc.[20]

Obviamente, tal conhecimento pretensamente científico não se circunscrevia aos Estados Unidos. Um relatório da British Association for the Advancement of Science, por exemplo, atribuía "a queda de Portugal de sua antiga preeminência política, científica e intelectual" à miscigenação que ali tinha ocorrido. Falando sobre os efeitos da "diluição do sangue negro", o cientista britânico John Walter Gregory explicava o fenômeno da seguinte maneira: "a mistura de tipos diferentes produz descendentes fracos e inferiores, com uma constituição caótica". Ou seja, "um retrocesso da civilização" seria praticamente inevitável, pois "através da mistura racial a humanidade pode se afundar em níveis medíocres ou inferiores".[21] Enfim, como diz Tom Buchanan, o personagem de *O Grande Gatsby* (1925), de Scott Fitzgerald, que lia Lothrop Stoddard e era bem informado sobre as conclusões da chamada "ciência da raça": "é tudo coisa científica, foi provado".

A popularidade do eugenista norte-americano Madison Grant e de seu discípulo Lothrop Stoddard – que em seus *best-sellers The Passing of the Great Race* e *The Rising Tide of Color Against White World-Supremacy* disseminavam as conclusões dessa "ciência", criticavam a "teoria do *melting pot*" como "tola" e elogiavam a "Grande Raça Loira" – engrossava ainda mais a fileira dos muitos que, nos anos 1920, acreditavam nessa chamada "ciência". Para eles, o racismo tinha fundamento científico e a argumentação da eugenia sobre a pureza racial e sobre as benesses da segregação era totalmente satisfatória e suficiente para fundamentar drásticas e desumanas políticas governamentais, conhecidas popularmente

---

20 Dentre a vasta bibliografia sobre o tema, ver, por exemplo, Zack, Mixed black and white race and public policy, *Hypatia*, v.10, n.1, p.120-32; Hollinger, The one drop rule & the one hate rule, *Daedalus*, v.134, n.1, p.18-8; id., Amalgamation and hypodescent: the question of ethnoracial mixture in the history of the United States, *American Historical Review*, v.108, n.5, p.1363-90; Williamson, *New People: Miscegenation and Mulattoes in the United States*, 1980.

21 Gregory, Race Amalgamation: Report Scientific Session of the British Association for the Advancement of Science, *Opportunity*, p.313.

como "Jim Crow" (Zezinho Corvo), expressão pejorativa que designava os negros norte-americanos desde a primeira metade do século XIX.[22] Esse era o nome pelo qual passou a ser chamado o código de leis e de costumes que regulamentava a vida dos negros após a Guerra Civil, especialmente no sul do país, impondo-lhes políticas segregacionistas, como a proibição de casamentos inter-raciais e a rígida separação entre brancos e negros em escolas, restaurantes e nos espaços públicos em geral, como banheiros públicos, bancos de jardim, de trem, de ônibus etc.[23]

Não só a miscigenação e o hibridismo cultural eram historicamente explicados e valorizados na defesa de Bilden, como esta também sugeria que a mestiçagem brasileira representava uma harmoniosa interação de forças ou energias diversas. Freyre, sem dúvida, foi muito marcado por tal ideia, com a qual já era familiar, reconhecendo sua novidade e o impacto dela em seu pensamento quando dava aulas em Stanford e iniciava a preparação de *Casa-grande & senzala*, no início de 1931. Na ocasião, ao lado do antropólogo brasileiro Roquette-Pinto, Bilden foi apontado como o intelectual que estava dando uma contribuição fundamental para o estudo da miscigenação brasileira.[24]

A essa altura, o importante é assinalar que há suficiente evidência para concordar com aquilo para que o próprio Bilden chamara atenção em 1936, referindo-se à repercussão de seu trabalho sobre o Brasil e as relações raciais:

> Sinto-me justificado em assumir que exerci alguma influência na interpretação de assuntos raciais e história brasileira através de minhas aulas e

---

22 Boas, The great melting pot and its problem, *The New York Times Book Review*, 6 fev. 1921; Grant, Failures of the Melting Pot, *The New York Times*, 12 nov. 1922; Pallares-Burke, *Gilberto Freyre: um vitoriano dos trópicos*, p.278-89 (sobre o papel desses autores e da chamada "ciência da raça" na formação de Gilberto Freyre, ver p.261-327).

23 Sobre a origem do termo "Jim Crow" e o desenvolvimento dessas legislações, ver, dentre outros, Woodward, *The Strange Career of Jim Crow*, 1955. Agradeço a João A. Hansen pela sugestão da tradução para o português de "Jim Crow" como "Zezinho Corvo".

24 Freyre, Conferência em Stanford. In: Fonseca (org.), *Antecipações*, p.59. A semelhança entre algumas ideias centrais da obra de Freyre com a obra não concluída, mas muito anterior, de Bilden, era inegável e foi notada na época pelo respeitado antropólogo Arthur Ramos, entre outros, e chegou a gerar certo estremecimento entre os dois amigos, como veremos mais adiante.

através de uma livre divulgação de minhas ideias e do meu material para vários estudiosos e autoridades.[25]

A série de palestras sobre *Brazilian Affairs* dadas por Delgado de Carvalho em março de 1940 no prestigioso Rice Institute, em Houston, Texas, que foram posteriormente publicadas, bem ilustra o impacto das ideias de Bilden, mesmo quando ainda não amplamente desenvolvidas e publicadas. Em uma das palestras da série, pode-se dizer que são suas ideias – tanto as expostas no seu artigo "Brazil, a Laboratory of Civilization", de 1929, como no texto apresentado na University of Virginia em 1931 – que servem de principal fonte para Carvalho, então um *visiting Carnegie professor* da instituição, desenvolver o tema da questão racial no Brasil.[26]

Ao projeto original sobre a história do Brasil à luz da escravidão e das relações raciais, que nos seus momentos otimistas considerava bastante adiantado, Bilden iria acrescentar outro, talvez ainda mais inovador. Esboçado vagamente desde sua visita ao Brasil, o novo projeto elaborado em 1936 pretendia desenvolver um estudo sobre os tipos humanos, as condições sociais e o folclore do sertão brasileiro, cobrindo a área da bacia do rio São Francisco e das regiões semiáridas dos estados de Pernambuco, Piauí e Ceará.

Não era surpreendente esse empenho de Bilden. O que mais o atraíra no Brasil, como várias vezes admitiu, era "acima de tudo o interior, com sua genuína vida brasileira". Sua visita a Pirapora, em 1926, como vimos, o entusiasmara especialmente por poder ter uma amostra do que seria o "grande sertão". Bilden iria várias vezes lamentar não ter visitado a região na companhia do renomado geógrafo alemão Dr. Otto Quelle, que o convidara a acompanhá-lo às vésperas de seu regresso a

---

25 Bilden, "Accomplishments, 3", "1937 – Group Anthropology, Ruediger Bilden", p.9, JSGMFA.

26 Carvalho, Race as a sociological question in Brazil, *The Rice Institute Pamphlet*, v.27, n.4, p.226-30, p.237-9 e passim. Sobre as ideias de Bilden (e de Gilberto Freyre) serem poderosas porque podiam "coexistir" com "formas extremas de preconceito", tal como em Carvalho, ver Yelvington, *Fontes de Freyre: A Paper Presented to the Latin American Studies Association International Conference*, Rio de Janeiro, 11-14 jun. 2009. Agradeço ao autor por sua generosidade ao enviar-me esse *paper*, assim como alguns textos de Bilden.

Nova York, em 1927. Quando a nostalgia do Brasil o atacava, o que ocorria frequentemente, como confessava a Oliveira Lima, era acometido pelo desejo de estar a cavalo "em algum lugar entre Pirapora e Piauí" e mais determinado ficava a "retornar ao Brasil para futuras investigações".[27] Coincidentemente, a pesquisa de campo proposta em 1936 deveria se iniciar exatamente em Pirapora, e a viagem a partir daí seria feita "quase inteiramente de acordo com circunstâncias locais, por barco, canoa, no lombo de animais" etc.[28]

Assim, mais do que um projeto totalmente novo, esse trabalho iria, segundo Bilden, complementar a "história abrangente do Brasil" na qual trabalhava desde o início dos anos 1920, conferindo-lhe um caráter científico que só um estudo comparativo poderia propiciar.

Quanto ao primeiro ponto, a região, conforme argumentava, tinha desempenhado "um papel histórico vital" no desenvolvimento da nação que precisava ser reconhecido e avaliado para que sua história, até então negligenciada, fosse incorporada à história do país. Um dos seus argumentos era que, através da grande bacia do rio São Francisco, o sertão tinha sido o elemento de coesão entre o norte e o sul do país, tendo também "servido como equilíbrio e complemento econômico e social à sociedade do engenho".[29]

Quanto ao segundo ponto, é como se, à medida que adquiria mais maturidade e conhecimento sobre o seu tema de estudo, Bilden tivesse percebido aquilo que o antropólogo Jack Goody tem apontado em seus brilhantes trabalhos: que a comparação é a única coisa que as ciências sociais e históricas podem fazer para assemelhar seus resultados aos dos cientistas. Como diz Goody, enfatizar a peculiaridade ou singularidade das famílias inglesas e europeias dos séculos XVIII e XIX, por exemplo, carece de fundamentação teórica sólida, se a asserção for feita exclusivamente com base em estudos de dados sobre essas famílias. Só haverá "sentido teórico sólido" nessa conclusão se tais famílias forem

---

27 Cartas de Rüdiger Bilden a Oliveira Lima, 20 e 28 jul. e 21 set. 1927, Lima Family Papers, CUA.

28 Bilden, "Accomplishments, 5", "1937 – Group Anthropology, Ruediger Bilden", p.9-10, JSGMFA.

29 Ibid., p.4.

comparadas com outras, como, por exemplo, as chinesas. Ou seja, "temos de apelar para a comparação como uma das únicas formas de assemelhar nosso instrumental aos experimentos dos cientistas".[30] É exatamente essa qualidade dos estudos comparativos que Bilden compreendeu e que serviu de justificativa para a proposta que enviou no final de 1936 à John Simon Guggenheim Memorial Foundation.

Enquanto sua primeira investigação e pesquisa de campo sobre o Brasil originalmente se concentrara nas regiões costeiras densamente povoadas, que haviam sido o primeiro foco da colonização, da escravidão e da mistura racial que ali se desenvolveu, seu plano agora era voltar-se para região muito menos povoada do sertão, onde a escravidão e os africanos pouco haviam penetrado e que se mantivera relativamente isolada e atrasada em relação ao resto do país. Como diz, contendo "sobrevivências arcaicas de Portugal medieval", ao lado de resquícios vivos da vida brasileira colonial e uma herança indígena perfeitamente visível, "é possível aí se observar, em existência real, condições e aspectos característicos do Brasil colonial e imperial".[31] Enfim, esse estudo, como Bilden argumentava, era importante não só porque sem ele

um quadro da civilização brasileira seria, na verdade, incompleto, mas também porque forneceria *insights* iluminadores para a história e a vida brasileira como um todo, especialmente em relação à escravidão e à mistura racial. [...] Na medida em que a influência da escravidão ali penetrou somente de forma parcial e indireta, [....] deve ser possível ali separar essa influência de outras, apurar o escopo de seus efeitos e, por análise comparativa, chegar a uma apreciação mais acurada daquela influência do que é possível ser feito pelo simples estudo da vida mais complexa no litoral.[32]

---

30 Goody [Entrevista]. In: Pallares-Burke, *As muitas faces da História: nove entrevistas*, p.37-41.

31 É interessante mencionar o que diz, em conversa com a autora, o renomado estudioso de Guimarães Rosa, João A. Hansen, apontando a semelhança entre o plano de Bilden e o projeto literário de Rosa: "O projeto dele [Rosa] é justamente o de evidenciar que o sertanejo não é um tipo humano inferior, mas um outro cultural com historicidade própria que pressupõe a presença desses padrões portugueses medievais etc."

32 Bilden, "Accomplishments, 5", "1937 – Group Anthropology, Ruediger Bilden", p.3-4, JSGMFA.

O caráter da população do sertão, insiste Bilden,

representa a mais definida cristalização da influência do meio geográfico específico e do desenvolvimento histórico e, como tal, fornece por comparação *insight* valioso sobre o caráter de outros tipos brasileiros e sobre as características nacionais. Apesar de estar entre as populações mais atrasadas do Brasil, seu atraso é primeiramente o resultado de isolamento e provincianismo e é somente indiretamente, e em menor grau, devido aos efeitos corrosivos da escravidão.[33]

Enfim, nesse quadro, o sertão e o sertanejo poderiam ser descritos como o "grupo de controle", para usar uma expressão moderna, que permitiria a Bilden, a partir de um estudo de aspectos concretos e o mais possível mensuráveis, testar sua tese sobre o papel que a escravidão e a mistura racial haviam exercido na história brasileira.

Uma investigação desse tipo, argumentava Bilden, era, de um lado, de "importância estratégica para a compreensão da história, civilização e povo do Brasil" e, de outro, tinha também caráter de urgência. Novos meios de comunicação logo iriam pôr um fim ao longo isolamento do sertão e "forças novas e complicadoras" tornariam praticamente impossível o que naquele estágio ainda era viável: delimitar, analisar, medir e avaliar com "razoável acuidade" o papel dos diferentes fatores geográficos, raciais e históricos na evolução do sertanejo e na sua cultura. Em suma, Bilden insistia que

as condições de vida, tradições, hábitos, psicologia, folclore, danças, música, costumes e crenças religiosas, superstições etc. do "sertanejo", são um verdadeiro tesouro de informações sobre a mistura de valores europeus e indígenas sob circunstâncias muito interessantes. Mais ainda, os dados a serem levantados terão grande importância para o estudo comparativo do valor do elemento indígena em outros lugares no Brasil, especialmente no cinturão costeiro, onde as contribuições dos indígenas remontam aos

---

33 Ibid.

O triunfo do fracasso

tempos coloniais e estão fortemente encobertas e, portanto, obscurecidas pelos elementos africanos e europeus.[34]

Poucos estudos até aquele momento haviam sido feitos sobre o sertão, esclarecia Bilden, e os que existiam eram parciais e inadequados – parcialidade e inadequação que via também até mesmo no "melhor trabalho geral, *Os sertões* de Euclydes da Cunha".[35] Pouco conhecido, mas bastante temido, o sertão estava associado na imaginação popular unicamente aos horrores do banditismo, das explosões esporádicas de violência, do misticismo, da seca inclemente, dos retirantes e de pessoas e animais esfaimados e angulosos. Lampião, o famoso e temido cangaceiro, conhecido como o Rei do Cangaço, estava em plena atividade nos anos 1920 e 1930 e enfrentava com ousadia os governantes. Em 1924, por exemplo, ao invadir a cidade de Custódia, em Pernambuco, com sua costumeira audácia enviara um telegrama ao governador do estado afirmando claramente que no sertão "quem mandava" era ele.[36] Só em 1938 ele seria assassinado em Sergipe, ao lado de Maria Bonita e onze membros de seu grupo. Enfim, se o Nordeste do país já era, de modo geral, desconhecido, o sertão era uma região ainda mais falada, mal falada, mas, na verdade, desconhecida do Brasil.

Assim, o projeto de incorporar o sertão à história do Brasil tinha um caráter pioneiro, para o qual Bilden estava, como explica, tentando arregimentar uma equipe de especialistas de várias áreas. Lamenta, por exemplo, ter perdido, com a morte do Dr. Miguel Arrojado Lisboa, o conceituado geólogo, engenheiro e antigo diretor da Inspetoria Geral de Obras contra as Secas, um dos entusiastas desse estudo, a quem contava ter como colaborador. Arrojado Lisboa até mesmo prometera colocá-lo em contato com o famoso Lampião! Mas, com a colaboração de cientistas brasileiros ou radicados no Brasil, como o renomado botânico Dr. Philipp von Lützelburg, do Museu Nacional do Rio de Janeiro, com a ajuda de Roquette-Pinto, então diretor dessa instituição de

---

34 Ibid., p.6-7.
35 Ibid., p.7-8.
36 Mello, *Quem foi Lampião*, p.73.

ponta, e provavelmente com a colaboração de Gilberto Freyre e outros interessados nos "mesmos problemas ou em problemas relacionados", Bilden esperava poder desenvolver uma "investigação verdadeiramente abrangente" do sertão. Enfim, argumentava, como "nenhum esforço objetivo foi feito para relacionar a região em sua própria importância à totalidade da vida e da história brasileiras", a meta maior de seu trabalho era exatamente suprir essa falha e, em especial, "avaliar o significado do sertão para o Brasil e para o problema geral da relação entre raça e cultura".[37]

A ousadia revelada por Bilden ao pedir fundos para um novo projeto, quando o resultado do primeiro ainda estava por vir à luz, é inegável e surpreendente. É necessário, no entanto, ter em conta o modo como justificava tanto a não finalização, ou adiamento, de seu projeto anterior, como o acréscimo desse novo empreendimento. Ao fazer o histórico de seu interesse sobre o Brasil e traçar sua trajetória de pesquisador, chama a atenção a franqueza com que Bilden se refere tanto aos financiamentos do passado, que relata com os detalhes das quantias recebidas, quanto às dificuldades econômicas em que se encontrava no momento em que recorria à Guggenheim Foundation. Quando voltara do Brasil, relata, fora "assediado desde o início por incertezas e dificuldades econômicas constantes", pois, contra suas expectativas "baseadas nas honras acadêmicas recebidas", não obtivera um emprego que lhe teria permitido "escrever com o mínimo de segurança". Mesmo nessas precárias circunstâncias, iniciara a escrita de uma "grande história do Brasil em vários volumes", mas seu progresso fora, "por necessidade, irregular e retardado". Nesse meio-tempo, entretanto, mais estudo, observação e reflexão sobre o tema haviam feito, de um lado, com que "sua esfera de interesse se ampliasse para o campo mais abrangente da relação entre raça e cultura no Novo Mundo" e, de outro, que reconhecesse que "não poucos dos problemas vitais ou importantes do sul desse país [Estados Unidos] poderiam ser

---

37 Bilden, "Accomplishments, 5", "1937 – Group Anthropology, Ruediger Bilden", p.7-8, JSGMFA.

O triunfo do fracasso

amplamente clarificados por meio da comparação ou contraste com as condições da história e das circunstâncias brasileiras".[38]

Consciente de que a ambiciosa história abrangente do Brasil originalmente planejada requeria "uma especificação e análise muito detalhada e concreta", impossível de ser realizada sem condições razoáveis de trabalho e sem a inclusão do sertão, Bilden também esclarece que resolvera seguir os conselhos de seu amigo e professor Franz Boas e do Dr. Donald Young, do Social Science Research Council. Ambos o haviam convencido de que seu grande projeto "era uma tarefa para ser realizada com reflexão madura e mais tempo e sossego propiciados por uma posição acadêmica regular" e que lhe cabia agora, de imediato, publicar "os aspectos mais importantes" de seus estudos brasileiros, os que diziam respeito à situação racial geral do Brasil, a fim de difundir informações sobre um assunto "sobre o qual tão pouco se havia publicado". Era esse o pequeno livro, "de mais ou menos trezentas páginas", que estava a escrever naquele momento, e que estaria pronto antes de a nova bolsa, que então solicitava, lhe propiciar a pesquisa do sertão agora reconhecida como essencial para a *histoire totale* que ainda viria à luz.[39] Para dona Flora, viúva do amigo Oliveira Lima, Bilden chega a contar que o livro seria dedicado a ele, que fora seu "mentor" e a quem tanto devia.[40]

Enfim, como insiste e esclarece, seu trabalho sobre o Brasil, agora ampliado para abranger o sertão, fazia parte de um esforço maior para "relacionar os resultados desses estudos a problemas correspondentes ou semelhantes nas Américas anglo-saxônica e espanhola" e, através de um abordagem comparativa, "iluminar a relação entre raça e cultura nas Américas".

O significativo papel que a América Latina adquiria nesse quadro era enfatizado no final de seu projeto e bem o revela como um autêntico discípulo do professor Shepherd:

---

38 Bilden, "Accomplishments, 3", "1937 – Group Anthropology, Ruediger Bilden", p.8-9, JSGMFA.

39 Ibid., p.13-4.

40 Carta de Rüdiger Bilden a Flora de Oliveira Lima, 22 set. 1936, Lima Family Papers, CUA.

Através de tal estudo comparativo da civilização nos diferentes países americanos, o ensino e a compreensão dos problemas latino-americanos receberão nova direção e significado. Finalmente, a América Latina assumirá maior dignidade e individualidade aos olhos norte-americanos se este método de estudo substituir o método tradicional e bastante estéril de interpretar os países latino-americanos a partir de padrões norte-americanos; à luz da sua adoção e imitação de valores e processos norte-americanos, especialmente aqueles da esfera política e material; e em termos de sua importância como mercados para a América do Norte.[41]

Apesar dos inegáveis méritos do projeto inovador de Bilden, a John Simon Guggenheim Memorial Foundation não lhe concedeu a bolsa solicitada, e a pesquisa de campo que tanto almejava jamais foi realizada. Nessa ocasião, cumpre lembrar, Bilden competia com nomes já estabelecidos, como os seus amigos antropólogos Frances e Melville Herskovits (que foram os vencedores), o arqueólogo russo Eugen A. Golomshtok e dois recém-chegados judeus alemães, que haviam deixado o país após a ascensão de Hitler ao poder em 1933 – o etnólogo Julius Lips, ex-diretor do Museu Etnológico de Colônia, e o psicólogo Bruno Klopfer, que estudara com Carl Jung em Zurique.[42]

Se a decisão da Guggenheim pode nos parecer nada surpreendente num campo há muito já dominado pela cultura do *publish or perish*, é significativo, de qualquer modo, que o pedido de Bilden tenha sido seriamente considerado pelo presidente da instituição, o professor Henry Allen Moe, e ao menos por alguns de seus avaliadores. Na verdade, tudo indica que, em 1936, Bilden discutira seu projeto com colegas e amigos antes de recorrer à Guggenheim e que se sentira estimulado a candidatar-se à bolsa de estudos por saber antecipadamente que o projeto, que para alguns poderia ser tido como "visionário", contava com o

---

41 Bilden, "Accomplishments, 5", "1937 – Group Anthropology, Ruediger Bilden", p.13-4, JSGMFA.

42 Carta de Franz Boas, acompanhada de seus pareceres aos candidatos, a H. A. Moe, diretor da Guggenheim Foundation, 31 dez. 1936; Bilden, "1937 – Group Anthropology, Ruediger Bilden", JSGMFA. Em carta a Melville Herskovits de 5 abr. 1935, Bilden lhe dá os parabéns pela *fellowship* da Guggenheim Foundation que acabara de ganhar, MHPN, caixa 3, pasta 26.

O triunfo do fracasso

interesse e o apoio de pessoas de gabarito como Young, Moe e Boas.[43] É interessante apontar que, mesmo após o fracasso em obter a *fellowship* da Guggenheim, seu contato com Moe era frequente e sua opinião sobre assuntos brasileiros era valorizada pelo eminente presidente dessa fundação. Ou seja, seu fracasso em produzir a obra sobre o Brasil não impediu que Moe, por exemplo, solicitasse sua opinião sobre a candidatura de Arthur Ramos para uma *fellowhip* da Guggenheim Foundation em 1940.[44]

Um breve exame dos pareceres dos sete intelectuais a quem Moe enviara o projeto e o pedido de financiamento de Bilden pode ser interessante. Na verdade, pode-se dizer que a atitude desses intelectuais é bastante reveladora do que há de pior e de melhor na condição humana. Ocupando, naquele momento, posições de poder – que normalmente intensificam ainda mais a revelação do que há de elevado e de baixo nos indivíduos –, alguns dos pareceristas, como Isaac L. Kandel, Frank Tannenbaum e William L. Westermann, da Columbia University, foram sarcásticos, irônicos e até mesmo mesquinhos. Em compensação, outros, como Franz Boas e Robert MacIver, também da Columbia University, Paul Klapper, da College of the City of New York, e Donald Young, do Social Science Research Council, mostraram-se ao mesmo tempo compreensivos, generosos e justos.

Ironicamente, o que se mostrou o mais mesquinho de todos foi o professor Westermann, a quem Bilden admirara, como vimos, por "somar" tudo o que valorizava num acadêmico: além de ser "excelente linguista" e "pesquisador objetivo", era pessoa de "amplo conhecimento" e possuidor de "mente liberal e aberta".[45] Dando-se ao trabalho de somar as quantias recebidas por Bilden ao longo dos anos (que o próprio Bilden honesta e inocentemente informara no histórico de sua trajetória) e incluindo até mesmo US$ 500 que ele teria emprestado do professor Shepherd, "como me disseram", Westermann fez um cálculo

---

43 Cartas de Rüdiger Bilden a Gilberto Freyre, 17 e 24 abr., 22 maio e 6 nov. 1936, AFGF.

44 Carta de Rüdiger Bilden a Arthur Ramos, 22 mar. 1940, Arquivo Arthur Ramos, Biblioteca Nacional, Rio de Janeiro (daqui em diante referido como Arquivo A. Ramos, BN); carta de Rüdiger Bilden a Gilberto Freyre, 22 mar. 1940, AFGF.

45 Carta de Rüdiger Bilden a Francis Simkins, 28 out. 1923, Simkins Collection, GL.

de quanto teriam custado as três páginas do único artigo que Bilden publicara até aquele momento. Finalmente, do alto de sua arrogante mesquinharia, conclui: "apesar de sua habilidade, eu duvido que vocês jamais tirem qualquer coisa desse homem".[46]

Frank Tannenbaum – a quem Bilden e Shepherd consideravam, como vimos, mais um jornalista e escritor de livros populares sobre a América Latina do que um historiador – não fica muito atrás de Westermann no tom, nos cálculos que faz e nas alusões a outras ajudas "que ouvira dizer por aqui" que Bilden teria recebido. Eram, como diz, muitos dólares para justificar só "um *speech*" e a publicação de "um pequeno artigo para a *The Nation*". Quanto à necessidade de maior e mais profunda investigação para o "estudo intensivo dos problemas brasileiros", tal como Bilden argumentava, a postura de Tannenbaum era enfática e dogmática: não eram necessários doze anos para conhecer o Brasil.[47]

Já o Dr. Kandel não se rebaixa a fazer cálculos, mas equipara Bilden a Micawber, o personagem tragicômico de Charles Dickens, que está sempre a esperar que algo aconteça para realizar os seus sonhos. No caso de Bilden, diz Kandel com sarcasmo, "minha conclusão é que já há algum tempo ele está esperando a vida se tornar uma longa série de subsídios na forma de *fellowships* para lhe permitir iluminar o mundo".[48]

Em contrapartida, os demais pareceristas consideraram que, mesmo com certas restrições, valia a pena ou era até mesmo premente – como disse um deles, o Dr. Paul Klapper – financiar um trabalho "cuidadoso e meticuloso sobre o problema racial", problema que "é especialmente vital hoje". E trabalho a ser feito por um indivíduo da categoria de Bilden, descrito por Dr. Donald Young como a pessoa com "o conhecimento mais amplo e o mais devotado interesse em questões etnológicas e sociológicas da América do Sul que qualquer outra que eu conheço neste país".[49]

---

46 Bilden, "1937 – Group Anthropology, Ruediger Bilden", References, JSGMFA, p.3.
47 Ibid., p.2. O *speech* aludido por Tannenbaum era o dado por Bilden em 1931 na mesa-redonda sobre a América Latina na University of Virginia.
48 Ibid., p.2.
49 Ibid., p.3-4.

Não é que se mostrassem cegos ou indiferentes ao relativo fracasso de Bilden até aquele momento e aos problemas pessoais que ele próprio mencionara algumas vezes nas páginas de seu plano de estudo e seu pedido de financiamento. Franz Boas, por exemplo, explicava o fracasso de Bilden em completar o seu trabalho inicial dado o "esquema superambicioso, que sem segurança econômica não pode ser levado a cabo", enfatizando que não tinha a menor dúvida sobre "sua habilidade ou energia", o "valor de seu conhecimento" e seu "agudo interesse" sobre um problema de inegável importância.[50] Donald Young referia-se ao "grande número de experiências pessoais desafortunadas, após seu retorno do Brasil, incluindo o fracasso em obter uma posição universitária segura e sérias dificuldades familiares" que teriam impedido Bilden de produzir um trabalho para o qual sua excepcional inteligência e preparo o habilitavam amplamente. Young havia sido um dos intelectuais amigos que lhe recomendara escrever "um volume mais popular expondo suas ideias sobre relações raciais" no Brasil, mas reconhecia que a situação de Bilden era desesperadora. "É verdade que ele tem de depender da ajuda de amigos para pagar por sua comida e aluguel, o que é uma experiência perturbadora", mas, mesmo assim, sabia que Bilden estava tentando sobreviver com o mínimo e escrever o máximo no pouco tempo de que dispunha.[51]

Paul Klapper foi o único que apoiou o financiamento sem qualquer restrição por ter bem claro que, se a qualidade de um professor muito depende de seus estudos, a qualidade de um professor excepcional, com algo efetivamente novo a divulgar como Bilden, só podia ser fruto de pesquisas cuidadosas, meticulosas e demoradas. Klapper o havia contratado, anos antes, para dar aulas na College of the City of New York e se impressionara com a avaliação dos alunos sobre os cursos estimulantes e valiosos que Bilden ali dera como professor temporário sobre "Raça e cultura no Novo Mundo". Boas já havia recomendado o plano de aulas proposto por Bilden, qualificando-o de "extremamente interessante",

---

50 Carta de Franz Boas a Henry A. Moe, 31 dez. 1936, JSGMFA; Bilden, "1937 – Group Anthropology, Ruediger Bilden", References, JSGMFA.

51 Ibid., p.4.

opinião com que os alunos que frequentaram os cursos concordaram plenamente.[52] Como disse Klapper, "os alunos sentem que ele tem algo valioso a oferecer" e, obviamente, "sua eficiência em sala de aula só pode ser fruto" de seus estudos. Assim, dada a importância vital da questão racial e as qualidades de Bilden que observara "em primeira mão e por inquérito", Klapper conclui que só podia "expressar confiança irrestrita em sua habilidade" e apoiá-lo plenamente em seu pedido de fundos.[53]

Já Boas, Young e MacIver, considerando o mérito inegável de Bilden e as dificuldades concretas em que vivia, recomendaram à Guggenheim que liberasse uma verba para ele, impondo-lhe, entretanto, algumas claras restrições.

Para MacIver, tratava-se de lhe conceder a bolsa – já que "seu futuro provavelmente depende de ele se liberar disso ["apuros financeiros consideráveis"] por mais ou menos um ano para produzir um trabalho de pesquisa maduro" de que é capaz –, mas insistindo em que o tema de estudo fosse "mais limitado do que ele propusera".[54]

Boas e Young, sendo talvez mais realistas, acreditavam que Bilden deveria ser financiado, mas, ao contrário de MacIver, não para fazer, naquele momento, uma nova pesquisa no Brasil, conforme o projeto enviado à fundação. Recomendando que a Guggenheim tomasse uma decisão provavelmente fora do comum, diziam que Bilden deveria obter naquele momento uma *fellowship* que lhe possibilitasse completar o trabalho antes iniciado e "tornar seu valioso conhecimento disponível" por escrito. O acréscimo que Bilden pretendia fazer ao projeto inicial a fim de, incorporando o sertão, tornar a história do Brasil mais abrangente, deveria ser deixado para uma segunda etapa.[55] Donald Young foi enfático em seu parecer.

> Para mim, parece-me de suma importância que Bilden receba fundos que lhe concedam um ano de liberação de preocupações financeiras

---

52 Carta de Franz Boas a Paul Klapper, 18 abr. 1933, Franz Boas Papers, American Philosophical Society.
53 Bilden, "1937 – Group Anthropology, Ruediger Bilden", References, JSGMFA, p.3.
54 Ibid., p.1.
55 Carta de Franz Boas a Henry A. Moe, 31 dez. 1936, JSGMFA.

enquanto coloca por escrito seu conhecimento sobre o Brasil. [...]. Ele tem potencialidades excelentes e não deverá ficar pedra sobre pedra até que se possa determinar se essas potencialidades são ou não capazes de se atualizarem.[56]

Não é difícil imaginar a razão pela qual outros acadêmicos, a exemplo de Boas e Young, continuavam a prestigiar Bilden e manifestavam profunda empatia por um colega especialmente dotado e promissor que, no entanto, via-se bloqueado tanto por circunstâncias objetivas quanto psicológicas a realizar o que dele se esperava. De um lado, provavelmente conseguiam colocar-se um pouco em seu lugar e, de outro, se solidarizavam e se compadeciam com a sua figura de sonhador impenitente que pensava grande demais (tal como os grandes historiadores Arnold Toynbee e Fernand Braudel haviam feito), mas cujas ambições intelectuais estavam em total descompasso com as limitações que a realidade impunha.

Talvez num grau difícil de imaginarmos hoje, o clima da época era propício para a manifestação de solidariedades como essa. Como lembrou um estudioso da Grande Depressão dos anos 1930, esse período iniciado com o dramático *crash* da Bolsa de Valores de Nova York no final de outubro de 1929 pode parecer algo incapturável para muitos de nós. Escrevendo nos anos 1990, antes do *crash* de 2008, Watkins diz: "Separados dessa crise pelos anos convulsivos da Segunda Guerra Mundial, por um conflito fantasma chamado Guerra Fria [...] duas guerras verdadeiras, na Coreia e no Vietnã, e uma guerra televisiva no Golfo Pérsico [...] profundas explosões de tecnologia e mudanças sociais às vezes violentas", o drama humano dessa época pode ser tão difícil de recapturar como "o da era da Guerra Franco-Indígena" do século XVIII.[57] Durante a Grande Depressão, no entanto, quando a incerteza não poupava ninguém e "o medo era o grande nivelador", tornava-se natural, ao menos para os espíritos mais sensíveis, coloca-

---

56 Bilden, "1937 – Group Anthropology, Ruediger Bilden", References, JSGMFA, p.4.

57 Watkins, *The Great Depression, America in the 1930s*, p.5. Guerra Franco-Indígena é o nome que se dá nos Estados Unidos ao conflito entre britânicos e seus dois principais inimigos na colônia norte-americana, os franceses e as tribos indígenas, ocorrida entre 1754 e 1763.

rem-se na situação de Bilden.[58] Afinal, vivia-se no que o poeta inglês radicado em Nova York, W. H. Auden, chamou de a "era da ansiedade", em que a privação, como uma doença, "espalhava-se com tal rapidez e cruzava tantas fronteiras que havia poucas famílias nos Estados Unidos que não experimentaram ou foram testemunha de sua dor".[59] No caso de Bilden, havia ainda o agravante de seus laços com a Alemanha. A hiperinflação alemã dos anos 1920, que arruinara sua família, aliava-se agora à Grande Depressão norte-americana, que, apesar de iniciada em 1929 nos Estados Unidos, se estendeu com efeitos devastadores pelo mundo afora ao longo da década de 1930.

Enfim, a despeito da solidariedade que podia adoçar um pouco as dificuldades de Bilden, o fato é que esse período de crise mundial não foi nada complacente para as suas ambições. Não fossem as dificuldades econômicas generalizadas, que não pouparam a cidade de Nova York, tudo indica, por exemplo, que Bilden teria sido contratado em outras bases pelo College of the City of New York, com um salário regular. Percy A. Martin, seu grande admirador, também tentara ajudar, recomendando-o para cursos de verão em Stanford, mas as restrições financeiras da época tornavam vãos esforços como esses. Freyre, por exemplo, que também lhe pedira auxílio na forma de algum emprego, mesmo temporário, nada conseguiu. Como lhe escreve Martin, as coisas não iam nada bem na universidade. "Dinheiro é escasso, e conversas sobre reduções salariais estão bem comuns."[60] Mesmo Simkins, que já havia garantido uma posição acadêmica segura no Farmville State Teacher's College, na Virgínia, reclamava em 1934 que seu "pequeno salário" havia sido cortado, o que tornava difícil a sobrevivência dele e de sua mulher, a quem tinha de sustentar.[61]

Assim, não há como negar que as dificuldades econômicas e familiares que Bilden enfrentava, acrescidas de seu perfeccionismo incorrigível, ajudaram a compor uma situação desestabilizadora, se não desesperadora, especialmente a partir do início dos anos 1930. Aos amigos,

---

58 Ibid., p.13.
59 Ibid., p.55.
60 Carta de Percy Martin a Gilberto Freyre, 26 jan. 1933, AFGF.
61 Carta de Francis Simkins a Gilberto Freyre, 26 jun. 1934, AFGF.

Bilden ocasionalmente se referia em meados da década à situação "muito precária" e ao seu "estado depressivo" dos "últimos seis ou sete anos".[62] Ao mesmo tempo que as expectativas de emprego se iam frustrando uma a uma (Bilden era parte de um terço da mão de obra do país que se calcula estar desempregada em 1933),[63] viu-se profundamente abalado com a separação de Jane, que o "reduziu a um estado psicológico" sofrível. Dificuldades que estavam "ganhando crescente impulso a cada ano" atingiram o clímax, e a separação tornou-se inevitável "na primavera de 1932", relata Bilden a Freyre. Tudo indica que as sérias dificuldades a que Bilden se referia eram relacionadas ao alcoolismo de Jane, doença que a acompanhou por toda a vida adulta.[64] As notícias da Alemanha eram também das piores. A taxa de desemprego que lá atingiu 30% no início dos anos 1930 e o crescente extremismo político que culminaria com a ascensão de Hitler ao poder em janeiro de 1933, acresciam sua ansiedade e preocupação com a família, bem como lhe mostravam a urgência de lhes enviar algum auxílio, quando, ele próprio, mal se podia sustentar.

Nesse meio-tempo, as dívidas que contraía com amigos eram causa de angústia e vergonha devido à impossibilidade de saldá-las. Em 1934, por exemplo, lamentando não estar ganhando, já havia algum tempo, o suficiente nem para se manter, refere-se à sua situação dos últimos dois anos como "realmente desesperadora" e desculpa-se com Freyre por não lhe ter pago os 50 dólares que pedira emprestados em 1931. Chegara a passar fome, confessa, e em 1933 tivera de viver com amigos durante dois meses por estar sem teto. Mas, àquela altura, meados de 1934, acreditava que logo poderia pagar, pois estava relativamente otimista quanto ao seu emprego temporário do College of the City of New York se transformar num contrato para dar cursos regulares sobre "problemas raciais tanto do ponto de vista antropológico quanto histórico" – o que,

---

62 Cartas de Rüdiger Bilden a Flora de Oliveira Lima, 22 dez. 1936, Lima Family Papers, CUA; e a Gilberto Freyre, 6 fev. 1936, AFGF.

63 Badger, The New Deal: The Depression Years, 1933-40, 1989, p.18.

64 Cartas de Rüdiger Bilden a Gilberto Freyre, 3 jun. 1934 e 14 jan. 1933, AFGF. Segundo Jane Hardy Cease, sobrinha de Eloise, essa é uma doença comum na família: sua mãe, Mary Virginia, sofria de alcoolismo, assim como ela própria e seus irmãos. Ao contrário deles, no entanto, a tia não enfrentara a doença, parando de beber (cf. depoimento de Jane H. Cease, nov. 2011).

como sabemos, não obstante o interesse e o apoio de Paul Klapper, não ocorreu.[65] Não é à toa, pois, que, num tom de profundo desalento – o que lhe era incomum –, em 1935 Bilden escreveu ao amigo Freyre a carta sofrida, já mencionada, nomeando-o herdeiro de seus "manuscritos, anotações, papéis etc.", caso algo lhe acontecesse. "Talvez sejam de pouco valor para você, mas ao menos poderei mostrar-lhe minha estima dizendo que não conheço qualquer outra pessoa que possa fazer melhor uso deles do que você."[66]

Retrato de Rüdiger Bilden, em 1936, no Ateliê Von Behr em Greenwich Village, Nova York.
Fonte: Arquivo particular de Helga Bilden

Quando enviara o projeto à Guggenheim no final de 1936, o estado de espírito de Bilden já era bem diferente do que era quando escrevera em desalento a Freyre ao final de 1935, e se dizia "finalmente emergindo

---

65 Carta de Rüdiger Bilden a Gilberto Freyre, 3 jun. 1934, AFGF.
66 Carta de Rüdiger Bilden a Gilberto Freyre, 13 dez. 1935, AFGF.

de um período muito difícil". Entusiasmado, foi ao ateliê de fotografia de Von Behr, "um dos melhores fotógrafos de Nova York", onde tirou não só uma foto para acompanhar o pedido de bolsa para a Guggenheim Foundation como também um retrato de alta qualidade que enviou à família na Alemanha e prometeu enviar a Freyre, tão logo tivesse "os dólares necessários para encomendar mais algumas cópias".[67] Não só a melhora de sua situação econômica parecia estar ao alcance, como a dor da separação de Jane se via minimizada pela passagem do tempo e pela amizade que permanecia entre os dois. "Rüdiger e eu somos os melhores amigos e nos vemos frequentemente. Ele me encoraja em meus estudos e nós nos damos ajuda e conselhos mútuos", confidencia Jane à velha amiga, Flora de Oliveira Lima. "Isso pode parecer uma situação estranha e pouco natural, mas nós dois sentimos que assim é melhor e que somos melhores *amigos* do que éramos antes, quando havia o constante *input* de diferenças de temperamento."[68] Tudo indica que a determinação de servirem de arrimo um ao outro em momentos difíceis se manteve até quase o fim. Do lado de Bilden, a situação acabou se revelando bem melhor do que ele imaginara possível no momento da separação. Quando Jane se casou com o artista romeno Alexandre Popini, Bilden mostrou-se preocupado. Comentando com seu amigo Freyre que "havia quatro semanas não a via", mas que já sabia de seus planos, revela que achara a escolha de Jane pouco promissora: "um pintor de 60 anos, doente, sem um tostão e sem futuro".[69] Bilden não estava muito errado em seus prognósticos. A união com Sacha, como Jane chamava Popini, não durou muito. No início da década de 1940, ela já estava sozinha novamente e, anos mais tarde, ao fazer um balanço de sua vida, assim se exprimiu: "Superei meus sentimentos de 'culpa' e não me arrependo muito de meus muitos fracassos e erros (um dos maiores deles o de ter casado com homens errados ou talvez de simplesmente ter-me casado)".[70]

---

67 Carta de Rüdiger Bilden a Gilberto Freyre, 6 nov. 1936, AFGF.
68 Cartas de Rüdiger Bilden a Flora Oliveira Lima, 22 dez. 1936; de Jane (Eloise McCaskill) a Flora Oliveira Lima, 2 jun. 1935 (nessa carta, Eloise comunica a Flora que reassumira seu próprio nome por "razões profissionais"), Lima Family Papers, CUA (grifo no original).
69 Carta de Rüdiger Bilden a Gilberto Freyre, 5 abr. 1936, AFGF.
70 Carta de Eloise McCaskill a Vilhjalmur Stefansson, 28 jun. 1961, Stefansson MSS, Darthmouth College, 196 (92), pasta M.

Jane Bilden, no final dos anos 1930 ou início dos anos 1940, na casa dos pais em Columbus, Mississipi.

Fonte: Arquivo particular de Jane Hardy Cease

Em Harlem e Tennessee: o professor e o ativista nos anos 1930

O professor

    Não obstante não ter levado avante seu projeto sobre o sertão e não ter escrito a grande obra sobre o Brasil que tanto prometia, Bilden teve

O triunfo do fracasso

várias oportunidades, nos anos 1930, de divulgar seus conhecimentos sobre o Brasil e relacioná-los à situação norte-americana. Duas delas foram nos cursos universitários que deu em instituições educacionais de importância, quando pôde expor mais longamente suas ideias; as demais foram em aulas mais ou menos avulsas ou em séries de curta duração, dirigidas a um público mais amplo e variado, tanto no sul quanto no norte do país.

Acredito que o comentário de Francis Simkins sobre a posição recém-assumida de Bilden como professor da importante universidade do Tennessee, a Fisk University, poderia ser aplicado a todas as suas atividades didáticas: "Ele é ainda estimulante e penso que tem uma missão definitiva a cumprir: a de contar para os não democráticos americanos como o Brasil trata o negro. E me parece que ele tem uma posição quase ideal".[71]

O primeiro dos cursos universitários que deu foi ministrado a partir de fevereiro de 1934, durante pouco mais de três anos, na City College de Nova York, para o qual foi contratado, como vimos, pelo Dr. Paul Klapper, e teve grande àceitação entre os alunos. Nessa atividade, permaneceu até o curso ser cancelado devido ao custo que, mesmo relativamente baixo, tornava-se demasiado num período de depressão econômica.[72] Anunciado no *New York Times* como tendo por objetivo principal apresentar "um levantamento e interpretação da evolução de diferentes nacionalidades no hemisfério ocidental", tratava de questões então bastante delicadas e controversas, como "o significado do termo 'raça'; o grau de pureza que pode ser reivindicado por qualquer raça; as questões da habilidade racial herdada e da suposta superioridade de certas raças sobre outras; e meio ambiente *versus* raça como um fator na civilização".[73] Nesse curso, que seguia em parte as ideias expostas

---

71 Carta de Francis Simkins a Gilberto Freyre, 24 out. 1938, AFGF.

72 O curso ministrado por Bilden custava US$ 10 por trinta horas (cf. *Minutes of Proceedings, at the Hall of the Board of Education*, 20 jun. 1933, p.295). Conforme os boletins da época, havia nesse período muitos cursos que eram cancelados "devido a matrículas insuficientes".

73 Colleges Offer Many New Studies, *The New York Times*, 4 fev. 1934. Nos documentos da universidade, consta que Bilden foi contratado em 1933 como instrutor – as categorias docentes ascendiam de *fellow* a *assistant professor*; instrutor é o cargo logo abaixo de

na conferência de 1931, na Virgínia, em que as posições relativas dos negros e mestiços nos vários países americanos eram relacionadas aos seus "desenvolvimentos históricos complexos", o Brasil era analisado a fim de, especialmente, "facilitar a compreensão do problema do negro" nos Estados Unidos.[74] Cumpre notar que os alunos que ouviam Bilden tinham, provavelmente, uma origem bastante diversificada, incluindo imigrantes, judeus e negros, que normalmente não seriam muito bem-vindos – por motivos econômicos, raciais ou religiosos – em instituições privadas da cidade, como a Columbia University.[75]

A City University – cujo *campus* principal estava localizado desde o início do século XX em Harlem, o bairro negro de Nova York – fora fundada em 1847 com o nome de Free Academy. Marcada por uma orientação secular inusitada para a época, foi também a primeira instituição pública norte-americana criada especialmente para propiciar ensino superior aos jovens pobres e filhos de imigrantes da cidade. Seu primeiro presidente, Horace Webster, na solenidade de abertura da instituição, chamou-a de um "experimento" para verificar se "as crianças de todo mundo podiam ser educadas e se uma instituição da mais alta qualidade poderia ser controlada com sucesso pela vontade popular, ao invés de por alguns poucos privilegiados". O alto nível do ensino e pesquisa da City College – de onde saíram doze prêmios Nobel ao longo dos anos – fez que a certa altura ela fosse conhecida como a "Harvard do Proletariado", antes de as exigências de ação afirmativa nos anos 1960 justificarem, para alguns, o título de Harlem University.[76]

---

assistant professor e acima de tutor e de *fellow* – para ministrar cursos nos períodos da tarde e da noite e durante as férias de verão, dando no máximo 60 horas anuais, e que foi desligado do quadro docente em 1937 (cf. *Minutes of Proceedings*, p.287, p.295; *The City College Annual Register: 1933-1934*, p.37; College of the City of New York: 1935-1936, *The City College Bulletin*, p.21, p.98; The College of the City of New York: 1937-1938, *The City College Bulletin*, p.22).

74 Plano do curso a ser dado na City College e enviado a Franz Boas, que o recomendou a Paul Klapper. Ver Bilden, Race and culture in the new world: the historical background; e Race and culture in the new world: the problem of today, Franz Boas Papers, *The American Philosophical Society*.

75 Wechsler, *The Qualified Student: A History of Selective College Admission in America*.

76 Id., Higher Education for All: The Mission of the City University of New York, *The Qualified Student*, p.259-88. Em 1866 o nome da universidade passou a ser College of the City of

O triunfo do fracasso

A segunda oportunidade de expor suas ideias Bilden encontrou na Fisk University do Tennessee, a chamada "universidade negra de Nashville", fundada em 1866 pela American Missionary Association, na qual ministrou, durante dois anos letivos (de setembro de 1937 a junho de 1939), um curso sobre "a sociedade escravocrata e mistura racial no Brasil, comparando-a com a situação da América do Norte", além de outros. O convite viera do chefe do Departamento de Ciências Sociais, Charles S. Johnson, o renomado e intrépido sociólogo negro que em 1948 se tornaria o primeiro presidente não branco da Fisk University. Por décadas, Johnson vinha se empenhando em transformar a Fisk na instituição norte-americana que, talvez melhor do que qualquer outra, preparava seus alunos "para entender relações raciais na nação e no mundo e, com base nessa informação, ajudar a implementar uma mudança positiva". Dali, na verdade, sairiam muitos dos futuros líderes do futuro movimento dos direitos civis.[77]

Bilden fora-lhe apresentado por seu amigo Arthur A. Schomburg, influente membro da *intelligentsia* negra norte-americana e curador da coleção de arte e literatura negra da divisão de Harlem da New York Public Library, composta, em grande parte, pelo material que ele próprio colecionara ao longo dos anos e que fora comprada pela biblioteca em 1926.[78] Estimulado por Schomburg, em 1936 Bilden enviara a Johnson um plano de aulas que suscitou grande interesse e gerou o contrato temporário no Departamento de Ciências Sociais financiado pela Julius Rosenwald Fund, instituição que havia tempos dedicava-se a implementar a educação dos negros norte-americanos. Em resposta, Johnson lhe escreveu

---

New York e, em 1929, City College of New York. Mais tarde, passou a ser chamada de City College of the City University of New York, ou simplesmente City College, CCNY. Sobre a história da City College e a composição étnica de seus alunos, ver Gorelick, *City College and the Jewish Poor: Education in New York, 1889-1924*; Dyer, *Protest and the Politics of Open Admissions: The Impact of the Black and Puerto Rican Students' Community (of City College)*, dissertação.

77 Gilpin e Gasman, *Charles S. Johnson: Leadership Beyond the Veil in the Age of Jim Crow*, p.99-100.

78 Após a morte de Schomburg em 1938, a biblioteca em Harlem passou a ser chamada, em sua homenagem, de Schomburg Center for Research in Black Culture.

O plano de uma série de aulas sobre a situação brasileira me impressiona como tendo muito mérito e interesse. Eu acredito que, de algum modo, haja uma possibilidade de dar certo. Sem dúvida uma série de aulas nesse campo serviria para elevar os horizontes tanto dos alunos brancos e negros que são normalmente inclinados a ser muito provincianos em suas considerações sobre os problemas da raça.[79]

E acrescenta que, seguramente, iria levar a proposta à Rosenwald Fund, já que era um "projeto em que vale a pena insistir com urgência". Apoio irrestrito a Bilden foi nessa ocasião dado pelo explorador Vilhjalmur Stefansson, que escreveu a Edwin R. Embree, então presidente da Rosenwald Fund, incentivando-o a apoiar a nomeação daquele que ele e outros consideravam "um dos homens mais bem informados nos Estados Unidos – talvez o melhor informado – sobre problemas raciais, particularmente no Brasil e partes relacionadas da América do Sul". Tendo consultado Bilden "durante os últimos seis ou oito anos", podia dizer com firmeza que o tinha "em alta consideração como pessoa de caráter, habilidade e conhecimento".[80]

Ao receber o convite para ser instrutor do departamento de Johnson, Bilden não se conteve de alegria. "Após meus anos de má sorte, não esperava tão boa fortuna e mal podia acreditar no que ouvia."[81] De fato, meses antes, após uma série de expectativas frustradas, a situação de Bilden era dramática. Em abril de 1937 se via sem condições de pagar o aluguel acumulado do modesto quarto do hotel Colborne, em Greenwich Village, onde viveu intermitentemente desde setembro de 1933. O Explorers Club prometera contratá-lo (sob os auspícios do WPA) para uma "alta posição" num projeto de levantar uma "bibliografia de

---

79 Apud carta de Rüdiger Bilden a Arthur Schomburg, sem data (c. jun. 1936), Schomburg Papers, Microfilm Collection, Schomburg Manuscripts Archives and Rare Books Division, Schomburg Center for Research in Black Culture, New York Public Library (daqui em diante referido como Schomburg Papers, Schomburg Center, NYPL), bobina 5.

80 Carta de Vilhjalmur Stefansson a Edwin R. Embree, 28 maio 1936, Stefansson Manuscripts, Darthmouth College, caixa 36. Jane, ex-esposa de Bilden, se tornara assistente de Stefansson na década de 1930 e iria ser sua colaboradora ao longo de muitos anos.

81 Carta de Rüdiger Bilden a Melville Herskovits, 3 out. 1937 (incluída na carta de 5 set. 1937), MHPN, caixa 3, pasta 26.

exploração" – e fora com essa promessa de emprego e de "pagamento imediato" que ele conseguira acalmar o gerente do hotel. Com a demora imprevista do emprego (que afinal não iria ser obtido, muito provavelmente porque a essa altura o WPA estava restringindo a elegibilidade dos estrangeiros aos empregos financiados pelo programa),[82] só uma carta do explorador e amigo Stefansson explicando a situação do atribulado inquilino à proprietária, a sra. McDermott, e lhe pedindo "ainda mais paciência", parece ter evitado o seu despejo.[83]

Foto atual do prédio em Washington Place, Greenwich Village, onde se localizava o Hotel Colborne, residência de Bilden do início dos anos 1930 ao fim dos anos 1940.
Fonte: Victor Garcia Pallares Zockun, 2012

---

82 Cf. o Emergency Relief Appropriation Act, de 1937, disponível em <http://www.tenement.org/encyclopedia/social_aliens.htm>, acesso em set. 2011.
83 Carta de Vilhjalmur Stefansson a McDermott, 30 abr. 1937, Stefansson Manuscripts, Darthmouth College, caixa 39. O Works Progress Administration foi um programa criado em 1935 pelo presidente Roosevelt, como parte de seu New Deal, ou seja, de sua estratégia para enfrentar a Grande Depressão dos anos 1930 e dar emprego a milhares de norte-americanos. Em 1939 o nome foi mudado para Work Projects Administration, que ficou conhecido como WPA.

Era, sem dúvida, muito feliz a coincidência de sua proposta de curso com a disposição de Johnson de ampliar o trabalho do seu departamento "para incluir o estudo da situação racial na América Latina, especialmente no Brasil, para propósitos comparativos".[84] Ao amigo Herskovits, Bilden relata, animado, o seu programa: ficara acertado que no primeiro semestre daria um curso sobre o desenvolvimento da sociedade escravocrata brasileira e mistura racial, comparando a situação brasileira com a norte-americana. No segundo semestre, daria "dois seminários sobre problemas raciais contemporâneos no Brasil e no sul [norte-americano] e raça e cultura no Novo Mundo".[85] Tal programa, ao que tudo indica, era inusitado nos Estados Unidos. O ensino sobre o Brasil nas universidades norte-americanas, comenta Bilden, "confina-se a aulas sobre história política e sobre possibilidades e realidades econômicas" do país. Uma única exceção era o curso dado pelo professor Martin, de Stanford, que incluía tópicos mais variados e amplos no currículo. Assim, era de esperar que, com a iniciativa de Johnson, a "Fisk University seria o centro para o estudo do negro brasileiro" nos Estados Unidos.[86]

Esse emprego, além de dar a Bilden a oportunidade de divulgar suas ideias após a decepção com a Guggenheim Foundation, permitiu-lhe, mais uma vez, imaginar que teria condições de finalizar seu livro e, a partir daí, dar início à pesquisa de campo necessária ao novo estudo sobre o sertão brasileiro, para o qual esperava poder obter fundos num futuro próximo. Enfim, ainda que temporário – fora convidado inicialmente por um ano, que foi estendido para dois –, seu trabalho na Fisk University parecia anunciar uma fase positiva em sua vida. Para Simkins, o novo emprego de Bilden lhe propiciava "uma posição quase ideal", pois estava "isolado como um professor-pesquisador na melhor universidade negra, onde a única coisa a fazer é estudar e escrever".[87] De fato, as condições pareciam de início especialmente promissoras. O departamento, que era inter-racial e atraía estudiosos de reputação nacional e internacional,

---

84 Carta de Rüdiger Bilden a Melville Herskovits, 3 out. 1937, caixa 3, pasta 26, MHPN; e a Arthur Ramos, 10 out. 1937, Arquivo A. Ramos, BN.
85 Carta de Rüdiger Bilden a Melville Herskovits, 3 out. 1937, caixa 3, pasta 26, MHPN.
86 Carta de Rüdiger Bilden a Arthur Ramos, 10 out. 1937, Arquivo A. Ramos, BN.
87 Carta de Francis Simkins a Gilberto Freyre, 24 out. 1938, AFGF.

parecia ser o ambiente ideal para trabalhar e discutir as questões que lhe interessavam.[88] O *American Journal of Sociology* anunciava o que parecia ser algo inédito no meio universitário. Donald Pierson, recém-chegado do Brasil, onde estudara os negros da Bahia, estaria conduzindo um seminário sobre "Raça e cultura", com a colaboração de Rüdiger Bilden e Ruth Landes, da Columbia University, que logo iria ao Brasil fazer um estudo sob os auspícios do Social Science Research Council.[89] O seminário também contaria com a valiosa colaboração do antigo professor de Pierson, Robert E. Park, recém-aposentado da University of Chicago, com quem Bilden estava feliz de poder cooperar.[90]

Manifestando seu entusiasmo, Bilden comenta:

> Meus colegas, incluindo Pierson, são pessoas excelentes. Os professores são igualmente divididos entre membros negros e brancos, os brancos sendo, além de Park e eu, Pierson e Marks, um jovem psicólogo judeu, e Addison Cutler, um economista que veio da Columbia, que eu penso ser um comunista e, como um verdadeiro nativo da Nova Inglaterra, olha o problema racial com os olhos de um missionário e abolicionista, para o desgosto de Park. Dou-me muito bem com Park, especialmente por causa de seu profundo respeito pelo treinamento e métodos alemães.[91]

De fato, Robert E. Park, o líder da famosa "escola de sociologia" de Chicago, devia ser uma pessoa fascinante. Após se formar na University

---

88 Gilpin e Gasman, *Charles S. Johnson*, p.99; carta de Rüdiger Bilden a Gilberto Freyre, 6 abr. 1939, AFGF.

89 News and Notes, *The American Journal of Sociology*, v.43, n.3, p.471-2. Ruth Landes, aluna da antropóloga Ruth Benedict, que no ano seguinte viajaria ao Brasil para realizar um estudo sobre os negros na Bahia, havia ido à Fisk para se preparar para a pesquisa, estudando a história e a cultura brasileiras com a ajuda de Bilden. Figura controversa, sobre a qual muito se tem debatido, Landes foi bastante criticada pelos amigos Arthur Ramos, Rüdiger Bilden e Melville Herskovits, que sobre ela trocavam comentários e impressões. Ver, por exemplo, cartas de Rüdiger Bilden a Arthur Ramos, sem data (c. maio 1937), 10 out. 1937, 10 mar. 1938 e 1º ago. 1939, Arquivo A. Ramos, BN.

90 Carta de Donald Pierson a Gilberto Freyre, 11 nov. 1937, AFGF; de Rüdiger Bilden a Arthur Ramos, 10 out. 1937, Arquivo A. Ramos, BN.

91 Cartas de Rüdiger Bilden a Gilberto Freyre, 21 e 27 abr. 1938, AFGF; carta de Rüdiger Bilden a Arthur Ramos, 10 out. 1937, Arquivo A. Ramos, BN.

of Michigan, onde fora aluno do filósofo John Dewey, seu interesse por questões sociais, especialmente questões raciais, o haviam levado a se dedicar ao jornalismo, atividade que, segundo dizia, deveria ter como objetivo "moldar a opinião pública". Sua sociologia fora, na verdade, indelevelmente marcada por essa experiência e Park dizia que o sociólogo devia ser "um tipo de super-repórter" que procura ver para bem além das aparências. Foi só após trabalhar durante onze anos como repórter em várias cidades do país que Park foi para a Harvard University, onde foi aluno de William James, para dali seguir, em 1899, para a Alemanha, onde estudou com Georg Simmel, o famoso sociólogo de Berlim, e com o renomado filósofo Wilhelm Windelband, em Heidelberg, que o orientou na sua tese de doutorado, *Massa e público: uma investigação metodológica e sociológica*. Sua visão da sociologia como algo "empírico e experimental" teria sido grandemente marcada por sua experiência na Tuskegee University, no Alabama, ao lado do líder negro e ex-escravo Booker T. Washington, o fundador dessa instituição educacional de ponta, com quem trabalhou durante dez anos. Quando Bilden o conheceu, Park acabara de se aposentar da University of Chicago e transferira-se para a Fisk University, onde iria permanecer até pouco antes de sua morte, em 1944.[92]

Já os membros negros da faculdade eram, muitos deles, também excelentes, e "não fosse a cor da pele se qualificariam para as mais importantes universidades do país". O antropólogo Mark Hanna Watkins e Lorenzo Turner, o linguista que se especializava em influência africana no inglês americano, eram pessoas especialmente interessantes, comenta Bilden. Seus amigos do Departamento de Antropologia da Columbia University se regozijaram com ele ao saberem que, finalmente, encontrara "condições de trabalho satisfatórias".[93] Enfim, a expectativa de Bilden ao chegar à Fisk era das maiores: "Eu espero uma troca estimulante com esses e outros homens. É uma experiência única

---

92 Hutchinson, *The Harlem Renaissance in Black and White*, p.50-61; Matthews, Park, Robert Ezra. In: Garraty e Carnes (orgs.), *American National Biography*, v.5, p.4-6.

93 Cartas de George Herzog a Rüdiger Bilden, 10 dez. 1937 e 12 de mar. 1938, George Herzog Papers, Archives of Traditional Music, Indiana University.

e muito lucrativa estar associado a um grupo tão grande de negros de alto calibre, tanto professores quanto alunos".[94]

De fato, diferentemente do corpo discente da City College de New York, os estudantes da Fisk eram preponderante ou totalmente negros, ou melhor, o que nos Estados Unidos de então era qualificado de "negro". Como diz Bilden, "muitos dos rapazes e moças entre os estudantes são brancos para todos os efeitos e propósitos, e assim seriam classificados no Brasil".[95] Aparentemente, apesar da expressa separação legal entre brancos e negros – desde 1901, as leis do Tennessee proibiam alunos das duas raças na mesma classe – ocasionalmente a lei era infringida. Em 1945, por exemplo, o *New York Tribune* comenta que, apesar da proibição legal, havia cinquenta alunos brancos na Fisk, a maioria mulheres.[96]

Os alunos, segundo Bilden, compunham "um grupo interessante", mas sofriam, "em grande parte, da falta de oportunidade educacional oferecida ao negro neste país", apesar de representarem "a elite da população negra americana e virem de famílias relativamente cultas". Não liam português ou qualquer língua estrangeira e seu treinamento, como Bilden comenta, por ser em geral muito deficiente, exigia "atenção individual". Como diz,

> De fato, estar aqui, significa para mim estar num laboratório perpétuo e estudar aspectos muito pertinentes do problema do negro em primeira mão. [...] Meu trabalho tem também sido valioso em outros aspectos, particularmente através do contato com especialistas em visita à Fisk.[97]

---

94 Carta de Rüdiger Bilden a Melville Herskovits, 3 out. 1937, MHPN, caixa 3, pasta 26; carta de Rüdiger Bilden a Arthur Ramos, 10 out. 1937, Arquivo A. Ramos, BN.

95 Carta de Rüdiger Bilden a Melville Herskovits, 3 out. 1937, MHNP, caixa 3, pasta 26.

96 White students join Negroes in classes at Fisk, *The New York Herald Tribune*, 8 jul. 1945, apud Gilpin, Charles S. Johnson and the Race Relations Institutes at Fisk University, *Phylon*, v.41, n.3, p.304; Long, The status of desegregated higher education in Tennessee, *The Journal of Negro Education*, v.27, n.3.

97 Cartas de Rüdiger Bilden a Gilberto Freyre, 21 e 27 abr. 1938, AFGF; carta de Rüdiger Bilden a Melville Herskovits, 6 dez. 1937, MHPN, caixa 3, pasta 26; cartas de Rüdiger Bilden a Arthur Ramos, 10 out. 1937 e 2 jun. 1939, Arquivo A. Ramos, BN.

Além da gratificante experiência docente, houve também, nesse período, oportunidade para Bilden satisfazer outras ambições intelectuais e ativistas. Sua participação em encontros acadêmicos, como o realizado pela recém-fundada Southern Sociological Society, em Chattanooga, Tennessee, em abril de 1938, onde apresentou um trabalho intitulado "Caste and Class in the South of Brazil", foi uma dessas ocasiões que o deixaram especialmente satisfeito. Não só era uma oportunidade de se fazer ouvir, como também de entrar em contato com outros estudiosos das relações raciais, como John Dollard, do Institute of Human Relations da Yale University (autor do clássico *Caste and Class in a Southern Town*), e seu professor Franz Alexander, ex-diretor do Instituto de Psicanálise de Berlim, que fora aluno de Freud em Viena.[98]

Entusiasmo semelhante manifestou Bilden por sua participação na reunião da American Association for the Advancement of Science, realizada em Richmond, Virgínia, entre 27 e 31 de dezembro de 1938. Essa era uma oportunidade ímpar não só de falar sobre seu tema preferido em um encontro de importância nacional como de rever amigos e conhecidos, já que a Virgínia (ao lado do Mississipi e da Carolina do Sul) era um estado que Bilden conhecia desde o início dos anos 1920 devido a seu interesse pelo chamado "problema do negro" e também aos laços familiares e de amizade de Jane, que era, como vimos, originária do sul. Lá tinha vários conhecidos e era grande admirador dos editores do jornal *Richmond Times-Dispatch*, Virginius Dabney e William Meacham, que lideravam "uma luta corajosa e inteligente para a liberalização do negro no Sul", como comenta nessa ocasião.[99]

---

98 Cartas de Rüdiger Bilden a Gilberto Freyre, 21 abr. 1938, AFGF; a Arthur Ramos, 22 abr. 1938, Arquivo A. Ramos, BN; carta de Rüdiger Bilden a Melville Herskovits, 6 dez. 1937, MHPN, caixa 3, pasta 26.

99 Carta de Rüdiger Bilden a Gilberto Freyre, 11 jul. 1938, AFGF.

Casa-grande da Primrose Plantation, fazenda da ex-cunhada de Bilden, Mary Virginia, e Ed Hardy.

Fonte: Arquivo particular de Jane Hardy Cease

Em Mississipi, Bilden continuara a se relacionar com a família de Jane, especialmente com sua ex-cunhada Mary Virginia, talentosa estudiosa do folclore negro que se casara em 1934 com Ed Hardy, membro de uma rica e influente família sulista. Suas visitas à fazenda da família, a Primrose Plantation, em Columbus, Mississipi, eram sempre uma ocasião memorável, que Bilden se deliciava em relatar para os amigos. Tendo um carinho especial por Mary Virginia, a quem conhecera ainda menina, ficara feliz por vê-la casada com um sulista progressista e culto, que descreve como

> o tipo do *gentleman* do interior, rústico, excelente fazendeiro, de grande inteligência, de ampla visão, sem preconceitos, representando as melhores tradições da aristocracia do tempo da escravidão, mas sendo, ao mesmo tempo, totalmente moderno.

Bilden apreciava imensamente sua companhia, as "longas conversas" que entabulava com ele e enaltecia a liberdade e o incentivo que havia na Primrose Plantation para que os "180 *negroes*" que ali trabalhavam demonstrassem sua peculiar cultura popular. Freyre precisava conhecer Ed, diz-lhe Bilden, pois tinha certeza de que também o apreciaria tanto quanto ele. Mary Virginia, a quem Freyre conhecera em 1931, também ficaria feliz de revê-lo e Bilden chega, certa vez, a anunciar que se comprometera com ela a levá-lo até lá em sua próxima ida aos Estados Unidos.[100]

O encontro científico em Richmond, no inverno de 1938, teve um sucesso estrondoso, conforme relatos da época, e isso se deveu, em grande parte, à cobertura inédita que a imprensa escrita e falada, através do rádio – que vivia sua "era dourada", em que 97 milhões de pessoas de uma população de quase 129 milhões eram ouvintes –, deu ao evento.[101] Correspondentes especiais de 21 diários nacionais garantiram, por exemplo, uma cobertura "de costa a costa" do país, ocupando, em geral, a primeira página dos jornais. A novidade desse grande acontecimento científico de Richmond, ao que tudo indica, era a tentativa de unir as ciências, aí incluindo as sociais, na batalha por um mundo melhor. "O que o mundo precisa hoje para aliviar seus problemas é de uma combinação de ciência técnica e social", disse David Sarnoff, então presidente da Radio Corporation of America, em uma das reuniões plenárias do encontro.[102]

Nessa ocasião, Bilden, assim como outros 33 cientistas e cientistas sociais, fizeram programas de rádio.[103] Não temos o título de sua participação, mas é bem possível que, na mesma linha do programa sobre "Religião na ciência" feito pelo cientista britânico e ex-editor da renomada revista *Nature*, *Sir* Richard Arman Gregory, Bilden tenha falado sobre questões raciais e ciência, insistindo, como seu mestre Franz Boas, na falta de evidência científica para as ideias da hierarquia racial então em

---

100 Cartas de Rüdiger Bilden a Gilberto Freyre, 6 fev. 1936, AFGF; e a George Herzog, 5 dez. 1937, George Herzog Papers, Archives of Traditional Music, Indiana University.

101 Watkins, *The Great Depression*, p.305-6.

102 World needs teamwork of sciences, *Richmond Times-Dispatch*, 29 dez. 1938, p.1.

103 Moulton, The Richmond Meeting for the American Association for the Advancement of Science and Associated Societies, *Science*, v.39, n.2301, Special Issue containing Reports of the First Richmond Meeting of the American Association for the Advancement of Science and Associated Societies, 3 fev. 1939, p.89-95.

voga.[104] Como ele comenta com Freyre, nesse programa e na entrevista que deu sobre a "questão do negro" no melhor jornal da cidade, "apesar de falar franca mas objetivamente" fora muito bem recebido no estado. "A Virgínia é o único estado do sul onde se pode expressar tais pontos de vista na imprensa e ser socialmente aceitável."[105] O fato de Bilden ter sido mencionado na seção *sideshow* do diário vespertino *Richmond News Leader* como o "antropólogo" que acompanhou o jornalista a um jantar de biólogos para ouvir o renomado cientista e ateu convicto Oscar Riddle falar sobre a ameaça da religião para o avanço da ciência, parece atestar que seu nome emprestava algum peso às notícias que se davam.[106]

No ano seguinte, ainda durante sua estada na Fisk, Bilden recebeu outro convite especialmente honroso do prestigiado *American Journal of Sociology*. Tratava-se de debater em suas páginas as ideias expostas pelo sociólogo Samuel Harman Lowrie, apontando similaridades entre a discriminação racial em São Paulo e nos Estados Unidos. Bilden contestara essa visão nas páginas do periódico, revelando-a errônea e enganosa, mas, como ele diz, a resposta de Lowrie levou-o a suspeitar de que ele não passava de um "estatístico presunçoso, querendo se fazer passar por uma autoridade na situação racial brasileira".[107] Enfim, convites como esses pareciam confirmar que o prestígio de Bilden como especialista em assuntos brasileiros não era profundamente abalado, naquela época, por seu fracasso como autor.

Ao final de dois anos como professor da Fisk University, apesar de ter ali realizado um trabalho "valioso e interessante", mostrava-se, no

---

104 Ibid., p.94-5. O tema tratado por Gregory é o único mencionado na programação de radiodifusão do evento como sendo o "ponto alto" dos programas. Bilden aparece na lista dos "outros palestrantes", sem que o tema tratado por qualquer um deles seja explicitado.

105 Carta de Rüdiger Bilden a Gilberto Freyre, 10 fev. 1939, AFGF. Não me foi possível localizar essa entrevista nos dois jornais consultados, *Richmond Times Dispatch* e *Richmond News Leader*.

106 Houston, Richmond Sideshow, *Richmond News Leader*, 29 dez. 1938, p.11. O Dr. Oscar Riddle era um dos mais conhecidos biólogos norte-americanos na época, especialmente lembrado por sua pesquisa sobre a glândula pituitária e a descoberta do hormônio prolactina.

107 Bilden, Comment on Samuel H. Lowrie, *Racial and National Intermarriage in a Brazilian City*, *American Journal of Sociology*, v.44, n.4, mar. 1939, p.698-701; cartas de Rüdiger Bilden a Gilberto Freyre, 6 abr. 1939, AFGF; e a Arthur Ramos, 1º ago. 1939, Arquivo A. Ramos, BN.

entanto, desapontado. Sua "longa propaganda pelo Brasil como campo para investigação antropológica e social" tinha tido algum resultado e ele vangloriava-se de sentir-se em parte responsável pela "repentina explosão de interesse pelo Brasil" que estava acontecendo na Fisk.[108] Por outro lado, além de o convívio maior com certos colegas, como Pierson, ter se revelado decepcionante – "ele tem cartas escondidas na manga" –, Bilden também reconhecia que o ambiente missionário condescendente que prevalecia na universidade era irritante e improdutivo.[109] A antropóloga negra Zora Neale Hurston, que também se queixava dessa "atitude condescendente e desprezível" para com os negros que prevalecia na Fisk, achava que o presidente branco da universidade, Thomas Elsa Jones, dirigia "sua escola como uma plantação da Geórgia, com ele fazendo o papel de 'Mr. Charlie' e estimulando os membros de seu corpo docente a denunciarem uns aos outros para mostrarem que eram 'bons *niggers*'".[110]

Quanto ao aspecto econômico, o emprego na Fisk University parecera inicialmente representar um alívio para Bilden, mesmo que temporário. Pela primeira vez, após tantos anos, teria uma renda regular.

> Minhas obrigações são leves. O trabalho é interessante. O salário é adequado para as despesas imediatas de manutenção, apesar de não me permitir exceder em nada. Nessas circunstâncias, eu espero terminar uma boa parte de meu trabalho.[111]

Amigos como Boas e Herskovits o animavam a perseverar e até lhe mostravam – o que ele seguramente já bem sabia – que caíra num círculo vicioso do qual precisava se livrar: porque tinha sérias dificuldades econômicas não finalizava e publicava o livro tão esperado e porque não publicava não conseguia qualquer emprego estável. Satisfeito com

---

108 Carta de Rüdiger Bilden a Arthur Ramos, 10 mar. 1938, Arquivo A. Ramos, BN.

109 Cartas de Rüdiger Bilden a Gilberto Freyre, 11 jul. 1938 e 6 abr. 1939, AFGF.

110 Carta de Zora N. Hurston a Melville Herskovits, 6 abr. 1937, em MHPN, caixa 9, pasta 32; carta de Rüdiger Bilden a Gilberto Freyre, 6 abr. 1939, AFGF. *Mr. Charlie* or *Mr. Charley* é a forma derrogatória utilizada nos Estados Unidos, ao menos a partir dos anos 1920, para referir-se ao homem branco opressor dos negros.

111 Carta de Rüdiger Bilden a Melville Herskovits, 3 out. 1937, caixa 3, pasta 26.

O triunfo do fracasso

a notícia de que havia "atracado por um ano" na Fisk University, Herskovits o animou:

> Estou certo de que terminará o livro; tente a todo custo, pois tenho certeza de que, podendo mostrá-lo, você conseguirá mais apoio. Afinal de contas, foi isso o que interferiu negativamente quase todas as vezes em que se pediu auxílio a alguém. Assim, vá em frente![112]

Terminado seu contrato na Fisk, no entanto, o livro de Bilden continuava uma promessa não cumprida e sobre ele pouco se ouviria falar dali em diante. Sua dedicação aos alunos pode explicar parte do fracasso em produzir o trabalho esperado. Praticamente nada existia de livros ou artigos sobre a situação racial brasileira publicados em inglês para auxiliá-lo em suas aulas e o trabalho de traduzir textos relevantes para seus alunos o assoberbava ainda mais. Só no final de seu período na Fisk ele contaria com o livro de Arthur Ramos, *As culturas negras no novo mundo*, em cuja publicação original em inglês (*The Negro in Brazil*) ele se envolvera, ao lado de Richard Pattee, Carter Woodson, Melville Herskovits e Arthur Schomburg.[113] "Eu o tenho usado em minhas aulas no último ano com excelentes resultados", comenta Bilden com Arthur Ramos. "Se tivesse aparecido antes eu o teria adotado como livro-texto. Meus alunos estão muito entusiasmados, proclamando que é o primeiro livro de verdade a suplementar as notas que tomam em sala de aula."[114]

---

112 Carta de Melville J. Herskovits a Rüdiger Bilden, 14 out. 1937, em MHPNR, caixa 3, pasta 26.

113 Cartas de Rüdiger Bilden a Arthur Ramos, 10 out. 1937 e 22 abr. 1938, Arquivo A. Ramos, BN. Cartas de Richard Pattee a Melville Herskovits, 26 abr., 2 jun. e 21 jul. 1937; e de Melville Herskovits a R. Pattee, 6 maio e 11 jun. 1937, em MHPN, caixa 18, pasta 6. Cartas de R. Pattee a Arthur Schomburg, 27 abr., 1º jun. 1937 e 1º abr. 1938, Schomburg Papers, Manuscript Collection, Schomburg Center, NYPL, bobina 5. Sobre empreendimentos como esse, envolvendo uma "comunidade transnacional" que formava uma rede com laços intelectuais e pessoais, ver os interessantes artigos de Seigel, Beyond Compare: Comparative Method After the Transnational Turn, *Radical History Review*, n.91, 2005, p.62-90, e Yelvington, The invention of Africa in Latin America and the Caribbean: political discourse and anthropological praxis, 1920-1940. In: id. (org.), *Afro-Atlantic Dialogues: Anthropology in the Diaspora*, p.35-82.

114 Carta de Rüdiger Bilden a Arthur Ramos, 2 jun. 1939, Arquivo A. Ramos, BN.

Enfim, Bilden era, sem dúvida, um professor que gostava de ensinar e, além disso, sentia-se privilegiado por ter contato com os alunos negros, que lhe tomavam "grande parte" do tempo. A atenção individual que eles requeriam para suprir suas deficiências educacionais Bilden a dava com afinco, entusiasmando-se com o progresso que faziam. Logo no final de 1937, comenta com Herskovits que escolhera os cinco melhores alunos para desenvolverem, sob sua direção, trabalhos de mestrado nos seguintes tópicos:

> nacionalismo em Porto Rico e suas implicações raciais; relações raciais entre mulatos e negros no Haiti; relações raciais na República Dominicana; brasileiros de sangue negro proeminentes na vida artística, literária e intelectual do país como um índice da ausência de discriminação racial; e a extensão e o grau em que o relacionamento familiar no sul transcendeu a discriminação racial ou as relações íntimas existentes entre brancos e filhos mestiços de um pai ou ancestral branco, normalmente da classe dos donos da plantação.

Tinha grande expectativa especialmente quanto aos trabalhos sobre o Haiti e a República Dominicana. Conforme o resultado final que tivessem, seu amigo Robert E. Park prometera arranjar fundos para enviar os alunos aos "respectivos países para pesquisa de campo nos mesmos temas", a fim de desenvolverem um trabalho de doutorado.[115]

Sua situação econômica, no entanto, permanecia sofrível ao final de seu contrato e, mais uma vez, a sobrevivência básica era um problema não resolvido. Seu salário na Fisk tinha sido dos mais baixos e, apesar de ter ali entrado "como um especialista em relações raciais, ter sido professor quase que exclusivamente de curso de pós-graduação e ter supervisionado candidatos a mestrado, seu salário fora menor do que o pago aos instrutores de graduação". Enfim, o que recebia era definitivamente um "salário mesquinho". Provavelmente Bilden estava certo ao dizer que, ao saberem de que "precisava desesperadamente de trabalho",

---

115 Carta de Rüdiger Bilden a Melville Herskovits, 6 dez. 1937 e 2 maio 1938, em MHPN, caixa 3, pasta 26.

a Fisk havia tirado proveito de sua situação. Essa deveria ser também a razão pela qual Bilden, conforme Sam Allen se recorda, "sentia-se muito frustrado com a administração da Fisk".[116] O salário anual de US$ 1.500 que lhe pagavam estava, de fato, abaixo do salário médio nos Estados Unidos em 1939, que era de US$ 1.730 por ano, e equivale a dois salários mínimos por mês nos Estados Unidos de hoje.[117]

Dos US$ 150 que recebia mensalmente, ao longo de dez meses do ano, como explica a Freyre, grande parte ia para pagar as dívidas que contraíra nos muitos anos de penúria. Ao amigo que lhe emprestara US$ 260 logo antes de ir para a Fisk a fim de "custear despesas necessárias com roupa, viagem, despesas diárias do primeiro mês e pagamento das dívidas mais urgentes" – e a quem já devia US$ 250 – prometera pagar os US$ 510 em prestações mensais regulares. Mas não era só isso, como se podia imaginar. Havia também outros credores, como o próprio Freyre, e alguns deles, assim que souberam de seu emprego na Fisk, haviam se comportado de modo "extremamente desagradável", chegando a ameaçá-lo com processo judicial caso não fossem pagos imediatamente. Assim, sua situação de penúria se mantinha, pois quando do seu parco salário mensal eram descontados os parcelamentos da dívida maior de US$ 510, mais os "US$ 5, 10 e 15 para diversos outros credores", pouco sobrava, mesmo para uma vida das mais frugais. Quando seu contrato com a Fisk estava para terminar dali a dois meses, sua situação, em termos econômicos, continuava, portanto, desesperadora. Impossibilitado de fazer uma reserva prévia para as despesas da viagem de retorno a Nova York, para a remessa de seus livros, para a sua sobrevivência pelo menos por algum tempo e ainda precisando contribuir para a manutenção da mãe na Alemanha, via-se novamente levado a se endividar.[118]

---

116 Carta de Rüdiger Bilden a Gilberto Freyre, 6 abr. 1939, AFGF. Conversas com Sam Allen, dez. 2011.

117 Cálculos da economista Maria Helena Zockun, coordenadora de pesquisas da Fipe, com base na evolução do custo de vida nos Estados Unidos entre 1938 e 2010 e no valor do salário mínimo na maior parte dos estados norte-americanos em 2010.

118 Carta de Rüdiger Bilden a Gilberto Freyre, 6 de abr. 1939, AFGF. Ao retornar de Fisk a Nova York sem saber ainda onde conseguiria morar, Bilden pede a Arthur Ramos que lhe envie cartas para o sr. "Adolph Friedman, Arts & Crafts Import Co., 63 East 9 Street, New York City", pois a correspondência logo lhe chegaria às mãos. Friedman,

Essas queixas de Bilden que aqui se relatam podem dar a impressão errônea de ele ter sido um indivíduo essencialmente lamuriento, impressão que cumpre corrigir com insistência. Sua situação, ao longo dos anos, foi certamente marcada por seriíssimas dificuldades econômicas, mas Bilden não se deixava dominar por elas. A ameaça de pobreza e até de fome não governava sua vida e não limitava suas ambições. Na verdade, pode-se dizer que sua pobreza era só pecuniária e não afetava ou empobrecia sua determinação e sua capacidade, sempre renovadas, de elaborar projetos ambiciosos ou até mesmo visionários que, para ele, tinham na penúria somente uma inconveniência desagradável que era preciso, a qualquer custo, contornar ou, se possível, desconsiderar.

Ao explicar em detalhes a Freyre sua situação humilhante, deve-se lembrar que Bilden estava a escrever confidencialmente a um credor e amigo íntimo e com o objetivo de "apagar qualquer opinião falsa ou qualquer julgamento negativo" sobre sua pessoa e sua real situação. Se chegava até a se justificar pelas viagens ocasionais que fizera à Virgínia e ao Mississippi, explicando que viajara de ônibus e de carona e que se hospedara com amigos, era para dissipar qualquer suspeita de extravagância e irresponsabilidade de sua parte. Enfim, acima de tudo, queria justificar o não pagamento da dívida de US$ 50 que contraíra em 1931 com Freyre e a qual ele – assim como outros amigos generosos – nunca o pressionaram a pagar ao longo dos anos.[119]

Um parêntese, no entanto, deve ser aqui aberto para insistirmos num dado relevante que dá às palavras de Bilden outra dimensão. A "situação desesperadora", tal como ele descrevia frequentemente a sua, era uma descrição não só legítima como menos chocante e humilhante do que seria hoje, se feita por um membro da classe média culta, como era Bilden. A Grande Depressão dos anos 1930 tornou o que até então era contemplado como possibilidade quase exclusiva para os mais destituídos, uma ameaça geral que não poupava ninguém. Após a

---

que provavelmente era um conhecido ou amigo alemão, tinha seu negócio em Greenwich Village, região onde normalmente Bilden viveu, quando em Nova York, desde 1933 ou 1934 até o final de seus dias (cf. carta de Rüdiger Bilden a Arthur Ramos, 2 jun. 1939, Arquivo A. Ramos, BN).

119 Carta de Rüdiger Bilden a Gilberto Freyre, 6 abr. 1939, AFGF.

dramática quebra da Bolsa de Nova York, que levou vários desesperados ao suicídio, o que antes era, para muitos, inimaginável – perda de emprego, de economias, de teto e até a experiência da fome – passou a ser um espectro apavorante. Como diz Anthony Badger, a Depressão dos anos 1930 atingiu os Estados Unidos de modo mais vigoroso do que em outros países industrializados: ali a

> Depressão arruinou o campo e a cidade, a região urbana e suburbana, indústrias velhas e novas, trabalhadores braçais e funcionários qualificados. Nenhuma região escapou. E essa catástrofe econômica tomou conta de uma nação com o sistema de previdência social mais inadequado e antiquado do que o de qualquer outro país industrializado do Ocidente.[120]

Enfim, é de imaginar que as palavras de Bilden adquirissem especial ressonância numa era em que a ética do sucesso, tão conhecidamente norte-americana, via-se profundamente abalada; e em que a difundida ideia de que com trabalho, perseverança e iniciativa a realização do chamado "sonho americano" estava ao alcance de qualquer um se achava em crise profunda. Arthur Miller, o teatrólogo que abordou magistralmente esse tema em *A morte do caixeiro viajante*, recorda-se do impacto da crise que atingiu brutalmente sua família, levando à bancarrota o pai, rico proprietário da bem-sucedida Miltex Coat and Suit Company. A reação de seu pai ao desastre não foi o suicídio, mas o silêncio e o sono, com o que Miller, ainda adolescente, muito se irritava, como rememora décadas mais tarde. "Meu pai não conseguia ficar acordado [...]; mas não era ele próprio que me irritava, somente seu fracasso em suportar o colapso de sua fortuna."[121]

---

120 Badger, *The New Deal*, p.11-2, p.14.
121 Lahr, Making Willy Loman [entrevista com A. Miller], *The New Yorker*, 25 jan. 1999, p.44.

O ativista (em Harlem e além)

Se as atividades de Bilden como professor universitário terminaram ao sair do Tennessee em 1939, as aulas dadas para uma plateia mais ampla e variada continuariam a ocorrer ao longo da década de 1940, grande parte por conta das ligações que desenvolvera com membros da *intelligentsia* negra norte-americana a partir dos anos 1930. Apesar de essas aulas serem muito mal remuneradas, ou mesmo muitas vezes dadas de graça, elas satisfaziam seu desejo de fazer alguma diferença no mundo. Ao contar a Freyre sobre a palestra que logo daria sobre "o negro no Brasil" numa "sociedade negra de Harlem", Bilden lamenta que aulas como essas eram "totalmente educacionais e não remuneradas", mas, apesar disso, mostra-se satisfeito. "Minhas aulas têm sido sempre bem recebidas e eu adquiri grande fluência como professor. Particularmente entre os negros, minha reputação está crescendo rapidamente."[122] Tal era a atração que suas aulas exerciam sobre eles que alguns líderes negros, como Charles S. Johnson, provavelmente reconhecendo que elas poderiam abrir os horizontes de indivíduos "normalmente inclinados a ser muito provincianos em suas considerações dos problemas da raça", haviam também sugerido, com o apoio de Franz Boas, que ele fizesse uma *tournée* pelo sul do país para falar sobre a situação racial brasileira.[123]

Muitos eram os amigos e conhecidos negros influentes com quem Bilden mantinha relações ao menos desde o início da década de 1930 e que o tinham em alta conta. Dentre eles, sobressai Aaron Douglas, e é de supor que a ligação de Bilden com figuras de Harlem, que foram importantes para sua atuação na década de 1930, e mais ainda na de 1940, ocorreu por intermédio desse renomado artista.

Arthur Schomburg, já antes mencionado, foi talvez um dos primeiros membros da "Renascença de Harlem" que Bilden conheceu e possivelmente foi ele quem o apresentou a Douglas. Bilden conhecera Schomburg quando dera uma aula no Museu de História Natural de Nova York, em novembro de 1934, e a partir dessa época encontraram-se

---

122 Carta de Rüdiger Bilden a Gilberto Freyre, 29 mar. 1936, AFGF.
123 Carta de Rüdiger Bilden a Gilberto Freyre, 17 abr. 1936, AFGF.

frequentemente até sua morte, em 1938. Na ocasião do primeiro encontro, Bilden se dispusera a examinar a coleção de livros sobre o Brasil existentes na divisão de Harlem da New York Public Library dirigida por Schomburg e lhe dar sugestões para novas aquisições. Foi também a seu convite que Bilden deu uma aula nesse centro cultural de Harlem sobre "a situação racial brasileira", em 5 de janeiro de 1935. Interessado pelo programa desenvolvido por Schomburg na biblioteca, não deixava também de lhe recomendar conferencistas para falar sobre temas relacionados a raça e relações raciais, tais como o Dr. Montague Francis Ashley-Montagu, sobre "aspectos físicos da raça com referência ao negro", e o Dr. Julius Lips (seu concorrente na Guggenheim Fellowhsip), sobre "algum tópico relacionado às suas investigações antropológicas na África Ocidental".[124]

As relações de Bilden com Aaron Douglas seguramente se aprofundaram na Fisk University, onde este era um constante visitante desde 1937 e, a convite de Charles S. Johnson, passou a ser *assistant professor* de arte no início de 1938, mais ou menos na mesma época em que Bilden ali também ingressara.[125] Na década anterior, Aaron Douglas fora um dos artistas e literatos que respondera ao apelo feito por intelectuais como Alain Locke e James Johnson para o negro deixar de "consumir sua energia nesta sofrida luta racial" e mostrar o seu valor. Como dissera Johnson em 1922,

> O mundo não sabe que um povo é grande até que esse povo produza grande literatura e arte. Jamais um povo que produziu grande literatura e arte foi menosprezado pelo mundo como sendo distintamente inferior.[126]

Nas palavras de A. Douglas à sua esposa Alta, "eles [a América branca] acreditam que um artista negro é impossível. Eles têm boas

---

124 Cartas de Rüdiger Bilden a Arthur Schomburg, 12 e 22 dez. 1934, 2 jan. 1935, 27 abr. 1936, 10 maio 1936 e sem data (c. maio 1936); List of Books on Brazil in the 125th Street Branch of the New York Public Library, Schomburg Papers, Microfilm Collection, Schomburg Center, NYPL, bobina 5, p.132-8.

125 Kirschke, *Aaron Douglas: Art, Race and the Harlem Renaissance*, p.217.

126 Johnson (org.), *The Book of American Negro Poetry* (1922), p.9, 21.

bases para essa crença. A maioria de nós é totalmente desprezível"; mas, continua Douglas, "eu estou começando a perceber o quanto é bom ser preto".[127]

É significativo que a decisão de Douglas de deixar um emprego seguro em Kansas City para ir a Harlem, o "centro de gravidade" do novo negro, deveu-se à impressão que lhe causou a arte de um artista branco e alemão que ilustrara a capa de uma influente revista voltada para questões da atualidade, no número que dedicou em 1925 a Harlem: "*Harlem, Mecca of the New Negro*". Como ele próprio recorda,

> o fato mais poderoso e decisivo que acabou por virar minha cabeça para Nova York foi a publicação do número espetacular da revista *Survey Graphic* [...] com o retrato esplêndido de um homem negro na capa desenhado por Fritz Winold Reiss.[128]

Harlem, ao norte de Manhattan, havia sido um dos destinos dos milhares de negros que abandonaram o sul do país a partir de 1890 em busca de maiores oportunidades e igualdade, criando em regiões metropolitanas, como Nova York, Chicago e Filadélfia, o que foi chamado de novos "guetos urbanos". No entanto, para desapontamento de tantos, no norte eles puderam, em geral, estar livres das "leis Jim Crow", mas não dos costumes discriminatórios e da humilhação de se sentirem fora de lugar em muitos espaços públicos.[129] Escrevendo em 1961, um renomado estudioso da discriminação racial dos Estados Unidos lembrou, muito apropriadamente, que o norte tinha uma longa tradição de discriminação racial que remontava ao século XVIII – discriminação que,

---

127 Carta de Aaron Douglas a Alta Sawyer Douglas, sem data (c.1924-1926), File Aaron Douglas Papers, Schomburg Manuscripts, Archives and Rare Books Division, Schomburg Center, NYPL.

128 Apud Hutchinson, *The Harlem Renaissance in Black and White*, p.398, 392.

129 Sobre o desconforto e o medo que muitos brancos sentiam diante de negros, é ilustrativa a notícia sobre um tratamento para a "negrofobia", que estava tendo muito sucesso. Tratava-se do método de autossugestão inventado pelo francês Emile Coué (1857-1926) e divulgado nos Estados Unidos por seus livros e discípulos. O Dr. J. R. Scott, médico do National Coué Institute de Nova York, estava conseguindo curar pessoas desse mal, e noticiava que "após nove tratamentos" os pacientes se viam "livres" do "medo" de negro. (Cf. Autosugestion and negrophobia, *Opportunity*, ago. 1923, p.249.)

como diz, se manteve, ainda que de modo "sutil" e "disfarçado", até "nas décadas mais recentes". Por conseguinte, "contrastar a desumanidade racial do sul com a benevolência e liberalidade do norte" seria uma simplificação grosseira, pois tal comparação "não está de acordo com as realidades quer do século XIX quer do XX".[130] Na verdade, como argumenta, apesar de a escravidão ter-se instalado no sul, a "discriminação contra o negro e uma crença firmemente arraigada na superioridade da raça branca [...] eram compartilhadas pela grande maioria da população do sul e do norte" dos Estados Unidos.[131] Em outras palavras, segregação ou "Jim Crow", quer com base nas leis ou no costume e na pressão da opinião pública, era uma doença generalizada nos Estados Unidos – "a pior doença americana [...] uma doença das pessoas brancas", como testemunhou Albert Einstein, e sobre a qual, como declarou em 1946, "não tinha a intenção de se calar".[132]

Na segunda década do século XX, Harlem já se impunha, no entanto, como um lugar especial. Era, como logo perceberam os observadores contemporâneos, "uma cidade dentro de uma cidade, prejudicada pela pobreza" e pelas más condições sanitárias, é verdade, mas, ao mesmo tempo, capaz de estimular a "consciência de grupo" e a luta "como um grupo, pelas melhores coisas da vida".[133] Para suas duas milhas quadradas eram atraídos não só negros norte-americanos em busca de trabalho, como também negros do Caribe, muitos deles jovens ambiciosos e talentosos em busca de maiores oportunidades culturais; também para ali eram atraídos brancos, como o artista alemão Winold Reiss, que se irmanavam de alguma forma com a cultura local. Particularmente auspiciosa para esse florescer era a concentração em Manhattan

---

130 Para depoimentos atestando a existência da segregação no Norte, ver Stewart, Jim Crow in the 1940s, *Segregation in Public Places, Remembering Jim Crow*. In: *American RadioWorks*, disponível em <http://americanradioworks.publicradio.org/features/remembering/public.html>, acesso em ago. 2011.

131 Litwack, Preface. In: id., *North of Slavery: The Negro in the Free States, 1790-1860*, p.vii.

132 Myrdal, *An American Dilemma: The Negro Problem and Modern Democracy*, p.618-32; discurso de Albert Einstein na Lincoln University – a primeira universidade negra dos Estados Unidos, fundada em 1854 –, na Pensilvânia, 3 maio 1946 (apud Jerome, Einstein, Race, and the myth of the cultural icon, *ISIS*, v.95, n.4, p.627).

133 Writer traces history of Negroes in Harlem, *New York Amsterdam News*, 30 dez. 1939, p.3A.

de "editoras, revistas, antropólogos boasianos, teóricos sociais e novos jornalistas". Essa concentração, acrescida da diversidade étnica e de uma cultura mais plural e menos tradicional do que em centros urbanos como Washington e Filadélfia, criava uma atmosfera livre e dinâmica para os artistas e escritores negros que ali chegavam.[134] Fora em Nova York, por exemplo, que o renomado negro Du Bois se instalara em 1910 e iniciara a publicação da revista *The Crisis*; para ali também James Weldon Johnson, o influente polígrafo negro, se mudara em 1914, e onde o sociólogo Charles S. Johnson iniciaria, em 1923, a publicação do inovador periódico *Opportunity: Journal of Negro Life*, que buscava "dar voz à cultura negra" e encorajar jovens escritores.

Atraídos, pois, por esse clima cultural efervescente, jovens escritores e artistas ambiciosos, como Langston Hughes, J. Toomer e Aaron Douglas foram para Harlem nos anos 1920 como "muçulmanos para Meca" e participaram da "Renascença de Harlem" ou do "movimento do Novo Negro", tal como este foi chamado a partir de 1925, repetindo Alain Locke, o chamado "pai do Renascimento de Harlem".[135]

Mudando-se em meados dos anos 1920 de Kansas City para Nova York, Aaron Douglas logo iria impor-se como um dos mais importantes membros da "Renascença de Harlem", destacando-se como o "pai da arte negra americana", cujo novo padrão e estilo difundiram-se para além das fronteiras de Harlem e dessa época.[136] A crer nos estudiosos, antes de Douglas, raça e africanismo não eram temas dos artistas plásticos em Harlem; mas com ele "todo um novo capítulo de africanismo na arte afro-americana foi aberto". É significativo lembrar que, para o despertar de seu interesse por esse tema e para a criação de seu novo estilo, Douglas sentia-se profundamente devedor de Winold Reiss, o artista da

---

134 Williamson, *New People*, p.141-5; Hutchinson, *The Harlem Renaissance in Black and White*, p.5-6 e passim.

135 Williamson, *New People*, p.143; Holmes, Alain Locke and the New Negro Movement, *Negro American Literature Forum*, v.2, n.3, p.60-8; Johnson, *The Book of American Negro Poetry* (1922), p.9, 21; Locke, *The Negro: An Interpretation*, e id., Enter the new Negro, *Survey Graphic*, v.53, n.11.

136 Driskell, Some observations on Aaron Douglas as tastemaker in the renaissance movement; e Earle, Harlem, modernism, and Beyond: Aaron Douglas and his role in art/History. In: id. (org.), *Aaron Douglas, African American Modernist*, p.87, 42-3.

Bavária radicado em Harlem, que, como vimos, foi o estímulo que o levou para Nova York. Douglas tornou-se amigo, aluno e discípulo dele – fato que, em algum grau, deve ter contribuído para a amizade que se estabeleceu entre Douglas e Bilden, um alemão que, como Reiss, vinha se dedicando a estimular nos brancos e negros o reconhecimento do valor da contribuição dos afro-americanos e da herança africana para o Novo Mundo. Ao conhecer Weiss, como confessou Douglas à Alta, sua futura mulher, "minha primeira reação foi destruir todo o meu trabalho" e "fugir da notoriedade barata e prematura". Com o artista alemão, Douglas, que até então preferia pintar paisagens, acima de tudo iria aprender a se voltar para a sua herança negra e para o africanismo.[137]

Na verdade, a ligação entre Weiss e Douglas bem ilustra um dos aspectos mais inovadores desse movimento cultural: nadando contra a corrente racista e segregacionista em ascensão no país, ali, no norte de Manhattan, um pequeno número de negros e brancos se integrava e estabelecia pontes entre os dois mundos, em contatos que iam nas duas direções e promoviam férteis interpenetrações para muito além dos limites do bairro. Enfim, esse fora um momento inédito em que, como disse Hutchinson em sua lúcida e aclamada reavaliação do Renascimento de Harlem, as culturas branca e negra estavam "entrelaçadas" e eram "mutuamente constitutivas".[138]

Um dos casos mais flagrantes dessa frutífera mediação e colaboração cultural foi a do escritor, crítico e fotógrafo Carl van Vechten, "cuja ajuda para o crescimento da Renascença de Harlem [...] foi provavelmente maior do que o de qualquer outro branco americano".[139] Antes dessa época, autores negros eram publicados "ou como curiosidades ou disfarçados", mas pessoas como Van Vechten mudaram esse cenário ao estimularem o contato entre "a elite de Harlem e a de Manhattan". Foi Van Echten, por exemplo, que levou os editores Alfred e Blanche Knopf a Harlem e lhes despertou o interesse por figuras como Langston

---

137 Apud Kirschke, *Aaron Douglas*, p.60 (sobre o papel dos patronos brancos de Harlem Renaissance e a limitação que teriam ou não provocado na criatividade artística dos escritores e artistas negros, ver cap. 3 e 4).

138 Hutchinson, *The Harlem Renaissance in Black and White*, p.398-9, 3 e passim.

139 Apud Robbins, *Sidelines Activist: Charles S. Johnson and the Struggle for Civil Rights*, p.52.

Hughes e James W. Johnson. Autores negros serem publicados pela prestigiosa editora Knopf ao lado de renomados escritores como Julian Huxley, Thomas Mann, Katherine Mansfield, D. H. Lawrence e Henry L. Mencken era, sem dúvida, garantia de divulgação e de prestígio, o que, àquela altura, era bastante inusitado.[140]

Bilden se ligava, em algum grau, ao grupo de brancos que fazia parte, direta ou indiretamente, desse movimento de intelectuais negros e brancos que, em colaboração, desafiavam o *status quo*. Como aluno e amigo de Franz Boas, Bilden pode ser incluído entre o pequeno "grupo Boas" que se associava à comunidade intelectual que floresceu em Harlem nos anos 1920 e apoiou, desde então, seus esforços para o desenvolvimento e a valorização da cultura negra.[141] Como já apontamos, Boas era o antropólogo que liderava desde o início do século uma crítica devastadora ao chamado "racismo científico" e cujas ideias sobre a diferenciação entre raça e cultura se tornaram "pressupostos fundamentais" entre os membros do movimento do "novo negro". Du Bois, por exemplo, recorda-se de ter ficado sem palavras ao ouvir Boas, em 1906, dirigir-se aos seus alunos na Atlanta University dizendo "vocês não precisam ficar envergonhados de seu passado africano", para logo lhes "recontar a história de mil anos dos reinos negros ao sul do Saara". Du Bois, que jamais ouvira isso antes, confessa que o impacto daquela palestra de Boas foi imenso: "percebi então e depois como o silêncio e a negligência em ciência podem fazer com que a verdade literalmente desapareça, ou seja mesmo inconscientemente distorcida".[142]

O convívio de Bilden com Douglas na Fisk University ampliou a camaradagem entre os dois, e não é de admirar que suas visitas à casa do artista em Nova York fossem objeto de comentários do casal. Ao aceitar o convite de Charles S. Johnson para ir ensinar no Tennessee, Aaron Douglas não deixara Harlem e ali mantivera seus laços e sua casa, onde Alta continuaria a viver até sua morte, em 1958. Era ao requintado apartamento dos Douglas, na Edgecombe Avenue n.409, que Bilden levava

---

140 Williamson, *New People*, p.170-2.

141 Sobre a ligação entre a antropologia de Boas e seus discípulos e a Harlem Renaissance, ver Hutchinson, *The Harlem Renaissance in Black and White*, p.62-77.

142 Apud ibid., p.63.

O triunfo do fracasso

amigos e conhecidos a fim de apresentá-los para a "elite da população negra", que ali se reunia com frequência, e foi ali que, ao menos uma vez, preparou uma "feijoada completa com feijões pretos, carne-seca, linguiça brasileira e farinha de mandioca".[143] Como Alta relata entusiasmada a Aaron, fora Bilden que levara à sua casa o representante da National Broadcasting Company (NBC) – a primeira grande rede de radiodifusão dos Estados Unidos, fundada em 1926 – responsável por promover o coral do Instituto Tuskegee do Alabama. A visita de Richard Pattee, acompanhado de Bilden, foi também outra ocasião para Alta organizar uma festa animada para que outros conhecessem esse representante "do Departamento de Estado americano". Convidara, como relatou a Aaron, "o máximo que podia caber" – "tivemos a casa cheia".[144]

Desempenhando, pois, o importante papel de mediador entre a *intelligentsia* de Harlem e pessoas interessadas em questões raciais – Gilberto Freyre e Arthur Ramos, por exemplo, dentre os brasileiros –, Bilden fez com que vários de seus amigos conhecessem importantes membros da Renascença de Harlem nos anos 1930. "Outro dia", relata Bilden a Freyre, "estive numa grande festa na casa de meu bom amigo Aaron Douglas, conhecido pintor negro, em Harlem. A elite da população negra estava lá", incluindo o dirigente da National Association for the Advancement of Colored People, Walter White, o negro loiro de pele clara e olhos azuis, que era "negro por escolha", como o descreveu o *New York Times* em seu obituário;[145]

---

143 Carta de Rüdiger Bilden a Gilberto Freyre, 27 dez. 1942, AFGF.

144 Cartas de Alta Sawyer Douglas a Aaron Douglas, 12 set. e 14 nov. 1938, File Aaron Douglas Papers, Schomburg Manuscripts, Archives and Rare Books Division, Schomburg Center, NYPL.

145 White, 61, Dies in home here: leader in civil rights fight 37 years, was Executive Secretary of NAACP, *The New York Times*, 22 mar. 1955, p.11. Uma das figuras mais influentes do movimento para a emancipação do negro no século XX, White escreveu uma autobiografia de grande força, que se inicia contando sobre sua decisão de não se juntar aos negros brancos, como ele, que estavam *passing*, ou seja, vivendo como brancos e infringindo a *one drop rule*, que determinava que "uma só gota de sangue negro" torna uma pessoa negra, não havendo nada capaz de "limpar" essa "mancha". "Sou um negro. Minha pele é branca, meus olhos são azuis, meu cabelo é loiro. Os traços de minha raça não são em nada visíveis em mim [...]. Eu não sou branco. Não há nada em minha mente ou coração que me tente a pensar que sou. No entanto, eu reconheço agudamente que a única característica que importa tanto para brancos como para pessoas de cor – a

Langston Hughes, o teatrólogo; Claude McKay e Countee Cullen, poetas; Marcia Pendergast, poeta; Hall Johnson, diretor do famoso Hall Johnson Choir de cantores negros etc. Infelizmente meus bons amigos James Weldon Johnson, autor e poeta negro, e Arthur Schomburg, historiador negro, morreram no mês passado.

Tratava-se, nessa ocasião, de um evento importante, pois o coquetel em homenagem ao compositor e dirigente de coral, Hall Johnson, músico "internacionalmente conhecido" que viera a Harlem especialmente para um concerto no Lewisohn Stadium, foi noticiado no jornal *The New York Amsterdam News*, em matéria que incluía a lista dos convidados presentes. Na sua visita seguinte aos Estados Unidos, insiste Bilden com Freyre, ele teria de se encontrar com pelo menos alguns dos membros dessa elite negra.[146]

Anos mais tarde, em 1941, quando Arthur Ramos esteve em Nova York, Bilden também se empenhou para que ele encontrasse "todo tipo de negro proeminente e tivesse um *insight* da vida dos negros em Nova York". Por seu intermédio, por exemplo, Elmer Carter, editor da já citada revista *Opportunity* – criada, como vimos, em 1923, para dar voz à cultura negra – assim como outros líderes negros, abriram suas portas a Arthur Ramos.[147]

O final da década de 1930 e a aproximação de uma nova guerra que parecia cada vez mais inevitável iriam representar para Bilden um abalo substancial em suas esperanças de carreira e de uma sobrevivência menos tumultuosa. Sua condição de alemão impunha, seguramente, maiores limitações aos seus passos e ambições, pois a histeria antigermânica do passado voltara com força naqueles anos, a despeito da aparente obviedade de que nem todo alemão era nazista. Simkins, ciente da situação, critica em outubro de 1938 o que chama de "esse país dono da verdade", onde "ninguém discorda. Os judeus e os radicais

---

aparência de brancura – é minha. Há mágica na pele branca; há tragédia, solidão, exílio na pele negra [...]", White, *A Man Called White*, p.3.

146 Carta de Rüdiger Bilden a Gilberto Freyre, 11 jul. 1938, AFGF; Gather at Douglases: socialites chat with Hall Johnson, *The New York Amsterdam News*, 16 jul. 1938.

147 Cartas de Rüdiger Bilden a Ramos, 5 jan., 27 mar. e 2 abr. 1941, Arquivo A. Ramos, BN.

agora amam acriticamente o Tio Sam porque eles odeiam os alemães". Até mesmo a progressista revista *The Nation* se revela ultrapatriótica e imperialista, ele comenta.[148] O combate ao ódio generalizado a todos os alemães que existia entre os norte-americanos, inclusive entre os "nossos liberais", como dizia um artigo de jornal do final de 1938, deveria ser uma das mais importantes "boas resoluções" para o ano que se iniciava. "Que paremos de ter um ódio indiscriminado contra os alemães, os italianos, os japoneses e os comunistas."[149]

No final de 1938, como Bilden disse a seu amigo George Herzog, tivera a "audácia" de recusar uma "posição atraente em vários sentidos" na recém-fundada Escola de Sociologia e Política, em São Paulo.[150] Mas a situação mundial já era tal que ele se sentira obrigado a não aceitar esse emprego de professor de antropologia cultural e sociologia, "com excelente salário", por não querer e nem achar prudente viajar com um "passaporte de Adolf Hitler". Estaria, como diz, "sujeito à insegurança e às vicissitudes" que tal documento poderia gerar e seguramente não queria "qualquer contato" com os "emissários" de Hitler.[151] Bem sabia, também, que a América Latina era alvo de rivalidade comercial e ideológica entre a Alemanha e os Estados Unidos e que não era aconselhável uma mudança para o Brasil naquela altura. Logo mais, tal viagem se tornaria quase impossível para um "estrangeiro inimigo", como novamente foi considerado todo alemão nos Estados Unidos, repetindo-se o que ocorrera anos antes.

Quando o esperado e temido aconteceu e a Segunda Guerra Mundial eclodiu, em setembro de 1939, Bilden revela sua dor para Flora de Oliveira Lima: "Os eventos na Europa me angustiam imensamente, pois eu temo pela civilização europeia assim como pela segurança de minha gente perto de Aix-la-Chapelle".[152]

---

148 Carta de Francis Simkins a Gilberto Freyre, 24 out. 1938, AFGF.

149 Franklin, WE, the People, *Richmond News Leader*, 31 dez. 1938, p.9.

150 Carta de Rüdiger Bilden a George Herzog, 12 maio 1938, George Herzog Papers, Archives of Traditional Music, Indiana University.

151 Cartas de Rüdiger Bilden a Melville Herskovits, 28 set. 1938 e de Melville Herskovits a Rüdiger Bilden, 12 set. 1938, MHPN, caixa 3, pasta 26.

152 Carta de Rüdiger Bilden a Flora de Oliveira Lima, 23 dez. 1939, Lima Family Papers, CUA.

Sua desesperança era grande, pois todas as alternativas que havia lhe pareciam inaceitáveis: o pacto alemão-russo de não agressão, assinado por Hitler e Stalin em agosto de 1939, lhe parecia um engodo e temia que, no caso de uma derrota alemã, se instalasse o "bolchevismo na Alemanha". Quanto aos "aliados", via bem "pouca credibilidade" nos seus "alegados altos objetivos morais". Se vitoriosos, era de esperar que, desavergonhadamente, impusessem de novo "outra paz de Versalhes". O veredicto de Bilden sobre os chamados defensores da democracia foi manifestado, então, de modo claro e incisivo: "Afinal, eles criaram Hitler e o nazismo, e todo o seu choramingar sobre democracia, liberdade e decência não pode limpar sua ficha suja do passado".[153]

O desenrolar dos acontecimentos mundiais não iria, no entanto, destituir Bilden de sua costumeira determinação de lutar, como veremos a seguir.

---

153 Carta de Rüdiger Bilden a Flora de Oliveira Lima, 23 ago. 1939, Lima Family Papers, CUA.

Capítulo 5
Para além do livro que não foi: 1940-1956

Sempre me interessei por história, mas eles nunca ensinaram história dos negros nas escolas públicas [...]. Eu não posso entender como uma história dos Estados Unidos pode ser escrita de forma honesta sem se incluir o negro. [...] Eu não sou um político. Sou só um artista que tenta fazer minha parte para trazer isso à tona [...].

Jacob Lawrence, conhecido como o artista que documentou tanto a vinda dos negros da África para os Estados Unidos, como a ida deles do sul para o norte do país após a Guerra Civil, proferiu essas palavras em 1940.[1]

Incluir no currículo dos negros "história do negro" e "problemas dos negros" tinha sido, na verdade, um dos tópicos sobre os quais os próprios negros se dividiam. Para alguns, a educação ministrada aos alunos deveria ser igual para negros e brancos, sem qualquer distinção. Para outros, a exemplo do líder Du Bois, ao lado de matérias comuns,

---

1 Disponível em <http://chaparralstaracademy.com/wp-content/uploads/2011/08/Harlem-Renaissance.ppt>, acesso em 3 ago. 2011.

os negros deveriam aprender sua própria história e ter "um treinamento especial em problemas dos negros" a fim de estarem mais bem preparados para lutar por seus direitos. Nos anos 1940, essa era a visão que prevalecia entre os intelectuais negros e pela qual lutavam.[2]

Com o projeto do livro sobre o Brasil já praticamente abandonado, pode-se dizer que grande parte da atividade de Bilden na década de 1940 concentrou-se igualmente na tarefa de remediar a lacuna a que Lawrence se refere. A certa altura, havia afirmado, talvez sem grande convicção, que seu "trabalho prioritário não era educar o negro e sim estudá-lo".[3] Mas, definitivamente, com o passar do tempo Bilden se envolveu mais e mais na tarefa educacional, cuja necessidade era periodicamente mencionada pela imprensa negra. Membros de destaque da comunidade de Harlem – como, por exemplo, o Dr. Willis N. Huggis, "uma autoridade em assuntos africanos" e professor da Harlem Evening High School, e o reverendo John W. Robinson, do Permanent Committee for Better Schools em Harlem – insistiam sobre a necessidade de incluir no currículo oficial das escolas do bairro cursos sobre a "história e as contribuições das raças africanas para a civilização". Sem isso, dificilmente seria desacreditada a "falsa doutrina de que os pretos têm sempre sido rachadores de lenha e tiradores de água". Como que conscientes do caráter visionário de uma demanda mais abrangente para todas as escolas do país, recomendavam que essa história fosse "ao menos leitura requerida no currículo de estudos sociais de todo o sistema escolar" norte-americano.[4]

De vários modos – quer em aulas dadas no Hampton Institute de Virgínia, na Rand School of Social Science de Nova York e em outras localidades esparsas aqui e acolá, incluindo uma igreja de Harlem, quer comentando na imprensa as vitórias legais contra a discriminação racial ou mesmo propondo a criação de um instituto de pesquisa inovador –,

---

2 Myrdal, *An American Dilemma*, p.900-1.

3 Carta de Rüdiger Bilden a Melville Herskovits, 28 set. 1938, MHPN, caixa 3, pasta 26.

4 Race History Library Dedicated in Harlem, *The Chicago Defender*, 19 nov. 1939, p.20, em referência à passagem bíblica em Josué, 9:27; Harlem School Dedicates Library on "Negro History", *The Pittsburg Courier*, 19 nov. 1938, p.2; Demand Negro History Here, *New York Amsterdam Star-News*, 27 set. 1941, p.3.

Bilden empenhou-se em falar para negros e brancos sobre o legado da África e da escravidão para o Novo Mundo e, direta ou indiretamente, sobre a realidade inaceitável em que os muitos descendentes dos africanos ali viviam. Enfim, era como se, tendo fracassado como escritor de um livro inovador sobre a história brasileira, Bilden tivesse se imposto a obrigação de tentar realizar uma tarefa ainda mais ambiciosa – e se fracassasse novamente, fracassaria em algo maior.

"Estrangeiro inimigo" – pela segunda vez

Parênteses devem ser aqui abertos para nos determos em algumas condições de vida desse período, a fim de salientar o grau de bravura e intrepidez que as atividades de Bilden implicavam.

Em primeiro lugar, a suspeita contra "inimigos internos" nos Estados Unidos não esperara a nova guerra para novamente se instaurar. Já anos antes do ataque japonês a Pearl Harbor – que determinou a entrada dos Estados Unidos na guerra em dezembro de 1941 –, tal suspeita adquirira grande proporção e preparara a perseguição e mesmo o confinamento de "estrangeiros inimigos" vivendo no país. De fato, informação e documentação oficiais descobertas nos anos 1990 revelam que norte-americanos de origem alemã e alemães natos, naturalizados ou não, tinham um lugar proeminente na lista de "perigosos e desleais" que havia sido secreta e ilegalmente elaborada desde setembro de 1936 por ordem de J. Edgar Hoover, o diretor do FBI que tinha uma "verdadeira paixão pessoal" por colecionar nomes de indivíduos potencialmente perigosos para a nação e que durante mais de cinquenta anos (1919-1972) se esmerou em seu obsessivo papel de inquisidor.[5]

A partir de 1936, conforme ordem dada por ele, toda informação sobre organizações e indivíduos subversivos deveria ser coletada sem qualquer preocupação com acuidade: "não importando a fonte de onde essa informação seja recebida", como disse então. Essa coleta, que contava com o apoio do presidente Roosevelt, foi efetuada com grande

---

5 Krammer, *Undue Process*, p.1-2.

eficiência, a ponto de em 1939 o FBI se jactar de ter sob a mirada "mais de 10 milhões de pessoas, incluindo grande número de indivíduos de origem estrangeira". Foi com base nessa lista secreta – a *Custodial Detention Index* –, que reunia nomes dos que deveriam ser "cuidadosamente vigiados" e de todos "a serem apreendidos e internados" tão logo o embate se iniciasse, que milhares de estrangeiros foram sendo rotineiramente detidos e interrogados por agentes federais.[6] Havia, sem dúvida, protestos contra esse abuso, mas eram relativamente de pouca força diante da opinião pública amedrontada e de um governo poderoso. Franz Boas e outros fundaram o American Committee for Democracy and Intellectual Freedom, no início de 1939, exatamente com o objetivo de alertar intelectuais e cientistas do país para o perigo do fascismo interno que também crescia. Acreditava-se que, uma vez alertados para o perigo, eles poderiam influenciar a opinião pública. Até essa época, como diz um estudioso, "a maioria dos cientistas norte-americanos estava perfeitamente consciente dos perigos do fascismo no estrangeiro. Poucos, no entanto, estavam igualmente alertas para semelhantes tendências incipientes no seu próprio país".[7] O filósofo John Dewey, pouco depois, em maio de 1939, fundou o Committee for Cultural Freedom. Melville Herskovits, por sua vez, assinou um "pronunciamento vigoroso em defesa dos direitos civis" e foi parabenizado pela corajosa iniciativa que tomara ao lado de "sessenta americanos proeminentes", cientes de que "a liberdade de ninguém estará a salvo a não ser que se proteja e garanta a liberdade de todos". Era de esperar que tal iniciativa tivesse "um peso considerável em minimizar [...] a histeria de guerra que estava assumindo proporções alarmantes" no país. Em resposta ao elogio, Herskovits deixa claro que o que fizera era muito pouco diante do quadro sinistro: "o que me perturba é o número de pessoas que acham que eu fiz algo incomum ao assinar o que me parece ser simplesmente o tipo de coisa que se deve esperar daqueles que estão preocupados com a situação".[8]

---

6 Ibid., p.2, 10-1.
7 Kuznick, *Beyond the Laboratory*, p.225-6 e passim.
8 Cartas da socióloga Ruth Pearson Koshuk a Melville Herskovits, 10 jan. 1940; carta de Melville Herskovits a Ruth Pearson Koshuk, 22 jan. 1940, MHPN, caixa 11, pasta 22.

Assinar jornais em língua alemã ou frequentar festividades culturais alemãs era suficiente para tornar alguém suspeito, assim como bastava um indivíduo ser denunciado por informantes voluntários ou pagos, e muitos deles anônimos – que comumente incluíam vizinhos rancorosos, "ex-esposas enraivecidas e sócios de negócio" –, para que passasse a fazer parte da lista de suspeitos da qual era quase impossível sair. Um exemplo ao mesmo tempo hilariante e deprimente da insensatez com que essa listagem era feita é a justificativa de uma informante ao denunciar o entregador alemão de sua lavanderia que estava sempre a assobiar: "ele só podia estar assobiando porque estava feliz com os sucessos de Hitler".[9]

Assim é que, contra a crença tradicional de que os alemães foram poupados da sina dos nipo-americanos e naturais do Japão que viviam em solo norte-americano e perderam sua liberdade durante a Segunda Guerra, estudos inéditos nos anos 1990 demonstraram que quase 11 mil residentes legais alemães e alemão-americanos foram presos e internados em 54 campos de detenção desde 8 de dezembro de 1941 como "estrangeiros inimigos" ou simpatizantes do inimigo. Ou seja, 34,9% dos internados durante a guerra eram alemães legalmente residentes nos Estados Unidos e norte-americanos de origem alemã. Se é possível dizer que esse era um número pequeno, considerando-se que os aprisionados compunham uma pequena parcela dos 5 milhões de alemães nativos e de primeira e segunda gerações que, segundo cálculos estimativos, viviam nos Estados Unidos, a ameaça de ser acossado, interrogado, preso e de ter sua casa brutalmente vasculhada pelo FBI não poupava nenhum membro dessa vasta comunidade.[10]

E o FBI era só uma das agências que mantinham os "estrangeiros inimigos" sob intenso escrutínio, especialmente após dezembro de 1941. Menos ostensivos, mas igualmente poderosos, eram o Justice Department, o Office of Naval Intelligence, o Office of Strategic Services (OSS) e a Foreign Nationalities Branch (FBN), parte do Office of the Coordinator of Information, além de departamentos de polícia locais e

---

9 Apud Krammer, *Undue Process*, p.11.
10 Krammer, *Undue Process*, p.56-61.

de "grupos vigilantes inexperientes". Consta, por exemplo, que só o Justice Department deteve 60 mil estrangeiros para interrogar – a maioria alemães – nos primeiros dias após o ataque a Pearl Harbor.[11]

A essa altura, a intolerância pública contra os "estrangeiros inimigos" que vinha se impondo desde a década anterior transformara-se numa nova "histeria antialemã", reminiscente da que dominara o país durante a Primeira Guerra Mundial e que, como no passado, dificultava profundamente a vida dessa comunidade. Havia muitos proprietários, por exemplo, que não alugavam seus imóveis para alemães, assim como muitos empregadores que não contratavam estrangeiros – "inimigos" ou não –, e assim por diante. Como insistem os estudiosos do período, grande parte do público norte-americano, influenciado pelos meios de comunicação de massa que insuflavam a xenofobia e o preconceito e pelo temor provocado pelas organizações pró-nazistas – que se mostravam impotentes para atrair muitos adeptos, mas eram exímias em publicidade –, era incapaz de distinguir entre os dois grupos de alemães e alemão-americanos: o pequeno número de simpatizantes do nazismo e os demais, que compunham a grande maioria e que não tinham nenhuma simpatia por Hitler e seus seguidores.[12]

Dessa experiência profundamente perturbadora e ameaçadora Rüdiger Bilden obviamente não escapou. O fato de estar à espera da naturalização desde 1942 era irrelevante, pois era sabido que isso não constituía empecilho para a perseguição e que pessoas como o poderoso Hoover suspeitavam ainda mais dos naturalizados, pois, como dizia, "o manto da cidadania é uma farsa".[13]

De qualquer modo, Bilden não parece ter se abalado muito, de início, com o novo clima de suspeita que se instaurou em meados da década de 1930 no país. Já tendo vivido situação semelhante anos antes, adquirira a capacidade de encarar tal revés com resignação. Por outro lado, muito provavelmente não suspeitava de que, a despeito da declarada neutralidade, o governo norte-americano já estava se preparando

---

11 Ibid., p.56-9, 33.
12 Ibid., p.6-7.
13 Apud ibid., p.68.

para capturar os indivíduos "perigosos e desleais" que constavam da lista secreta, ilegalmente elaborada em pleno período de paz. Mas, acima de tudo, talvez Bilden se iludisse com a possibilidade de que uma nova catástrofe era evitável e de que a "guerra europeia" não se transformaria numa Segunda Guerra Mundial.[14]

Afinal, os Estados Unidos haviam-se declarado neutros em setembro de 1939 – dias após França, Inglaterra, Austrália e Nova Zelândia terem declarado guerra à Alemanha – enquanto persistiam tenazmente com seus esforços, iniciados em 1933, de apaziguar a Alemanha com propostas de concessões econômicas e políticas.[15] Enfim, para muitos norte-americanos – que até novembro de 1941 "não queriam a guerra e evitavam esse palavrão como nunca" – tal atitude era vista como parte dos esforços de Roosevelt, louváveis para alguns, de evitar a tragédia que a maioria temia.[16]

Tudo começou a mudar, no entanto, a partir de 1940, quando a primeira fase da guerra, conhecida como *phoney war* (ou "guerra de mentira", porque não fora marcada por grandes operações militares), terminou e a Alemanha deu início a ofensivas violentas e fulminantes, conhecidas como *Blitzkrieg*, invadindo a Dinamarca e a Noruega em abril e a França, a Holanda, a Bélgica e Luxemburgo em 10 de maio.[17]

Em 30 de maio daquele ano, profundamente abalado com o rumo dos acontecimentos na Europa e consciente de sua repercussão em suas ambições de vida e trabalho, Bilden se vê desalentado. A Holanda havia se rendido cinco dias após o ataque, em 15 de maio; a Bélgica, em 28 de maio, enquanto a França parecia estar preste a sucumbir aos invasores – o que aconteceria logo mais, em 22 de junho. "Eles [os últimos ataques

---

14 Ver, por exemplo, Kunz, Neutrality and the European War 1939-1940, *Michigan Law Review*, v.39, n.5, p.719-54.

15 Offner, Appeasement Revisited: The United States, Great Britain, and Germany, 1933-1940, *The Journal of American History*, v.64, n.2, p.373-93.

16 Langer e Gleason, *The Undeclared War*, p.760.

17 Testada com sucesso na Polônia em 1939, a *Blitzkrieg* tornou-se a tática principal do avanço de Hitler. Como o coronel Donald Armstrong afirmou logo em 1941, "os ingredientes universais de uma *Blitzkrieg* podem ser resumidos como uma ofensiva extremamente rápida e violenta na qual a surpresa desempenha um papel central" (Armstrong, The Blitzkrieg in Caesar's Campaign, *The Classical Journal*, v.37, n.3, p.138-41).

alemães] deprimiram-me terrivelmente e me roubaram quase toda a minha coragem e determinação", confessa Bilden a Freyre.

Os eventos das últimas três semanas são muito horríveis e trágicos para se avaliar agora. O que virá disso tudo ninguém pode profetizar. Mas, na melhor das hipóteses – que significa a derrota da Alemanha nazista e a preservação do tipo de civilização que nós prezamos –, nossas vidas serão afetadas radicalmente.[18]

Frente da antiga propriedade dos Bildens em Eschweiler (c.1940).
Fonte: Eschweiler Geschichtsverein

A essa altura, perfeitamente consciente do clima tenso que tomava conta de seu país de adoção e do fato de que, pela segunda vez, as vicissitudes históricas estavam preste a transformá-lo em "estrangeiro inimigo", Bilden reconhecia que as vitórias nazistas na Europa repercutiam fortemente nos Estados Unidos. É verdade que não haviam sido suficientes para fazerem o país entrar na guerra, mas o haviam despertado "de uma

---

18 Carta de Rüdiger Bilden a Gilberto Freyre, 30 maio 1940, AFGF.

relativa letargia e complacência, substituídas agora por um desejo quase frenético e determinação de salvaguardar o hemisfério ocidental". Tal despertar, admitia, era inegavelmente positivo, mas lamentavelmente trazia consigo o perigo de uma

> crescente onda de suspeita e sentimento contra tudo o que é alemão. A "quinta coluna" está tornando todo mundo um pouco apavorado. O resultado pode bem ser a psicose que tomou conta do país durante a última guerra. Esperemos que não.[19]

O fio de esperança que Bilden revelou ter nessa ocasião – repetindo um comportamento habitual em seus momentos de crise, quando se agarrava firmemente à mais tênue esperança – não foi totalmente abandonado, mesmo quando ele se viu diretamente discriminado pelos organizadores do Pan American Scientific Congress. Realizado em Washington entre 10 e 18 de maio de 1940, esse congresso tinha como objetivo reunir investigadores de várias áreas, ligados às repúblicas americanas, para comemorar o cinquentenário da criação da Pan American Union e seu "serviço inestimável para promoção da boa vontade e melhor entendimento entre as repúblicas do hemisfério ocidental".[20] Ele, queixa-se Bilden, que tinha tanto interesse, empenho e capacidade para ajudar a "cimentar a solidariedade da América do Sul e do Norte" e de preservar suas culturas, não fora convidado para o evento, para espanto de muitos de seus conhecidos e amigos; em contrapartida, "todo professorzinho de assuntos latino-americanos" o fora. E pensar

---

19 Ibid. "Quinta coluna" é uma expressão originada na Guerra Civil Espanhola para referir-se a grupos e forças traidoras, ou "inimigo interno". Foi o medo da quinta coluna que serviu de justificativa para os britânicos internarem alemães na Ilha de Man e para os norte-americanos internarem alemães, italianos e japoneses em vários campos. Gunnar Myrdal dá dois exemplos de "rumores" de quinta coluna atuando nos Estados Unidos durante a guerra: um pequeno grupo de negros norte-americanos apoiando japoneses e industriais do Sul preferindo a vitória alemã à concessão de "igualdade completa para os negros" (cf. Myrdal, *An American Dilemma*, p.814, p.1400).

20 The Eight American Scientific Congress, *Science*, v.90, n.2343, p.485-6. Fundada em 1889-1890 com o nome de Commercial Bureau of the American Republics, a Pan American Union passou a assim se chamar em 1910; em 1948 passou a fazer parte da Organização dos Estados Americanos (OEA).

que alguns de seus organizadores eram seus conhecidos e amigos, como Richard Pattee e seu superior Ben M. Cherrington, chefe da Division of Cultural Relations do Departamento de Estado. Profundamente abalado, mostrava-se, no entanto, compreensivo, reconhecendo que talvez não tivessem tido coragem de convidar alguém como ele: "sou alemão de nascimento e, portanto, suspeito".[21] Por infeliz coincidência, a abertura do congresso aconteceu no mesmo dia em que a Alemanha invadia os Países Baixos e a França, numa operação que abalou profundamente o mundo – evento sobre o qual o presidente Roosevelt concentrou-se em seu discurso de abertura do Congresso.

Devido a esse clima de suspeita, os empregos que Bilden tinha em vista na Yale University e na University of Virginia dificilmente lhe seriam dados, conforme logo reconhece. A única coisa certa que tinha programado para o ano de 1940 eram dois cursos durante o outono na New York University sobre "raça e problemas raciais" e "raça e cultura na América Latina", que eram estimulantes, mas mal remunerados.[22] Quanto a dar "aulas populares sobre a América Latina e o Brasil para várias organizações", conforme já se comprometera – e, de fato, com a ajuda de Hubert Herring, especialista na América Latina, já dera uma aula sobre relações raciais para um grupo de "professores e assistentes sociais" – não duvidava de que também fossem canceladas devido ao clima em vigor.[23]

Mais surpreendente, pois, diante de tudo isso é o fato de nessa mesma ocasião Bilden referir-se a um novo projeto "ambicioso e valioso", especialmente nesse período conturbado, que começara a esboçar para a criação de um instituto para "o estudo comparativo da escravidão, das sociedades escravocratas, das relações raciais e da cultura no Brasil, no sul dos Estados Unidos e nas Índias ocidentais". Como deixa claro para Roquette-Pinto, a quem pede apoio para o projeto no Brasil,

---

21 Carta de Rüdiger Bilden a Gilberto Freyre, 30 maio 1940, AFGF.
22 O curso de Bilden foi anunciado pela Dean da New York University no *New York Times* de 11 set. 1940.
23 Carta de Rüdiger Bilden a Gilberto Freyre, 30 maio 1940, AFGF.

a cooperação entre as nações americanas deve se manter superficial e transitória a não ser que o povo norte-americano manifeste respeito genuíno pela individualidade racial e cultural das outras nações. Tal respeito exige informação acurada e compreensão solidária. O instituto proposto, entre outras coisas, iria satisfazer largamente essa necessidade.[24]

Enfim, tratava-se de uma contribuição que Bilden idealizara para atacar as prementes questões das relações inter-americanas e raciais, com todo o risco que isso envolvia no momento.

A "Política de Boa Vizinhança" é reavaliada

Cumpre aqui lembrar que, à medida que uma nova guerra mundial se tornava uma ameaça mais e mais real e a América Latina passava a ser vista como uma região de importância estratégica para a segurança do hemisfério, a "Política de Boa Vizinhança", instituída oficialmente desde 1933 – uma política de solidariedade que, em contraste com a antiga política intervencionista, propunha-se a garantir "total soberania de cada uma e todas as nações" –, ganhou mais ímpeto e apoio tanto do governo quanto da opinião pública norte-americanos.[25]

Para que tal impulso ocorresse, dois fatores muito contribuíram: de um lado, o aumento alarmante das relações comerciais entre a Alemanha e os países latino-americanos durante a década de 1930,[26] e, de outro, a notícia de uma eficaz operação de espionagem e de propaganda nazista em andamento em todas as vinte repúblicas latino-americanas.[27]

---

24 Carta de Rüdiger Bilden a Roquette-Pinto, 23 nov. 1941, Arquivo Roquette-Pinto, Academia Brasileira de Letras.

25 Park, *Latin American Underdevelopment*, p.132-45.

26 A Alemanha, segundo dados divulgados na imprensa, era cliente de 34,8 % da produção de algodão da América do Sul e Central; de 33,3 % da produção de lã; de 13,5% da de trigo; de 16,6 % da de milho e de 14,4 da de café. Além disso, na América Latina encontravam-se os maiores recursos vitais para a guerra: cromo, carvão, cobre, zinco, borracha, tungstênio, aço vanádio e minério de ferro (cf. Europe's nations look to Latin America for War goods, *The New Leader*, 9 set. 1939).

27 Park, *Latin American Underdevelopment*, p.132-45.

Investigações encomendadas pelo Office of Strategic Services do Departamento do Estado já fazia anos traziam notícias crescentemente alarmantes sobre "agentes nazistas" atuando na América Latina, e "o sul do Brasil e as regiões vizinhas da Argentina e do Paraguai" eram apontados como regiões especialmente visadas devido à grande proporção de descendentes de alemães que ali viviam. Já "desde 1939", dizia um dos relatórios, esses agentes "estavam fazendo grandes progressos no aperfeiçoamento da organização desses alemães num grupo politicamente arregimentado e possivelmente em grupos com algum poder militar".[28]

O perigo, entretanto, não vinha só da Alemanha. Ventos vindos de "Berlim, Roma e Tóquio", como escreveu um estudioso na época, estavam a ameaçar a solidariedade e a unidade americanas, "criando suspeita e hostilidade em relação aos Estados Unidos"; ventos reforçados, evidentemente, pela grande massa de alemães, italianos e japoneses, e seus descendentes, espalhados pela América Latina. Só de simpatizantes de Hitler calculava-se que havia ali de 100 mil a 500 mil a envidarem esforços para "envenenar as relações inter-americanas".[29] Já desde 1937, um professor de jornalismo da Columbia University, após uma visita à América do Sul, alertava para a necessidade de se organizar um amplo programa para atacar o problema. "Os próximos anos determinarão se a América do Sul permanecerá americana ou se tornará ítalo-germânica. Precisamos promover o reconhecimento da América do Sul nas notícias, na educação, na ciência e na literatura."[30]

Uma das maiores causas para o crescente perigo de a América Latina tornar-se uma aliada das potências do Eixo era, conforme apontado por alguns norte-americanos, a "estupenda ignorância nacional" que havia nos Estados Unidos em relação a esses vizinhos do sul – ignorância estimulada pela ausência de "relações pessoais de bons vizinhos". Enquanto há milhões de italianos e alemães que para lá se mudaram, aprenderam a língua, conhecem a sociedade e nela se integraram, lembrava um colunista do *The New Leader* – jornal socialista em que escreviam liberais

---

28 Apud Krammer, *Undue Process*, p.89.
29 Herring, *Good Neighbors* (1941), p.329-33.
30 Apud Gellman, *Good Neighbor Policy*, p.144.

como Bertrand Russell, George Orwell e John Dewey –, os Estados Unidos "só fizeram" lhes dar dólares, eletricidade, bancos, indústrias; coisas, enfim, que "não conquistam o coração das pessoas nem as levam ao entendimento e à amizade". Cabia, pois, à "Política de Boa Vizinhança" ir além da "eloquência que não engana ninguém a não ser a nós mesmos".[31] Enfim, era urgente que se organizasse um contra-ataque à propaganda nazista, pois a América Latina, na descrição pitoresca de um contemporâneo, era uma *lady* que necessitava ser cortejada", já que estava indecisa quanto a que "pretendente" dar o seu "dote".[32]

Foi, pois, tendo em vista a urgência de "fazer a corte" dessas repúblicas americanas que o presidente Roosevelt procurou melhores meios de desenvolver políticas de cooperação e entendimento que ajudassem a conquistar os latino-americanos, já havia muito assediados pelas eficientes "campanhas de persuasão emanadas de embaixadas alemãs, legações e consulados [...] pelo uso da imprensa, do cinema, do rádio".[33] A investida do governo nesse contra-ataque foi grande, mas diferente da do passado. Como disse um crítico, em decorrência dessa investida a hegemonia dos Estados Unidos foi mantida, mas de um modo mais intervencionista do que antes. A diferença era que, enquanto antes a intervenção era feita por fuzileiros navais e canhoneiras, agora se fazia por "embaixadores, oficiais do Ministério das Relações Exteriores e consultores econômicos e militares, apoiados por ajuda econômica e capital privado".[34]

A manchete do respeitado jornal *Richmond Times-Dispatch* de fevereiro de 1939 relatando a visita a Washington do ministro das Relações Exteriores do governo Vargas, Oswaldo Aranha, bem ilustra o tipo de negociações com os países latino-americanos que essa política de boa vizinhança envolvia nessa época: "'Outros' prontos para ajudar o Brasil, se os Estados Unidos se negarem" era o título em letras garrafais que abria a primeira página. As palavras de Aranha ali transcritas,

---

31 U. S. failure to colonize Latin America turned continent toward Europe, *The New Leader*, 5 out. 1940, p.4-5.

32 Herring, *Good Neighbors* (1941), p.336-7.

33 Ibid., p.331.

34 Berger, *Under Northern Eyes*, p.50.

pressionando claramente o governo norte-americano a cobrir as ofertas dos "Estados totalitários" e a cooperar para o desenvolvimento econômico do Brasil eram incisivas. "Nós somos um país grande, cheio de terras e riquezas a serem desenvolvidas – e existe uma fome contínua por matéria-prima." O Brasil, alertava o ministro, está comprando produtos da Alemanha e da Itália que aceitam em troca os produtos brasileiros. Nessas circunstâncias, declarava Aranha, era plenamente justificável a relação comercial que estavam desenvolvendo com os países do Eixo. "Nós temos de abrir nossas portas a eles e faremos o melhor possível para manter as chaves em nossas mãos." No entanto, seria ideal um outro arranjo, sugeria o ministro.

> Viemos aos Estados Unidos para vender uma ideia de cooperação, mas parece ser um problema vender aqui uma ideia simples, direta e sensata [...]. Seus produtos são mais caros e vocês nos pedem pagamento em dinheiro. Como podem forçar as pessoas a comprar em tais circunstâncias?[35]

Quando Aranha deixou os Estados Unidos vitorioso, anunciava-se que o Brasil receberia um crédito de 20 milhões de dólares e havia boas perspectivas para outros empréstimos.[36]

O Office for Coordination of Commercial and Cultural Relations (OIAA), criado em 16 de agosto de 1940 – pouco após o colapso da França, a conquista dos Países Baixos e a retirada de Dunquerque – e conhecida como o Nelson Rockefeller Committee, foi a mais importante e poderosa das organizações que então surgiram para promover a solidariedade panamericana e coordenar medidas que enfraquecessem a penetração nazista na América Latina.[37] Dirigida pelo jovem e empreen-

---

35 "Others" ready to help Brazil if the US won't, *Richmond Times-Dispatch*, 22 fev. 1939, p.1.

36 Brazil to receive $20.000.000 credit, *The New York Times*, 9 mar. 1939, p.9. Sobre a rivalidade entre os países latino-americanos acirrada pelas concessões econômicas feitas ao Brasil e pelo estreitamento das relações com os Estados Unidos que a visita de Oswaldo Aranha a Washington teria promovido, ver Pike, *FDR's Good Neighbor Policy*, p.238-43.

37 O nome foi mudado no ano seguinte para Office of the Coordinator of Inter-American Affairs e, mais tarde, ainda durante a Segunda Guerra, para Office of Inter-American Affairs (OIAA). Sobre a rivalidade entre a Cultural Division Relations do Departamento

O triunfo do fracasso

dedor milionário Nelson A. Rockefeller – que esboçara e promovera junto a Roosevelt essa organização dedicada à "diplomacia cultural" – e com ampla verba vinda diretamente do "Fundo de Emergência do Presidente", a OIAA se esmerou em promover o espírito de solidariedade inter-americana. Para isso, criou divisões de rádio, cinema e imprensa; expandiu a radiodifusão em ondas curtas por todas as Américas; enviou cantores, músicos e grupos de balé para as várias repúblicas; promoveu o desenvolvimento de relações culturais e científicas entre os Estados Unidos e os demais países americanos etc. – tudo como parte do esforço de dar ao público latino-americano uma visão da cultura norte-americana mais variada e profunda do que a visão estereotipada que comumente vigorava e de mostrar respeito e interesse pelas culturas vizinhas, desenvolvendo laços mais firmes com elas. O próprio Rockefeller, dando exemplo, teria aprendido espanhol e se envolvido em atividades culturais latino-americanas.[38]

Um grande senão, entretanto, havia nessa política de "cortejamento": o racismo norte-americano não era confrontado. Já antes da eclosão da guerra, a política estrangeira norte-americana era denunciada aqui e acolá como contraditória e enganosa, e o preconceito racial vigente contra os negros nos Estados Unidos e contra os judeus na Alemanha eram apontados como iguais em suas vilezas. Um leitor do *Richmond Times-Dispatch* lembrava, por exemplo, que "a imprensa nazista está citando os linchamentos e a discriminação contra os negros nos Estados Unidos como uma desculpa para a perseguição dos judeus alemães e austríacos". E acrescentava com certo sarcasmo: "naturalmente isso é um pretexto muito fraco e reduz os nazistas ao mesmo nível dos bandidos que eles criticam. De qualquer modo, faz com que os nossos protestos soem muito hipócritas".[39] Confrontar o problema da superpopulação eliminando a competição não ariana, diz outro leitor no início de 1939, guarda certa semelhança com o modo como os Estados

---

de Estado, criada no verão de 1938, e essa nova organização de Rockefeller, ver Gellman, *Good Neighbor Policy*, p.147-55.

38 Ibid., p.142-55.

39 Voice of the people: democratic race relations, *Richmond Times-Dispatch*, 29 dez. 1938, p.8.

Unidos enfrentam a depressão econômica: procurando "eliminar a raça de cor da arena da competição por causa de sua alegada inferioridade".[40]

O grande problema levantado sem o devido alarde na grande imprensa – mas sistematicamente na imprensa negra e socialista, como o jornal *The New Leader* – era o da base moral sobre a qual se podia condenar como bárbaro o modo como o Terceiro Reich tratava os judeus, quando a realidade norte-americana era tão imoral. Como era apontado, "um ato do Congresso norte-americano para transformar o linchamento em um crime federal foi derrotado no Senado" e as vozes que se erguem contra "a barbárie nazista" são as mesmas que lutam pela preservação do "direito inalienável de linchar os negros" no sul do país.[41] Não era segredo que, entre 1882 e 1938, como mostravam os dados levantados pela NAACP, 5.118 pessoas haviam sido linchadas e queimadas vivas nos Estados Unidos, a grande maioria no sul do país.[42]

Enfim, a questão em jogo, colocada com clareza por vários órgãos da imprensa, especialmente a negra, era a seguinte: os ministérios de propaganda dos poderes fascistas estavam em plena atividade na América Latina e era evidente que, a fim de ganhar adeptos, eles iriam chamar a atenção para o tratamento desumano dado aos negros nos Estados Unidos. E, considerando-se que a América Latina era povoada, em grande parte, por negros, indígenas e mestiços, era de supor que tal estratégia nazista de denúncia ali surtiria grande efeito. Afinal, tal população facilmente poderia se sentir direta ou indiretamente atingida pelo preconceito racista norte-americano. Essa estreita relação entre o racismo norte-americano, de um lado, e sentimentos antiamericanos, de outro, não parece, no entanto, ter sido percebida pelos promotores da "política de boa vizinhança" às vésperas da eclosão da Segunda Guerra. Só os conselhos de Walter White, o dirigente "negro loiro" da NAACP, alertando-os para essa falha fundamental e sugerindo medidas urgentes para saná-las, teria feito com que algumas modificações fossem tomadas nesse sentido.

---

40 It Might Happen Here, *The Afro-American*, Baltimore, 14 jan. 1939.
41 Foreign Policy of U.S. Flawed: program handicapped by American prejudice against Negroes, *The Pittsburgh Courier*, 10 dez. 1938, p.6.
42 *The Afro-American*, 1º jan. 1939.

Entretanto, antes que isso ocorresse, o que era colocado em grande evidência é que a credibilidade do "Tio Sam" estava em perigo enquanto houvesse "8 milhões de negros no sul do país a quem são negados os direitos mais elementares da cidadania, apesar de estarem 'livres' desde 1863". Para os mais otimistas, tudo indicava que os Estados Unidos estavam sendo forçados pelos acontecimentos mundiais a desenvolver "uma atitude inteiramente nova em relação às raças mais escuras" e a encarar de frente o fato de que, "como o judeu na Alemanha de Hitler", o negro norte-americano era "um cidadão de segunda classe", totalmente excluído de consideração quando se tratava de enaltecer "as belezas da democracia" no país.[43] Na verdade, a "pouca diferença" entre a discriminação dos judeus alemães e dos negros norte-americanos é um assunto "tão embaraçoso, que raramente é discutido nos Estados Unidos", conclui um colunista do *Washington Post*. Seria "muito bom para a alma deste país inspecionar a situação em casa ao menos tão frequentemente quanto nós contemplamos com horror a situação da Alemanha nazista".[44]

Nessa linha, o comentário do jornal *The Afro-American* ao que considerava "uma das mais obtusas notas" dos Estados Unidos à Itália – "retaliariam os italianos aqui se a Itália discriminasse os judeus-americanos naquele país" – é revelador. Essa nota do governo, diz o jornal de Baltimore, afirma que até agora os italianos não são discriminados nos Estados Unidos "por sua raça ou credo". Nesse caso, "a Itália pode muito bem retorquir, exigindo que seus cidadãos nascidos na Etiópia [portanto, negros], quando na América, recebam o mesmo tratamento sem qualquer consideração pela raça, cor ou credo". Ora, isso iria criar um grande problema para a desumana política de segregação em vigor em grande parte dos Estados Unidos. Esse negócio de "arianização", conclui o jornal, "pode, afinal de contas, nos trazer alguns benefícios".[45]

---

43 Foreign Policy of U.S. Flawed, p.6; Gannett Reminds U.S. of its democratic duty, *The Afro-American*, 4 fev. 1939, p.4, em referência a um artigo do crítico Lewis Gannett, publicado na edição de fevereiro da renomada revista *Survey Graphic*, de Nova York.

44 U.S. discrimination as bad as Germany's, *The Afro-American*, 21 jan. 1939 (reprodução do artigo do renomado e polêmico jornalista Westbrook Pegler, originalmente publicado no *Washington Post*).

45 Becoming more interesting, *The Afro-American*, 24 dez. 1938.

A "Dupla Vitória" possível

Parecia, pois, que a nova guerra mundial em preparo oferecia uma oportunidade única para uma profunda transformação das relações raciais norte-americanas e que a luta entre as nações se transformaria também numa luta pela igualdade racial.

Mudança tão radical teria, no entanto, de aguardar muito mais tempo ainda. Como previra Gunnar Myrdal – o sociólogo sueco contratado pela Carnegie Foundation para "fazer um estudo abrangente do negro nos Estados Unidos, a ser realizado de modo totalmente objetivo e desapaixonado, como um fenômeno social" –, a guerra seria ganha "sem a confiança" e a "total cooperação" dos povos de cor, mas o custo seria alto. "A casta", diz ele em 1942, "está se tornando um luxo caro dos homens brancos."[46]

A entrada dos Estados Unidos na guerra em dezembro de 1941 só fez aumentar as denúncias do racismo existente como entrave para uma vitória dos aliados contra as potências do Eixo – denúncias agora concentradas na discriminação da qual os negros eram alvo nas indústrias de guerra e nas forças armadas. Um testemunho eloquente da discriminação existente e da reação que isso provocava entre os negros encontra-se nas palavras de um estudante universitário negro, relatadas por Walter White. Explicando a um professor por que ele estava convencido de que a vitória de Hitler não poderia piorar a situação dos negros, ao mesmo tempo que seria "o único" meio de os brancos saberem o que é "ser oprimido", ele diz:

> o exército nos discrimina e nos humilha e nos segrega. A Marinha nos permite servir somente como ajudantes de cozinha. A Cruz Vermelha recusa nosso sangue. Os empregadores e os sindicatos nos excluem. Os linchamentos continuam. Não temos direito a voto, somos segregados

---

46 Myrdal, *An American Dilemma*, p.1063. Sobre o conceito de "casta" e "sistema de casta" – que é "rígido e fechado", diferentemente do "sistema de classe" que, "em certa medida, é sempre aberto e móvel" – como sendo o mais apropriado para tratar do "problema do negro" nos Estados Unidos, ver ibid., cap.31, p.667-88.

["*jim-crowed*"], humilhados e cospem em nós. O que mais Hitler poderia fazer além disso?[47]

A vigorosa campanha da imprensa negra – cuja existência, no dizer de Walter White, era um "milagre do jornalismo" – para que os negros fossem aceitos como participantes de todos os esforços de guerra foi tal que o governo federal, sob pressão, chegou a cogitar a possibilidade de acusar seus editores de "traição".[48] Dissuadido por Walter White, da NAACP, de fazer isso, Roosevelt convocou uma "conferência informal com editores negros" em 1942, a fim de lhes solicitar que publicassem "artigos menos racialmente incendiários, ao menos durante a guerra". Diante da recusa de tal cooperação, alguns dos jornais foram investigados pelo FBI.[49] Repetindo, pois, o que ocorrera na guerra de 1914, pela segunda vez a imprensa negra realizavam a mesma campanha que líderes negros, como Du Bois, vinham fazendo havia décadas. Tratava-se de tornar "os negros plenamente conscientes da inconsistência entre os objetivos de guerra de 'fazer o mundo livre para a democracia' e o tratamento que ela dava para essa minoria em casa".[50]

Ao final da Grande Guerra de 1914, quando as tropas norte-americanas estavam preste a retornar ao país e o tratado de paz estava em discussão, a comunidade negra norte-americana compartilhava das esperanças de uma nova ordem mundial. Tal ambição fora exposta com eloquência pelo líder Du Bois, que fora para Paris a fim de defender os interesses negros na conferência de paz e averiguar os relatos de mau tratamento dado às tropas negras norte-americanas.[51] Como ele diz num pequeno e apaixonado artigo publicado em maio de 1919 na revista *The Crisis*, após terem lutado bravamente "pela América e seus altos ideais", os soldados negros voltavam com a determinação de encarar a verdade

---

47 White, What the negro thinks of the army, *Annals of the American Academy of Political Science*, v.223, p.67. Ver também Redlick, What should the American Negro reasonably expect as the outcome of a Real Peace, *Journal of Negro Education*, v.12, n.3, p.568-72.
48 White, *A Man Called White*, p.209.
49 Fenderson, The negro press as a social instrument, *The Journal of Negro Education*, v.20, n.2, p.186; White, *A Man Called White*, p.207-8.
50 Myrdal, *An American Dilemma*, p.914.
51 Cf. Winter, *Dreams of Peace and Freedom: Utopian Moments in the Twentieth Century*, p.64.

de que os Estados Unidos, "apesar de tudo o que os seus melhores espíritos fizeram e sonharam, ainda é uma terra vergonhosa" pelo tratamento insidioso dado à sua população de cor. Enfim, como diz o poema com que finaliza o artigo, "nós retornamos/ nós retornamos da luta/ nós retornamos lutando".[52]

Duas décadas mais tarde, apesar de frustrados nas esperanças do passado, é muito provável que os editores da imprensa negra tivessem consciência da força que representavam e do fato de que ela era, na época, como disse um estudioso, uma das maiores "indústrias negras", ficando abaixo apenas da "igreja negra". Contando com no mínimo 4 milhões de leitores por semana, segundo estimativa do Office of War Information – e considerando que a população negra nesse período era de 13 milhões –, não é à toa que, em seu famoso estudo sobre o "dilema americano", Gunnar Myrdall tenha se referido a essa imprensa como tendo uma importância "enorme" para a "formação da opinião pública negra, para o funcionamento de todas as outras instituições negras, para a liderança negra e para todas as ações coordenadas em geral".[53]

No Congresso, o deputado democrata pelo estado de Washington John M. Coffee, reconhecendo a falha da "política de boa vizinhança" assinalada por Walter White desde 1940, insistia em apontar a contradição gritante que o país vivia e o mal que isso acarretava para as relações inter-americanas. Alertado aparentemente por seu conterrâneo Charles A. Gauld, um especialista na América Latina da Biblioteca do Congresso, ele chamava a atenção para a repercussão que o racismo norte-americano podia ter entre as populações das outras Américas. "Denunciamos o fanatismo racial do nazismo, mas permitimos que nossos industriais, oficiais e funcionários discriminem 13 milhões de negros norte-americanos leais, que têm mais de 25 milhões de parentes na América Latina", argumentava Coffee. "As relações inter-americanas inevitavelmente só podem sofrer com isso. Esta negação de democracia e cristianismo deve cessar." A discriminação da qual os "não caucasianos,

---

52 Du Bois, Returning soldiers, *The Crisis*, v.XVIII, p.13.
53 Finkle, The conservative aims of militant rhetoric: black protest during World War II, *The Journal of American History*, v.60, n.3, p.692-4; Myrdal, *An American Dilemma*, p.923.

particularmente os negros" são alvo nas indústrias e nas forças armadas e navais, argumentava Coffee, é "uma negação perigosa da própria liberdade e democracia pela qual lutamos". Se as indústrias de guerra e o Departamento de Guerra não puserem um fim à aviltante discriminação que praticam e ao preconceito racial que professam,

> os Estados Unidos podem perder a ajuda entusiástica que negros, chineses, filipinos, hindus e muçulmanos das Índias ocidentais, latino-americanos de cor escura e outros povos não caucasianos dão neste momento para a guerra de âmbito mundial contra a barbárie nazista, fascista e japonesa.[54]

Alguns meses mais tarde, o jornal *Common Sense* expunha publicamente a situação, com um artigo do sociólogo E. Franklin Frazier: "Nossos maiores aliados hoje" estão entre as "pessoas de cor" da Ásia, África, Índias ocidentais, América Latina e Brasil. "Esses povos estão nos observando com suspeita" e nosso relacionamento com eles foi afetado pelo "modo como tratamos o negro americano e por nossa atitude com as pessoas de cor".[55]

Coffee também alertava que muito das derrotas dos aliados, e mesmo o ataque a Pearl Harbor, poderiam ser rastreados na mentalidade dos oficiais navais e do exército – homens brancos, cheios de si e incapacitados, por sua complacência e "ilusões de grandeza racial", de perceberem o perigo se aproximando.[56] Meses antes, ele já se referira no Congresso à "importância do Brasil e do negro para a unidade e defesa do hemisfério nessa crise que ameaça a segurança de todas as Américas", importância essa que estava em compasso com as grandes

---

54 Remarks of Hon. John M. Coffee, Proceedings and Debates of the 77th Congress, segunda sessão, Congressional Record, 30 mar. 1942, Walter White, Good Neighbor Policy, *Papers of the National Association for the Advancement of Colored People (NAACP)*, Library of Congress, grupo II, série A, caixa A-609, em microfilme, bobina 7, acessado no Schomburg Center for Research in Black Culture, NYPL (daqui em diante referido como Good Neighbor Policy, NAACP Papers).

55 Frazier, Brazil has no race problem, *Common Sense*, 11 nov. 1942, reimpresso em Hellwig (org.), *African-American Reflections on Brazil's Racial Paradise*, p.121-30.

56 Remarks of Hon. John M. Coffee, Proceedings and Debates of the 77th Congress, segunda sessão, Congressional Record, 30 mar. 1942, Good Neighbor Policy, NAACP papers, bobina 7.

"contribuições dos negros para a vida, a cultura e a defesa tanto do Brasil quanto dos Estados Unidos ao longo da história". E, baseando-se em pesquisa cuidadosa realizada por Charles A. Gauld, alertava para o seguinte dado:

> As duas maiores nações do Novo Mundo não podem negar aos seus 30 milhões de cidadãos negros sua participação nas forças armadas e nos trabalhos de defesa da democracia na frente econômica. Ou será que esperamos destruir o nazismo no Velho Mundo, ao mesmo tempo que retemos o preconceito racial no Novo?

Não é por acaso, portanto, que foi essa a ocasião em que os "trabalhos monumentais" de Freyre foram mencionados no Congresso norte-americano como obras cuja tradução para o inglês era urgente. Não somente representariam uma "contribuição para o entendimento Estados Unidos-Brasil" mas as ideias de Freyre sobre a importância do "negro para a vida, cultura e defesa" dos dois países poderiam ter grande impacto nesse momento crucial da história.[57]

"Política da Boa Vizinhança": a contribuição de Rüdiger Bilden

Voltando ao projeto idealizado por Bilden em 1940 para o aprimoramento das relações interamericanas, e pelo qual iria batalhar intermitentemente ao longo de muitos anos, não há como não reconhecer o seu destemor em propô-lo e divulgá-lo com insistência. Afinal, as circunstâncias não eram nada auspiciosas para um alemão, muito menos para um alemão interessado na estratégica América Latina e na delicada questão das relações raciais norte-americanas.

---

57 Remarks of Hon. John M. Coffee, Proceedings and Debates of the 77th Congress, Washington, House of Representatives, Congressional Records, primeira sessão, 2 out. 1941, Good Neighbor Policy, NAACP Papers, bobina 7. Para mais informações, ver Pallares-Burke, Gilberto Freyre and Brazilian self-perception. In: Bettencourt, *Racism and Ethnic Relations in the Portuguese-Speaking World*; Proceedings of the British Academy 179, 2012, p.113-32.

Bilden logo teve provas de que a "histeria da quinta coluna" estava se espalhando. Um ano e meio antes de Pearl Harbor, comentara sobre o clima tenso que via crescendo ao seu redor: "Ontem ouvi de uma fonte fidedigna que o Departamento do Estado não tolerará que qualquer pessoa de origem alemã ou austríaca, quer cidadão ou não, se envolva em atividades latino-americanas. Isso irá me condenar", conta, desolado, a seu amigo Freyre.[58] Essa medida representava nada mais nada menos do que um golpe de misericórdia em seus anseios de arranjar algum trabalho, de dar aulas sobre a América Latina, "de ser útil em promover melhores relações entre os Estados Unidos e o Brasil e em combater as atividades nazistas na América Latina", atividades que ele próprio muito temia "devido aos métodos extremamente astutos e inescrupulosos dos nazistas".[59] E tudo isso tinha muito de absurdo, dizia Bilden, considerando o fato de que se opunha "frontalmente ao fascismo e à Alemanha nazista", vivia nos Estados Unidos "há praticamente 26 anos", desprezava Hitler em profundidade e, "apesar de ser alemão, [...] seria um dos primeiros a ser executado se Hitler invadisse esse país, como muitos norte-americanos temem que irá acontecer".[60]

Em 22 de junho de 1940, de "coração destroçado"com o colapso da França, que acabara de assinar o armistício com Hitler – colapso que confessava deplorar tanto quanto a "degeneração da Alemanha" –, Bilden admite a Freyre que estava vivendo uma situação "infernal". Via como fechadas quaisquer possibilidades de, com seu "conhecimento da América Latina", prestar "um verdadeiro serviço" nesse momento dramático pelo qual o mundo civilizado passava. "Mesmo que as pessoas confiem em mim pessoalmente, elas não querem se ver na posição de terem de se desculpar com os outros por eu ser um alemão."[61]

Para completar o quadro desalentador, descobriu no meio dessa situação "infernal" que o azar fizera que perdesse uma oportunidade maravilhosa de ter um "refúgio ideal" onde trabalhar e aguardar que "a maldita guerra" terminasse. Flora de Oliveira Lima, querendo que ele

---

58 Carta de Rüdiger Bilden a Gilberto Freyre, 2 jun. 1940, AFGF.
59 Cartas de Rüdiger Bilden a Gilberto Freyre, 2 e 22 jun. 1940, AFGF.
60 Ibid.
61 Carta de Rüdiger Bilden a Gilberto Freyre, 22 jun. 1940, AFGF.

assumisse a curadoria da Coleção Oliveira Lima em Washington D. C., enviara-lhe o convite para a Fisk University, mas, como não conseguira localizá-lo, contratara outra pessoa. As duas cartas que ela remetera para o seu antigo emprego haviam retornado com o aviso "endereço desconhecido". Indignado com o descaso dos que, sabendo onde encontrá-lo em Nova York, não se haviam dado ao trabalho de informar a senhora Oliveira Lima, Bilden, que em geral se mostrava cordial, generoso e compreensivo, reagiu de modo agressivo: "foi simplesmente um maldito desleixo de negro, se não coisa pior, que me custou aquela oportunidade. Eu poderia até ter feito da biblioteca um verdadeiro instituto brasileiro".[62] As palavras de Percy Martin a Gilberto Freyre, o amigo em comum, dão bem uma amostra do estado de espírito de Bilden:

> há pouco recebi uma carta patética de nosso amigo Bilden. O pobre coitado não tem emprego e está tendo uma dificuldade imensa para sobreviver [...] Ele está com grande necessidade de encorajamento, e tenho certeza de que uma carta sua seria muitíssimo apreciada.[63]

O desalento e a apatia de Bilden duraram pouco e, em novembro de 1940, encontrava-se reerguido e renovado nas suas esperanças, apesar de supor que suas oportunidades de encontrar trabalho como professor estavam praticamente paralisadas. Soubera, por exemplo, no último momento, que os dois cursos de extensão que daria no outono na New York University – sobre "problemas raciais" e "raça e cultura na América Latina" – haviam sido cancelados por falta de matrícula;[64] e perspectivas de posições temporárias na Hunter College e na Brooklyn College da City University de Nova York para ensinar "história, antropologia e sociologia da América Latina" não tinham se atualizado até então.

---

62 Cartas de Rüdiger Bilden a Gilberto Freyre, 2 e 22 jun. 1940, AFGF.

63 Carta de Percy A. Martin a Gilberto Freyre, 10 out. 1940, AFGF.

64 A New York University é uma universidade privada e de prestígio da cidade de Nova York, frequentada nessa época basicamente por estudantes brancos. Muito possivelmente, nesse período a maioria deles não tinha suficiente interesse nos temas dos cursos anunciados. Só no final dos anos 1960 "Black Studies" foram estabelecidos nas universidade de prestígio dos Estados Unidos, sendo a NYU uma das pioneiras, ao fundar o Institute

O triunfo do fracasso

Mas nada disso o desencorajou em profundidade naquele momento. A criação do Office for Coordination of Commercial and Cultural Relations em agosto de 1940, e as notícias de que Nelson Rockefeller estava promovendo "todo tipo de atividades louváveis" o animavam pelas novas possibilidades que pareciam se abrir para a causa das relações interamericanas. Estimulado por amigos, chegou a cogitar em se aproximar de Rockefeller e oferecer seus préstimos de especialista da América Latina e do Brasil para trabalhar no seu comitê. Conforme relata a Freyre, diante de seu lógico receio de que estaria, por princípio, barrado de tal organização devido às suas origens, os amigos teriam ridicularizado suas "apreensões" dizendo que sua "atitude em relação à Alemanha nazista e lealdade para a integridade nacional e cultural da América Latina, particularmente o Brasil, era muito bem conhecida" e eles poderiam conseguir que "ao menos cinquenta pessoas de renome atestassem" por ele.[65]

Se Bilden tentou ou não trabalhar com Rockefeller, apesar da exígua chance que haveria para um alemão participar de um órgão do governo naquele momento histórico turbulento, não sabemos com certeza; mas o que se sabe é que Bilden empenhou-se com enorme afinco e determinação, desde 1940, em fundar o ambicioso instituto interamericano para o estudo comparativo de regiões que tinham formação e problemas basicamente semelhantes: o sul dos Estados Unidos, o Caribe e o Brasil. Se tal projeto se materializasse – e em alguns momentos o andamento das discussões com a New York University, com a University of Virginia e com o Departamento do Estado parecia bastante animador –, representaria a "realização de minha ambição científica" e seria uma grande oportunidade de "pôr minhas ideias em ação e em mais ampla circulação", declarou Bilden entusiasmado.[66]

---

of Afro-American Affairs em 1969, em honra a Martin Luther King, que havia sido assassinado recentemente (cf. Brown, New York University: the Institute of Afro-American Affairs, *The Journal of Negro Education*, v.39, n.2, p.214-20; Moskowitz, The status of black studies at the nation's highest-ranked Universities, *The Journal of Blacks in Higher Education*, n.16, p.82-91).

65 Carta de Rüdiger Bilden a Gilberto Freyre, 16 nov. 1940, AFGF.

66 Carta de Rüdiger Bilden a Franz Boas, 15 dez. 1940, Franz Boas Papers, caixa 7, American Philosophical Society, Filadélfia; cartas de Rüdiger Bilden a Gilberto Freyre, 16 nov. e 22 dez. 1940, 27 e 28 fev. 1941, AFGF.

As iniciativas que tomou para fundar essa instituição se deram em várias frentes. Procurou apoio da Divisão de Relações Culturais do Departamento do Estado, por intermédio de seu amigo Richard Pattee; do Consulado Geral do Brasil em Nova York; da Embaixada Brasileira em Washington; do Nelson Rockefeller Committee; do diretor do Institute of International Education, Stephen Duggan; de Donald Young, do Social Science Research Council; de Henry A. Moe, da Guggenheim Foundation; e de Laurence Duggan, diretor do Bureau of the American Republics, além de professores de renome, como Robert MacIver e outros da Columbia University e seu mentor e amigo Franz Boas. Dentre os brasileiros que o estimularam desde o início, sobressai o cônsul-geral do Brasil em Nova York, Oscar Correia – pessoa apreciada por Bilden tanto quanto o antigo cônsul Hélio Lobo –, que o teria estimulado a buscar apoio não só do recém-nomeado embaixador Carlos Martins Pereira e Sousa como de intelectuais brasileiros de peso que, no Brasil, poderiam, segundo ele, interceder junto ao Ministério da Educação e das Relações Internacionais, de que dependeria a obtenção de fundos.

De todas essas várias organizações e de muitas dessas pessoas, como relata Bilden com ânimo, teria obtido inicialmente "sincero endosso e apoio".[67] Quase todos a quem submetera o plano – "pessoas influentes e proeminentes" – o haviam considerado "muito interessante, valioso, novo e merecedor de toda consideração e apoio. Ninguém ainda havia dito nada de derrogatório ou crítico sobre o plano".[68] O próprio embaixador dos Estados Unidos no Brasil, Jefferson Caffery, com quem discutira o plano, havia "reconhecido sua grande importância para as relações brasileiro-americanas e, como um nativo da Luisiânia, admitira os méritos da comparação proposta entre o sul dos Estados Unidos com o Brasil e o Caribe".[69] O antropólogo George

---

67 Carta de Rüdiger Bilden a Walter White, 17 fev. 1941, Walter White, Good Neighbor Policy, NAACP Papers, microfilme, bobina 12; carta de Rüdiger Bilden a Gilberto Freyre, 16 nov. 1940, AFGF; carta de Rüdiger Bilden a Roquette-Pinto, 23 fev. 1941, Arquivo Roquette-Pinto, Academia Brasileira de Letras, Rio de Janeiro.

68 Carta de Rüdiger Bilden a Gilberto Freyre, 21 jan. 1941, AFGF.

69 Carta de Rüdiger Bilden a Roquette-Pinto, 23 fev. 1941, Arquivo Roquette-Pinto, Academia Brasileira de Letras, Rio de Janeiro; carta de Rüdiger Bilden a Walter White, 17 fev. 1941, Good Neighbor Policy, NAACP Papers, bobina 12.

Herzog, da Columbia University, por outro lado, o teria animado com insistência a desconsiderar os obstáculos que sua nacionalidade alemã poderia representar para a viabilização de seu projeto, afirmando que podia contar com sua ajuda incondicional: "organizaria um documento expressando a confiança absoluta em minha visão e atitude e o faria assinar por todas as pessoas que me conhecem: Boas, MacIver, Kandel, Donald Young, Moe, Herskovits e muitos outros".[70]

Para que o projeto se viabilizasse eram necessários fundos de 25 a 30 mil dólares por ano – um terço vindo do governo brasileiro e o restante das fundações norte-americanas Rockefeller e Carnegie, bem como de eventuais particulares. Desde que essas partes garantissem a continuidade do financiamento, o Comitê de Nelson Rockefeller estava disposto a financiar o início quase imediato do instituto, dada a urgência da melhoria das relações interamericanas.[71]

Justificadamente entusiasmado com o andamento das negociações, Bilden procurou Walter White, o líder da NAACP, que já conhecera pessoalmente nas muitas festas do casal Douglas dos anos 1930. Já desde o início de 1940, conforme apontado, White estava empenhado em convencer as autoridades de que "nenhuma política de 'boa vizinhança' poderia ser bem-sucedida" – e, portanto, nenhuma oposição substancial poderia ser feita às ditaduras da Europa – enquanto os americanos da América Central e do Sul, cuja população "não branca ia de 50 a 98%", se sentissem alvo dos preconceitos de cor que existiam nos Estados Unidos.[72] Como deixa claro, ele se surpreendera ao perceber que

altos funcionários do governo dos Estados Unidos nunca haviam pensado nisso e nem sabem quão grande é a percentagem da população das

---

70 Carta de Rüdiger Bilden a Gilberto Freyre, 16 nov. 1940, AFGF.
71 Carta de Rüdiger Bilden a Walter White, 17 fev. 1941, Good Neighbor Policy, NAACP Papers, bobina 12; carta Rüdiger Bilden a Roquette-Pinto, 23 fev. 1941, Arquivo Roquette--Pinto, Academia Brasileira de Letras.
72 Cartas de Walter White a Nelson Rockefeller, 4 out. 1940 e à sra. Thurman, da Howard University, 10 set. 1940, Good Neighbor Policy, NAACP Papers, bobina 12.

Américas Central e do Sul que não seria classificada como "branca" de acordo com os padrões dos Estados Unidos.[73]

White insistia em que os norte-americanos percebessem a urgência da questão e enfrentassem o racismo instituído como uma questão de sobrevivência – mesmo que fossem indiferentes aos seus aspectos éticos ou humanitários. Se dependiam do apoio das repúblicas "escurinhas" do sul para se salvaguardar, salvaguardar as Américas e, no limite, o hemisfério ocidental, a política das relações exteriores tinha de forçar a extinção do "Jim Crow", argumentava White. Caso contrário, como dizia um artigo de seu amigo, o jornalista liberal John Franklin Carter, "'Jim Crow' vai ajudar a acabar conosco".[74]

Convocando o apoio de pessoas influentes dos Departamentos de Estado e do Comércio, de homens de negócio e da imprensa branca, dos produtores de cinema em Hollywood e de programas de rádio pelo país afora, bem como enfrentando a oposição dos que o viam como um oportunista a "se utilizar do recente interesse nacional pela América do Sul [...] para avançar sua causa" antirracista, White sugeriu algumas medidas corretivas, que, ao que tudo indica, foram levadas em consideração por Nelson Rockefeller.[75] Dentre os "passos recomendados" no

---

73 Carta de Walter White ao Dr. Charles G. Fenwick, 10 mar. 1941, Good Neighbor Policy, NAACP Papers, bobina 12.

74 Franklin, WE, the people: 'Jim Crow' and the good neighbor policy, artigo enviado a Walter White sem dados de imprenta, Good Neighbor Policy, NAACP Papers, bobina 12.

75 No arquivo da NAACP encontram-se evidências dos esforços de White para redirecionar a Política da Boa Vizinhaça, assunto aparentemente ainda não devidamente estudado. Cf., por exemplo, Memorando de W. G. Warneck para Frank Gannett, presidente do conglomerado *The Gannett Newspapers*, a propósito de Walter White; cartas de Walter White a Godfrey Lovell Cabot (industrial filantrópico de Boston que instituíra em 1938 o Prêmio Maria M. Cabot para jornalistas que promovessem maior entendimento entre as pessoas das três Américas), 10 dez. 1940 e 8 jan. 1941; carta de G. L. Cabot a Walter White, sem data; cartas de Walter White a Laurence Duggan, do State Deparment, 8 nov. e 7 dez. 1940; cartas de Walter White a Jay Franklin, 7 dez. 1940 e 31 jan. 1941; carta de Walter White a Xavier Cugat, da National Broadcasting Company, 22 abr. 1941; carta de Walter White a Mark Ethridge, editor do *Louisville Courier-Journal*, 22 abr. 1941; cartas de Walter White a Frank Gannett, 5, 9 e 23 set. e 11 out. 1941; cartas de Walter White a Nelson Rockefeller, 26 maio e 9 dez. 1941; carta de Walter White a Jackson Leighter, da Motion Picture Society of Americas em Beverly Hills, 3 jul. 1942, Good Neighbor Policy, NAACP Papers, bobinas 7 e 12.

"Memorando ao sr. Nelson Rockefeller" – cujas "ideias construtivas" este muito apreciou –, sobressaíam as sugestões de que fossem enviados para a América Latina cientistas, intelectuais, artistas e músicos negros; e que os representantes dos vários departamentos do governo norte-americano enviados às repúblicas vizinhas fossem pessoas ilustradas em suas "atitudes raciais" – tanto elas como "os parentes que as acompanham". O ideal, entretanto, aponta White, era que fossem selecionados para esses postos não só "brancos norte-americanos", pois há "inúmeros casos em que negros norte-americanos altamente qualificados deveriam ser considerados para postos diplomáticos, consulares e outros". E, sem meias palavras, argumentava: "A seleção de tais pessoas faria um bem infinito na demonstração tangível de que o linchamento não representa a única atitude do branco norte-americano em relação aos que não são brancos".[76]

Bilden estava a par das atividades de Walter White e da NAACP, assim como essa associação conhecia algumas de suas atividades. Na verdade, pouco antes de encontrar-se com White para expor seu plano de fundação do instituto interamericano e buscar sua cooperação, Bilden estivera em contato frequente com o diretor das filiais da NAACP, William Pickens, a fim de organizar a visita de Arthur Ramos a Nova York. Contando com o total apoio de Pickens, Bilden foi apresentado aos "executivos" da associação e ao presidente de uma vasta organização religiosa, a Interdenominational Ministers Alliance, como "uma das mais eminentes autoridades sobre o negro no mundo ocidental", assim como seu convidado, Dr. Ramos. Pickens sugerira a todos que se "aproveitasse o mais possível essa oportunidade" e fosse organizada uma "pequena conferência" com os dois especialistas.

> Esses dois *gentlemen* têm informações úteis sobre o negro no Brasil e em outras partes da América Central e do Sul. Talvez o negro brasileiro usufrua de maior igualdade no meio da população em que vive do que o

---

76 White, *Memorandum To Mr. Nelson Rockefeller, Coordinator, Commercial and Cultural Relations Between the American Republics*, 22 abr. 1941, Good Neighgor Policy, NAACP Papers, bobina 12.

negro de qualquer outro Estado americano onde o negro é uma minoria da população.[77]

Bilden encontrou-se com Walter White em 14 de fevereiro de 1941, quando discutiu o seu projeto e dias depois lhe enviou cópia do memorando que escrevera para a embaixada do Brasil em Washington. Sua acolhida, a crer no entusiasmo de Bilden, foi muito positiva. Afinal, White estava no meio de uma campanha na qual o projeto de Bilden se encaixava muito bem. Comentando seu encontro, Bilden aponta a semelhança entre suas ideias: assim como White enfatizava "a importância do ângulo racial nos atuais esforços para criar solidariedade no hemisfério ocidental", ele também

> durante anos enfatizara que entre os maiores obstáculos para relações harmoniosas com a América Latina estava a atitude racial prevalecente nos Estados Unidos e a consequente condescendência para com a cultura das nações latino-americanas, particularmente aquelas com uma grande população negroide.[78]

Enfim, as negociações para a realização do plano de Bilden pareciam estar caminhando para um total sucesso. Conseguira até mesmo o apoio de Berent Friele, um norueguês de importante família de importadores de café, estabelecido em Nova York como presidente da American Coffee Corporation. A essa altura, Friele era colaborador de Nelson Rockefeller na divisão comercial de seu comitê e comprometeu interceder a favor do projeto de Bilden junto a Rockefeller. "Senti", disse Bilden, "que esse homem pode ser mais instrumental do que ninguém em obter resultados concretos."[79]

---

77 Carta de William Pickens ao reverendo Frank Twine, 22 nov. 1940; Pickens, *Memorandum to Executives from Mr. Pickens*, 22 nov. 1940; carta de Rüdiger Bilden a William Pickens, 25 nov. 1940, Good Neighbor Policy, NAACP Papers, bobina 12.

78 Carta de Rüdiger Bilden a Walter White, 17 fev. 1941, acompanhada de cópia do projeto "Memorandum for the Brazilian Embassy concerning The Creation of a Research Institute for the Comparative of Brazilian Culture", Good Neighbor Policy, NAACP Papers, bobina 12.

79 Carta de Rüdiger Bilden a Gilberto Freyre, 27 fev. 1941, AFGF; Berent Friele, an Associate of Rockefellers in Business, *The New York Times*, 19 set. 1985, p.20; Friele will see Rockefeller, *The New York Times*, 5 mar. 1955, p.36.

O triunfo do fracasso

E ele tinha razão de se orgulhar de seu projeto, ao qual, inicialmente, deu o título de Research Institute for the Comparative Study of Brazilian Culture, porque fora originalmente escrito para "consumo brasileiro".[80] O instituto era inovador não só na abordagem comparativa e interdisciplinar proposta, como na escolha do tema de estudo e no caráter acadêmico-prático que assumia.

O caráter inovador do instituto idealizado era assim explicado. Tratava-se de um instituto de pesquisa que, estudando cientificamente regiões afins, não se confinava ao âmbito estritamente acadêmico, já que estava interessado não só na "coleta e interpretação" de dados, mas na "disseminação de informação acurada". Informação que, difundida através de escolas, imprensa, rádio e outros meios para atingir "a massa das pessoas", iria, em última instância, repercutir amplamente no relacionamento entre os povos. Como Bilden explicita, "apesar de estritamente científico na sua organização e função", o instituto planejado "seria uma força potente e permanente para criar uma compreensão positiva do Brasil e das outras regiões afins".

O principal objetivo anunciado era sanar um dos grandes entraves para o entendimento do Brasil, tratando-o não mais como um mero apêndice da América espanhola – o que inevitavelmente gerava mal-entendidos grosseiros –, mas como um país com "identidade nacional e cultural distinta". O novo interesse norte-americano pela América Latina fazia dessa uma "época propícia" para um estudo sólido que, "afastando-se do procedimento tradicional" que estudava regiões diversas de "modo amontoado", estudasse o Brasil comparativamente com áreas americanas que com ele compartilhavam "origem, desenvolvimento e problemas semelhantes". Tratava-se, enfim, de "amontoar" o Brasil com as regiões corretas. Esse era o argumento de Bilden num projeto que estava a inaugurar pioneiramente o que anos mais tarde iria se desenvolver no Estados Unidos com o nome de "estudos de áreas". Mas "estudos de áreas" que, em vez de se voltarem fundamentalmente para questões políticas e econômicas, como aconteceria nos

---

80 Carta de Rüdiger Bilden a Walter White, 17 fev. 1941, Good Neighbor Policy, NAACP Papers, bobina 12.

anos 1950, tinham, segundo a proposta de Bilden, interesse puramente científico e cultural.[81]

Muito mais do que os países da América Latina que pouco têm em comum com o Brasil além da "localização geográfica e a colonização por latinos", o sul dos Estados Unidos e o Caribe são áreas que "têm em comum um traço fundamental", argumentava Bilden: "a influência multiforme e de amplo alcance de séculos de escravidão, melhor sumarizados como a erosão do solo e do homem". Por conseguinte, essas três regiões, apesar de todas as diferenças entre elas, compartilhavam condições e problemas que seriam especialmente contemplados por um estudo comparativo e interdisciplinar nunca antes realizado. Enfim, tratava-se de estudar comparativamente vários aspectos "do Brasil, do sul dos Estados Unidos e das regiões do Caribe": a "antropologia aplicada, a sociologia, a história cultural e social, a geografia humana e econômica, a psicologia social, o folclore etc.". Em outras palavras, apesar de a "análise e intepretação" do Brasil ser o objetivo maior do projeto, as outras duas regiões seriam igualmente beneficiadas nas soluções de problemas que todas compartilhavam.

As vantagens da abordagem comparativa dos vários aspectos dessas regiões iam na mesma linha das já apontadas por Bilden em 1936 a propósito da inclusão do sertão na história do Brasil: iriam conferir à análise do Brasil, do sul dos Estados Unidos e do Caribe um caráter científico que só um estudo comparativo poderia propiciar, já que "o método comparativo sempre produz o *insight* mais objetivo e é o único meio de medir valores relativos". Acima de tudo, a "correlação de pesquisas e dados pode ser fértil no mais alto grau" e contribuir para o objetivo maior da produção do conhecimento, que era, como Bilden aponta com insistência, a solução de problemas.

No caso das três regiões a serem estudadas, um "problema grave em particular" sobressaía em todas elas, argumentava Bilden:

a regeneração e elevação à dignidade humana do trabalhador agrícola, descendente do escravo, que muito frequentemente vive abaixo do nível

---

81 Szanton (org.), *The Politics of Knowledge*.

O triunfo do fracasso

de subsistência econômica e degradado pela má nutrição, doença, vício, miséria, ignorância, superstição etc. [em todas essas regiões].

Da solução desse problema central dependia o "desenvolvimento e amadurecimento sadio" de todas elas. Ora, o estudo comparativo, dizia Bilden, pode contribuir para essa solução

muito mais do que contribuiriam investigações confinadas a uma única área [...]. E mesmo a análise comparativa de pontos de grande diferença ou contraste devem ser instrutivos e úteis. As razões pelas quais um meio gerou atitudes e comportamentos muito diferentes dos gerados em meios com antecedentes similares seriam cientificamente interessantes e úteis na prática.

Nesse aspecto, um exemplo óbvio é o "tema das relações e mistura raciais e de fusão cultural". Muito poderia ser ganho de estudos comparativos sobre esses temas. Se, de um lado, é de se crer que os resultados de tais estudos poderiam "encorajar as forças de tolerância nos Estados Unidos", estimulando o país a adaptar os "métodos brasileiros às condições locais", o Brasil também poderia se beneficiar ao "receber um impulso para continuar na direção que já seguia".[82]

Quanto à localização, o instituto deveria ser parte de uma universidade – preferencialmente do sul, dado o caráter do projeto – que estivesse "livre de preconceito racial", o que infelizmente parecia excluir a University of Virginia, que "não estava ainda suficientemente avançada para efetuar uma mudança radical nas suas restrições raciais". Bilden pensara nela inicialmente, mas logo percebera que "seria um absurdo relacionar o instituto com uma universidade que não aceitaria estudantes ou acadêmicos negros de seus respectivos países como professores". A Johns Hopkins University, em Baltimore, era uma opção, desde que abrisse mão da "questão da raça" ao menos no âmbito do

---

82 Bilden, "Memorandum for the Brazilian Embassy concerning the creation of a Research Institute for the Comparative of Brazilian Culture", Good Neighbor Policy, NAACP Papers, bobina 12.

instituto, o que parecia plausível a certa altura. "Isso já seria uma vitória significativa para a tolerância racial", diz Bilden a Walter White.[83]

Fazia parte do plano idealizado também batalhar para o estabelecimento de um "instituto similar" numa universidade brasileira, assim que o instituto norte-americano já estivesse estabelecido e em funcionamento. "Nesse caso, as duas instituições poderiam coordenar suas atividades fazendo um intercâmbio de seus membros e estudantes e cooperando nas investigações e publicação."[84] Tão otimista estava Bilden no final de 1940 que já anunciara a Freyre que tudo faria para que ele fosse o diretor do "instituto correspondente" a ser criado no Brasil, caso concordasse.[85] Seu empenho fora grande e seu otimismo era justificado. Passara meses, como disse, envolvido num "trabalho desagradável de promoção, indo atrás de pessoas para conseguir dinheiro", escrevendo cartas relacionadas ao aspecto de "propaganda do plano" – tudo, enfim, coisas pelas quais não tinha nenhum interesse. Mas os "méritos científicos de longo alcance" de seu plano e seu entusiasmo pelo que este, se implantado, poderia significar para os "estudos raciais e culturais" o haviam impulsionado a continuar.[86]

Não obstante todo o apoio e encorajamento que a princípio recebeu de autoridades do Departamento de Estado norte-americano, extraoficialmente do governo brasileiro, de pessoas ligadas ao mundo universitário e das fundações de pesquisa, o projeto não foi adiante. Inexplicavelmente, de uma hora para outra, conforme Bilden relata, instaurou-se uma "verdadeira conspiração de silêncio" e mesmo os mais entusiastas passaram a calar-se sobre o instituto ou a manter-se inacessíveis.[87]

Para Bilden, a explicação para essa mudança de atitude era clara: resultava de uma campanha sórdida de seus "antigos inimigos" da Columbia e de Frank Tannenbaum, o professor que substituíra William

---

83 Carta de Rüdiger Bilden a Walter White, 17 fev. 1941, Good Neighbor Policy, NAACP Papers, AFGF; carta de Rüdiger Bilden a Gilberto Freyre, 28 fev. 1941, AFGF.

84 Carta de Rüdiger Bilden a Roquette-Pinto, 23 fev. 1941, Arquivo Roquette-Pinto, Academia Brasileira de Letras, Rio de Janeiro.

85 Carta de Rüdiger Bilden a Gilberto Freyre, 22 dez. 1940, AFGF.

86 Carta de Rüdiger Bilden a Gilberto Freyre, 27 fev. 1941, AFGF.

87 Carta de Rüdiger Bilden a Gilberto Freyre, 2 maio 1941, AFGF.

O triunfo do fracasso

Shepherd na direção do Departamento de História – os mesmos que havia tempos lhe tinham "sujado o nome, especialmente com as fundações".[88] Muito provavelmente, Bilden sabia que Tannenbaum era um indivíduo que cultivava ligações com pessoas do alto escalão e que se orgulhava dos contatos que tinha no mundo político, diplomático e nas fundações de pesquisa. Amigo íntimo do presidente mexicano Lazaro Cárdenas, conselheiro do embaixador norte-americano no México, correspondente de Nelson Rockefeller e do presidente Franklin D. Roosevelt, a quem enviou uma pintura mexicana de presente em 1938, Tannenbaum era definitivamente um indivíduo ligado aos poderosos do dia.[89] Desde o início, como Bilden comenta, tomara cuidado de manter seu projeto em segredo, pois previa que, se seus inimigos da Columbia e especialmente Tannenbaum soubessem dele, ficariam enraivecidos com a possibilidade de seu plano ser realizado.[90]

Não é improvável que Bilden estivesse correto em sua suposição e que a notícia sobre seu projeto, espalhando-se para um círculo maior, tivesse chegado aos ouvidos de seus "inimigos". O mundo de estudos latino-americanos era pequeno e um dos devotos alunos de Tannenbaum, Robert J. Alexander, fazia parte de uma das divisões da comissão de assuntos interamericanos dirigida por Rockefeller.[91] Jane, que ainda circulava na Columbia University, também poderia ter mencionado inadvertidamente a Tannenbaum o auspicioso novo projeto do ex-marido.

Além da atitude mesquinha que, como vimos, Tannenbaum já revelara antes, havia agora um elemento de rivalidade, pois nessa mesma época ele estava empenhado em criar um instituto de pesquisa sobre a América Latina que talvez visse como concorrente do instituto mais ambicioso de Bilden. Tratava-se da instituição de um centro devotado a estudos econômicos e históricos latino-americanos, o Center of

---

88 Ibid.
89 Pike, *FDR's Good Neighbor Policy*, p.189-90; Knight, Frank Tannenbaum and the Mexican Revolution, *International Labor and Working Class History*, v.77, n.1, mar. 2010, p.142; carta de Franklin D. Roosevelt a Frank Tannenbaum, 5 fev. 1938, Tannenbaum Papers, microfilme, caixa 57, bobina 7, CURBML. O rico arquivo de Tannenbaum na Columbia apresenta ampla evidência dos importantes contatos que ele cultivava.
90 Cartas de Rüdiger Bilden a Gilberto Freyre, 22 dez. 1940 e 2 maio 1941, AFGF.
91 French, The Robert J. Alexander Interview Collection, *HAHR*, v.84, n.2, p.316.

Latin America Economic and Historical Studies, tal como discutia com colegas e chegou a propor formalmente ao presidente da Columbia University, Nicholas M. Butler, em janeiro de 1944.[92]

Decepcionado e abalado com o inesperado final das negociações, mas ao mesmo tempo ciente da qualidade de um projeto "que todos admitiam ser de primeira classe", Bilden é temporariamente acometido, como diz, de "um sentimento de futilidade e fracasso". Quase desanimara de todo, admite, mas logo, no entanto, recupera sua coragem e decide simplesmente adiar a luta pela fundação de sua instituição, conforme confidencia ao seu amigo Freyre. "Continuarei a lutar pelo projeto. Pode levar bastante tempo, mas será realizado."[93] O contínuo estímulo que recebia do cônsul Oscar Correia e de brasileiros, como Arthur Ramos, Gilberto Freyre e até de Carlos Drummond de Andrade, davam-lhe "nova força de luta". Como diz, "se ao menos os brasileiros tiverem fé em mim e me apoiarem, nós ganharemos, mesmo que leve anos".[94] De imediato, resolvera escrever um artigo, a ser publicado numa revista de grande circulação, cujo título seria "Um projeto de longo alcance para a amizade interamericana". Nele exporia o plano do instituto como um "passo concreto em direção à compreensão e amizade" entre os Estados Unidos, o Brasil e os países do Caribe.[95]

O alerta de Bilden: apesar da lei, a segregação em transportes públicos vai continuar

Nesse meio-tempo, havia muito o que fazer. Já assumira compromissos com a escola socialista Rand School of Social Science, em

---

92 Carta de Frank Tannenbaum a Nicholas M. Butler, 13 jan. 1944, Frank Tannenbaum Papers, caixa 7, CURBM. Desde 1939 já havia um "Latin American Group" que organizava *dinner discussions* – dos quais deve ter surgido a ideia desse centro de estudos. De qualquer modo, ao que tudo indica, instituto semelhante só teria sido fundado em 1962, o Institute of Latin American Studies, da Columbia University.

93 Carta de Rüdiger Bilden a Gilberto Freyre, 2 maio 1941, AFGF.

94 Ibid.

95 Ibid. A respeito do artigo de Bilden, não foi possível localizá-lo e não se pode assegurar que tenha sido publicado.

Greenwich Village, ao sul de Manhattan, de dar um curso sobre "A história do negro no hemisfério ocidental", mas havia algo ainda mais premente a realizar. Tratava-se de contribuir para o esclarecimento da opinião pública com uma reflexão desapaixonada sobre a recente decisão da Suprema Corte dos Estados Unidos declarando inconstitucionais os "vagões 'Jim Crow'" no transporte ferroviário interestadual do país.[96] Em que medida tal decisão representava uma vitória da "luta contra a segregação e discriminação"? Sobre esse assunto, era importante que os espíritos mais céticos e alertas se fizessem ouvir e Bilden fez sua parte, publicando um comentário sobre a decisão judicial no influente *The New Leader*, um jornal socialista "mas fortemente anticomunista".[97] Talvez fossem sobre o mesmo assunto os "dois pequenos artigos" a respeito do "problema negro" (infelizmente não localizados) que publicou num "jornal semanal de Nova York" e enviou a Arthur Ramos.[98]

Num longo artigo intitulado "A reação do sul à decisão da Suprema Corte pode aumentar a segregação dos negros" – e para o qual provavelmente nada recebeu em pagamento, segundo a política do jornal –, Bilden começava por reconhecer que o único membro negro do Congresso, o deputado por Chicago Arthur Wergs Mitchell, acabara de alcançar uma grande vitória ao convencer a Suprema Corte a decidir, por unanimidade, que "os negros tinham direito à acomodação Pullman e outros confortos de primeira classe, iguais aos disponíveis aos brancos em transportes ferroviários interestaduais". Não só era compreensível a "intensa satisfação que tal julgamento deve ter dado aos negros norte-americanos" como também a idealização do significado dessa vitória. Afinal, como diz, "qualquer um que tem conhecimento

---

96 Sobre a relevância dessa questão, ver, por exemplo, Long, Racial desegregation in railroad and bus transportation, *The Journal of Negro Education*, v.23, n.3, p.214-21.

97 Carta de Rüdiger Bilden a Gilberto Freyre, 2 maio 1941, AFGF. Sobre esse jornal semanal fundado em 1924 e publicado até 2006, ver What we are and where we came from, *Final Online Issue*, maio-jun.; jul.-ago. 2010, disponível em <www.thenewleader.com/>; McGrath, A liberal beacon burns out, *The New York Times*, 23 jan. 2006; Bernstein, 65th Birthday Party for a Voice of Liberal Opinion, *The New York Times*, 25 jan. 1989.

98 Carta de Rüdiger Bilden a Arthur Ramos, 15 ago. 1941, Arquivo A. Ramos, BN.

dos vagões 'Jim Crow' e do desconforto e humilhação aos quais os negros estão sujeitos" pode entender tal reação.[99]

No entanto, logo o leitor era guiado pelo articulista a relativizar o valor de tal decisão judicial e a reconhecer que, na melhor das hipóteses, era um "ataque indireto e parcial à discriminação racial", sendo o seu maior efeito, quando muito, o da "promoção da chamada igualdade racial em linhas paralelas" – algo muito aquém do que uma verdadeira democracia deveria almejar.

Meses antes, parecia que Bilden era menos crítico de um progresso nessa linha, quando comenta com Arthur Ramos sobre o caráter distintivo das relações raciais no estado da Virgínia.

> De modo geral, devido à sua tradição aristocrática e maior tolerância cultural, Virgínia está bem mais adiantada do que o resto do sul e esforços ativos estão sendo feitos para elevar o negro ao nível do branco, mas obviamente ao longo de linhas paralelas, e não na base de igualdade social. No entanto, ao elevarem o *status* da população de cor, a desigualdade social automaticamente sofre um abalo...

Os brancos inteligentes, como diz Bilden, "apesar de um tanto perturbados emocionalmente com isso", reconhecem que "o processo é inevitável".[100] Mas, em junho de 1941, tendo refletido mais sobre a questão, Bilden não parece ver esse tipo de desenvolvimento com o mesmo otimismo. Definitivamente, diz ele, a "decisão da Suprema Corte não toca necessariamente na questão da segregação, a questão nuclear na batalha pela igualdade racial. Segregação é discriminação na forma mais brutal e viciosa. Coloca o negro, literal e figurativamente, em um gueto e transforma numa ilusão os direitos iguais concedidos pela lei".

Passando a explorar o caráter ilusório da decisão judicial, Bilden aponta, em primeiro lugar, para o fato de que tal medida não iria afetar o transporte ferroviário dentro dos estados, o que significava, na verdade,

---

99 Bilden, South's reaction to Supreme Court decision may increase segregation of Negroes, *The New Leader*, 14 jun. 1941, p.1, 6.
100 Carta de Rüdiger Bilden a Arthur Ramos, 5 jan. 1941, Arquivo A. Ramos, BN.

que a grande massa dos passageiros negros não seria atingida por ela e a "segregação permaneceria totalmente intocada e em exercício". Do mesmo modo, era de esperar que o transporte rodoviário não seria afetado e, como a maioria dos negros viajava de ônibus, eles continuariam a ser "estritamente relegados às últimas fileiras, a parte mais desconfortável do veículo".

Querendo trazer um elemento de comparação com o quadro norte-americano, Bilden, sem explorar a questão, lança o seguinte comentário:

> se o sul deve ter segregação, deveria adotar o sistema brasileiro de segregar, independentemente da raça, todos os passageiros que viajam descalços ou têm uma aparência imunda e repulsiva, vermes ou doenças repugnantes, e cheiram mal e cospem para todo lado.

Tratava-se de aludir, de forma um tanto sarcástica, à realidade da "imensa maioria dos negros sulistas, forçados a viver em condicões econômicas e sociais que impedem o desenvolvimento da limpeza pessoal, de hábitos sanitários e de maneiras refinadas". A intenção de Bilden, como fica claro na carta ao editor enviada dias mais tarde, era chamar a atenção para um tipo de segregação que se baseava em "considerações estéticas e sanitárias", e não em classe social ou raça. Erroneamente, o editor, que "não gostou da palavra 'imunda' [*filthy*]", a substituiu por "pobre", aponta Bilden, dando, assim, "a impressão de que se tratava de uma questão de classe, o que não é verdade".[101]

O tema da segregação em transportes públicos, cumpre lembrar, provocava reações acaloradas, pois era uma das situações em que mais se fazia visível a segregação no seu aspecto humilhante e degradante. Um dos mais importantes e objetivos observadores do "problema do negro" nos Estados Unidos, o sociólogo sueco Gunnar Myrdal, fez a seguinte declaração em sua obra sobre o "dilema americano": "é uma observação comum que os negros se ressentem mais amargamente do vagão 'Jim Crow' do que de quase todas as outras formas de segregação".[102]

---

101 Dr. Bilden corrects change in article, *The New Leader*, 28 jun. 1941.
102 Myrdal, *An American Dilemma*, p.li, p.635.

Dois anos e pouco após a decisão de 1941 da Suprema Corte, em novembro de 1943, o editorial do renomado jornalista branco liberal do *Richmond Times-Dispatch*, Virginius Dabney, sugerindo a abolição das leis que impunham separação de brancos e negros nos ônibus e bondes da Virgínia iria provocar uma enxurrada de cartas à redação – defendendo e atacando calorosamente a proposta do jornal.[103] Não é por acaso, pois, que a rebeldia de Rosa Parks – que, em 1955, em Montgomery, Alabama, desafiou a ordem do motorista de ônibus e não cedeu seu lugar a um branco – tornou-se um poderoso símbolo do movimento de direitos civis do pós-guerra, dando força e impulso à estratégia de "resistência não violenta". O "boicote dos ônibus de Montgomery", iniciado dias após a prisão de Parks, colocou Martin Luther King "sob os holofotes de toda a nação" e foi a ocasião para a primeira grande vitória do movimento dos direitos civis dos anos 1950. Após 381 dias de um boicote organizado e pacífico, que abalou o transporte público e o comércio central da capital do Alabama, a segregação nos ônibus foi declarada inconstitucional pela Suprema Corte dos Estados Unidos.[104]

No caso da decisão judicial de 1941, Bilden chama a atenção dos leitores para o fato de que ela só se aplicava aos carros-leito dos trens, os carros Pullman, e que, por conseguinte, os vagões diurnos estavam fora da alçada da lei federal. Quando muito, dizia, será feito um esforço de equiparar os "vagões 'Jim Crow'" aos níveis de conforto e limpeza que prevalecem nos vagões para brancos. Desse modo, conclui, "o fingimento de direitos iguais será observado. A segregação continuará, mas talvez de um modo menos desagradável e acintoso no sentido físico e estético".

Quanto à reação dos brancos do sul a essa decisão federal, Bilden prevê que geraria um recrudescimento do preconceito sulista e que eles iriam "lutar, obstruir e evadir", dificultando ou impedindo a "admissão dos negros em igualdade com os brancos em carros-leito,

---

103 Virginians speak on Jim Crow, *The Crisis*, fev. 1944, p.47-8, p.60. Coincidentemente ou não, esse artigo vinha imediatamente após um artigo sobre o Brasil, enfatizando a ausência de "Jim Crow" nesse país de grande variedade e mistura racial.

104 Allen, Martin Luther King's civil disobedience and the American covenant tradition, *Publius*, v.30, n.4, p.106; Roberts, Martin Luther King and non-violent resistance, *The World Today*, v.24, n.6, p.226-36.

O triunfo do fracasso

carros-refeitórios e em carros-observação que cruzarem o território do sul". Enfim, "o sul fará de tudo e pagará qualquer preço para evitar uma ruptura na segregação".

Que ganho, afinal, terão os negros? Praticamente nenhum, conclui Bilden. A grande maioria deles não será afetada por essa decisão da Suprema Corte e os poucos que podem pagar pelos carros-leito serão impedidos de viajar com os brancos por alguma tática ou pretexto "conveniente e efetivo" a que os brancos sempre recorrem; exatamente como acontece na "maioria dos hotéis do norte" do país – lembra Bilden, referindo-se às leis não escritas –, que evitam os "hóspedes negros", apesar de ali não haver leis "Jim Crow" a imporem a segregação.

O que era de esperar, quando muito, era que, se houvesse pressão legal e demanda suficientes, vagões Pullman seriam instalados separadamente para os negros. Assim, "a demanda legal por 'direitos iguais' será satisfeita, mas a segregação e a discriminação continuarão inabaladas. E, no final, a segregação ficará ainda mais firmemente enraizada".

E há precedente para isso, comenta Bilden, referindo-se a outra recente decisão da Suprema Corte, conhecida como *Gaines Decision*, que estabelecia o direito do negro à educação com igual qualidade à oferecida aos brancos. O que parecia pôr um fim à exclusão dos negros de universidades para brancos que ofereciam cursos de pós-graduação de qualidade revelou-se uma oportunidade para os estados do sul usarem sua arte de atender à lei federal, ao mesmo tempo que mantinham a tão prezada segregação estadual. Em outras palavras, prevaleceu a estratégia de "iguais, mas separados", pois a questão foi resolvida da seguinte maneira: ou concederam bolsas de estudo para alunos negros continuarem sua educação em universidades do norte do país, ou criaram, "com grande custo", escolas profissionais e de pós-graduação especificamente para negros – algumas delas de alta qualidade, como a Virginia State College for Negroes, em Petersburg.

Finalizando o artigo, Bilden insiste em que a decisão da Suprema Corte, em ambos os casos, fora "simplesmente um passo" – louvável, sem dúvida –, mas um passo muito pequeno em direção ao objetivo maior que "é, e deve ser, a eliminação da segregação". Chegaria finalmente o dia, diz ele com otimismo, em que alguns aspectos dessas decisões judiciais seriam utilizados para "lançar um ataque direto contra a segregação". Muito se orgulharia Bilden se soubesse que, exatamente 22 anos mais tarde, o mesmo jornal em que ele alertara o público para quanto faltava para que a batalha contra a segregação fosse ganha, iria publicar a "Letter from a Birmingham Jail", de Martin Luther King, que se tornou um dos documentos mais importantes do movimento pelos direitos civis que estava preste a sair vitorioso.[105]

Rand School of Social Science e Harlem Labor Center: "A história do negro no hemisfério ocidental"

A partir do início de 1941, durante dois anos, Bilden deu aulas na Rand School of Social Science sobre "A história do negro no hemisfério ocidental". Fundada em 1906 como braço educacional do Partido Socialista norte-americano, essa foi virtualmente a primeira escola para trabalhadores dos Estados Unidos. Tendo como modelo o Ruskin College de Oxford – em cuja fundação, em 1898, Charles Beard, professor de Bilden na Columbia, exercera um papel central –,[106] seu nome era uma homenagem a Carrie Rand, uma milionária simpatizante da causa socialista que criou um fundo especificamente destinado ao patrocínio da causa educacional do partido. Anunciada na sua abertura como "um *rendez-vous* natural para os socialistas profissionais do proletariado e socialistas amadores das classes abastadas", os laços estreitos dessa escola com o Partido Socialista norte-americano foram mantidos até meados dos anos 1930.[107] A partir de 1936, ela passou a se associar ao movimento dos trabalhadores e à recém-fundada Social Democratic Federation, o partido dissidente da "velha guarda", que se opôs às táticas mais agressivas propostas, em 1934, na Convenção de Detroit do

---

105 King, Letter from a Birmingham Jail, *The New Leader*, 24 jun. 1963, p.3-11.
106 Wilkins, Charkes A. Beard, On the founding of Ruskin Hall, *Indiana Magazine of History*, v.52, n.3, p.277-84.
107 A socialist college, *The Nation*, n.83, p.2153, apud Swanson, The tamiment Institute/Ben Josephson Library and Robert F. Wagner Labor Archives at New York University, *Library Quarterly*, v.59, n.2, p.148.

Partido Socialista e ao modelo de ação comunista ali votado. Foi nessa ocasião também que o jornal *The New Leader* deixou de ser um órgão do Partido Socialista para ser, como passou a anunciar o seu subtítulo, o "órgão oficial da Federação Democrática Social devotada aos interesses do movimento trabalhista".[108]

Nessa nova fase, a Rand School ampliou substancialmente suas atividades para além de "instruções socialistas" e passou a oferecer uma grande variedade de cursos, que incluíam desde políticas de sindicato, educação para a paz e delinquência juvenil até arte, música, contabilidade, dança folclórica e economia doméstica. Ao tratar de assuntos contemporâneos, o mote da escola era anunciado da seguinte maneira: "luz e poder, isso é o que a educação deve gerar – não calor. A escola líder da América para trabalhadores oferece uma vasta variedade de cursos que irão ajudar você a interpretar os eventos num mundo em rápida mudança".[109] Quanto à sua posição socialista, a escola passou a esclarecer publicamente que "os cursos em socialismo oferecidos pela Rand School só em muito pequena medida tratam do socialismo num sentido estreito" e que seus professores não representavam "nenhum partido político". O que os unia é que "eles todos acreditam em democracia e em liberdade".[110] Como o diretor John Afros esclareceu à primeira-dama Eleanor Roosevelt, em 1941, "já há muito tempo nos afastamos do doutrinário e do sectário".[111] É nesse quadro que se pode entender o comentário de Bilden sobre sua nova atividade nessa escola socialista: "ultimamente os socialistas como que me têm apadrinhado, apesar de eu não ser socialista".[112]

Ao ingressar nos quadros da Rand School em 1941, Rüdiger Bilden juntava-se a figuras da envergadura de John Dewey, Bertrand Russell, Charles Beard, Franz Boas, Alexander Kerensky e tantos outros que,

---

108 Waldman, *The Good Fight: A Quest for Social Progress*; Jaffe, *Crusade Against Radicalism*, cap. 5; Seidler, *Norman Thomas: Respectable Rebel*.
109 Anúncio dos cursos da primavera de 1941, *The New Leader*, 4 jan. 1941.
110 Rand School opens Thirty-Fourth Year, *The New Leader*, 9 set. 1939.
111 Carta de John Afros a Eleanor Roosevelt, 18 fev. 1941, série VI, v.1, Rand School of Social Science Papers, Tamiment Library and Robert F. Wagner Labor Archives, NYU (daqui em diante referido como Rand School Papers, TL).
112 Carta de Rüdiger Bilden a Gilberto Freyre, 2 maio 1941, AFGF.

como professores visitantes ou temporários, davam alguns dos muitos cursos oferecidos aos milhares de alunos que frequentavam esse centro educacional. Anunciados na imprensa de Nova York e especialmente pelo *The New Leader* – o mesmo jornal que iria publicar o longo artigo de Bilden sobre a decisão da Suprema Corte –, os cursos eram dirigidos ao "público em geral" que queria suplementar sua educação, mas mais especificamente a alunos vindos de "sindicatos, organizações políticas e corporativas de trabalhadores, assim como de cursos superiores e universidades" – a todos, enfim, que se sentiam atraídos por "um ensino de alto nível e por uma discussão democrática de franca troca de ideias".[113] Mas, como o diretor esclareceu para Eleanor Roosevelt ao lhe pedir auxílio, a maioria dos alunos "não pode pagar nem nossas taxas baixas; no entanto, não os recusamos".[114] Referindo-se ao novo tipo de aluno que a escola recrutava, o diretor executivo assim o descrevia:

> eles são inteligentes, entusiásticos, idealistas, ansiosos por fazer a sua parte no aprimoramento da sociedade [...] Nenhum deles é tocado pelas noções absurdas do comunismo. Eles são mais inteligentes, mais realistas, mais determinados a aprender do que muitos dos alunos com que lidamos durante certo período de nosso desenvolvimento.[115]

Alunos negros também eram bem recebidos e, já no final dos anos 1910, a escola era louvada como "uma das poucas instituições onde os negros podiam obter uma educação igualitária".[116]

Havia cursos anunciados para atender a várias categorias de interesses e alunos: "cursos em socialismo", "cursos para professores", "cursos para assistentes sociais", "cursos para líderes de grupo", "cursos vespertinos para mulheres" e "cursos para todo mundo", constando nesta última categoria aulas sobre "a história social da filosofia"; "a psicologia

---

113 Cf. folheto da Rand School, sem data, série VI, 2, Rand School Papers, TL.

114 Carta de John Afros a Eleanor Roosevelt, 18 fev. 1941, série VI, 1, Rand School Papers, TL.

115 Circular de William Bohn e John Afros aos membros da American Socialist Society, How we recruit our students: Their Background, 1º nov. 1940, série II, Rand School Papers, TL.

116 Miller, The Socialist Party and the Negro, 1901-20, *The Journal of Negro History*, v.26, n.3, p.227.

da religião", "a música e o ouvinte" e assim por diante.[117] Calcula-se, talvez um tanto exageradamente, que em 1946 13 mil estudantes frequentaram cursos e aulas avulsas oferecidos pela Rand School.[118]

Em fevereiro de 1941, Bilden estava entusiasmado com o trabalho que iria logo se iniciar e, na mesma ocasião em que apresentou a Walter White o projeto para o instituto já mencionado, também enviou seu plano de curso, pedindo-lhe sua opinião sobre sua escolha de temas e abordagem.[119] A seus amigos Gilberto Freyre e Arthur Ramos também revelou sua satisfação com essa nova oportunidade de ensinar, especialmente a alunos negros, e manifestou o desejo de que Ramos participasse de uma de suas aulas em sua visita seguinte a Nova York. "Gostaria que dissesse alguma coisa para minha turma sobre suas impressões a respeito da situação do negro norte-americano."[120]

É de crer que o curso de Bilden provocou bastante interesse, pois recebeu aprovação e número de alunos suficiente para ser autorizado a continuar por vários semestres.[121] Incluído na categoria de "cursos gerais", também fazia parte dos "cursos de prontidão" [alertness courses], que eram oferecidos, a custo reduzido, a professores do Estado e ao público em geral que não estivesse interessado na obtenção de créditos.[122] O fato de ter conseguido a participação de Walter White e de Arthur Ramos como professores visitantes em suas aulas muito provavelmente deve ter acrescido o interesse geral pelo curso.[123] A

---

117 Rand School opens thirty-fourth year, The New Leader, 9 set. 1939.

118 Miller, The Socialist Party and The Negro, 1901-20, p.153.

119 Carta de Rüdiger Bilden a Walter White, 17 fev. 1941, Good Neighbor Policy, NAACP Papers, bobina 12.

120 Carta de Rüdiger Bilden a Arthur Ramos, 27 mar. 1941, Arquivo A. Ramos, BN; carta de Rüdiger Bilden a Gilberto Freyre, 2 maio 1941, AFGF.

121 Cartas de Edward S. Mooney, do Departamento de Educação do Estado, a John L. Afros, diretor do Rand Educational Institute, 7 nov. 1941 e 14 jan. 1942, série III, 1 e 2, Rand School Papers, TL.

122 Rand School opens thirty-fourth year, The New Leader, 9 set. 1939.

123 Cf. programa do curso, ministrado todas as segundas-feiras às 20h30, a partir de 3 de março de 1941, The History of The Negro in the Western Hemisphere: a Series of 15 Lectures, Monday, 8,30, beginning March 3rd, Fee 5.00, Single Admission 50 cents – by Ruediger Bilden; Guest Lecturers: Walter White, Executive Secretary, NAACP and Dr. Otto [sic] Ramos, Prof. of Anthropology and Psychiatry at the University of Brazil, Series III, 1 e 2, Rand Shool Papers, TL.

concorrência não era, entretanto, desprezível, pois em ao menos dois semestres o curso de Bilden sobre a história do negro era oferecido ao mesmo tempo que dois cursos de Bertrand Russell: "Problemas de democracia" e "O que eu acredito: problemas de filosofia".[124] Alguns dados de que se dispõe mostram a popularidade de Russell e do tema tratado: enquanto na "sessão de inverno" de 1941-1942 houve 280 alunos matriculados em seu curso sobre "Problemas de democracia", o de Bilden sobre "A História do negro no hemisfério ocidental" teve só 23, o que, entretanto, não era desprezível, se comparado com outros cursos oferecidos nessa época. Acima do curso de Bilden, só havia outro com maior número de alunos: "Literatura entre as guerras", com 24 inscritos.[125] Comparado com o primeiro curso oferecido por Bilden na Rand School, o aumento era ainda mais evidente, atestando, talvez, que sua fama de bom professor se difundira. Seus alunos no início de 1941 eram apenas "seis negros, cinco judeus e um casal inglês".[126]

O Negro Labor Committee – uma organização que se vangloriava de ter ampliado a população sindicalizada de Harlem para 70 mil pessoas – também se interessou pelo curso a ponto de convidar Bilden a repeti-lo no Harlem Labor Center, conhecido como a "Casa dos Trabalhadores de Harlem".[127] Pedindo a Walter White que fizesse a NAACP apoiar "esse esforço educacional construtivo" e incentivasse seus afiliados a acompanhar as dez importantes aulas oferecidas a um custo subsidiado (US$ 3,00), o presidente do Negro Labor Committee argumentava: "o significado desse curso e seu benefício definitivo para a causa trabalhista e do progresso durante os dias críticos que nos confrontam é óbvio".[128]

---

124 Cf. Bulletin XIII:F:6:104, inverno 1941-1942 (o de Russell sobre democracia começava no dia 26 de janeiro de 1942 e o de Bilden, no dia 19 de janeiro; ambos eram dados às segundas-feiras, às 20h30); Proposed Conferences, Courses and Forum, *Fall Term 1942*, série VI, 6, Rand School Papers, TL.

125 Cf. Bulletin XIII:C:95, ibid.

126 Carta de Rüdiger Bilden a Gilberto Freyre, 2 maio 1941, AFGF.

127 Cartas de Frank R. Crosswaith, do Negro Labor Committee, a Walter White, 3 mar. 1942; e a John L. Afros, diretor da Rand School, 17 out. 1941; circular de Frank. R. Crosswaith a "caros amigos", 17 set. 1941, série VI, 1, Rand School Papers, TL.

128 Carta de Frank R. Crosswaith a Walter White, 3 mar. 1942, série VI, 1, Rand School Papers, TL.

O triunfo do fracasso

Ligeiramente abreviado, o curso que Bilden deu em Harlem no início de 1942 era o mesmo que vinha oferecendo na Rand School, o qual se assemelhava, por sua vez, ao curso sobre "Raça e cultura no Novo Mundo" dado na City College de Nova York em meados dos anos 1930. O anúncio da Rand School o descrevia nos seguintes termos:

> o estatuto do negro é o maior desafio da democracia no hemisfério ocidental. A compreensão é o primeiro passo para solucionar os problemas envolvidos. Um conhecimento das forças que fizeram o problema da raça um perigo para toda a civilização é necessário não somente para os membros da raça negra, mas para todos os cidadãos americanos. Esta série de aulas foi planejada para apresentar o contexto material e informações corretas sobre a posição atual dos negros nos países dos dois continentes americanos. Acredita-se que uma abordagem factual e realista poderá sugerir soluções práticas para certos problemas prementes relacionados a questões raciais. Espera-se, mais ainda, que tal abordagem fará algo para contra-atacar aquelas forças que minam os princípios da democracia ao atiçarem as flamas dos ódios de classe e raciais.[129]

Através dos vários temas tratados nas aulas – que, organizadas sob forma de perguntas, levantavam desde a questão "o que é raça?" e "o negro é uma raça?" até "quais foram as realizações dos negros na África?", "o negro é parte da cultura nacional?" e "para onde estão indo os negros nas Américas?" – sobressai uma preocupação central de Bilden: contribuir para o desenvolvimento da autoestima dos negros. É plausível supor que o seu nome já fosse suficientemente difundido em Harlem para atrair interesse de maior número de pessoas. Afinal, dar palestras em igrejas locais, em programação que incluía música, *Negro Spirituals*, como fez ao menos em uma ocasião, era, sem dúvida, uma forma de ser conhecido por uma grande variedade de pessoas.[130]

Segundo Bilden, a melhor forma de fazer com que o negro se livrasse do "complexo de inferioridade" e dos "mecanismos de defesa"

---

129 Cf. Bulletin for Winter Term, 1941-1942, série VI, 6, Rand School Papers, TL, p.14.
130 Carta de Rüdiger Bilden a Arthur Ramos, 2 abr. 1941, Arquivo A. Ramos, BN.

(expressões que revelam um conhecimento da linguagem psicanalítica ainda pouco usual) que desenvolvera para sobreviver num ambiente hostil e se abrisse para realidades alternativas de vida social seria fazê-lo tomar consciência de que seus problemas eram parte de um quadro amplo e complexo e de que a história revelava que, em diferentes sociedades, as posições e oportunidades dos negros tinham variado.

Uma questão interessante Bilden levantara quando, na última aula, tratara dos caminhos abertos ao negro no hemisfério ocidental – e que ainda se mostra, em certo sentido, relevante, relacionando-se aos debates de hoje sobre o multiculturalismo. Como que retomando suas ideias sobre mestiçagem desenvolvidas desde seu primeiro artigo sobre o Brasil publicado na revista *The Nation*, Bilden pergunta: "O que prevalecerá? A solução-mistura? Ou a solução-separatista?". Essas, como diz, são "questões vitais" de cuja discussão muito depende o desenrolar da história. Nas suas palavras, o problema assim se colocava:

> O futuro último do negro no hemisfério ocidental será decidido por amalgamento e absorção, por desenvolvimento paralelo ao longo das linhas raciais dentro da mesma sociedade, ou estabelecendo comunidades separadas em áreas geográficas distintas?[131]

Foi durante o período em que Bilden esteve ligado à Rand School que o sentimento antigermânico e a suspeita indiscriminada contra tudo o que era alemão iriam aumentar imensamente. Conforme ele previra com relutância em maio de 1940, "a psicose" que "tomara conta do país" no passado repetiu-se com a entrada dos Estados Unidos na guerra. Foi assim que, quase imediatamente após o ataque a Pearl Harbor, em 8 de dezembro de 1941, tiveram início a prisão e o confinamento em campos de detenção de "estrangeiros inimigos" vivendo não só nos Estados Unidos como na América Latina.[132] Não há evidência

---

131 "The Negro in the western hemisphere", Auspices Rand School of Social Science & the Negro Labor Committee, a series of 10 weekly lectures, série VI, 1, Rand School Papers, TL.

132 Carta de Rüdiger Bilden a Gilberto Freyre, 30 maio 1940, AFGF; Krammer, *Undue Process*, p.88-100; Holian, *The German-Americans and World War II: An Ethnic Experience*.

O triunfo do fracasso

de que Bilden tenha sido detido, mas sua situação era pouquíssimo confortável. Ao fazer um histórico da sina de pessoas como ele, um artigo de *The New York Times* assim a descrevia:

> após a eclosão da guerra, os inimigos estrangeiros foram obrigados a se registrar, sob pena de serem presos e deportados [...]; muitos foram presos, outros deixados em sossego em suas comunidades, mas mesmo assim sob estrita vigilância.[133]

Evidentemente, mesmo se não importunado de modo direto, Bilden tinha de se submeter às regras e sabia que, se não fosse confinado, poderia ter de servir na guerra, se convocado. Assim foi que ele, tal qual milhares de estrangeiros e norte-americanos de meia-idade, respondeu ao alistamento de abril de 1942, em que "todos os homens entre 45 e 64 anos" deveriam se "registrar para serviço seletivo" no final de semana de 25 a 27 de abril de 1942.[134] O objetivo desse alistamento de homens mais velhos não era, em princípio, convocá-los para o serviço militar, mas fazer um "censo ocupacional" que, registrando suas habilidades e treinamentos, poderia ser de futura utilidade na guerra.[135]

No final dos três dias, mais de 900 mil homens haviam se registrado em Nova York e 13 milhões em todo o país.[136] Não sabemos em qual ocupação, dentre as 190 "ocupações especiais" listadas num questionário de três páginas que os alistados deveriam responder, Bilden se encaixou, mas o que sabemos é que, a partir de meados dos anos 1930, ele se descrevia não tanto como historiador, mas como antropólogo. E isso por basicamente três razões: sua grande afinidade com seu amigo e mentor Franz Boas, seu crescente interesse pelo tema das relações raciais, próprio dos antropólogos naquela época, e, finalmente, pelos

---

133 Status of aliens defined; Those who will came in under quotas enjoy full rights; refugees not numerous, *The New York Times*, 17 dez. 1944, p.E6.

134 Registration Card, número de série U2068. O nome dado por Bilden como referência e contato foi o do diretor executivo da Rand School, John Afros.

135 All men 45-64 required to register at week-end, *The New York Times*, 24 abr. 1942, p.10.

136 13,000,000 Registered in 4th Draft, Including 911,630 in New York City, *The New York Times*, 28 abr. 1942, p.1.

dissabores que tivera com o grupo de historiadores que passaram a ocupar o lugar de seu mestre Shepherd na Columbia University.

Voltando à tópica do confinamento dos "estrangeiros inimigos" executado logo após a entrada dos Estados Unidos na guerra, descobertas dos anos 1990 revelaram que a operação nas repúblicas latino-americanas foi não só violenta como irresponsável. Seu objetivo inicial tinha sido "preservar [...] a integridade e solidariedade do continente americano de atividade subversiva", mas a investigação realizada somente encontrara evidência de que 140 "inimigos estrangeiros" residentes nas repúblicas latino-americanas representavam uma ameaça para a segurança das Américas. Não obstante, a operação foi avante, pois havia outros interesses em capturar esses "inimigos".[137] Como diz claramente um memorando do Departamento de Estado, "cidadãos totalmente inofensivos do Eixo podem ser muito úteis. Podemos repatriá-los, podemos interná-los ou podemos retê-los como garantia, para usá-los para propósitos de barganha".[138]

Capturados em operações sigilosas e ilegais, muitas vezes com a cooperação das autoridades locais, que "sucumbiam à pressão da diplomacia norte-americana e do FBI", mais de 6 mil "estrangeiros inimigos" – escolhidos do mesmo modo aleatório e irresponsável que nos Estados Unidos – foram levados para campos de detenção norte-americanos sem qualquer julgamento ou formalidade. Segundo um relatório confidencial da Divisão de Inteligência Militar do Departamento de Estado, do total de detidos e ilegalmente transportados para os Estados Unidos entre o início de 1942 e meados de 1944, 4.058 eram alemães, 2.264 japoneses e 288 italianos.[139]

Não é de descartar a possibilidade de Bilden estar a par dessa operação e de logo tomar consciência das crescentes ameaças que todos os alemães das Américas enfrentavam. A despeito de as autoridades norte-americanas considerarem "indesejável" que essas detenções fossem publicamente conhecidas como iniciativas do governo, o fato é que a

---

137 Krammer, *Undue Process*, p.98.
138 Apud ibid., p.92.
139 Ibid., p.98.

imprensa as noticiava para um público que ou "as apoiava ou era, no mínimo, indiferente".[140] Já desde o início da operação, quando os primeiros "inimigos estrangeiros" foram "deportados" da Guatemala, *The New York Times* anunciava que "115 alemães e 1 italiano" tinham sido enviados para os Estados Unidos, onde seriam "internados".[141]

1942: o congresso sobre "O papel das raças na nossa futura civilização"

A conferência realizada nos dias 8 e 9 de maio de 1942 em Nova York, sob os auspícios da League for Industrial Democracy (LID) e da qual Bilden foi convidado a participar, vinha exatamente responder, ainda que indiretamente, ao abuso de poder dessa ação dos Estados Unidos na América Latina. O líder negro Du Bois, por exemplo, não perdia a oportunidade de lembrar que Hitler ou Mussolini, horríveis ditadores como sem dúvida eram, faziam parte de um problema muito mais amplo e ameaçador, que era a opressão dos povos, quaisquer que fossem eles. Citando um editorial do progressista jornal *Atlanta Constitution*, alertava em 1942 os britânicos e norte-americanos, como líderes das Nações Aliadas, da seguinte forma: "deveriam rapidamente anunciar que, ao lutarem pela liberdade do mundo, não estão lutando pelos povos de sua própria raça, mas por todos os países e por todas as raças".[142] Em suma, a liberação dos povos deveria incluir alemães, italianos e japone-

---

140 Holian, *The German-Americans and World War II*, p.145; Krammer, *Undue Process*, p.95.

141 Guatemala Sends Aliens to the U.S., *The New York Times*, 13 jan. 1942, p.9. À medida que a guerra se aproximava do fim e logo após terminar, são várias as notícias na imprensa sobre "agentes inimigos perigosos" que haviam sido transferidos da América Latina para "detenções mais seguras nos Estados Unidos" e sobre o problema do que fazer com eles após a guerra terminar. Cf., por exemplo, Status of Aliens defined; those who came in under quotas enjoy full rights; refugees not numerous, *The New York Times*, 17 dez. 1944, p.E6; Moves to deport interned aliens: attorney general names board to hear cases of hundreds in custody as enemies, *The New York Times*, 20 jul. 1945, p.9; Latin America to Get U.S. Deportee Notice, *The New York Times*, 3 nov. 1945, p.4; Latins' decision on aliens sought, *The New York Times*, 4 jan. 1946, p.13.

142 O *Atlanta Constitution*, fundado em 1868 e várias vezes premiado por sua qualidade jornalística, foi um jornal que sempre se distinguiu por se interessar pela cultura afro--americana e por ter apoiado de pronto o movimento pelos direitos civis.

ses, assim como todos aqueles que estavam submetidos à violência e ao domínio arbitrário que se baseava na noção pretensamente científica de raça superior.[143]

Ao organizar essa conferência sobre a questão da raça, era evidente que Harry W. Laidler – o diretor da LID e amigo e colaborador de Norman Thomas, o muitas vezes candidato pelo Partido Socialista à presidência dos Estados Unidos – compactuava com a ideia de que "essa guerra", como dizia Du Bois, "é essencialmente uma guerra pela igualdade racial".[144] Discutir a questão em um pequeno congresso era um modo de contribuir para um esforço de autorreflexão que o desenrolar dos acontecimentos exigia.

Não se deve minimizar a importância da participação de Bilden nesse encontro. A LID, fundada em 1905 por um grupo de socialistas renomados, propunha-se, inicialmente, a ser uma agência educacional voltada a promover a causa socialista e trabalhista entre os estudantes do ensino superior. Desde 1921, entretanto, quando Laidler assumiu a presidência, a LID ampliara suas ambições para tratar de questões de interesse nacional junto aos trabalhadores e ao público em geral. Para isso, organizavam simpósios, fóruns e conferências, publicavam panfletos, davam palestras, patrocinavam programas de rádio – tudo, enfim, que promovesse a "democracia em nossa vida econômica, política e cultural".[145]

No caso da conferência de maio de 1942, tratava-se de enviar ao público uma "mensagem" de otimismo com "uma contribuição das mais notáveis para a causa da melhoria das relações raciais".[146] O plano era exatamente discutir o que para alguns constituía uma questão central no relacionamento entre os povos que a guerra em curso estava a trazer à tona: "o problema das raças em nossa futura civilização".

O congresso contou com a participação de personalidades ilustres do mundo intelectual norte-americano, bem como alguns estrangeiros

---

143 Du Bois, A Chronicle of Race Relations, *Phylon*, v.3, n.3, p.320.
144 Ibid.
145 "Join the League for Industrial Democracy" era um anúncio feito em jornais e em suas publicações.
146 Carta de Harry W. Laidler aos *gentlemen* da Rand School, 13 jul. 1942, série II, 1, Rand School Papers, TL.

O triunfo do fracasso

de prestígio. Dentre estes últimos, sobressaem o autor e político trabalhista inglês Norman Angell, ganhador do Prêmio Nobel da Paz de 1933; o escritor chinês radicado nos Estados Unidos Lin Yutang, conhecido por obras que procuravam aproximar o Ocidente e o Oriente; e Walter Nash, ministro das Finanças do governo trabalhista da Nova Zelândia, que viria a ser primeiro-ministro em 1957. Dentre os norte-americanos, ressaltava a presença da antropóloga Hortense Powdermaker, líder do movimento trabalhista e famosa por seus estudos sobre comunidades inter-raciais contemporâneas nos anos 1930 e por seu trabalho de campo em Hollywood na década seguinte; da escritora e ativista política Pearl S. Buck, a primeira mulher a receber o Prêmio Nobel de Literatura; e do escritor-ativista Walter White, o destemido "negro loiro e de olhos azuis" que dirigiu a NAACP por décadas e se destacou em muitas batalhas pelo direito civil dos negros, inclusive na batalha inglória por uma lei federal antilinchamento.

Barreira racial, preconceito racial e mistura racial foram alguns dos vários temas tratados nesse pequeno congresso, que também se empenhou em trazer para o fórum do debate perspectivas de várias partes do mundo, como a Malásia, a China, a Índia, o Havaí e a América Latina. A decisão de reunir num pequeno livro, ou "panfleto", alguns dos *papers* apresentados no congresso de maio vinha responder ao objetivo educacional da sociedade de envolver um público mais amplo na "causa da melhoria das relações raciais". Assim, ser primeiramente convidado a participar do evento e também ter seu texto selecionado para publicação era uma conquista evidente que só poderia deixar Bilden extremamente satisfeito. Afinal, após ter sido barrado, ao menos temporariamente, nas suas ambições de contribuir com seu instituto interamericano para as relações entre os povos, via-se contribuindo, por outra via e em excelente companhia, para o mesmo fim.

O chamado "panfleto", de 96 páginas – cuja tese, como bem apontou um resenhista, era "a igualdade das raças" –, abria-se com a reprodução de um brilhante artigo de Pearl S. Buck, que não pudera estar presente no evento, mas dera autorização para que um texto recente seu, de interesse central para o tema das relações raciais, fosse

307

publicado.[147] Nele, com arte, força e lucidez, Buck falava sobre a necessidade premente de destruir a "barreira da raça", sob pena de o futuro não "ser nada mais do que luta e guerra numa escala tremenda". Uma das muitas questões que Buck ali levantava era a necessidade de os aliados obterem o apoio dos asiáticos para a vitória da guerra e a dificuldade que havia para isso ocorrer, dado o fato de o "homem branco" não tratar os homens de outra cor como iguais e de estar ainda apegado a noções anacrônicas de colônia e colonialismo. Nesse sentido, diz Buck, "o homem branco está um século atrasado em relação ao homem de cor. Ele ainda está pensando em termos de colônia e governo colonial [...] Mas o modo de vida colonial está terminado, quer o homem branco saiba disso ou não [...]". Seria ideal que se desconsiderasse a questão da cor da pele, mas, dado o mundo como estava, "recusar a reconhecer o fato da raça é insensato", continuava Buck, sugerindo que a derrota de Hitler deveria ser vista como apenas uma etapa de uma luta muito maior.

> Enquanto os homens brancos da América não se sentarem no mesmo carro com os homens de cor; enquanto, assim como na Índia, uma gota de sangue indiano for o suficiente para tornar um homem de cor e não branco, e enquanto o fato de ser chinês tornar impossível a um marinheiro descer no porto de Nova York, só temos de concluir que raça tem mais importância do que qualquer outra coisa.[148]

O líder negro Du Bois ficara entusiasmado com o texto de Buck, que considerara "o mais forte e a elucidação mais clara" da questão racial da atualidade, mas as palavras de Harry Laidler na abertura do congresso também o impressionaram. Eram palavras que se uniam às de outros e, em uníssono, clamavam pela necessidade de reconhecer a importância vital da questão racial para o futuro do mundo moderno.

---

147 Resenha de Buck, *Far Eastern Survey*, v.11, n.21, p.222.
148 Buck, The race barrier "that must be destroyed", publicado pela primeira vez em *The New York Times*, Magazine Section, 31 maio 1942.

Há anos, milhões de homens e mulheres têm assumido que, devido à sua habilidade superior, estatura mental ou moral ou perícia militar, uma raça tem o direito de dominar outras. O resultado tem sido a exploração de uma raça por outra raça, imperialismo, opressão, guerra. Se quisermos evitar guerras raciais no futuro, devemos pensar não em termos de privilégios especiais, mas de iguais oportunidades para todos.[149]

Partindo do pressuposto de que não havia nenhuma base científica para qualquer raça se considerar superior ou inferior, uma das questões específicas tratada por vários participantes dizia respeito à existência ou não de "diferenças inerentes entre as raças"; ou seja, a questão era se havia evidência de que diferentes raças eram excelentes em algumas atividades específicas.[150]

A participação de Bilden, com o texto "Mistura racial na América Latina, com especial referência ao Brasil", dava força à corrente de pensamento que considerava sem base a ideia de que o resultado da mistura racial era sempre negativo – o que, inevitavelmente, colocava os países latino-americanos, marcados pela mestiçagem, em situação de inferioridade.[151] Um dos participantes do congresso, William W. Krauss, antropólogo sueco especializado em biologia da raça, após estudar durante sete anos "as várias raças" do Havaí, concluíra que os filhos de pais de raças diferentes, se submetidos à mesma educação na escola e em casa, não eram em nada inferiores aos filhos de pai e mãe da mesma raça "igualmente treinados". No que a antropóloga Powdermaker interferira, corrigindo de certo modo a noção, implícita no argumento de Krauss, de que haveria raças puras, dizendo que "o branco mais puro de hoje é um produto de inúmeras misturas".[152]

A palestra de Bilden estava à altura das melhores apresentadas no Hotel Roosevelt de Nova York. De modo lúcido, claro, fundamentado e magistral, ao mesmo tempo que apaixonado, ele desenvolveu seu

---

149 Apud Du Bois, A Chronicle of Race Relations, p.320-1.

150 Laidler (org.), *The Role of Races in Our Future Civilization*, p.87-8.

151 Bilden, Race mixture in Latin America. In: Laidler (org.), *The Role of Races in Our Future Civilization*, p.49-54.

152 Laidler (org.), *The Role of Races in Our Future Civilization*, p.88.

argumento, apontando inicialmente para a falácia da teoria que, por falta de argumentos substanciais, usava a América Latina como prova de que a mistura racial é necessariamente deletéria tanto para o corpo individual como social. "Nenhum mito racial é mais injurioso para as relações harmoniosas do que o pressuposto de que a mistura de tipos raciais diferentes produz descendentes biologicamente inferiores e degeneração social."[153]

A América Latina, continuava Bilden, oferece, inegavelmente, um espetáculo de "mistura racial e cultural" jamais visto na mesma proporção em outra parte do mundo. Nisso, ela ilustrava, em ponto grande, o que existia em menor escala em todos os povos. Pois, "em última análise", pergunta Bilden, "que povo não é" etnicamente misturado? Mas o que faz a América Latina especial, quando se trata da questão racial, é a imensa escala em que a mistura de tipos humanos ali ocorreu. É isso que a torna um laboratório precioso e imbatível para estudar os vários aspectos da miscigenação racial e cultural. Tudo estaria praticamente por ser feito nesse âmbito, argumentava Bilden, pois essa parte do continente americano ainda permanecia, em grande parte, uma "terra incógnita", cientificamente falando. No entanto, os dados disponíveis já eram suficientes para apoiar não a teoria supostamente científica da degeneração dos mestiços, mas a tese antropológica contrária: "o ser humano híbrido tem dotes e capacidades iguais ao chamado tipo puro e pode até, em determinadas circunstâncias, ser superior à raça dos genitores". Enfim, como Bilden diz em tom de reprovação e alerta, a composição racial dos latino-americanos "não indica inferioridade, mesmo se avaliarmos esses povos somente usando nossos próprios padrões, o que de qualquer modo é um critério científico totalmente falso".[154]

Um a um os estereótipos negativos sobre os latino-americanos eram então questionados com dados que desmentiam as visões "dos crentes na superioridade branca". O grau de desenvolvimento ou atraso dos

---

153 Bilden, Racial mixture in Latin America. In: Laidler (org.), *The Role of Races in Our Future Civilization*, p.49.

154 Ibid., p.49-50.

diferentes povos latino americanos, assim como suas realizações culturais e econômicas, não seguiam um "suposto padrão uniforme" e nem coincidiam "com linhas raciais". Mesmo o avanço relativo da Argentina, do Uruguai e da Costa Rica, que eram mais desenvolvidos "política, econômica e socialmente" do que os demais países, não podia ser explicado por sua população preponderantemente branca. Esse era um "fenômeno recente e atribuível a fatores geográficos acima de qualquer coisa". O notável desenvolvimento nas últimas décadas do México, um país predominantemente indígena, desmentia também essa tão errônea correlação entre a chamada raça branca e o desenvolvimento. Quanto a países predominantemente mestiços, como o Chile e a Colômbia, por exemplo, a "estabilidade" econômica e política que recentemente tinham adquirido novamente desmentia o estereótipo sobre os latino-americanos como povos carentes de virilidade, dinamismo e autoestima.[155]

Na mesma linha de seu artigo de 1929, "Brazil, Laboratory of Civilization ", Bilden passa a apontar a "América portuguesa [...] que contém metade da população da América do Sul", como "o maior e mais fértil campo para o estudo da mistura racial em todos os seus aspectos" – campo ainda cientificamente inexplorado, com exceção dos poucos estudos de valor, como o do "Dr. Roquette-Pinto", que tinha concluído, após profunda pesquisa, que "a mistura de tipos raciais distintos, quaisquer que sejam eles, não causa a menor degeneração". Era o meio social desfavorável, fruto de uma combinação de fatores históricos e geográficos que, acima de qualquer coisa, explicava as mazelas físicas e sociais que afetavam o país, e não a mistura racial. Até mesmo "a sífilis é um fator mais importante do que a raça para explicar os 'defeitos físicos' do brasileiro – tanto do 'tipo híbrido' quando do 'tipo puro'", afirma Bilden, citando Freyre. E, aproximando o Brasil dos Estados Unidos, fazia uma analogia muito pertinente entre as causas do atraso do "proletariado rural brasileiro" e as do "branco pobre racialmente puro" no sul dos Estados Unidos: em ambos os casos, eram as "mesmas condições econômicas e sociais" e não a raça que estavam por trás do atraso. Não havia, pois, necessidade de recorrer a nenhum mito

---

155 Ibid., p.50.

racial ou a "forças raciais misteriosas" a fim de explicar isso, argumenta Bilden. Uma prova da veracidade dessa explicação puramente cultural podia ser encontrada nas regiões do Brasil que, ou por não estarem submetidas às mesmas condições ou delas terem se emancipado, logo progrediram e desenvolveram "ambientes mais sadios".[156]

Mas, acima de tudo, aponta Bilden – num tom de urgência que se vai tornando mais apaixonado – o que sobressai no caso brasileiro e que transforma o país no representante-mor do "Novo Mundo e do americanismo" é a "fusão cultural" que tem acompanhado o "amalgamento racial". A fusão de sangue e de experiências culturais "vindas de todo o globo", que vêm formando o Brasil, está originando um "tipo de civilização" rica e variada que tem muito de valioso a oferecer ao mundo. Pensando em termos de caráter nacional – numa época em que era parte do *métier* dos antropólogos o estudo do caráter dos povos[157] – Bilden fala com visível emoção sobre as qualidades da cultura que estava a surgir desse processo de fusão em andamento. Nessa ocasião, anuncia com sua ideia de "federalismo cultural", uma expressão que parece ter cunhado pioneiramente em 1942, questões muito atuais sobre multiculturalismo.[158] As características marcantes dessa cultura, diz Bilden, "são a ausência relativa de preconceito e casta, uma fluidez impressionante de linhas de classe, um tipo e um grau de democracia social peculiar ao país, uma atitude ilustrada em relação às minorias, a habilidade de absorver sem coerção de qualquer espécie os elementos mais diferentes e federalismo cultural genuíno". A fusão estava longe de estar completa, adverte Bilden, e a fricção era inevitável quando "valores muito diversos e desenvolvidos em diferentes continentes e por processo diferentes de evolução histórica" se mesclam. De qualquer modo, o resultado positivo dessa mescla em andamento já era evidente

---

156 Ibid.

157 Um dos exemplos mais conhecidos desse tipo de trabalho – da chamada *culture and personality school* – é o polêmico estudo sobre o caráter nacional japonês da antropóloga Ruth Benedict, *O crisântemo e a espada*, que lhe foi encomendado pelo governo norte-americano durante a Segunda Guerra Mundial.

158 "Cultural Federalism" é referido, em obra de 2002, como sendo uma expressão cunhada pelos autores para lidar com o contexto histórico da Índia (cf. Rudolph e Rudolph, Living with difference in India. In: Larson (org.), *Religion and Personal Law in Secular India: A Call to Judgement*, p.38).

nas realizações artísticas e intelectuais de "híbridos de personalidade e talento notórios" e nas "sensibilidades" humanas do brasileiro, visíveis em sua "capacidade para a cordialidade, bondade, simpatia e consideração". E, finalizando uma palestra que acaba se tornando uma espécie de ode à mestiçagem e ao Brasil, Bilden afirma que o brasileiro é, sob vários aspectos, "o mais humano dos americanos".[159]

Muito provavelmente, Bilden não estava informado da prática extraoficial e nada humana do governo brasileiro, em pleno vigor desde os anos 1920, de desencorajar os negros norte-americanos a irem ao Brasil – prática que, no meio diplomático brasileiro e norte-americano, era "um segredo aberto". Cônsules brasileiros nos Estados Unidos eram instruídos a não fornecerem vistos para negros, mas a fazerem-no de modo velado. Enfim, o Brasil, como aponta um estudioso, "pode não ter jamais legislado o racismo", como fizeram os Estados Unidos, mas "frequentemente trabalhou com igual afinco para implementá-lo".[160]

Ensinando em duas instituições negras de renome: Hampton Institute da Virgínia e Tuskeegee Institute do Alabama

O tom de urgência que Bilden adotara na palestra do congresso sobre "o papel das raça" no "futuro da civilização" era, sem dúvida, justificado naquele momento crítico da história mundial. Ao longo de 1942, chegavam notícias da Europa cada vez mais alarmantes sobre a "solução final" ordenada por Hitler e o extermínio em massa dos judeus – que os aliados com relutância e tardiamente reconheceram – aparecia como o mais trágico clímax que a "guerra pela igualdade racial", se perdida, poderia

---

159 Bilden, Racial mixture in Latin America. In: Laidler (org.), *The Role of Races in Our Future Civilization*, p.51-4. Os nomes dos "mestiços" mencionados foram: o escultor Aleijadinho, os compositores padre José Maurício e Carlos Gomes, o poeta Gonçalves Dias, o "romancista Machado de Assis", o filósofo Tobias Barreto, "o geógrafo Theodoro Sampaio, o psiquiatra Juliano Moreira e o sociólogo Oliveira Vianna".
160 Seigel, Comparable or connected? Afro-Diasporic subjectivity and states responses in 1920s São Paulo and Chicago. In: Persons (org.), *Race and Democracy in the Americas*, p.68-9.

assumir em escala ainda maior.[161] Assim, é com o mesmo tom da palestra de 1942 que Bilden se dirige aos estudantes negros do Hampton Institute no início de 1943, quando ali deu uma série de aulas no "programa da guerra para a juventude negra".[162]

Situado no litoral do estado da Virgínia, esse instituto fora criado logo após a Guerra Civil, em 1868, por missionários e filantropos brancos como um centro para treinamento de professores e de educação agrícola, destinado a preparar jovens negros recém-emancipados para uma nova existência. Seu objetivo era, como disse seu fundador Samuel Armstrong, treinar alguns homens e mulheres negros para "ensinar e liderar o seu povo".[163] Um dos mais famosos alunos que por ali passaram foi o ex-escravo Booker Washington, que iria se tornar o mais importante líder negro do início do século XX.

Ao longo dos anos, Hampton expandiu-se grandemente em número de alunos e em escopo. Adquiriu *status* de curso superior e passou a admitir negros em posições administrativas de importância. Quando Bilden se ligou ao Hampton, em 1943, essa instituição, bem como outras de ensino superior do sul dos Estados Unidos, estavam envolvidas em "programações de guerra", oferecendo treinamento de vários tipos para jovens negros proibidos pelas leis "Jim Crow" em vigor de frequentar programações e treinamentos para brancos.[164]

Não tivemos acesso ao programa do curso dado por Bilden, mas sabemos que o tema da aula de 28 de maio de 1943 foi "A 'política da boa vizinhança' e o negro". Noticiada no jornal *Atlanta Daily Journal* como a última aula da série dada pelo "antropólogo cultural Rüdiger Bilden no Hampton Institute", alguns trechos que foram ali reproduzidos nos possibilitam afirmar que essas aulas vinham responder à preocupação do instituto com a manutenção da "moral sadia entre

---

161 Laqueur, *The Terrible Secret: An Investigation into the Suppression of Information about Hitler's "Final Solution"*.

162 Carta de Francis Simkins a Gilberto Freyre, 26 maio 1944, Simkins Collection, GL.

163 Peabody, *Education for Life: The Story of Hampton Institute*, p.99.

164 Jenkins, Current trends and events of national importance in Negro education: Section A: enrollment in institutions of higher education for Negroes, 1943-1944, *The Journal of Negro Education*, v.13, n.2, p.227-33; Branson, The training of Negroes for war industries in World War II, *The Journal of Negro Education*, v.12, n.3, p.376-85.

O triunfo do fracasso

os negros".[165] De fato, pouco antes da entrada dos Estados Unidos na guerra, um relatório dessa instituição apresentado numa "conferência sobre a participação do negro na defesa nacional" havia argumentado que a moral entre os negros só poderia ser mantida "por uma nova cruzada para remover a inconsistência entre a teoria e a prática democrática" e que o caminho sensato a seguir era "não esconder os fatos relativos à discriminação". Essa era também, nessa ocasião, a opinião do psicólogo Kenneth Clark, para quem "a moral do negro não pode se elevar pedindo-se a ele que se contente com um papel inferior, 'Jim Crow' ou injusto no esforço de guerra da nação". Enfim, para conquistar o negro e fazê-lo um aliado na batalha em que o país estava envolvido, era necessário falar abertamente sobre as injustiças que o afligiam, ao mesmo tempo que alguma esperança de melhoria lhe era dada. Fora com esse objetivo que a imprensa negra e líderes negros deram início a uma campanha pela "Dupla Vitória" [*Double V*]: "contra o fascismo em casa" e no mundo. Como se dizia então, "se lutarmos as duas guerras [...] podemos ganhar ambas".[166]

É nesse espírito que se deve entender a aula de Bilden sobre a "política de boa vizinhança e o negro", com a qual finalizava uma série de palestras que, provavelmente semelhantes à que dera aos negros do Harlem Labor Center no ano anterior, buscava estimular sua autoestima. Seu "grande e querido professor" Franz Boas acabara de falecer em Nova York e é bem provável que em suas aulas Bilden homenageasse "o homem verdadeiramente grande" que lutara de forma pioneira para que os negros não se envergonhassem de seu passado e confiassem em seu potencial.[167] Eis alguns trechos dos argumentos de Bilden selecionados pelo *Atlanta Daily World*:

> a maioria dos povos na América do Sul é de cor e faz parte de uma cultura rica e variada. Nenhum dos países ali tem um sistema de casta baseado

---

165 Urge Negroes show greater interest in Latin America: will help solve problem here, *Atlanta Daily Journal*, 30 maio 1943, p.5.

166 Finkle, The conservative aims of militant rhetoric: black protest during World War II, *The Journal of American History*, v.60, n.3, p.692-713.

167 Carta de Rüdiger Bilden a Gilberto Freyre, 27 dez. 1942, AFGF.

na cor tal como o que os Estados Unidos da América mantêm, e uma das coisas que tem causado o maior dano nas nossas relações de amizade com a América do Sul é nossa política racial. Uma campanha deve ser iniciada para trazer para a América do Norte a verdade cultural e racial sobre a América do Sul. Quanto mais a América do Norte aprender sobre a América do Sul, melhor os americanos entenderão que a discriminação racial é um mal e reagirão contra a situação racial neste país. Os negros americanos deveriam ajudar visitando a América Latina, observando as condições raciais lá existentes e trazendo de volta essa informação para os Estados Unidos. A promoção de um entendimento real da América Latina será a arma mais poderosa para eliminar a discriminação racial e o sistema de casta neste país.[168]

Enfim, como em tantas outras ocasiões, aí era exposta uma ideia central de Bilden sobre o valor do estudo da América Latina, de modo geral, e do Brasil, em particular, como um modelo com o qual a melhoria da situação dos negros norte-americanos deveria ser medida. Sua mensagem aos estudantes de Hampton era, pois, bem clara: havia alternativas de organização social e a melhoria das relações raciais não era uma quimera. Considerando que a visão que Bilden tinha do Brasil não era acrítica e que sua admiração e amor pelo país, apesar de indulgentes, não eram cegos, é de acreditar que parte do que dizia aos estudantes de Hampton era estratégia para promover a esperança de dias melhores.

Nessa mesma época, no início do mês de maio, Bilden também falava perante uma plateia provavelmente mais diversificada de Nova York, num encontro realizado na sede do Museu de História Natural, no Central Park, e organizado em conjunto pelo Museu, pelo Inter--Racial Committee e pela Pan-American Women's Association. Seus companheiros de conferência eram todos figuras de importância em seus vários campos: os antropólogos Herman L. Shapiro, do Museu de História Natural, e Herbert Spinden, curador do Museu de Arte do Brooklin; o sociólogo negro Franklin Frazier; a ativista e ensaísta

---

168 Apud Urge Negroes show greater interest in Latin America, p.5.

O triunfo do fracasso

argentina Maria Rosa Oliver e o jurista brasileiro Pontes de Miranda.[169] Mesmo se desconhecendo a programação da conferência, é significativo que Bilden estivesse associado a um grupo de pessoas estabelecidas e respeitadas como esse.

Logo após maio de 1943, Bilden passou a atuar na instituição filha do Hampton Institute, o Tuskegee Institute de Alabama, onde deu três cursos de verão na School of Education: sobre "a América Latina, o negro no hemisfério ocidental e problemas raciais e culturais".[170] Nessa ocasião, mostrava-se bastante satisfeito e sentia-se privilegiado por participar da que era, segundo ele, "a mais interessante e célebre instituição negra" do país. Já desde a década de 1930, o instituto estava desafiando a cidadania de segunda classe a que os negros estavam reduzidos e questionando a justiça social de um país que os barrava em suas forças aéreas. Finalmente, em 1941 o Tuskegee Institute criara um centro de treinamento pioneiro para aviadores que iria demonstrar ao país a irracionalidade da crença de que os negros não tinham capacidade intelectual para aprender a tecnologia necessária para pilotar aviões e participar de combates aéreos. Os chamados "aviadores Tuskegee" já estavam em ação na época em que Bilden iniciou sua colaboração no instituto e o sucesso que obtiveram nos combates aéreos da Segunda Guerra Mundial iria representar um grande desafio ao racismo norte-americano.[171] Sem dúvida, portanto, não deixava de ser um considerável tributo para um branco, especialmente para um alemão durante a Segunda Guerra Mundial, ser convidado para falar sobre problemas raciais num instituto educacional com essa história de luta e coragem.

Dirigida por Booker Washington desde sua fundação em 1881 até sua morte, em 1915, de seu modesto início com trinta alunos e um professor "num prédio de igreja decrépito", Tuskegee logo se transformou

---

169 Events today, *The New York Times*, 3 maio 1943, p.13.
170 Carta de Rüdiger Bilden a Arthur Ramos, sem data (1943), Arquivo A. Ramos, BN. Infelizmente o arquivo da Tuskegee não estava acessível quando tentei obter mais detalhes sobre esses cursos.
171 Cf. Jakeman, *The Divided Skies: Establishing Segregated Fight Training at Tuskegee Alabama, 1934-1942.*

no mais importante centro de estudos para negros do sul do país, coo-perando com Hampton, mas ultrapassando-o, já nos anos 1910, em número de alunos.[172]

Além dos cursos dados por Bilden no verão de 1943 para os alunos negros em Tuskegee, muito relevante também é o convite que recebeu desse instituto para aprimorar o programa de pós-graduação em pro-cesso de instalação – uma clara evidência da autoridade que usufruía no círculo de pessoas dedicadas à causa da educação dos negros. Tuskegee vivia um interessante momento de transição, movendo-se para além dos estudos vocacionais do passado para cursos gerais, mais propriamente universitários. Cursos de pós-graduação em educação, agricultura e eco-nomia doméstica estavam sendo criados, e era importante que medidas fossem tomadas para garantir sua qualidade.

Em 1943, eram catorze as instituições de ensino superior para negros que ofereciam cursos de pós-graduação, seguindo a iniciativa tomada pela Howard University de Washington D. C. em 1919, pelo Hampton Institute e pela Fisk University, em 1927, e pela Atlanta University, em 1933.[173] Alguns dos fatores que contribuíram para esse rápido desenvolvimento de programas de pós-graduação eram a demanda dos negros por uma educação de mais alto nível e a chamada *"Gaines Decision"* da Suprema Corte dos Estados Unidos, mencionada anteriormente. Ao ver recusada sua admissão na Faculdade de Direito da University of Missouri por ser negro, Lloyds Gaines a processara, ação que resultaria na decisão federal de 1938, que determinava que, se um estado provia determinadas facilidades educacionais para brancos, deveria prover iguais facilidades para os negros. Como Bilden apontara em seu artigo no *New Leader*, de 1941, ao invés de tal medida representar o fim da segregação em instituições de ensino superior dos estados do sul, ela estimulara a criação de cursos de pós-graduação em instituições para negros. Alguns estados haviam optado por oferecer aos alunos, ao

---

172 Peabody, *Education for Life*, p.192-4, 258-9.

173 Valien, Improving programs in graduate education for Negroes, *The Journal of Negro Edu-cation*, v.36, n.3, p.238-48.

O triunfo do fracasso

lado desses novos cursos, bolsas de estudo para estudarem em outros estados. Alabama não fizera essa opção.[174]

A questão premente na época, ao menos para os administradores mais bem intencionados, era garantir a qualidade desses novos cursos, sob pena de não passarem de uma farsa. O risco de serem medíocres era grande e, como disse um estudioso da questão pouco tempo depois,

> em nenhuma instância o programa de pós-graduação estabelecido para os negros é qualitativamente igual ao que é provido para os brancos, e na maioria dos casos a bolsa de estudos é totalmente inadequada quando se consideram as despesas com transporte e o aumento do custo de vida para o estudante.

Em 1947, o padrão das boas universidades para brancos só era atingido por Howard, Fisk e North Carolina, que tinham seus cursos aprovados pela Association of American Universities. A grande maioria das demais, Tuskegee inclusive, só eram acreditadas por associações regionais. Ora, conforme a opinião dos observadores mais ambiciosos, diante dessa situação o "gol imediato" de todos eles deveria ser obter a aprovação da Association of American Universities.[175]

Como consultor dos cursos que estavam sendo inaugurados, Rüdiger Bilden baseou suas recomendações na experiência que tivera na School of Education, onde ensinara durante alguns meses. Foi com convicção que expôs suas duas recomendações, que, como diz, "se seguidas, irão contribuir consideravelmente, em minha opinião, para o sucesso da instrução de pós-graduação a ser instituída".[176] Feitas de modo franco, diplomático e desinteressado, são, em certo sentido, admiráveis. Nelas, nada transparece do fato de serem feitas por alguém que precisava desesperadamente de um emprego estável e regular.

---

174 Jenkins, Graduate work in Negro institutions of higher education, *The Journal of Higher Education*, v.18, n.6, p.303.

175 Ibid., p.301-4.

176 Bilden, Memorandum for Dr. William Jay Schieffelin, 13 out. 1943, General Education Board Collection, Rockefeller Foundation Archives.

As sugestões diziam respeito diretamente à School of Education, Bilden esclarece, mas ele assumia que "poderiam se aplicar com igual força à School of Agriculture e à School of Home Economics". A primeira recomendação referia-se ao corpo docente da escola e era feita com firmeza e sem qualquer constrangimento. Com uma única exceção, os professores em exercício no curso de graduação, fundamentalmente voltado para o ensino,

> não estão preparados ou qualificados para arcar com a tarefa de instrução de pós-graduação [...]. A não ser que o programa de pós-graduação queira ser uma tapeação em larga escala, ou ao menos ficar muito aquém dos seus propósitos, devem ser contratados novos membros com a maturidade intelectual necessária e experiência profissional para dar uma ajuda essencial [para essa nova divisão da escola].

No mínimo três adições ao corpo docente deveriam ser imediatamente feitas, recomenda Bilden, todas elas com "homens de comprovada reputação e realizações": "um antropólogo social e cultural, que também seja um sociólogo", "um psicólogo social, ou um historiador ou um geógrafo" e um "economista rural".

Bilden chega a sugerir nomes de alguns poucos professores negros já estabelecidos, a quem se deveria persuadir com um salário especialmente convidativo, pois, como diz, "infelizmente há somente muito poucos antropólogos negros de qualquer renome". Quanto ao psicólogo social, aconselha que procurem obter recomendação com o professor Otto Klineberg, da Columbia University, cujo aconselhamento "seria o melhor possível". Em todos os casos, insiste, "o salário oferecido deve ser tal a atrair os serviços dos melhores na área [...] a fim de fazer o programa de pós-graduação ser um sucesso absoluto".

A segunda recomendação é ainda mais ousada e direta e diz respeito a um assunto extremamente delicado: a segregação na educação, algo que tradicionalmente, seguindo Booker Washington, o Tuskegee Institute escolhera não confrontar de forma direta, optando por uma postura acomodatícia. A recomendação se inicia com uma afirmação corajosa.

O triunfo do fracasso

A educação segregada é, na melhor das hipóteses, um mal necessário. Serve para perpetuar o *status* de inferioridade do negro, pois priva o estudante das melhores oportunidades oferecidas pelas instituições brancas e o aprisiona nas atitudes, hábitos e comportamentos que se desenvolveram no negro, como um grupo, como resultado da discriminação e segregação.

E mais: priva o aluno do estímulo derivado do "treinamento em competição com o aluno branco e, portanto, deixa-o despreparado para a competição com o homem branco mais tarde na vida".

Mas o que fazer, então, num estado como o do Alabama que, assim como todos os outros do sul, proíbe a mistura racial dos alunos nos bancos escolares e numa instituição, como a Tuskegee, que tem tradicionalmente uma política de "corpo docente totalmente negro"? Na impossibilidade de alterar esse quadro lamentável, a sugestão de Bilden é "moderar ao máximo possível os efeitos deploráveis" dessa situação, recorrendo a um "educador e estudioso branco de reputação nacional" que viria como convidado de Tuskegee a cada ano ou semestre. Sua função seria atuar como "consultor e conselheiro para o diretor e o corpo docente" e oferecer "um ou dois cursos aos alunos de pós-graduação em sua disciplina". Esse seria o modo de dar aos alunos "o benefício da experiência do branco nas áreas" que fazem parte do currículo e de a "política da escola" ser formulada com a ajuda de pessoas de grande maturidade intelectual e reputação profissional.

O *Memorandum* termina com sugestões de três nomes para os três primeiros consultores brancos de Tuskegee – o primeiro da lista, Eduard C. Lindeman, da New York School of Social Work e da Columbia University, pessoa em que o conhecimento e o interesse por questões educacionais somavam-se com uma "abordagem humana dos problemas sociais e raciais", impunha-se como um "conselheiro valioso" especialmente no estágio inicial.[177]

A proposta de Bilden seguramente não foi engavetada por algum administrador de Tuskegee. Dirigida a William Jay Schieffelin, do Board of

---

177 Ibid., p.4.

Trustee do instituto, foi encaminhada também ao educador Jackson Davis, diretor da General Education Board, uma organização filantrópica fundada por John D. Rockefeller em 1902 e dedicada à educação dos negros e à promoção de ensino superior no sul do país.[178] Ambos, Schieffelin e Davis, eram indivíduos devotados à melhoria das oportunidades para os negros. Schiefellin, descendente dos Jay, uma família de abolicionistas, e ativo colaborador da NAACP desde sua fundação, descendia também dos Schieffelin, ricos negociantes beneméritos, cuja indústria teria sido a primeira a dar apoio aos negros norte-americanos.[179] Davis, por sua vez, tinha já uma longa carreira de serviços prestados à educação dos negros em todos os níveis, não só no sul do país, mas também na África.[180]

Não temos evidência sobre a repercussão das recomendações de Bilden na organização dos novos cursos de Tuskegee, mas o fato de a documentação relativa a elas se encontrar nos arquivos da Rockefeller Foundation, à qual a General Education Board pertencia, indica que a proposta foi seriamente considerada. Sem dúvida, um tributo nada pequeno para um "estrangeiro inimigo" durante a Segunda Guerra Mundial.

O velho projeto e o novo emprego

Um indivíduo determinado como Bilden não deixava facilmente de lado o que lhe parecia importante realizar. É assim que, sendo fiel à sua promessa de que continuaria a lutar pelo projeto do Instituto, pois confiava que cedo ou tarde se tornaria realidade, nós o vemos em 1944

---

178 Carta de Rüdiger Bilden a Jackson Davis, 9 out. 1943; carta de Jackson Davis a Rüdiger Bilden, 11 out. 1943; Bilden, Memorandum for Dr. William Jay Schieffelin, 13 out. 1943, General Education Board Collection, Rockefeller Foundation Archives.

179 A Moët Hennesu USA, antiga Schieffelin Co., recebeu em 2009 o prêmio Chairman's Centennial Award, concedido pela NAACP, pelo apoio dado à instituição desde sua fundação, em 1909. Disponível em <www.newsrx.com/newsletters/Science-Letter/2009-07-21/38072120093438SL.html>, acesso out. 2011; Osofsky, Progressivism and the Negro: New York, 1900-1915, *American Quarterly*, v.16, n.2, p.166; Anti-slavery papers of John Jay collected by Frank Monaghan, *The Journal of Negro History*, v.17, n.4, p.481.

180 Clement, Jackson Davis, *Phylon*, v.8, n.2, p.177-8; Davis, Obituary, *Africa: Journal of the International African Institute*, v.17, n.3, p.191; McClure, Rosenwald schools in the Northern Neck, *The Virginia Magazine of History and Biography*, v.113, n.2, p.125, 127-8.

e 1945, batalhando mais uma vez nos Estados Unidos e aparentemente próximo de conseguir a aprovação necessária para o ambicioso empreendimento. Na frente brasileira, desde o fracasso de 1941, continuara a batalhar junto a conhecidos e amigos como Arthur Ramos, Gilberto Freyre e Sérgio Buarque de Holanda, que conhecera em Nova York. A certa altura, Arthur Ramos teria até mesmo aventado a possibilidade de se criar um comitê de "intelectuais, escritores, estudiosos e cientistas para apoiar o plano".[181]

Foi na University of Virginia, que havia sido anteriormente deixada de lado como possível sede para o instituto, que se concentraram os esforços de Bilden em 1944, talvez porque houvessem acenado com a aceitação de professores negros ou mulatos no seu corpo docente.[182] Que houve interesse por parte da administração da universidade, do General Education Board da Rockefeller Foundation, do Departamento de Estado e do próprio governo do estado da Virgínia não resta dúvida.[183]

Ligeiramente modificada para enaltecer o papel proeminente que a University of Virginia poderia exercer no sul do país, a proposta dizia:

> A University of Virginia é a sede natural para tal instituto. Localizada no estado mais antigo do sul com tradição de cultura, ela está estabelecida em uma das áreas a serem estudadas; fica perto de Washington e do Distrito Metropolitano e, portanto, dos centros de atividades culturais, de ensino e das principais bibliotecas e arquivos; e tem uma bela tradição de humanismo e liberalismo. Em contrapartida, o instituto proposto ajudaria a transformar a universidade numa grande instituição, a partir da qual o pensamento e os esforços liberais irradiariam para todas as partes do sul do país. A tudo isso se acresce o fato de que a universidade se tornaria o centro dos estudos interamericanos de todas as regiões a serem estudadas.

---

181 Carta de Rüdiger Bilden a Arthur Ramos, 15 ago. 1941, Arquivo A. Ramos, BN; cartas de Rüdiger Bilden a Gilberto Freyre, 2 maio e 10 jun. 1941, 27 dez. 1942, AFGF.

182 Apesar dos prospectos positivos dessa época, a situação em 2009, segundo dados da *Chronicle of Higher Education*, era de que somente 3,3% do corpo docente da University of Virginia era negro.

183 Interviews (relatórios de Jackson Davis), 9 jun. 1944 e 16 abr. 1945, General Education Board Collection, Rockefeller Foundation Archives; carta de Virginius Dabney a Rüdiger Bilden, 9 dez. 1944, University of Virginia Archives, coleção 7690-A, caixa 6.

Outra modificação no projeto era apontar o interesse do renomado sociólogo cubano Fernando Ortiz, que se dispusera a envidar esforços para o estabelecimento de um instituto semelhante em Cuba.[184]

Estimulado pelo renomado e poderoso jornalista Virginius Dabney, editor do *Richmond Times-Dispatch,* o projeto chegou às mãos do governador Colgate W. Darden, que recebeu Bilden para uma conversa no dia 13 de dezembro de 1944.[185]

Após vários meses de esforço, no entanto, o projeto novamente não foi adiante. Tendo exaurido seus recursos, como disse ao amigo Dabney, não tinha mais condições de ir a Virgínia para batalhar por ele, "a não ser que fosse convidado". Mas, como novamente insiste, estava convencido tanto quanto antes de que "era do maior interesse da Virgínia, do sul do país, do Brasil e das relações interamericanas que o projeto se realizasse". Ao que parece, Virginius Dabney também ficara surpreso com esse fracasso, pois "a ideia é boa" e parecia contar com apoio. "Talvez mais tarde ele vingue", comenta.[186] As tentativas de Bilden, como veremos, ainda iriam se repetir.

Ao final de 1944, os prospectos para o novo ano eram bons e a vitória dos aliados parecia estar preste a acontecer. Dando início à liberação dos países ocupados, tropas britânicas e norte-americanas haviam desembarcado na Normandia, ao norte da França, em junho, no conhecido "Dia D"; Paris havia sido liberada em agosto, e a capitulação da Alemanha se aproximava.

Para Bilden, no entanto, como para tantos outros, as notícias sobre as vitórias dos aliados e sobre as perspectivas de paz tinham também um lado trágico. Reportagens sobre a guerra em revistas de grande circulação, como a *Life Magazine,* famosa pelo fotojornalismo, traziam a destruição da Alemanha para dentro das casas norte-americanas com fotos e matérias memoráveis. No dia 18 de dezembro de 1944,

---

184 Bilden, Proposal for an Inter-American Regional Institute, University of Virginia, General Education Board Collection, Rockefeller Foundation Archives, p.1

185 Carta de Rüdiger Bilden a Virginius Dabney, 11 set. 1946; carta de Virginius Dabney a Rüdiger Bilden, 12 set. 1946, University of Virginia Archives, coleção 7690-A, caixa 6.

186 Carta de Rüdiger Bilden a Virginius Dabney, 11 set. 1946; carta de Virginius Dabney a Rüdiger Bilden, 12 set. 1946, University of Virginia Archives, coleção 7690-A, caixa 6.

por exemplo, a foto de destaque que ilustrava a matéria "O campo de batalha da Alemanha" mostrava a cidade natal de Bilden, Eschweiler, destruída, com suas casas reduzidas "a pó", como dizia a legenda. Ao lado de imagens chocantes, a matéria descrevia vividamente a batalha, que se desenvolvia numa faixa de 30 milhas da região do Reno, perto de Colônia, onde, contra as expectativas dos aliados, os alemães haviam decidido lutar bravamente "por cada casa e cada fábrica a oeste do Reno". Colônia só iria capitular em março de 1945, e a batalha que ainda se travava no final de 1944 era descrita como "a mais selvagem das batalhas da ofensiva de inverno dos aliados".[187]

Eschweiler em dezembro de 1944.
Fonte: *Life Magazine*

---

187 The Battlefield of Germany, *Life*, 18 dez. 1944, p.15-8.

Nisso, os alemães estavam seguindo as diretrizes dos altos oficiais e do próprio Hitler, que em setembro de 1944, reconhecendo que a guerra penetrara o solo alemão, declarou que o esforço de guerra tinha de ser "fanatizado": "todo abrigo, todo quarteirão de casas em uma cidade alemã, em toda vila alemã, devem transformar-se numa fortificação na qual o inimigo se esvai em sangue ou seus ocupantes se esvaem numa luta mortal corpo a corpo".[188] Como Ian Kershaw recentemente argumentou, a derrota da Alemanha foi "um fim com terror" em escala sem precedentes na história. A decisão tomada por Hitler de lutar até a total devastação do país e a recusa de capitular, quando a derrota era reconhecidamente inevitável, explicam-se por muitas razões complexas, mas o apoio da população a ele e ao regime nazista seguramente não era uma delas. Se lutaram freneticamente até o fim, defendendo "cada casa e cada fábrica", foi principalmente porque não viam outra alternativa no clima de intimidação e terror que progressivamente se instalou no país à medida que a derrota final se aproximava. Nesse clima, muitos poucos se rebelaram. "A maioria sensatamente assumiu a ideia de que nada podia fazer – a não ser aguardar o fim e esperar que os norte-americanos e britânicos chegassem lá antes dos russos."[189]

Nas proximidades de Eschweiler, a floresta Hürtgen foi também o palco de uma batalha feroz, que durou de setembro de 1944 a fevereiro de 1945 e onde morreram mais de 50 mil jovens, entre norte-americanos e alemães. Conforme lembra Helga Bilden, a sobrinha de Bilden que, ainda criança, vivia em Eschweiler com os pais, praticamente não sobrou árvore em pé na Hürtgenwald.

Inevitavelmente, a comunicação de Bilden com seus familiares durante a guerra foi muito esporádica e é bastante possível que ele desconhecesse o paradeiro de sua mãe e irmãos no meio de toda essa tragédia. Em 1944, Eschweiler foi evacuada, mas, como se recorda Helga, quinhentas pessoas se recusaram a abandonar a cidade, dentre elas sua avó Agnis, a mãe de Bilden, que permaneceu em casa ao lado da filha Maria. Havia tempos já, desde 1924, como vimos, ela tivera de se

---

188 Apud Kershaw, *The End: Hitler's Germany, 1944-45*, p.69-70.
189 Kershaw, *The End*, p.391.

desfazer da bela casa e dos negócios da família e vivia com a filha num pequeno apartamento de Eschweiler. O filho mais moço, Frank, nascido em 1907, participou da guerra e tinha fama, na família, de ser simpatizante do nazismo e se relacionar com pessoas seguramente indesejáveis na perspectiva do irmão mais velho, Wilhelm, e seguramente de Rüdiger, caso ele estivesse a par disso.

Afastado de seu país havia trinta anos e observando de longe a destruição ao mesmo tempo dolorosa e necessária de tudo o que se associasse a Hitler, é de imaginar os sentimentos complexos que o afligiam nessa época. O escritor judeu-austríaco Stefan Zweig, exilado desde 1933 de sua terra natal, numa de suas últimas cartas, referiu-se ao modo "excessivamente ligeiro" com que as pessoas falavam sobre "os bombardeios". "Mas quando eu leio sobre casas desabando eu desabo com elas." Pouco depois, em fevereiro de 1942, ele cometeria suicídio em Petrópolis, no Rio de Janeiro, ao lado de Lote, sua mulher.[190] Mais jovem, mais otimista, não judeu e, enfim, com uma história de exílio muito diferente, Bilden também desabava com as notícias e imagens de destruição, mas conseguia forças para se reerguer. De certo modo, trabalhar pelas relações internacionais e pelo fim da odienta discriminação e segregação de uma minoria norte-americana podem ter sido, para ele, uma forma de se solidarizar com todos aqueles – alemães, italianos e japoneses, inclusive – que se viam oprimidos por organizações políticas e sociais injustas.

O ano de 1945 deve ter sido particularmente difícil para Bilden no meio de apreensões sobre o futuro da Alemanha vencida e do mundo pós-Hiroshima, a situação de seus familiares, o futuro do tão acalentado projeto e sobre que caminho seguir após mais um fracasso profissional.

Também não era alentadora a perspectiva das relações raciais nos Estados Unidos. Tendo "perdido braços, pernas e amigos enquanto lutavam pela liberdade e democracia", os negros retornavam da guerra para "descobrir que em casa a guerra não estava ganha" e que a "Dupla Vitória" pela qual esperavam não passara de uma ilusão. Na onda de

---

190 Apud Prochnik, Stephan Zweig's World of Yesterday, *The Quarterly Conversation*, n.21, 6 set. 2010, disponível em <http://quarterlyconversation.com>.

"terror antinegro" que sucedeu à vitória sobre Hitler, 56 negros, a maioria veteranos recém-chegados, foram mortos, ao mesmo tempo que a Ku Klux Klan renascia no Centro-Oeste.[191] Foi nessa ocasião que, continuando uma tradição que remontava ao século anterior, novos esquemas de emigração para o Brasil foram propostos e divulgados pela imprensa negra. "Quando Jonnie marchar de volta para casa, ele não deve marchar de volta para uma vassoura ou um saco de algodão", mas pode muito bem tentar achar "bons empregos no Brasil, onde não há avisos 'Jim Crow' e onde um de seus maiores presidentes, Nilo Peçanha, era negro". Afinal, como dizia um correspondente de Kansas City para o jornal *Chicago Defender*, "até cachorros e gatos deixam suas casas quando são maltratados".[192] Esse foi também o contexto em que Einstein aceitou o convite da Lincoln University, a primeira universidade negra norte--americana, e em alto e bom som afirmou que não iria se calar sobre "a separação das raças, [...] uma doença das pessoas brancas".[193]

Foi no início de 1946, com a guerra já terminada havia meses, que Bilden começou a participar de um empreendimento inovador que muito o entusiasmou pela oportunidade de contribuir, mais uma vez, para a luta pela igualdade racial: o New York State Commission Against Discrimination, inspirada na Fair Employment Practices Commission (FEPC), criada pelo governo Roosevelt em junho de 1941. Essa comissão fora instituída sob pressão da NAACP, de figuras influentes como Eleanor Roosevelt e Pearl Buck e de outros grupos decididos a lutar contra as discriminações dos negros no mercado de trabalho. A nova comissão nova-iorquina pretendia suplantar em eficiência esse órgão federal que conseguira implantar algumas poucas medidas salutares – como a abolição de fotografias no formulário para candidatura a emprego –, mas encerrara suas atividades logo após a guerra, sob pressão dos senadores sulistas.[194]

---

191 Jerome, Einstein, race, and the myth of the cultural icon, *ISIS*, v.95, p.628-9.
192 Cf. Pallares-Burke, Gilberto Freyre and Brazilian self-perception. In: Bettencourt (org.), *Racism and Ethnic Relations in the Portuguese-Speaking World*, Proceedings of the British Academy 179, p.113-32.
193 Jerome, Einstein, race, and the myth of the cultural icon, *ISIS*, v.95, p.635.
194 Myrdal, *An American Dilemma*, p.414-7; The New York State Commission Against Discrimination: a new technique for an old problem, *The Yale Law Journal*, v.56, n.5, p.837-9.

O problema que a nova comissão estabelecida em Nova York enfrentava era dos mais sérios e afetava especialmente as minorias negras e judias. Um relatório produzido em 1939 por uma antiga comissão do governo do estado de Nova York concluíra reconhecendo-se incapaz de entender como "os negros ao norte do estado conseguem se manter e sobreviver à inanição", pois os dados levantados eram assustadores: em Rochester, de um total de 35 mil empregados em "grandes fábricas e estabelecimentos de varejo e atacado", somente setenta eram negros; em Siracusa, de 10.288, só quinze eram negros; em Poughkeepsie, de 5.252 empregados em fábricas, apenas sete eram negros. E assim por diante. A discriminação contra os judeus era também substancial e uma investigadora, durante a guerra, que se candidatara a cem empregos de escriturária, para os quais estava plenamente qualificada, ouvira de 91 dos empregadores que "um judeu não é aceitável".[195]

É com bastante ânimo que Bilden fala a Virginius Dabney sobre a organização em que estava envolvido como "diretor de pesquisa" e lhe envia memorandos de Robert M. MacIver, o professor de ciências políticas e sociologia da Columbia University, que estava apoiando a iniciativa do estado de Nova York de criar a nova comissão antidiscriminação, em julho de 1945 – comissão que já passara a servir de modelo para outros estados. A nova comissão dava "poderes adequados" a seus dirigentes para investigar e proibir discriminações relativas a emprego "por razões de raça, crença, cor e origem nacional", quer elas fossem feitas por empregadores, sindicatos ou agências de emprego.

Como Bilden explica a Dabney, a comissão não só tinha como objetivo fazer com que as leis que proibiam a discriminação nos empregos fossem executadas, como também buscava apelar para a educação pública como força de ação. Nesse sentido, contava com a ajuda de "conselhos consultivos e de conciliação locais" espalhados pelo estado. Na verdade, como esclarece Bilden, entusiasmado com a nova estratégia,

---

195 Apud The New York State Commission Against Discrimination, p.841.

a comissão considera que mesmo sua atividade de executora da lei é essencialmente educacional, evitando tanto quanto possível a coerção ou o recurso à lei [...] Exceto nos casos extremos, a comissão deseja evitar despejar na cabeça do empregador todo o aparato legal, já que este muito frequentemente age como age por ignorância e não por teimosia. Persuasão diplomática e conciliação são os lemas.[196]

Seu trabalho na organização naquele momento era organizar projetos de pesquisa a serem desenvolvidos por "alunos de pós-graduação como teses" e por alunos de graduação como "trabalhos de conclusão de curso". Para isso, conseguira o apoio da grande maioria de universidades e *colleges* do estado, assim como de outras, como Yale, Brown e Howard, que se mostraram interessadas em participar do ambicioso projeto nova-iorquino. O primeiro plano a ser desenvolvido envolvia três partes: o "estudo de discriminação nas indústrias de construção do estado"; o estudo de discriminação em todos os tipos de emprego em uma comunidade, que deveria servir de modelo para outros estudos semelhantes; e, por último, "inspeção surpresa" de vários estabelecimentos "para uso imediato da Comissão".[197] Este último ponto era necessário para compensar o pequeno número de discriminados que tinham suficiente determinação, informação e coragem para fazer uma denúncia formal.[198]

Não se sabe quanto tempo Bilden esteve envolvido com essa comissão. Até ao menos fevereiro de 1947, ele ali aparecia como "líder" de uma mesa-redonda sobre uma pesquisa realizada pela State Commission Against Discrimination; e, em outubro de 1947, um artigo seu publicado

---

196 Carta de Rüdiger Bilden a Virginius Dabney, 11 set. 1946; carta de Virginius Dabney a Rüdiger Bilden, 12 set. 1946; MacIver, Intergroup Discrimination and The Strategy Of Control; e MacIver, Delimitation of the suject of inquiry, University of Virginia Archives, coleção 7690-A, caixa 6. Sobre o aspecto educacional de programas antidiscriminação, ver MacIver, *The More Perfect Union: A Program for the Control of Inter-Group Discrimination in the United States*, p.167-8, 188-90 e passim.

197 Carta de Rüdiger Bilden a Virginius Dabney, 11 set. 1936, University of Virginia Archives, coleção 7690-A, caixa 6.

198 Ibid.; MacIver, *The More Perfect Union: A Program for the Control of Inter-Group Discrimination in the United States* (1948), p.151-64.

na conhecida *Survey Graphic* o descrevia como o diretor de pesquisa dessa comissão.[199]

De qualquer modo, a partir de 1948 Bilden parecia estar novamente desempregado. Sua família na Alemanha, que não sabia dos problemas que enfrentara ao longo das décadas, estava, no entanto, a par tanto de seu posto de *Forschungsdirektor* (diretor de pesquisa) num "departamento do estado de Nova York" como das "dificuldades" que tivera após a Segunda Guerra Mundial.[200] Provavelmente Bilden havia sido contratado em caráter temporário pela State Commission para organizar as pesquisas da nova comissão e, uma vez isso feito, seu posto se tornava desnecessário.

Pouco se sabe de Bilden depois dessa data.

Quanto a publicações, tem-se notícia de duas. A primeira foi em resposta a um convite da revista *Survey Graphic* para escrever uma resenha do livro de Tannenbaum publicado em 1946 pela editora Knopf, *Slave & Citizen – The Negro in the Americas*, para a qual não ofereciam nenhuma recompensa monetária, "a não ser o próprio livro".[201] Publicada em outubro de 1947, a resenha de Bilden foi exemplar na honestidade e imparcialidade que demonstrou. Sem aproveitar a oportunidade para atacar aquele que via como seu antigo inimigo, analisou seriamente o livro, apontou seus pontos positivos e fez observações críticas pertinentes e em tom respeitoso. "De modo geral, Frank Tannenbaum [...] retrata bem o longo calvário do negro e sua experiência, bem como os papéis variados que desempenhou neste hemisfério", afirma Bilden, enfatizando que "alguns temas são tratados com *insight* crítico admirável". O livro, no entanto, peca por "tender a simplificações e a teorizações fáceis", especialmente na "interpretação jurídica" que adota. Sua "tese

---

199 Annual Report of the State Commission Against Discrimination, 1946; Appendix F, Workshop for Community Councils, Nova York, 31 jan. e 1º fev. 1947; Bilden, Slave and citizen: the Negro in the Americas, *Survey Graphic*, v.83, p.294-5.

200 E-mails de Helga Bilden, entre set. 2005 e mar. 2006.

201 Cartas de Anne R. Brenner, da Book Review Section, da *Survey Graphic*, para Rüdiger Bilden, 30 dez. 1946 (endereçada à Fisk University); 8 jan. 1947 (endereçada à Fisk University); 3 fev. 1947 (endereçada à 79 Washington Place, Nova York, NY); cartas de Rüdiger Bilden a Anne R. Brenner, 4 fev. 1947 e 8 e 26 jul. 1947, Survey Associates Records, caixa 122, pasta 945.

básica" é que as condições mais humanas dos negros nos países latinos se explica pela tradição "estoico-romano-cristã" de suas leis. Explorando essas e outras falhas de interpretação e alguns "erros factuais", termina por dizer que, apesar de não ser uma obra valiosa para os "especialistas", o livro tinha inegável "valor" para o "leitor comum". "Seu maior mérito é dar ao leigo uma retrato razoavelmente acurado e iluminador das diferentes atmosferas sociais relativas à raça nas Américas e do grau em que o negro foi integrado nas várias sociedades".[202]

A segunda publicação, a última de que se tem notícia, foi intitulada "Brasil rural: – seus problemas e o desafio". Concentrando-se nas mazelas do Brasil rural, que representava uma porção considerável de toda a nação e fazia com que "a produtividade de um país rico, com tremendas possibilidades, fosse espantosamente pobre", Bilden voltava à sua velha tecla de que esse "atraso generalizado" não se devia, como muitos ainda pensavam, aos "efeitos da mistura racial ou ao clima". Era, sim, o efeito de "graves defeitos no desenvolvimento histórico do Brasil, acima de tudo o modo de colonização e o longo domínio do sistema escravocrata". Esperançoso com o futuro do país e com as perspectivas de uma "mudança não revolucionária" e de reformas que não destruíssem o "padrão cultural básico" das regiões – "o que seria desastroso" –, Bilden termina o artigo enaltecendo algumas iniciativas recentes do governo e de particulares. Dá destaque, em especial, ao plano Salte, iniciado pelo governo Dutra em 1948, que prometia atingir toda a nação e reabilitar o "Brasil rural e seus habitantes" com um "ambicioso programa de higiene e saneamento, conservação, mecanização da agricultura, transporte, usinas hidroeléctricas e exploração de reservas de petróleo".[203]

Quanto a emprego ou militância cultural e política, o final dos anos 1940 e os anos 1950 não pareciam auspiciosos para os que, como Bilden, lutavam pela melhoria das relações raciais.

A década que se iniciou logo a seguir ao final da Segunda Guerra foi marcada nos Estados Unidos por um misto de euforia e de ansiedade.

---

202 Bilden, Slave and citizen, p.294-5. Agradeço ao professor Kevin A. Yelvington por me ter chamado a atenção para esses dois últimos artigos de Bilden.

203 Bilden, Rural Brazil: its problems and the challenge, *The Pan American*, v.10, n.9, p.37-41.

O triunfo do fracasso

Euforia pela satisfação com seus grandes feitos durante a guerra e pelo poderio que isso implicava; e ansiedade, pela suspeita, e até mesmo obsessão, com o "perigo comunista", coisa que a Guerra da Coreia (1950-1953) só iria acirrar.

A House Committee on Un-American Activities, criada em 1938 para investigar cidadãos e organizações supostamente desleais e subversivas, de caráter fascista ou comunista, foi transformada, em 1945, num comitê permanente do Congresso norte-americano.[204] Alguns anos depois, em 1950, capitalizando as práticas políticas e técnicas do comitê, o senador Joseph R. McCarthy dava início à sua cruzada anticomunista, cujos excessos eram reconhecidos por muitos, mas que se manteve atuante e poderosa devido à atmosfera de medo que imperava então.[205] Enfim, o clima da época era "de suspeita, agitado, emocional, patético e difícil", como o descreve um estudioso.[206]

Parecia, pois, inevitável que organizações como NAACP e ativistas em geral não fossem vistos com bons olhos no período do pós-guerra, quando, como diz um estudioso, "a América se celebrava por ter sido corajosa na guerra e generosa na paz". Afinal, "havíamos salvado o mundo do fascismo e estávamos ajudando a reconstruir tanto os países dos inimigos como dos aliados [...]; éramos ricos, éramos poderosos; éramos tremendamente bem-intencionados". E prosperidade não era propícia para "pensamento radical", nem para testemunhar o fato de que "nem tudo estava bem" na terra do Tio Sam.[207] Não havia lugar, pois, nesse clima autocomplacente, para apontar qualquer fracasso numa sociedade que só queria ter olhos para seus sucessos.

E, mais ainda, apontar fracassos ou até mesmo refletir sobre o significado do fracasso podiam ser interpretados como indício de subversão. Sabe-se, por exemplo, que em 1947, dentre os critérios do FBI para

---

204 Goodman, *The Committee: The Extraordinary Career of The House Committee on Un-American Activities*.

205 Griffith, *The Politics of Fear: Josephy McCarthy and the Senate*; Fried, *Nightmare in Red: The McCarthy Era in Perspective*; Rovere, *Senator Joe McCarthy*; Schrecker, *The Age of McCarthyism: a Brief History with Documents*.

206 Halliday, The idiom of legalism in bar politics: lawyers, McCarthyism and the civil rights era, *American Bar Foundation Research*, v.7, n.4, p.914.

207 Goodman, On the (N. Y.) literary left, *The Antioch Review*, v.29, n.1, p.69-70.

determinar se um filme era ou não subversivo, o sucesso aparecia como um valor norte-americano a ser nele glorificado e jamais questionado, enquanto o fracasso aparecia como um valor comunista a ser, inversamente, criticado e jamais glorificado.[208]

A história da NAACP nesse período fornece um bom exemplo disso. Em 1947, a associação reagiu às práticas da House Committee on Un--American Activities, denunciando as violações das liberdades civis que eram cometidas na caça aos subversivos em que o comitê estava envolvido; ao mesmo tempo a NAACP passava uma resolução, condenando o comunismo. Isso não foi empecilho para que membros do comitê tentassem persuadir a organização de que havia laços entre a NAACP e o movimento comunista – acusação que foi reiterada pelo diretor do FBI anos depois, em 1956. Nessa ocasião, o furor do mccartismo havia passado, mas a decisão da Suprema Corte Federal, em 1954, determinando que sistemas de educação pública separados para brancos e negros eram inconstitucionais – o célebre caso Browns *vs.* Board of Education, de Tapeka, Kansas – estava causando muita agitação e violência no país. Afinal, era todo o "elaborado sistema de casta" que começava a ser desmantelado, o que iria gerar uma resistência organizada, muitas vezes violenta, no sul do país, e desorganizada no norte. O poder dos brancos do sul nos anos 1950 era considerável e "terrível", ocupando a liderança das duas casas do Congresso e dos dois partidos políticos.[209] É nesse quadro que, em 1956, Hoover, o famoso diretor do FBI, acusou a NAACP de ter no seu quadro comunistas infiltrados, que estariam a fazer pressões indevidas para a execução da legislação federal.[210]

Enfim, nesse contexto pouco auspicioso, é bem possível que Bilden tenha se retraído desde o final dos anos 1940 e desistido, ao menos por algum tempo, de reiniciar uma luta que lhe parecia impossível e inglória. Para seu desânimo podem ter também contribuído as notícias de

---

208 Apud Nookes, Bankers and common men in Bedford Falls: how the FBI determined that "It's a Wonderful Life" was a subversive movie, *Film History*, v.10, n.3, *The Cold War and the Movies*, p.314.

209 Barlow, *Between Fear and Hope: Globalization and Race in the United States*, p.170.

210 Jonas, *Freedom's Sword: The NAACP and the Struggle Against Racism in America*; Rose, Postscript twenty years later: social change and the negro problem (1962). In: Myrdal, *An American Dilemma*, p.xxiii-xlv.

uma ascensão do preconceito racial no Brasil, motivo de apreensão de muitos norte-americanos até então certos de que a situação ali reinante era a antítese da que vigorava nos Estados Unidos. A revista *The Crisis*, por exemplo, chegou a encomendar a Roy Nash – antigo adido cultural da embaixada norte-americana no Brasil e autor do famoso *The Conquest of Brazil*, de 1926 – um artigo que refletisse "sobre o significado do aumento aparente do preconceito racial no Brasil, como se evidenciava pela exclusão de Marian Anderson e outros artistas de cor norte-americanos de vários hotéis" do país. Talvez não fosse apaziguadora para Bilden a explicação dada por Nash, repetindo o que outros devotos do Brasil haviam feito no passado, quando evidências de racismo eram ali encontradas: os frequentadores dos hotéis em questão eram norte-americanos e contagiavam seus gerentes com seus preconceitos sulistas.[211] Décadas antes, já se falava do poder do preconceito norte-americano que, como uma "serpente marinha", descia para o Atlântico Sul, procurando se aninhar no Brasil.[212]

Nessa mesma época, Francis Simkins, conhecedor da situação difícil de Bilden, fez um forte apelo a Freyre – que se tornara o mais renomado e influente dos três companheiros da Columbia University – para que ajudasse o velho amigo com quem a vida tivera pouca complacência e a quem ambos tanto deviam: "Deus bem sabe que Rüdiger ajudou a educar você e a mim e nós lhe devemos alguma coisa. Você não conseguiria cavar algo para ele nas Nações Unidas [...]?".[213] Simkins, ele próprio, muito provavelmente se envergonhava de não ter publicamente reconhecido a inestimável ajuda intelectual e o estímulo que recebera de seu amigo alemão, quando seu doutorado fora rejeitado duas décadas antes.[214]

---

211 Carta de Roy Nash a Gilberto Freyre, 21 ago. 1950, AFGF. O artigo "Is race prejudice on increase in Brazil?", que foi publicado na edição de abril de 1951, apesar de reconhecer muitos problemas raciais, continuava a apostar no caráter excepcional dos casos de preconceito mencionados no Brasil.

212 Pallares-Burke, Gilberto Freyre and Brazilian Self-Perception. In: Bettencourt (org.), *Racism and Ethnic Relations in the Portuguese-Speaking World*.

213 Carta de Francis Simkins a Gilberto Freyre, 23 nov. 1949, AFGF.

214 Ver Capítulo 4.

Casa em Leroy Street, n.42, em Greenwich Village, em que Bilden alugava um quarto desde o final dos anos 1940. Este é o último endereço conhecido de Rüdiger Bilden.

Fonte: Maria Lúcia Pallares-Burke

Nenhuma ajuda nesse sentido foi, no entanto, tentada ou possível de ser dada e, ao que tudo indica, Bilden terminaria os seus dias como um modesto escriturário. Era um trabalho que ao menos "não me deixa passar fome", como confessa a Freyre em dezembro de 1953.[215]

Meses antes, abatido e desalentado, Bilden comentara:

---

215 Carta de Rüdiger Bilden a Gilberto Freyre, 18 dez. 1953, AFGF.

quanto a mim, não há praticamente nada de importante a relatar [...] Vários meses atrás, minha mãe faleceu na Alemanha. Ela estava bem velha, 86, mas tinha sido saudável até então. Isso mais ou menos corta minhas últimas ligações pessoais com a Alemanha, apesar de eu ainda ter dois irmãos e uma irmã por lá. Fora isso, não há novidades. Gostaria de que houvesse. Meu maior desejo é retomar meu trabalho sobre o Brasil e, talvez, voltar ao Brasil.[216]

Maior decepção e desânimo teriam acometido Bilden se tivesse chegado a seus ouvidos que Ed Hardy, o culto e progressista *gentleman* sulista, marido de sua amiga Mary Virginia, a quem visitara tantas vezes na sua Primrose Plantation, no Mississipi, despira sua capa de liberal e se unira à organização ultrarracista White Citizens' Council, chamada por seus críticos de "Klan de elite" ou "Klan de colarinho branco". Criada em Mississipi, logo após a decisão da Suprema Corte, em 1954, determinando que a segregação nas escolas era inconstitucional, essa organização defendia o uso de táticas econômicas para combater a integração racial e os ativistas que lutavam pela dessegregação.[217] Como disse um estudioso da Ku Klux Klan, essas duas organzações eram "irmãs de sangue".[218] Foi a propósito dessa adesão de Ed Hardy que teria ocorrido uma séria e memorável explosão entre ele e sua esposa Mary Virginia, a "única" de que a filha Jane teve conhecimento.[219]

---

216 Carta de Rüdiger Bilden a Gilberto Freyre, 12 jan. 1953, AFGF.
217 Newton e Newton, *The Ku Klux Klan: An Encyclopedia*, p.113-4; Newton, *The Ku Klux Klan: History, Organization, Language, Influence and Activities of America's Most Notorious Secret Society*, p.170-1.
218 Randel, *The Ku Klux Klan*, p.206.
219 Depoimento de Jane Hardy Cease sobre seus pais, Ed Hardy e Mary Virginia McCaskill Hardy.

Almoço de Páscoa em 1954, com Ed Hardy (em pé à esquerda) e família, na Primrose Plantation.
Fonte: Arquivo particular de Jane Hardy Cease

Mais três anos se passaram e, no final de 1956, com 63 anos de idade, Bilden se mostrava reerguido e, como tantas vezes no passado, esperançoso. Os acontecimentos mundiais eram alarmantes, dizia, referindo-se à revolução húngara de outubro e à invasão soviética de novembro. No entanto, comenta, não só o povo húngaro deve ter a admiração de todos, mas os acontecimentos revelam que "o Império dos Escravos Vermelhos está começando a se fraturar nas extremidades. Pessoalmente, não estou surpreso, porque eu sempre soube que os magiares são uma nação corajosa e de fibra".

Quanto à sua vida, o ânimo também era grande. "Decidi despertar de minha letargia e começar tudo de novo." Anuncia então a seu amigo Freyre que novamente estava a batalhar pela fundação do instituto interamericano, para cuja realização havia anos prometera não deixar pedra sobre pedra. Envia-lhe uma nova exposição "mais precisa e abrangente" do plano, pede sua "franca opinião" sobre ele e lista os intelectuais, autoridades, universidades e fundações a quem já apresentara ou iria ainda enviar o memorando, pedindo apoio para a criação do instituto dos seus sonhos. Na mesma ocasião, comenta que naquela noite iria jantar com Bill e Dorothy Loos (sua amiga e ex-aluna da Fisk University, com quem traduzira *Sobrados e mocambos* no início dos anos 1950); que passaria o Natal com Aaron e Alta Douglas e o ano-novo com Fred e Ellen Vanderplank, todos eles seus amigos, a quem Freyre conhecera em sua última viagem a Nova York. Recorda que os primeiros haviam oferecido uma feijoada a ele e Magdalena e que os segundos os haviam homenageado com uma festa.[220] Ao terminar com os votos de boas festas para ele, "Magdalena e crianças", diz a Freyre que nunca recebera suas "últimas publicações, inclusive o livro sobre a África"; que esperava poder logo visitar na Virgínia o amigo Simkins, a quem não via havia anos; e que aguardava "ansiosamente" a chegada de notícias.

A carta ao amigo Freyre era datada de 20 de dezembro de 1956. Essa foi a última manifestação de Bilden de que se tem notícia.

---

220 Vanderplank era uma "paulista de pais dinamarqueses", que tinha um "negócio de exportação" bem-sucedido (cf. carta de Rüdiger Bilden a Gilberto Freyre, 12 jan. 1953, AFGF).

Epílogo
Vencedores e perdedores:
Gilberto Freyre e Rüdiger Bilden

> *Valeu a pena?*
> *Tudo vale a pena*
> *Se a alma não é pequena.*
> Fernando Pessoa[1]

O que teria acontecido com Bilden entre dezembro de 1956 e sua morte, 24 anos depois? Seu caso, obviamente, não é único.

O escritor William Gerhardie, que usufruiu de grande sucesso nos anos 1920 e inspirou Evelyn Waugh e Graham Greene, que o consideravam um "gênio", desapareceu na obscuridade em 1940, só vindo a morrer quase quarenta anos mais tarde, em 1977. Essa queda no esquecimento atraiu e intrigou o romancista britânico William Boyd, servindo-lhe de inspiração. Eram, como disse, "37 anos de silêncio, o que eu achei muito interessante".[2] Foi, pois, em parte inspirado por Gerhardie que ele criou o personagem Logan Mountstuart em seu acla-

---

1 Pessoa, Mar Portuguez. In: id., *Mensagem*, linhas 7 e 8.
2 Day, Any human heart: William Boyd on telling the story of the 20th century, *The Observer*, 21 nov. 2010.

mado romance *Any Human Heart*. Usando o artifício do "diário íntimo", Boyd preencheu esse silêncio ao narrar a vida longa e extraordinária de Mountstuart, como se fosse ele próprio contando sua história dia a dia. É assim que podemos acompanhar esse rico personagem através de suas glórias, frustrações e reveses até sua queda na penúria e no esquecimento.

No caso de Bilden, torna-se impossível, obviamente, recuperar os seus passos e preencher essa grande lacuna em sua história com a liberdade que um romancista teria. O que se pode dizer com certeza é pouco, e o que se pode supor e inferir a partir das circunstâncias é também limitado. O silêncio das fontes desde 1956 sugeria, por exemplo, que sua morte ocorrera não muito mais tarde. Afinal, desde 1950 ele se queixava de "pressão alta contínua" e era, pois, muito possível que tivesse sido acometido de um derrame ou infarto fatais.[3] Foi, portanto, uma surpresa descobrir que Bilden só iria falecer em 10 de novembro de 1980, em algum lugar de Greenwich Village, o bairro de Manhattan em que vivera intermitentemente grande parte de sua longa vida no exílio.[4]

O pouco que sabemos com certeza sobre esse longo período é que não pôde contar por muito tempo com o convívio e o conforto das pessoas com quem compartilhara diferentes momentos de sua vida. Afinal, muitos dos amigos e conhecidos partiram deste mundo antes dele: Francis B. Simkins em 1966, Percy A. Martin e Franz Boas em 1942, Melville Herskovits em 1963, Walter White em 1955 e Alta Douglas em 1958. Até Jane, a ex-esposa de quem nunca se afastara totalmente – e que, na verdade, se mudara, por volta de 1960, para o hotel Village Plaza, nas proximidades da Leroy Street, onde Bilden vivia quando remeteu

---

3 Carta de Rüdiger Bilden a Gilberto Freyre, 22 dez. 1951, AFGF.

4 Certidão de óbito n.17441. O código postal da última residência, tal como consta nesse documento, é 10011, que faz parte de Greenwich Village. A Leroy Street n.42, onde Bilden viveu desde o final dos anos 1940 até, seguramente, 1956, está na zona postal 10014. O hotel Colborne, na Washington Place n.79-81, onde ele viveu desde o início dos anos 1930 até se mudar para a Leroy Street, fica na zona 10011. Foi impossível descobrir o exato endereço onde vivia Bilden em 1980, ao falecer. O que se sabe é que o antigo hotel Colborne passou a se chamar Village Plaza e que nos anos 1960 fazia parte dos muitos hotéis "de bem-estar social" em que idosos, drogados e destituídos de todo tipo viviam em condições sofríveis.

O triunfo do fracasso

sua última carta para Freyre, em 1956 –, se fora em outubro de 1976.[5] Seu amigo George Herzog só iria falecer em 1984, mas desde 1948, quando estava no auge de sua carreira, caíra doente e, a partir de 1951, ficara totalmente incapacitado.[6] Mesmo os que sobreviveram a Bilden aparentemente o perderam de vista. Esse foi o caso de Dorothy Loos, a ex-aluna da Fisk University com quem ele desenvolvera relações de amizade ao longo dos anos. Em 1961, intrigada pelo fato de a carta que lhe enviara ter retornado e de não conseguir localizá-lo, escreve a Freyre perguntando se ele tinha algum novo endereço do amigo em comum. Ao que tudo indica, nunca mais o reencontrou.[7]

Na Alemanha, apesar de seus três irmãos ainda estarem vivos quase até a sua morte, havia muito não tinha qualquer contato com eles. Com os mais novos, Franz e Maria, que morreriam no final da década de 1970, poucos laços se haviam criado; mas Wilhelm, seu irmão mais

---

5 Jane, que não vivia mais com o segundo marido, o pintor romeno Alexander Popini havia anos, mudara-se para o hotel Village Plaza (antigo Colborne) de Greenwich Village, o mesmo em que Bilden vivera até o final dos anos 1940. Era, como ela diz, uma forma bem mais barata de viver numa época em que "apartamentos baratos nessa região praticamente inexistiam", e ela se sentiria "perdida, por exemplo, no Brooklyn ou no Bronx". Vivendo com a ajuda de benefícios do governo devido à sua incapacidade física (sofria de problemas vasculares, os quais a obrigavam a andar de muletas), que eram o suficiente para pagar o aluguel e o telefone, sua pensão era "quase o suficiente para comprar comida, se eu tomar muito cuidado", como diz. (Cf. carta de Eloise McCaskill a Vilhjalmur Stefansson, 28 jun. 1961, em Stefansson Papers, Dartmouth College Library, Stef. Mss. 196 (92): pasta M.) Jane, que durante anos ensinara história e literatura comparada na Hunter College e outras instituições educacionais de Nova York, fora também assistente do explorador Vilhjalmur Stefansson. Em 1947 passara a se dedicar em tempo integral a escrever artigos para a *Encyclopedia Arctica*, organizada por Stefansson, e em 1952 se dedicava a editar o diário do famoso inventor norte-americano Lee de Forest, um dos pais da "idade eletrônica", que aparentemente jamais foi publicado. Cf. Danzak, "Thumb Nail" sketch, *The Chelsea-Clinton News*, 17 abr. 1942, Stefansson Papers, Dartmouth College Library, Stef. MSS. 196 (77).

6 Siskin, *George Herzog: A Peerless Musicologist Remembered*, disponível em <http://american-jewisharchives.org/journal/PDF/1989_41_01_00_siskin.pdf>, acesso em 20 nov. 2011.

7 Carta de Dorothy Loos a Gilberto Freyre, 12 dez. 1961, em AFGF. Em contato por telefone e *e-mail* ao longo de 2010 com seu filho, William Loos, pude confirmar que não há indícios de que Dorothy Scott Loos (que só iria falecer em 2008) tenha se reencontrado com Bilden nos anos 1960 ou mais tarde. Dorothy, que fez o doutorado em literatura brasileira na Columbia University (publicado em 1963 sob o título de *The Naturalistic Novel of Brazil*), tornou-se tradutora de *Dora, Doralina* de Rachel de Queiroz e da poetisa argentina Alfonsina Storni.

velho, de quem tinha sido muito próximo e que viveria até 1983, também não conseguiu obter notícias de Rüdiger após a morte da mãe nos idos de 1952. Ao longo dos anos, a família recebera notícias esporádicas de Bilden e dele se orgulhava pelo sucesso que acreditavam ter alcançado no estrangeiro, sem nunca, entretanto, abdicar – conforme pensavam – da sua cidadania alemã. De suas dificuldades pouco sabiam, a não ser que enfrentara alguns percalços após a Segunda Guerra Mundial. Mas depois de 1952, as várias tentativas dos irmãos de reatarem contato com ele não surtiram efeito. De qualquer modo, a lembrança do jovem Bilden que emigrara para tão longe para nunca mais voltar era cultivada pela família, e seu retrato – em foto profissional enviada de Nova York em meados de 1936, exposto em lugar de honra na casa da mãe até 1952 e conservado no mesmo lugar por décadas, desde então, pela irmã Maria – era um modo de manter viva sua memória.[8]

Dos amigos com quem Bilden se correspondia no Brasil, Roquette-Pinto falecera em 1954 e Arthur Ramos, em 1949, restando Gilberto Freyre, que iria viver até 1987. No entanto, a crer na ausência de cartas após 1956, o contato entre os dois velhos amigos da Columbia se interrompeu a partir dessa data.

Impossibilitados que somos de cobrir esse longo hiato de 24 anos da vida de Bilden com informações fidedignas sobre seu paradeiro e não querendo levar avante a especulação – infelizmente, bastante plausível – de que ele tivesse terminado seus dias sem saúde, dinheiro ou amparo, num dos quartos miseráveis e "apavorantes" dos muitos "hotéis de bem-estar social" que proliferaram a partir dos anos 1960 em Nova York,[9] cabe retomar a pergunta com a qual iniciamos este livro: por que

---

8 Cf. depoimento de Helga Bilden em várias ocasiões, a partir de maio de 2005, via *e-mail* e contatos pessoais entre 2008 e 2011. Foto do Ateliê Von Behr, 28 West 8th Street, Nova York, sem data. Em carta a Gilberto Freyre, de 6 nov. 1936, Bilden refere-se ao "belo retrato" seu, tirado por um dos melhores fotógrafos de Nova York, "um jovem nobre alemão por origem, Hans von Behr".

9 Drogados, "pessoas com ficha criminal" e com problemas mentais compunham "quase a metade" dos residentes desses hotéis em julho de 1971, o que explicava a alta incidência de crimes ali cometidos. Como decorrência, os idosos dependentes da ajuda do governo e que compartilhavam dos mesmos locais "frequentemente viviam com medo de seus vizinhos". Calcula-se que nessa época os 210 mil quartos de "hotéis de bem-estar social" da cidade de Nova York eram ocupados por 65 mil idosos, 2.200 cegos e 43 mil sem-teto,

estudar Rüdiger Bilden, um indivíduo com quem a vida não teve muita complacência e que aparentemente fracassou? Por que, enfim, insistir em trazer à tona um nome que se tornou, como foi dito, uma "nota de rodapé obscura e rara, que não despertava quase nenhuma atenção, mesmo de especialistas"?

Rüdiger Bilden, pensativo, desanimado e com o cachimbo característico – foto tirada provavelmente nos anos 1950, em Nova York.

Fonte: Arquivo da Fundação Gilberto Freyre

---

integralmente dependentes do Estado para moradia. O hotel Village Plaza, antigo Colborne, o mesmo onde Bilden vivera quase duas décadas e para onde Jane se mudara, é mencionado como exemplo do clima de insegurança e medo reinante. Nove pessoas que ali viviam haviam sido presas no início de 1972, sete delas por crimes envolvendo narcóticos. (Cf. Seigel, Wide Community Crime Traced to "Singles" in Welfare Hotels, *The New York Times*, 16 jan. 1972, p.97; Welfare: hotels without hope, *Time Magazine*, 4 jan. 1971); Seigel, Welfare-Hotel Crime is a local problem, *The New York Times*, nov. 1972, p.62; Modern perils distress old village, *The New York Times*, 28 set. 1970, p.1; Faded ads for Manhattan's Old-School Hotels, disponível em <http://ephemeralnewyork.wordpress.com/tag/faded-ads/>, acesso em 30 out. 2011.

Se ensaiarmos um balanço da vida de Bilden, parece mais apropriado dizer que seu fracasso foi relativo e transitório e que, na verdade, após o acompanharmos por décadas, não há como afirmar que inexistam realizações palpáveis para as quais ele muito colaborou. Na verdade, como já foi apontado em outra ocasião, Bilden ilustra de modo dramático a ideia de que uma "constelação" de espíritos, normalmente não reconhecidos pela posteridade – e não uma única "estrela" –, está por trás de novas tendências culturais. A contribuição inovadora de Bilden para o estudo e a solução dos problemas raciais na primeira metade do século XX foi indubitável, mas, como que confirmando no campo das humanidades o "Efeito Mateus" de que falou o sociólogo Robert Merton, acabou obscurecida na sua quase totalidade pelas realizações de outros membros mais afortunadas da "constelação" à qual pertencia e com a qual colaborou.[10] Como vimos, Merton cunhou essa expressão para descrever o "complexo processo psicossocial" recorrente na história, pelo qual descobertas científicas importantes feitas em colaboração por cientistas maiores e menores são lembradas pela posteridade como sendo trabalho de algumas poucas grandes figuras consagradas. Ou seja, essa é uma prática que lembra que no campo intelectual ocorre o fenômeno injusto e recorrente, no entender de Merton, referido por São Mateus na "Parábola dos Dez Talentos": o rico fica mais rico e o aclamado, mais aclamado, enquanto o pobre fica mais pobre e o esquecido, mais esquecido.[11]

Freyre e Bilden: um sucesso a partilhar?

Para substanciar essa afirmação sobre as realizações de Bilden, em primeiro lugar temos de nos voltar para as realizações de seu ex-colega, amigo e confidente Gilberto Freyre, o mais renomado e bem-sucedido dos três jovens que se irmanaram na Columbia University nos anos 1920.

---

10 Pallares-Burke, *Gilberto Freyre: um vitoriano dos trópicos*, p.335, 398.
11 Merton, The Mathew Effect in science: the reward and communication systems of science are considered, *Science*, v.159, p.59-63.

O triunfo do fracasso

É fato indiscutível que o lugar de Freyre na história do Brasil está seguro, desde 1933, graças à sua famosa contribuição para o debate sobre a identidade nacional das primeiras décadas do século XX. Seu livro mais famoso, *Casa-grande & senzala,* não era somente uma história do Brasil colonial que enfatizava o papel da família patriarcal na formação do país, mas também uma redefinição da identidade brasileira, numa época em que preconceitos com ares de ciência propunham o "branqueamento" do povo como condição para o seu progresso. Freyre, cuja autoconfiança era notória, descreveu-se certa vez como um "segundo Pedro Álvares Cabral". Essa era uma forma vívida de repetir o que seus admiradores e críticos vinham apontando fazia décadas: para o bem ou para o mal, Freyre redescobrira o país, provocando uma mudança dramática na autoestima dos brasileiros, ao enfatizar o papel positivo que a miscigenação e o hibridismo cultural exerceram no país e a relativa harmonia racial que daí resultou. Em uma palavra – ou três palavras –, sugerira que a "mistura é bela" e que, contrariamente ao que o estereótipo nacional e internacional então determinava sobre a falta de esperanças para um país de população mestiça e com um "governo mulato", o futuro do Brasil era promissor. Não surpreende, pois, que suas ideias tenham sido praticamente adotadas pelos sucessivos regimes pós-1940, interessados em criar uma identidade nacional e transformar sua interpretação do país numa espécie de ideologia semioficial. Lembremos que, por um decreto federal, o sociólogo-presidente Fernando Henrique Cardoso (que havia sido um dos grandes críticos de Freyre) instituiu o ano 2000 como o "Ano Nacional Gilberto de Mello Freyre" e que o metalúrgico-presidente Luiz Inácio Lula da Silva, no ano 2009, perante o comitê das Olimpíadas, descreveu o Brasil em termos freyrianos: "Não só somos um povo misturado, mas um povo que gosta muito de ser misturado; é o que faz nossa identidade".

Ora, quando se estuda a trajetória de Freyre, acompanhando-o desde quando era um adolescente erudito e precoce no acanhado ambiente recifense até se tornar o homem maduro que desfrutava sua notoriedade e revivia sua juventude, uma das conclusões a que se chega é a seguinte: Rüdiger Bilden teve um papel que não foi nem insignificante nem periférico nas realizações do intelectual pernambucano.[12] E isso o próprio Freyre, ao menos na juventude, deixou claro: não só quando reconheceu, em 1933, no prefácio à primeira edição de *Casa-grande & senzala* e nas referências ao longo do texto, as "sugestões valiosas" que dele recebera para sua obra, como dois anos antes, quando a ideia do livro tomava forma durante sua estada na Stanford University. Significativamente, nessa ocasião, como já aludimos anteriormente, Freyre referiu-se em conjunto a Rüdiger Bilden e ao antropólogo brasileiro Roquette-Pinto como dois intelectuais que naquele momento estavam dando uma contribuição notável para o estudo da miscigenação brasileira. Este último, desenvolvendo pesquisas antropológicas e "rigorosamente científicas" sobre a questão da miscigenação; e o primeiro, abordando a questão em conjunto com "outros problemas do desenvolvimento brasileiro", ou seja, "com a miscigenação, a escravidão e a monocultura latifundiária".[13]

Conhecedor da capacidade e do empenho de seu colega da Columbia, Freyre não tinha dúvidas sobre o impacto de suas ideias em sua trajetória e era grato, como atestou em nota de rodapé de *Casa-grande & senzala*, por Bilden lhe ter "franqueado a leitura" do "primeiro" manuscrito de seu trabalho em preparo.[14]

Já anos antes, em 1926, quando sua obra de 1933 ainda não se havia esboçado, Freyre referira-se entusiasmado às "tardes" em que Bilden lhe falava sobre seu trabalho e à "forte e numerosa bibliografia crítica" que o sustentava. Impressionado com o que ouvia e com "alguns cartões" da bibliografia que lia, confessou então a seus leitores do *Diário de Pernambuco* que se sentira "vivamente na presença de um transmutador de valores, animado de um entusiasmo nietzschiano de renovação". Não havia dúvida, conforme Freyre então reconheceu, de que certos aspectos

---

12 A influência marcante de Bilden no pensamento de Freyre e o modo como este, a partir de certo momento, paulatinamente procurou diminuir o importante papel que o amigo alemão exerceu em sua formação já foram tratados em meu livro *Gilberto Freyre: um vitoriano dos trópicos*. Alguns dos argumentos ali expostos são aqui retomados e ligeiramente expandidos.

13 Freyre, Conferência em Stanford (fev. 1931), reproduzida em Fonseca (org.), *Antecipações*, p.58-9.

14 Freyre, *Casa-grande & senzala*, p.66.

da "história brasileira e americana" adquiririam "um mais inteligente e profundo sentido" em decorrência do trabalho do "jovem e brilhante historiador alemão".[15]

Em outra ocasião já relacionamos algumas ideias-chave desenvolvidas por Freyre em sua obra-prima de 1933 à interpretação que Bilden vinha desenvolvendo desde 1922 – ideias, algumas delas, que o jovem Freyre enalteceu e tornou públicas para seus leitores do *Diário de Pernambuco* já em 1926. Teria sido devido à interpretação de Bilden sobre as características distintivas do colonizador português, aí incluindo sua miscibilidade, e sobre o legado da escravidão na história política, econômica, social e cultural do Brasil, que ele se tornou o interlocutor "de carne e osso" de que Freyre necessitava para dar o arranque final para a nova interpretação do país que inaugurou em seu *Casa-grande & senzala*.[16]

É certo que, conforme o próprio Bilden admitiu, a dissertação de mestrado de Freyre, de maio de 1922, que tratava da vida social do Brasil em meados do século XIX, o lançara aos "estudos brasileiros", interessando-o "pela primeira vez" pelo "problema da escravidão brasileira".[17] Seu projeto de pesquisa, *Slavery as a Factor in Brazilian History*, incluía, de fato, alguns tópicos que se inspiravam no mestrado de Freyre: a analogia entre o "poder dos grandes senhores de engenho" e os senhores feudais; a caracterização do "grande engenho brasileiro como uma unidade social e economicamente autossuficiente" e a ideia de que os escravos brasileiros recebiam um tratamento humano que em muito contrastava com o de outros países e até com o dos operários europeus de meados do século XIX.[18] Por outro lado, Bilden inaugurava em seu projeto de 1922 a discussão de tópicos que, ausentes das preocupações iniciais do jovem Freyre, reapareceriam como abordagens inovadoras, centrais e magistralmente desenvolvidas em *Casa-grande & senzala*: o contraste entre o sistema português de colonização e o anglo-saxão; a importância das tradições sociais, políticas e culturais portuguesas na

---

15 Id., Sobre as ideias gerais de Rüdiger Bilden, *Diário de Pernambuco*, 17 jan. 1926.

16 Pallares-Burke, *Gilberto Freyre: um vitoriano dos trópicos*, p.378-406.

17 Carta de Rüdiger Bilden a Melville Herskovits, 11 jan. 1935, MHPN, caixa 3, pasta 26.

18 Freyre, Social Life in Brazil in the Middle of the Nineteenth Century, *HAHR*, v.5, 1922, p.605-8.

herança colonial e no desenvolvimento do Brasil; e a profunda influência da "escravidão doméstica" na "vida privada e familiar brasileira – na sua moral, no seu caráter, nos seus costumes", aí incluindo, especificamente, o "desenvolvimento mental, moral e cultural dos filhos do senhor do engenho". Bilden chega a dizer, logo no início de sua pesquisa, que "a família do norte do Brasil" era "uma das partes mais importantes" de sua investigação, relacionando-se diretamente à questão da escravidão.[19] E mais, a defesa finamente articulada e historicamente fundamentada da miscigenação brasileira, inusitada para a época – feita por Bilden tanto em seu artigo de 1929, "Brazil, a Laboratory of Civilization", quanto dois anos mais tarde, no texto apresentado na mesa-redonda do Institute of Public Affairs da University of Virginia, ocasião em que Freyre o acompanhava – enfatizava o caráter *sui generis* da cultura brasileira, na mesma linha da argumentação de Freyre em seu livro de 1933. A mestiçagem e o hibridismo cultural brasileiros, como sugerira Bilden, representavam uma harmoniosa e musical interação de forças ou energias diversas, noção que muito se assemelhava à do "antagonismo em equilíbrio" que iria se impor como um dos mais distintivos elementos da interpretação do Brasil feita por Freyre.[20]

O reconhecimento do jovem Freyre pela dívida com o amigo alemão não se manteve, no entanto, por muito tempo. Ironicamente, à medida que o tempo passava e sua fama e autoridade cresciam, Freyre se empenhou numa operação de desreconhecimento gradativo da dívida inicialmente declarada – operação, sem dúvida, facilitada pelo fracasso do brilhante Bilden em produzir a obra tão esperada. Enquanto as referências ao amigo alemão foram se tornando mais e mais esparsas e rarefeitas, as dirigidas a outros intelectuais, como ao grande Franz Boas e mesmo a Frank Tannenbaum, por exemplo, foram se repetindo e se tornando mais entusiásticas.[21] E, como exageros e falsidades têm

---

19 Bilden, Slavery as a Factor in Brazilian History, 1922 (projeto enviado à Carnegie Foundation com cópia para Oliveira Lima), Lima Family Papers, CUA.

20 Esses dois textos foram analisados nos capítulos 3 e 4.

21 Em 1977, por exemplo, no prefácio à segunda edição em língua portuguesa da versão portuguesa de sua dissertação de mestrado, *Vida social no Brasil nos meados do século XIX*, ao listar os estrangeiros que haviam estudado a identidade brasileira e suas diferentes etnias, Freyre menciona, entre os norte-americanos, Roy Nash e Frank Tannenbaum, mas não

o poder de adquirir peso ao serem repetidos, não é de admirar que a importância de Bilden tenha se obscurecido ao longo dos anos e sido indevidamente negligenciada nos estudos freyrianos.

Numa época em que Freyre estava acometido por uma crescente preocupação, senão obsessão, de afirmar seu pioneirismo e ligar-se a Franz Boas, a figura de Bilden – que, além de inaugurar uma nova linha de interpretação da história brasileira, tinha sido amigo, discípulo e colaborador do renomado antropólogo – tornara-se incômoda. Como já argumentamos em outra ocasião, nem o antropólogo nem seu aluno brasileiro marcaram, de imediato, um ao outro.[22] Tendo sido um dentre centenas de seus alunos, e não seu orientando, Freyre não deixara qualquer impressão em Boas. "Pode me dizer o título do livro e o nome do autor, do brasileiro, sobre o qual você falou outro dia?", perguntou Boas a Herskovits em setembro de 1936. Na resposta, este nem se referiu ao fato de Freyre ter sido seu aluno: "O nome do livro de Freyre é *Casa-grande & senzala*, e seu primeiro nome é Gilberto".[23] Do lado de Freyre, também não houve um impacto imediato das ideias de Boas em sua trajetória e, ao longo dos anos 1920, o que se pode observar é um jovem que ainda tentava penosamente se definir em face das múltiplas e contraditórias referências, leituras e experiências que lhe povoavam a mente, na qual o resistente paradigma racista da época ocupava um lugar proeminente.

Assistimos, então, ao espetáculo "humano, demasiado humano" de um intelectual de envergadura e brilho – e muito bem informado sobre os projetos, atividades e reveses da fortuna de Bilden – ir, pouco

---

Rüdiger Bilden. Em seu "Como e por que sou mais antropólogo do que sociólogo", *Como e por que sou e não sou sociólogo*, p.83-97), por exemplo, no qual Freyre explora seu papel de "discípulo de Boas", nenhuma referência é feita a Rüdiger Bilden como seu elemento de ligação com o antropólogo da Columbia University. Em seu "Como e por que escrevi *Casa-grande & senzala*" (*Como e por que sou e não sou sociólogo*, p.115-43), Bilden é mencionado uma única vez, para Freyre dizer que ele "por influência minha se voltara para o estudo antropológico do passado brasileiro".

22 Sobre a absorção tardia dos ensinamentos de Boas por Freyre e a ajuda de Bilden nesse sentido, ver Pallares-Burke, *Gilberto Freyre: um vitoriano dos trópicos*, p.263-70, 297-309, 400 e passim.

23 Cartas de Franz Boas a Melville Herskovits, 25 set. 1936; e de Melville Herskovits a Franz Boas, 28 set. 1936, MHPN, caixa 3, pasta 35.

a pouco, silenciando sobre seu velho amigo e interlocutor e desprestigiando sutilmente seu nome, até reduzi-lo a alguém que simplesmente fracassara por beber em demasia, conforme Freyre chega a afirmar em 1981. Não obstante ter obtido "excelente bolsa" para realizar seu trabalho sobre a escravidão brasileira, diz Freyre – "assunto meu", como declara em seu diário-memória, querendo parecer que já trabalhava no tema em 1926 –, não o concluíra devido a dois motivos: "o excesso de bebida" e por "não ter sido feliz no amor". Como já vimos, sabe-se que o alcoolismo de Jane foi a principal causa do divórcio do casal. Não há, no entanto, qualquer indício de que Bilden sofresse do mesmo mal.[24]

Sobre as circunstâncias políticas e sociais em que Bilden estivera imerso durante sua longa vida no exílio e sobre seu incansável esforço para alterá-las, quer contribuindo para a campanha contra a segregação racial norte-americana, quer propondo a criação de um instituto para o estudo interdisciplinar e comparativo da diáspora africana em regiões das Américas de colonização semelhante, nenhuma só palavra foi emitida pelo grande amigo e confidente recifense.[25] Também Freyre nada emitiu sobre a inspiração que esse instituto planejado por Bilden teria exercido na sua ideia de "tropicologia". Na verdade, a "nova ciência" proposta por Freyre – que, a partir de 1966, passou a ser desenvolvida no Instituto Joaquim Nabuco, em Recife –, destinada a estudar de forma comparativa e interdisciplinar regiões ecologicamente semelhantes, relegando para segundo plano as organizações políticas às quais pertenciam, em muito se aproxima da ideia de Bilden do início dos anos 1940.[26]

As modificações que Freyre introduziu, nos anos 1970, no texto sobre Bilden publicado originalmente em 1926, evidenciam claramente seu empenho de minimizar a figura do amigo alemão, cuja lembrança o

---

24 Freyre, *Insurgências e ressurgências atuais: cruzamentos de sins e nãos num universo em transição*, p.194. Sobre o diário de Freyre como sendo uma autobiografia em forma de diário, ou "diário-memória", ver Pallares-Burke, *Freyre, um vitoriano dos trópicos*, p 22-30; e Id., "Um livro marcante", ou uma autobiografia à prestação, introdução a G. Freyre. In: Freyre, *Tempo morto e outros tempos*.

25 Freyre, *Tempo morto e outros tempos*, p.178 (entrada referente ao ano 1926 nessa obra, que é uma autobiografia em forma de diário).

26 Burke e Pallares-Burke, *Repensando os trópicos: um retrato intelectual de Gilbert Freyre*, p.172, 275, 290-6.

O triunfo do fracasso

perseguia e por quem, desnecessariamente, sentia-se ameaçado. Talvez imaginasse que o livro não publicado de Bilden continha, ironicamente, uma ameaça do que poderia ser, que precisava, de antemão, ser esvaziada. Colm Tóibín, o renomado autor irlandês, foi enfático ao apontar para a possibilidade de "um livro não escrito ser uma arma ainda mais poderosa do que o que já foi publicado", por se erguer como um "fantasma [...] [a] encher o ar com sua ameaça ou sua promessa".[27] Assim, o fato é que, ao invés de republicar seu texto na versão original e simplesmente dizer em nota que a obra de Bilden, que tanto prometia, não fora jamais concluída – e aí tecer seus comentários sobre as causas desse fracasso –, Freyre fez toda uma ginástica para maquiar as suas próprias palavras e reescrever suas impressões passadas. Tanto a versão preparada para republicação em 1973 (e só publicada postumamente, em 2001), quanto a republicada em 1979 testemunham duas preocupações de Freyre: de um lado, diminuir a novidade que a interpretação de Bilden traria para os estudos históricos e transformá-lo mais num filósofo que num historiador e, de outro, apontar as coincidências que havia entre as ideias dele e as de Bilden, além do fato de ambos serem discípulos de Franz Boas. Freyre chega a anunciar em 1979 até mesmo a publicação malograda da obra de Bilden, acrescentando ao artigo de 1926 a seguinte frase cética: "O que é preciso é que ele [Bilden] vá além dos projetos".[28]

Para efetuar essa versão, para não dizer adulteração, alguns elogios do passado foram então cortados, ênfases foram retiradas e acréscimos foram feitos por Freyre, transfigurando o texto original de modo significativo. Um dos muitos exemplos dessa tática é o que Freyre faz com o grande elogio a Bilden feito pelo renomado historiador Oliveira Lima em carta enviada a ele. A frase elogiosa, citada no artigo de 1926 – "Rüdiger nos dará o estudo definitivo da escravidão" –, é totalmente removida na versão de 1973, sendo substituída por uma citação, enganosamente apresentada como sendo de Oliveira Lima, que diz: "De Rüdiger devemos

---

27 Tóibín, Ghosts in the room, *Guardian*, 18 fev. 2012, p.2.

28 Freyre, Sobre as ideias gerais de Rüdiger Bilden, *Diário de Pernambuco*, 17 jan. 1926; republicado em Freyre, *Tempo de aprendiz*, v.2, p.249-52; e em Fonseca (org.), *Antecipações*, p.34-9. As três versões do artigo de 1926 estão incluídas como apêndices em Pallares-Burke, *Gilberto Freyre: um vitoriano dos trópicos*, p.435-46.

esperar páginas de um erudito à maneira germânica sobre a história da escravidão do Brasil". E Freyre acrescenta sua explicação do que Oliveira Lima teria querido dizer: "Isto é, sobre a filosofia dessa história riquíssima de sugestões para um historiador filósofo". Em outro trecho, fica ainda mais claro o esforço de Freyre de qualificar o trabalho de Bilden mais como filosófico do que historiográfico. O trecho que diz "o estudo de Bilden há de dar a certos fatos, ainda mal estudados da história do trabalho escravo no Brasil, novo sentido filosófico mais inteligente e mais profundo", passa a tomar o espaço que em 1926 era ocupado por uma afirmação mais categórica sobre o significado do estudo de Bilden para a história tanto brasileira quanto americana. Na versão original, Freyre escrevera que, diante do conhecimento e das ideias de Bilden, sentira-se "na presença de um renovador de processos que há de dar a certos fatos da história brasileira e americana um mais inteligente e profundo sentido". O mesmo efeito ele quis causar ao acrescentar as palavras "em termos abstratos" no fim da frase que originalmente simplesmente dizia: "Ele [Bilden] tem a volúpia da interpretação das coisas".

Mais dramático e espantoso ainda no sentido de diminuir a importância das ideias de Bilden sobre a relevância da escravidão para a história do Brasil – que paradoxamente Freyre afirma, em outros acréscimos, serem "coincidentes" com as dele – é a longa passagem que adiciona na versão de 1973, citando vários nomes de brasileiros que teriam antecedido Bilden nessa aparente novidade: José Bonifácio, Abreu e Lima, Perdigão Malheiro, Joaquim Nabuco, Sílvio Romero, Oliveira Lima, Capistrano de Abreu e Gilberto Amado. "Só ao grande Euclydes da Cunha", conclui Freyre como se assim já pensasse em 1926, "escapou a importância do sistema escravocrático na formação do Brasil."

A referência a Bilden como "o jovem e brilhante historiador alemão" perde, na versão de 1979, a palavra "historiador" e, na de 1973, desaparece o "brilhante historiador alemão", que é substituído por "discípulo alemão do inspirador Boas". Outros acréscimos, como "ele e eu em grande parte orientados pelo sábio que é Franz Boas"; "pontos em que, através de nossas conversas, nossas ideias de todo coincidentes, coincidindo também com a antropologia de Boas"; "e aqui, como noutros pontos, suas ideias de discípulo, como eu, de Boas, coincidem

O triunfo do fracasso

com as minhas" dão bem a medida do desconforto que causava a Freyre a proximidade de Bilden com o antropólogo que ele se empenhou em constituir, a partir de certa altura, como tendo sido seu mentor desde os seus dias de Columbia University.

Cumpre aqui acrescentar que, por razões que nos escapam, a renomada vaidade de Freyre, que talvez fosse defensiva e fruto de uma insegurança jamais superada, chegou, em certas ocasiões, a atingir proporções colossais, que trabalharam em detrimento dele próprio e não só de amigos como Bilden. Um exemplo eloquente disso é o seu comportamento com Alfred Knopf, o renomado editor norte-americano que publicara a versão inglesa de *Casa-grande & senzala* em 1946. Quando a tradução de *Sobrados e mucambos* estava preste a sair do prelo, em 1963, Freyre escreveu uma carta extremamente indelicada e insensível a Knopf, que não escondeu seu choque e surpresa. Enviando cópia da carta a Tannenbaum, amigo de Freyre e autor do prefácio à edição inglesa, Knopf lhe diz:

> Confesso que me choca dos pés à cabeça. Raramente vi um exemplo semelhante a esse de deselegância e ingratidão. Sabia que ele era vaidoso e também que é ao mesmo tempo provinciano e cosmopolita. Mas nenhum autor sensível enviaria a seu editor uma carta como essa praticamente na data de publicação. Compare o tratamento de Freyre com o que nos dá Rosa ou Amado.[29]

O que levara Freyre a escrever essa carta infeliz fora o "boletim" da editora anunciando os dois livros em português que estavam sendo lançados pela editora Knopf. Em contraste com *Grande sertão: veredas* de Guimarães Rosa, que era apresentado em tom "ultraentusiástico" por seu óbvio valor literário – o que Freyre não menciona –, o seu, conforme se queixa, fora "apresentado como uma mera 'história social' ou 'sociologia descritiva'", sem que o aspecto literário fosse salientado,

---

29 Carta de Alfred Knopf a Frank Tannenbaum, 24 abr. 1963, Tannenbaum Papers, caixa 8, pasta "Freyre", CURBML. O livro *Grande sertão: veredas*, de Guimarães Rosa, estava sendo lançado também nessa data, enquanto Jorge Amado já era um autor consagrado da editora.

sendo nisso, como diz, muito diferente da apresentação de sua obra feita pela "Gallimard e Espasa-Calpe!". Nem a tradutora, Harriet De Onís, nem "o anunciante da Knopf" e nem o público norte-americano foram poupados na queixa arrogante de Freyre, incapazes que eram todos eles de perceber seu elevado valor literário. De Onís, por exemplo, fizera uma tradução que estava "longe de ser admirável", queixa-se ele. Para completar, Freyre diz a Knopf que não esperava isso de modo algum de uma editora à qual sempre fora fiel, e não por falta de melhores opções. Como afirma, ele era alguém que "fora sempre leal à Knopf e recusou, devido à sua lealdade, ofertas atrativas de outros editores em inglês". Lamentava, enfim, que, "com poucas exceções", "os americanos dos U.S.A. não têm uma perfeita compreensão de meu trabalho criativo", algo evidente "neste e em meus outros livros". Por essas razões, diz Freyre, "minhas grandes esperanças estão agora com as traduções para o alemão de meus livros".[30]

Do lado de Bilden, ao que tudo indica, não houve nada equivalente em rivalidade ou despeito. Na verdade, ele em nada se assemelha à figura do "crítico detalhista e mesquinho", como o sociólogo Randall Collins descreve aquele que, "tendo tido um começo promissor e sido objeto de muitos elogios na juventude", acaba por se ver na "periferia do mundo intelectual". É esse tipo de intelectual amargo e frustrado que "não concorda com ninguém e nunca tem nada a dizer de bom sobre qualquer trabalho publicado por outro".[31]

É fato que, ao receber *Casa-grande & senzala* em julho de 1934, enquanto o seu próprio livro havia tanto em preparo e tão esperado não se concluía, Bilden se viu desapontado, chocado e, por algum tempo, até deprimido.[32] O livro de Freyre, que de certo modo esvaziava o seu tema, representava um triste acréscimo aos seus muitos dissabores.[33]

---

30 Carta de Gilberto Freyre a Alfred Knopf, 16 abr. 1963, Tannenbaum Papers, caixa 8, pasta "Freyre", CURBML. O livro *Ordem e progresso* (1957), o terceiro da trilogia sobre a história da sociedade patriarcal brasileira, foi publicado de forma abreviada em 1971 pela editora Knopf.

31 Collins, On the acrimoniousness of intellectual disputes. In: Perl (org.), *Civilian Scholarship*, no prelo, cap. 1.

32 Cartas de Rüdiger Bilden a Gilberto Freyre, 6 jun. e 17 jul. 1934, AFGF.

33 Carta de Rüdiger Bilden a Gilberto Freyre, 29 mar. 1936, AFGF.

Vivia nesse período sérias dificuldades, como apontamos anteriormente: recém-separado de Jane e com um emprego temporário na City University de Nova York que não lhe cobria as despesas, assistia de longe às dificuldades da família numa Alemanha em que Hitler acabara de ascender ao poder. Não é por acaso que, no final de 1935, como vimos, ele tivesse nomeado Freyre o herdeiro de todas as suas "anotações, manuscritos, papéis etc.", para que os usasse como achasse melhor, caso alguma coisa lhe acontecesse. Era nada mais, sugere Bilden, do que uma forma simbólica de mostrar ao amigo que o considerava "intelectual e profissionalmente o seu mais próximo parente". Nessa mesma ocasião, explica a Freyre que passara quase todo o ano lendo "devagar e cuidadosamente" o seu livro e fizera uma "multidão de anotações" ao estudá-lo. Maiores comentários sobre essa obra extremamente valiosa viriam numa carta futura e longa, anuncia Bilden.[34]

Mais três meses se passaram até ele enviar seu comentário para Freyre. Quando finalmente o fez, em março de 1936, vinte meses após ter recebido *Casa-grande & senzala*, na quarta página de uma carta longa e informativa, parecia já ter digerido o desapontamento consigo mesmo e com o uso que Freyre fizera das ideias que defendia havia mais de uma década.[35] Afirmando ter lido a obra "duas vezes", não podia negar que fosse "o livro mais valioso escrito sobre o Brasil em várias décadas", admirável por combinar uma abordagem ampla e compreensiva com "objetividade e precisão científicas". Seu tratamento "brilhante" do "fator sexo no desenvolvimento social e cultural dos brasileiros" – inusitado para a época e indevidamente criticado por Martin e Simkins, como diz – era, sem dúvida, inovador e muito louvável. E também não podia pensar em nenhuma outra obra que se assemelhasse a *Casa-grande* na combinação de profundo amor pelo país com a disposição de "criticá-lo e atacá-lo quando necessário". Por outro lado, dizia, não pudera evitar de "dar risada" ao notar "quão amplamente" Freyre passara a concordar com o "ponto de vista" que ele, Bilden, havia muito defendia e que, "há doze ou quinze anos", Freyre criticava como sendo

---

34 Carta de Rüdiger Bilden a Gilberto Freyre, 13 dez. 1935, AFGF.
35 Carta de Rüdiger Bilden a Gilberto Freyre, 29 mar. 1936, AFGF.

"mecanicista". Com isso, continua Bilden, "é claro que você, até certo ponto, esvaziou o meu tema e tornou mais difícil para mim escrever meu livro". Mas, como que pensando alto, afirmava não estar com inveja, pois reconhecia que, apesar de ele e Freyre agora trabalharem sobre o mesmo assunto, encaravam-no sob "ângulos diferentes", ambos importantes para o tratamento exaustivo do "mesmo vasto campo". Além disso, completava, estava "muito grato" pelas "numerosas referências" ao seu trabalho e ideias, e ficaria "muito feliz" se fizesse futuramente, em seu "novo livro", "mais referências", caso achasse apropriado, "ao meu artigo da *Nation* [...] ou à minha apresentação na Virgínia ou ao meu manuscrito", já que isso lhe seria "profissionalmente muito útil". E sem abdicar do papel de mentor que tradicionalmente tivera com seus amigos da Columbia dá ainda alguns conselhos a Freyre, apontando um mal-entendido sobre sua própria interpretação. Os conselhos que tinha a dar eram sobre o aspecto "técnico" da obra. Que o seu "novo livro", diz Bilden, tivesse dois aprimoramentos em relação a esse: "referências especificadas pelo número da página e um índice" remissivo. Reconhece que organizar tal índice envolvia um trabalho "entediante", mas era algo que todo autor "tem a obrigação de arcar". Quanto ao mal-entendido, Bilden esclarece que Freyre atribuiu a ele "uma visão muito estreita de escravidão", que não condizia com a verdade. Referindo-se possivelmente à nota 148 do capítulo 1, na qual Freyre afirma que Bilden atribui "os vícios da formação social, moral e econômica" à escravidão e não à "monocultura e ao latifúndio", como ele próprio fazia, Bilden muito apropriadamente o corrige: "nunca separei a escravidão do sistema do latifúndio e da monocultura. O que eu chamo de sociedade escravocrata compreende todos esses fatores correlacionados e integrais".[36] Ao encerrar o comentário a *Casa-grande*, Bilden faz uma espécie de *mea culpa*. "Cometi um grande erro ao não publicar mais, mas vou publicar, começando neste ano. Seu livro é tão importante que eu deverei me referir a ele com frequência."[37]

---

36 Freyre, *Casa-grande & senzala*, p.83.
37 Carta de Rüdiger Bilden a Gilberto Freyre, 29 mar. 1936, AFGF.

A levar em conta a avaliação da obra de Freyre enviada a seu amigo Melville Herskovits, Bilden logo começara a digerir o ressentimento inicial e a reconhecer a inevitabilidade do que acontecera. Mais de um ano antes de enviar o comentário a Freyre, em resposta à carta em que Herskovits lhe perguntava quem era "um Gilberto Freyre de Pernambuco, Brasil", de quem recebera "um volume que parecia interessante intitulado *Casa-grande & senzala*", Bilden enfatizou a afinidade que o unia ao seu autor que, conforme esclarece, fora "meu colega (e seu) na Columbia". Com "a possível exceção do antropólogo Roquette-Pinto", Freyre era o autor com quem suas ideias sobre o Brasil mais se afinavam, comenta. Além disso, tinham muito contato e diálogo: "nós trocamos pontos de vista sem reserva e ele [Freyre] é a única pessoa que viu meus manuscritos". E, como que ensaiando o que iria dizer a Freyre meses depois – ou procurando se convencer do que seria sábio pensar naquelas circunstâncias –, continua: "Seu livro é muito semelhante ao que estou escrevendo e em muitos aspectos importantes o esvazia, apesar de que o meu será mais compreensivo e diferente em importantes aspectos. (Isso não deve ser, de modo algum, interpretado como uma acusação de plágio, consciente ou inconsciente. Nós trocamos pontos de vista tão livremente e com tanta frequência que não podíamos deixar de nos influenciar de forma recíproca)". E não economizando elogios a Freyre e seu trabalho, na mesma linha dos que enviaria em março de 1936 ao amigo em Recife, conclui revelando a Herskovits o grande interesse que Freyre tinha por seu trabalho, sugerindo-lhe enfaticamente que lhe enviasse cópias de "seus artigos sobre os problemas do negro" e também "seus livros recentes", pois sabia que Freyre estava ansioso para tê-los. Com atenção e generosidade para com o amigo – traço seu que se mantinha marcante, mesmo quando sua situação era sofrível, como acontecia naquela época –, Bilden enfatiza que a "situação econômica" de Freyre "infelizmente" o impedia de comprar "esses livros. Sei que ele ficará muito agradecido se você lhe enviar qualquer tipo de material".[38]

---

38 Cartas de Rüdiger Bilden a Melville Herskovits, 4 e 11 jan. 1935, MHPN, caixa 3, pasta 26.

Encontramos a evidência de que os comentários de Bilden sobre Freyre não afetaram negativamente a impressão de Herskovits sobre um ou outro numa carta deste a Richard Pattee, então indeciso quanto a qual trabalho sobre o negro no Brasil deveria ser traduzido para o inglês: de "Arthur Ramos ou Gilberto Freyre"? Conhecendo e admirando o trabalho de Ramos, mas não sabendo quão "profundo *scholar* Freyre é", como Pattee diz a Herskovits, pede que lhe dê sua opinião. A resposta de Herskovits é clara e direta. "É claro que eu também não tenho condições de julgar o trabalho de Freyre, mas Rüdiger Bilden, que se especializou em história brasileira, e cuja opinião tenho em alta consideração, pensa que ele é um homem de primeira classe."[39]

Nada mudou na atitude de Bilden em relação a Freyre a partir dessa época. Se intimamente podia sentir que não fora devidamente reconhecido na obra de Freyre de 1933 e que a falta de menção de seu nome em *Sobrados e mucambos*, em 1936, era injusta, nada disso parece ter afetado sua disposição de continuar a agir com Freyre do modo como costumava agir com seus amigos e conhecidos: interessando-se por suas realizações, fazendo elogios sobre seus trabalhos e oferecendo-lhes sugestões de vários tipos, apresentando uns aos outros, comunicando-lhes o apreço que terceiros tinham por seus trabalhos, sugerindo que mandassem seus artigos e obras a essa ou àquela pessoa, facilitando contatos que considerava benéficos para eles ou para a causa pela qual lutavam, animando-os quando desanimados; enfim, esforçando-se por ampliar e criar uma rede de comunicação e boa vontade entre pessoas com ambições e interesses afins. Pode-se verificar amplamente esse comportamento de Bilden nas correspondências que trocou não só com

---

39 Cartas de Richard Pattee a Melville Herskovits, 26 abr. 1937; Melville Herskovits a Richard Pattee, 6 maio 1937, MHPN, caixa 18, pasta 6. Tendo Ramos se comprometido a escrever um pequeno livro especialmente para o público norte-americano sobre o negro no Brasil, Richard Pattee o traduziu. A iniciativa para a publicação partira do intrépido historiador e fundador do *Journal of Negro History*, Carter Woodson, que pedira o auxílio de Pattee para encontrar uma obra adequada. Este, por sua vez, procurara a ajuda de Herskovits e Schomburg (cf. cartas de Richard Pattee a Melville Herskovits, 26 abr. e 21 jul. 1937, MHPN, caixa 18, pasta 6; cartas de Richard Pattee a Arthur Schomburg, 27 abr. e 1º jun. 1937 e 1º abr. 1938, Schomburg Papers, microfilme, bobina 5, Schomburg Center, NYPL).

Freyre, mas com outros como, por exemplo, Arthur Ramos, Melville Herskovits, George Herzog, Manoel de Oliveira Lima, Flora de Oliveira Lima (a quem estimulou a escrever suas memórias), Walter White, Francis B. Simkins e Arthur Schomburg – e também nas cartas que alguns desses e outros trocaram entre si.[40]

No caso de Freyre, após a publicação de *Casa-grande*, Bilden parecia não perder uma oportunidade de recomendar o autor e a obra a pessoas influentes, tais como Henry Moe, o diretor da Guggenheim Foundation; o sociólogo do Social Science Research Council, Donald Young; o professor da Fisk University, Charles Johnson, e o professor Richard Pattee, antigo aluno de Oliveira Lima que trabalhava na Universidad de Puerto Rico antes de se ligar ao Departamento de Estado. Foi Bilden também que sugeriu a Freyre que enviasse seu livro a Melville Herskovits e a Franz Boas, assim como insistiu para que Arthur Schomburg "comprasse" o "excelente livro" de seu amigo para enriquecer a biblioteca da qual era curador no bairro de Harlem, em Nova York.[41] Como apontamos anteriormente, Bilden insistia para que Freyre, assim como outros amigos seus, conhecesse membros da *"intelligentsia* negra" e sulistas, dos quais era próximo, e lhe recomendava que procurasse no Brasil pessoas amigas e interessantes a quem Freyre não conhecia.

Esse foi, por exemplo, o caso do "jovem José Mindlin", que se aproximara de Bilden durante o ano de 1931, quando fizera um curso na Columbia, período em que Bilden falou sobre Gilberto Freyre com admiração, conforme Mindlin se recorda. Tornaram-se "bons amigos", antes que o tempo e a distância os afastasse, e foi Mindlin quem lhe enviou o livro *Os africanos no Brasil*, de Nina Rodrigues. Se fosse a São Paulo, aconselha Bilden a Freyre, não deveria deixar de procurá-lo na

---

40 Carta de Rüdiger Bilden a Flora de Oliveira Lima, 4 mar. 1938, Lima Family Papers, CUA. Como exemplo dessa troca, a correspondência entre Pattee e Herskovits é reveladora. Cf. cartas de Richard Pattee a Melville Herskovits, 26 abr. e 2 jun. 1937, 12 ago. 1938 e 16 jun. 1939; de Melville Herskovits a Richard Pattee, 6 maio, 2 e 11 jun. e 11 jul. 1937, MHPN, caixa 18, pasta 6.

41 Cartas de Rüdiger Bilden a Melville Herskovits, 11 jan. 1935, MHPN; a Gilberto Freyre, 29 mar. e 15 maio 1936, AFGF; e a Arthur Schomburg, 22 dez. 1934; de Arthur Schomburg a Gilberto Freyre, 6 nov. 1935, Schomburg Papers, microfilme, bobina 5, Schomburg Center, NYPL.

redação do jornal *O Estado de S. Paulo*, assim como a Rocha Lima, diretor do Instituto Biológico e "cientista esplêndido", que durante quinze anos fora professor do Instituto de Doenças Tropicais de Hamburgo. Definitivamente, "ele é uma das pessoas que você deve conhecer".[42] Permite-se também chamar a atenção de Freyre por sua desconsideração para com Percy Martin, o historiador da Stanford University, "um bom amigo seu", como diz; sabe, no entanto, que ele "sente" que Freyre "de certo modo tem feito pouco caso dele nesses últimos anos". E lhe aconselha: "não antagonize Martin [...] Ele é pessoa excelente e um bom *scholar*, com reputação e posição, que muito pode ajudar-nos a ambos". E, como que suavizando sua recriminação, recrimina-se a si mesmo por ter também desconsiderado Martin no passado: "Eu o negligenciei entre 1925 e 1931 e lamento isso agora. Pessoalmente, eu gosto imensamente de Martin, e publicações recentes dele fizeram com que eu revisse minha antiga opinião sobre ele" como *scholar*.[43]

Não foi pouco também seu empenho em levar Freyre para os Estados Unidos, quer por meio de uma bolsa da Guggenheim Foundation, quer por convites que tentava conseguir, por exemplo, através de Percy Martin, para Stanford, e através de Charles Johnson, para a Fisk University. Impossibilitado de comprar livros e enviá-los a Freyre, não deixava, entretanto, de pô-lo a par do que estava sendo lançado nos Estados Unidos e de lhe mandar ocasionalmente algo especial, como a coletânea de artigos de jornais de Boas e outros antropólogos sobre temas que sabia serem de interesse do amigo recifense. Um último exemplo revelador da pessoa de Bilden foi seu empenho em traduzir, ao lado de Dorothy Loos, o livro *Sobrados e mucambos* e em publicá-lo pela editora Macmillan. Isso ocorreu durante o ano de 1953, quando Rüdiger trabalhava como um simples escriturário em algum lugar de Nova York. Ele e Dorothy dedicaram-se a essa tarefa nos momentos livres que seus empregos permitiam e, ao longo daquele ano, foram capazes de produzir uma tradução na qual, como diz Bilden, às vezes ficavam horas numa única

---

42 Cartas de José Mindlin a Maria Lúcia Pallares-Burke, 8 dez. 2005; e de Rüdiger Bilden a Gilberto Freyre, 6 fev. e 29 mar. 1936, AFGF.

43 Carta de Rüdiger Bilden a Gilberto Freyre, 24 abr. 1936, AFGF.

O triunfo do fracasso

sentença difícil: "Pois você bem sabe que sou um perfeccionista incorrigível". Enfim, estavam fazendo algo que Putnam, o tradutor para inglês de *Casa-grande & senzala*, "não fez e teria sido incapaz de fazer". Tendo a Macmillan, no final, desistido de publicá-lo por considerar que era um livro para uma editora universitária ou para ser subsidiado por uma das fundações de pesquisa, *Sobrados e mucambos* só apareceria em inglês dez anos depois.[44] Enfim, isso tudo Bilden fez por Freyre e talvez mais.

Houve, no entanto, dissidências ao longo do caminho, como não é raro entre amigos, talvez mais ainda nas amizades intensas e produtivas, como foi a que uniu Bilden a Freyre. Nessas, como pensava Ralph Waldo Emerson – que se referiu a "amigo" como um "inimigo lindo" e à amizade como "um paradoxo da natureza"–, ficam mais evidentes os aspectos contraditórios que a amizade muitas vezes implica, envolvendo um complexo de aliança e competição, atração e repulsa, incentivo e desencorajamento, fidelidade e traição etc.[45]

Pelo menos em três ocasiões houve um estremecimento entre Freyre e Bilden. O primeiro deles teve a ver com a reação de Freyre às críticas de Bilden a Estácio Coimbra, o governador de Pernambuco, de quem ele estava para se tornar oficial de gabinete nos idos de 1927. Ao saber dessa possibilidade, Bilden não escondeu suas reservas sobre o caminho que Freyre estava preste a seguir. Afinal, havia tempos vinha insistindo que era essencial para o seu desenvolvimento que ele se mudasse para o sul do país, já que, no seu entender, uma longa permanência em Pernambuco "não era boa para ninguém com interesses mentais e artísticos". Tendo-se encontrado pessoalmente com Coimbra no Rio de Janeiro e sentindo que entre ele e Freyre havia lugar para uma "franqueza revigorante em todos os assuntos", expôs ao amigo sua opinião negativa sobre o governador, que lhe pareceu "vazio e vaidoso, o exemplo típico de político pomposo". Freyre, ao contrário do que Bilden esperava, recebeu sua opinião com indignação, defendendo

---

44 Cartas de Rüdiger Bilden a Gilberto Freyre, 18 dez. 1953 e 22 dez. 1951, AFGF. Cartas de Dorothy Loos a Gilberto Freyre, 15 jun. 1950, 30 abr. 1951, 15 mar. e 25 out. 1953, AFGF. Carta de W. Clifford, editor-assistente da Macmillan, a Dorothy Loos, 19 fev. 1954, AFGF.

45 Epstein, *Beautiful Enemies: Friendship and Postwar American Poetry*, p.68-9.

Coimbra como um verdadeiro "estadista" "tiranicamente honesto".[46] A esse estremecimento, seguiu-se um longo período de frieza entre eles, encerrado possivelmente com o exílio de Freyre em Portugal após a Revolução de 1930. Quando Freyre chegou aos Estados Unidos, em 1931, para atender ao convite de Percy A. Martin, da Stanford University, onde *Casa-grande & senzala* iria ser esboçado, Bilden foi recebê-lo no porto de Nova York.[47] A partir daí, seguiram-se anos de intenso contato e uma viagem extremamente proveitosa em sua companhia pelo *"deep South"* norte-americano, região essencial, como diz Freyre em *Casa-grande & senzala*, "a todo estudioso da formação patriarcal e da economia escravocrata do Brasil".[48]

Anos depois, outro estremecimento ocorreu e, como antes, a reação de Freyre foi silenciar-se, o que, para o temperamento de Bilden, era penoso. "Não tenho notícias dele [Freyre] há dois anos", queixa-se a Flora de Oliveira Lima. "Ele novamente parou de escrever para mim como fez antes da Revolução de 1930 porque eu ousara criticar seu chefe Coimbra, 'o tirano honesto' [...] Sempre fui seu leal amigo, mas estou ficando cansado de seu temperamento *prima donna*."[49]

Não se sabe qual foi o motivo exato dessa desavença – e talvez, como aventado por Bilden, o correio tivesse sido em parte responsável pela falta de comunicação. O que se sabe é que, em meados de 1936, Freyre enviara da Europa uma carta que Bilden qualificou de "irritante a arrogante", mas à qual, apesar de ofendido, prontamente respondeu, já que lhe parecera que "nossa velha amizade pessoal e intelectual", como disse, "estava acima de tais coisas".[50] No entanto, como explica a Freyre, após quatro cartas sem resposta, interpretara aquele "silêncio persistente como uma recusa de manter contato comigo". Condoído com a tristeza de Bilden, o amigo em comum, Percy Martin, insistira com

---

46 Cartas de Rüdiger Bilden a Oliveira Lima, 6 dez. 1926 e 8 jan. 1927, Lima Family Papers, CUA; e a Gilberto Freyre, 26 jan. e 27 nov. 1926, AFGF. Cartas de Gilberto Freyre a Oliveira Lima, 26 set. e 28 out. 1926, Freyre, *Cartas do próprio punho sobre pessoas e coisas do Brasil e do estrangeiro*, p.217-9.

47 Carta de Francis Simkins a Gilberto Freyre, 21 mar. 1931, AFGF.

48 Freyre, *Casa-grande & senzala*, p.xlvi-xlvii.

49 Carta de Rüdiger Bilden a Flora de Oliveira Lima, 6 jan. 1938, Lima Family Papers, CUA.

50 Carta de Rüdiger Bilden a Gilberto Freyre, 21 abr. 1938, AFGF.

Freyre que lhe escrevesse: "tenho certeza de que ele ficaria encantado de te ouvir"; "por favor, escreva ao menos uma nota para Bilden. Ele iria apreciar *imensamente* ter notícias suas".[51]

É possível que a carta "irritante e arrogante" estivesse relacionada ao então recente comentário de Bilden sobre o esvaziamento de seu tema com a publicação de *Casa-grande & senzala* e à sua surpresa ao ver quanto Freyre ali expunha ideias havia tempo defendidas por ele e com as quais tinha discordado no passado. Afinal, a testemunhar que esse incidente deixou profundas cicatrizes em Freyre, talvez provocadas por um misto de vaidade, ressentimento e culpa, são as alusões que ainda fazia a esse episódio nas décadas de 1970 e 1980. Referindo-se ao amigo Bilden em texto publicado em 1981 – o mesmo no qual aponta os dois supostos motivos que o teriam impedido de "levar a cabo" seu trabalho –, Freyre afirma que "ao aparecer *Casa-grande & senzala*", Bilden sentira-se "um tanto frustrado. Mas creio que sem razão. Poderia ter concluído sua tese sem que deixasse de trazer contribuição de todo dele sobre o assunto". Mas, "à parte esse episódio, fomos amigos quase fraternos", conclui Freyre.[52] Outra possibilidade é que a "carta irritante e arrogante" de Freyre e seu silêncio desde então se relacionassem ao seu desinteresse – de certo modo compreensível – de participar do projeto de Bilden sobre o sertão. Desapontado, Bilden insistira que esse projeto era "um sonho longamente acalentado" desde que deixara o Brasil e que ele sempre estivera certo de que iriam desenvolvê-lo "juntos".[53] Ainda uma terceira razão possível para a desavença seria a queixa de Bilden sobre o tardio convite que Freyre lhe fizera para contribuir para o Primeiro Congresso Afro-Brasileiro de 1934, atraso que se repetira no Segundo Congresso, de janeiro 1937, que Bilden injustamente atribuiu também a Freyre. Tais convites de última hora tornaram impossível que ele enviasse qualquer contribuição, como Bilden comenta com Arthur Ramos. O convite para o primeiro encontro viera "exatamente duas semanas antes do congresso" e nos dois casos fora "fisicamente

---

51 Cartas de Percy A. Martin a Gilberto Freyre, 10 nov. 1937 e 28 fev. 1938, AFGF (grifo no original).

52 Freyre, *Insurgências e ressurgências atuais*, p.194.

53 Cartas de Rüdiger Bilden a Gilberto Freyre, 25 jul., 20 set., 28 jul., 6 nov. 1936, AFGF.

impossível escrever um *paper* e fazê-lo chegar ao Brasil" a tempo, o que ele "lamentava muito", dada a "elevada opinião que tinha desses congressos".[54]

Ao saber da viagem seguinte de Freyre aos Estados Unidos, em 1938, Bilden não escondeu seu empolgamento com a oportunidade de encontrá-lo novamente e de, através de "íntima discussão", poder, como diz, "apagar quaisquer mal-entendidos que possam ter surgido" no passado. Era uma pena, no entanto, confessa Bilden, que nessa ocasião Freyre fosse estar ligado ao Departamento de História de Columbia.

> Bem, bem, estou certo ao supor que você vai ajudar o blefador exibicionista Frank Tannenbaum, que está andando com sapatos grandes demais para ele? Realmente odeio ver isso. Você bem conhece minha rixa com aquele departamento e o comportamento sujo que tiveram comigo quando eu era discípulo de Shepherd e mais ou menos formado por ele para, no fim, vestir os seus sapatos. E agora eles têm Tannenbaum. Bem, chega disso. Sinto esse assunto todo de um modo muito forte. Eles me perseguiram e me puseram na lista negra.[55]

Esse comentário, juntamente com uma recriminação sem meias palavras ao que via como uma quase traição de Freyre da amizade que os unia, foi provavelmente a causa do terceiro ligeiro estremecimento entre os amigos. Referindo-se às queixas feitas por Freyre da atitude que os jesuítas tinham com ele na mesma carta em que falava de sua amizade com Tannenbaum, Bilden lhe escreve palavras contundentes, que nos remetem às chamadas "redes intelectuais rivais" constitutivas do "mundo intelectual".[56] Apelando para a amizade, a compreensão e o senso de solidariedade de Freyre, Bilden afirma:

> o que me diz sobre os jesuítas é extremamente interessante e gostaria de ouvir mais sobre esse assunto. Por outro lado, apesar de eu, como um

---

54 Cartas de Rüdiger Bilden a Arthur Ramos, 2 abr. 1937, Arquivo A. Ramos, BN; e a Melville Herskovits, 12 maio 1937, MHPN, caixa 3, pasta 26.
55 Cartas de Rüdiger Bilden a Gilberto Freyre, 21 abr. e 26 jul. 1938, AFGF.
56 Collins, On the acrimoniousness of intellectual disputes.

velho e sincero amigo seu, estar interessado em qualquer notícia sobre você e suas atividades, não posso me interessar por sua amizade com Tannenbaum e o pessoal da História da Columbia e ainda menos por quaisquer elogios que possa fazer a tais pessoas. Isso é realmente um assunto seu. Tudo o que quis dizer quando me exprimi como o fiz na minha última carta era que eu teria gostado de que você se relacionasse com alguns de meus amigos da Columbia. Ao invés disso, você se associou somente com meus inimigos. O que diria se eu fosse ao Brasil e me associasse somente com seu inimigos, os jesuítas? Os chamados conhecedores da História da Columbia fizeram coisa muito pior para mim do que os jesuítas fizeram a você. Você me pergunta por que você "deveria ter ido ver os antropólogos mais jovens", quando eles é que deveriam tê-lo procurado? A resposta a isso é que alguns deles, por minha sugestão, realmente tentaram vê-lo, como George Herzog. No entanto, foram expulsos por Tannenbaum, que deixou claro a eles que você não se interessava em vê-los. A razão disso é óbvia. Os antropólogos (Linton, Benedict, Herzog, Strong etc.) conhecem a fraude que é Tannenbaum e, além disso, são meus amigos.

Na carta anterior a essa e à qual Freyre teria reagido, Bilden lhe dissera que seu amigo Herzog, ao tentar encontrar-se com Freyre, fora "afastado" por Tannenbaum, que o mantinha "escondido". Ao que Bilden comenta: "uma pena que você se tenha deixado monopolizar por um trapaceiro intelectual como Tannenbaum e não tenha se encontrado com verdadeiros cientistas como Herzog e Linton no Departamento de Antropologia".[57]

Retomando a questão do esvaziamento do tema de Bilden com a publicação de *Casa-grande & senzala* e do efeito desastroso que isso possa ter tido na sua vida intelectual, cumpre enfatizar que ele próprio reconheceu que sua obra seria diferente da de Freyre em vários aspectos.[58] De fato, uma comparação de textos e do plano da ambiciosa tese de Rüdiger Bilden com a obra de Freyre sugere que, caso tivesse sido completada, diferiram em muitos aspectos. Tendo pouco ou nada do tom coloquial e das qualidades ensaísticas e literárias da obra de Freyre, a de

---

57 Cartas de Rüdiger Bilden a Gilberto Freyre, 6 abr. e 10 fev. 1939, AFGF.
58 Carta de Rüdiger Bilden a Melville Herskovits, 11 jan. 1935, MHPN.

Bilden teria tido um viés econômico e científico muito mais acentuado e seria, ao que tudo indica, mais rigorosa em termos acadêmicos; pouco tendo em comum, portanto, com o que Genovese muito apropriadamente chamou de "projeto artístico" de Freyre: uma obra interpretativa da história brasileira em que o conhecimento sociológico se aprofunda e se amplia com *insights poéticos*.[59]

No entanto, no que diz respeito ao papel da mestiçagem e da escravidão na história brasileira, haveria não só claras afinidades como evidência do pioneirismo de Bilden nessas ideias inovadoras. Um pioneirismo reconhecido, aliás, por estudiosos contemporâneos de peso, como Arthur Ramos e Roquette-Pinto. Em 1935, o primeiro se refere à ideia de que "não podemos estudar povos negros no Brasil, mas sim, e exclusivamente, negros *escravos*" como sendo uma ideia "cara a Rüdiger Bilden, e que Gilberto Freyre converteu em *leitmotiv* nos seus ensaios sobre a influência do negro no Brasil".[60]

Sete anos antes, em 1928, Roquette-Pinto fora ainda mais enfático sobre a importância das ideias de Bilden no campo delicado do preconceito racial. Colocando-o como pioneiro, lado a lado com o importante cientista alemão e correspondente de Charles Darwin, Fritz Müller, e com o sociólogo norte-americano Frank Hankins, que dois anos publicara antes uma crítica devastadora às teorias racistas em vigor e aos seus maiores popularizadores nos Estados Unidos, Madison Grant e Lothrop Stoddard, Roquette-Pinto refere-se a Bilden como "cientista consciencioso e bom amigo do Brasil" que estava fazendo uma "apreciação insuspeita dos nossos mestiços" e combatendo, como os dois outros, preconceitos contra as chamadas "raças feias". Ou seja, inaugurando um campo novo de investigação histórica, Bilden iria estimular – assim era de esperar – não só outros trabalhos acadêmicos nessa linha como também uma nova realidade social.[61]

---

59 Genovese, The treatment of slaves in different countries: problems in the applications of the comparative method e materialism and idealism in the history of negro slavery in the Americas. In: Foner e Genovese (orgs.), *Slavery in the New World*, p.206, 251.

60 Ramos, *As culturas negras no Novo Mundo* (1935), p.241.

61 Roquette-Pinto, Ensaio 6, *Ensaios de antropologia brasiliana* (1933), p.29-31. Trata-se de uma coletânea de ensaios publicados em épocas diversas. O ensaio 6 foi originalmente publicado, ao que tudo indica, em 1928. Fritz Müller, naturalista que se radicara no

O triunfo do fracasso

Apesar de Freyre, com sua crescente visibilidade e autoridade, não ter promovido o reconhecimento de Bilden a longo prazo, como poderia ter feito, pode-se afirmar que sua importância não passou totalmente despercebida ao longo dos anos. Em 1942, por exemplo, Luís Washington Vita escreveu que "o *leitmotiv* de *Casa-grande & senzala*", ou seja, a ideia de "que todos os males da nossa formação social partem da escravidão", seguia "as ideias de Fritz Müller, Rüdiger Bilden e Roquette-Pinto".[62] Novamente, anos mais tarde, Bilden recebeu destaque num livreto de cinquenta páginas, em inglês, a ser distribuído pela Divisão Cultural do Ministério das Relações Exteriores do Brasil, sob cujos auspícios fora publicado.[63]

Escrito provavelmente por encomenda do Ministério por Eugene Gordon – autor sobre o qual pouco se sabe, a não ser que era um jovem estudante da Califórnia – e com o título de *An Essay on Race Amalgamation*, o livreto é uma apologia da situação racial brasileira, contrapondo-a à situação norte-americana no contexto do pós-guerra, quando o perigo soviético passara a ocupar o lugar do perigo nazista no imaginário nacional. "Os primeiros dentre os nossos problemas sociais são os que se relacionam ao racismo", diz o autor. Este, apesar de aparentemente vencido na "última Guerra Mundial", ainda "se manifesta" em "outros modos mais insidiosos" e perigosos. O "mito da raça" pura sob o qual os Estados Unidos ainda vivem e que está por trás da desumana e indefensável organização social "Jim Crow" em vigor torna muito difícil a refutação da "denúncia que a 'democracia' russa' faz da 'nossa 'democracia'". Assim, falar sobre o Brasil, um país "que só perde", como diz o autor citando Freyre, "para a União Soviética como uma comunidade quase oficialmente, se não oficialmente, comprometida com uma

---

Brasil desde meados do século XIX, desenvolveu trabalho pioneiro na Serra de Itajaí. Roquette-Pinto refere-se entusiasmado a cartas de Müller a seu irmão que o revelavam como um defensor insuspeito das qualidades intelectuais e morais dos negros e mestiços, explicando-se suas falhas "pela sua situação social". Sobre crítica semelhante na época, ver Hankins, *The Racial Basis of Civilization: a Critique of the Nordic Doctrine*.

62 Vita, Uma obra de alto valor humano e científico, republicado em Fonseca (org.), *Casa--grande & senzala e a crítica brasileira de 1933 a 1944*, p.286.

63 Freyre, Um estudante norte-americano descobre a "solução brasileira". Pessoas, coisas e animais, *O Cruzeiro*, 27 out. 1952.

política racial francamente igualitária", significava apontar para um povo que ao longo da história, através da miscigenação, desenvolveu "uma filosofia racial" avessa ao "purismo" que ainda vigora nos Estados Unidos. Enfim, significava apontar para a prova de que uma alternativa social era possível, sem que a política e a filosofia materialistas da União Soviética – assim fica sugerido – tivessem de ser abraçadas.[64]

Baseando-se em alguns poucos autores – como Ruth Benedict, Gilberto Freyre, Roy Nash e W. E. B. Du Bois – o autor destacava Rüdiger Bilden como aquele que apontara pioneiramente para a contribuição que o Brasil estava se preparando a dar "para o mundo". Citando o último parágrafo do artigo publicado em *The Nation* em 1929, Gordon dava, então, início ao exame dos antecedentes da chamada "solução brasileira" para os problemas raciais.[65] Não é por acaso, pois, que tal destaque tenha chamado a atenção de um estudioso e crítico do mito da democracia racial brasileira nos anos 1970, Leslie B. Rout Jr., da University of Chicago. Rout notou o uso que Gordon fez de Bilden ao elegê-lo como "o visionário de língua inglesa que reconhecera inicialmente esse fenômeno" – ou seja, o surgimento de uma nova raça alheia às diferenças de cor, a exemplo dos "portugueses e seus descendentes".[66]

Discordando totalmente de Gordon no que diz respeito ao contraste entre a situação racial das duas sociedades, o autor concordava, no entanto, em atribuir a Bilden o papel de pioneiro no discurso norte-americano sobre a solução brasileira do problema racial – um discurso que vinha engrossar a discussão sobre a questão que estava ocorrendo desde o século XIX, principalmente entre intelectuais brasileiros e europeus. Ele, ao lado de Roy Nash e Mary Williams – "o trio Nash-Bilden-Williams", como diz Rout –, teria construído a "fantasia" ou o "lindo mito" do *tudo vai bem* "na terra do sol, samba e saudade". Nessa crítica à visão paradisíaca do Brasil, produzida em concerto por uma

---

64 Gordon, *An Essay on Race Amalgamation*, p.7-12. A passagem de Freyre citada foi extraída de Freyre, *Brazil: An Interpretation*, p.124, obra que é fruto de aulas dadas pelo sociólogo na Patten Foundation da Indiana University em 1944.

65 Gordon, *An Essay on Race Amalgamation*, p.7-8, 10-2.

66 Rout Jr., Sleigh of hand: Brazilian and American authors manipulate the Brazilian racial situation, 1910-1951, *The Americas*, v.29, n.4, p.487.

O triunfo do fracasso

rede de intelectuais de várias procedências, as ideias de Bilden – mal interpretadas e despidas de todas as suas nuances – eram culpadas pela mistificação do Brasil, tanto quanto haviam sido louvadas por Gordon pela defesa que faziam do processo de miscigenação brasileira em curso como de "vital importância [...] para o mundo como um todo".[67]

Não resta dúvida, pois, de que Rüdiger Bilden fazia parte da rede transnacional de intelectuais envolvidos nos debates da época sobre questões raciais e de que, para o bem ou para o mal, assim foi reconhecido por alguns estudiosos dessa rede. Ao lado de "Ortiz, Freyre e o resto" – para usar a expressão de R. Pattee –, que trabalhavam sobre o negro na América Latina e no Caribe, Bilden era um dos que, nos Estados Unidos, se irmanavam no interesse comum pela diáspora africana nas Américas.[68] Uma irmandade, por assim dizer, constituída por meio de relações pessoais e institucionais que não excluíam intelectuais independentes, como Bilden, desvinculados de uma instituição.[69]

Bem ilustra isso o modo como Richard Pattee, da Universidad de Puerto Rico, tomou conhecimento de Bilden. Por intermédio do cubano Fernando Ortiz, Pattee, então professor de história da América Latina, passara a interessar-se pelo tema do negro em Porto Rico, "um campo quase totalmente negligenciado", como diz. Isso o levou a aproximar-se do americano-porto-riquenho Arthur Schomburg, o curador da divisão de Harlem da New York Public Library que, por sua vez, o apresentou a alguém cujo conhecimento lhe poderia ser útil: Rüdiger Bilden, então desempregado, mas preste a ser contratado por Charles Johnson, da Fisk University. Imediatamente depois, Bilden recomendara a Pattee

---

67 Ibid., p.485-7; Gordon, *An Essay on Race Amalgamation*, p.11.

68 Cartas de Richard Pattee a Arthur Schomburg, 27 abr. 1937, Schomburg Papers, microfilme, bobina 5, 132, Schomburg Center, NYPL. Para a defesa de uma abordagem transnacional das questões raciais como uma superação da limitação da abordagem comparativa, por sua tendência a ser internacional e não transnacional, ver Seigel, Beyond Compare: Comparative Method after the Transnational Turn, *Radical History Review*, n.91, p.62-90.

69 Sobre a importância de reconhecer o papel de uma ampla rede de ligações pessoais e intelectuais no discurso e na prática da antropologia e tomando o caso de Melville Herskovits como ilustrativo desse papel, ver o excelente artigo de Yelvington, The invention of Africa in Latin America and the Caribbean. In: Id. (org.), *Afro-Atlantic Dialogues: Anthropology in the Diaspora*, p.35-82.

que procurasse por Herskovits. Coincidentemente, uma semana antes, Herskovits sugerira a Pattee que procurasse por Bilden. Reconhecendo o valor de seu encontro com Bilden, Pattee agradece a Schomburg por lhe ter dado a "oportunidade de entrar em contato" com alguém tão interessante e informado sobre o Brasil.[70]

Concluindo, é verdade que falhou quem mais poderia ter feito para evitar que Bilden caísse na quase total obscuridade. Apesar da preocupação que Freyre alegava ter de não negar ou esconder o que devia a outros, à medida que os anos passavam, ele foi ficando mais e mais preparado a declarar orgulhosamente o que devia a figuras de renome, mas não a se associar a um perdedor.[71] Nisso, aliás, ele não difere dos muitos que, adotando o "modo mais brutal de olhar a vida" – como disse Arthur Miller, o autor que se impôs com o louvor dos Willys Loman da vida –, "não querem estar perto de um fracassado". É como se quem fracassa representasse o esquecimento, a morte, como se tivesse "um toque mortal. As pessoas que são bem-sucedidas são amadas, porque exalam alguma fórmula mágica para evitar a destruição, evitar a morte".[72]

Por outro lado, cumpre lembrar que na sua relação conflituosa, senão mesquinha, com Bilden, Freyre está em boa companhia e não se impõe, de modo algum, como uma figura singular. A história de seu esforço progressivo para minimizar a importância do seu amigo alemão, especialmente no estágio em que isso fica mais evidente – quando Freyre já usufrui da almejada fama e Bilden, da obscuridade –, nos remete, por exemplo, ao relacionamento ainda mais tenso e dramático do grande e controverso Sigmund Freud com o obscuro, mas brilhante Victor Tausk, estudado por Paul Roazen em seu livro perceptivo e corajoso *Brother Animal: The Story of Freud and Tausk*. Colaborador e discípulo de Freud, Tausk fez inovadoras contribuições para a teoria psicanalítica e para a psicoterapia da psicose, mas, a partir de certo momento, o

---

70 Cartas de Rüdiger Bilden a Melville Herskovits, 12 maio 1937, em MHPN, caixa 3, pasta 26; de Richard Pattee a Arthur Schomburg, 1º jun. 1937, Schomburg Papers, microfilme, bobina 5, Schomburg Center, NYPL; de Melville Herskovits a Rüdiger Bilden, 17 maio 1937; e de Rüdiger Bilden a Melville Herskovits, 24 maio 1937, MHPN, caixa 3, pasta 26.
71 Freyre, A propósito de influências, *Jornal do Comércio*, 26 out. 1952.
72 Apud Lahr, Making Willy Loman [entrevista com A. Miller], *The New Yorker*, 25 jan. 1999, p.47-8.

O triunfo do fracasso

relacionamento entre eles se complicou, em parte devido à obsessão de Freud com a originalidade de suas ideias e com a possibilidade de elas lhe serem roubadas por pessoas talentosas como Tausk. A história termina tragicamente com o suicídio de Tausk em 1919. Recém-chegado da traumática experiência da Guerra de 14 numa Viena em caos, sem dinheiro para sobreviver com dignidade e sentindo-se duplamente frustrado, "em sua vida doméstica e em sua carreira", Tausk pede que Freud o aceite como paciente. Rejeitado pelo renomado cientista e desiludido com a vida, deixa uma carta ao "professor" em que diz não estar morrendo por sofrer de "melancolia": "meu suicídio é a ação mais sadia e mais decente de minha vida sem êxito". A crer em estudiosos como Roazen e Peter Gay, Freud recebeu essa morte trágica "com um distanciamento clínico e impessoal", não demonstrando sentir-se, ao menos indiretamente, responsável por ela. Ao contrário, admitiu para uma amiga em comum sentir certo alívio. "Realmente eu não sinto falta dele; há tempos o considerava inútil, uma ameaça para o futuro." Talvez esteja certo Paul Roazen ao dizer que ele era "inútil somente para a glória pessoal de Freud, e não para a ciência". Assim, após seu suicídio e apesar de suas realizações, Tausk praticamente desapareceu da história, e sua presença no círculo de Freud virtualmente se apagou. Como aponta Roazen, "nas duas décadas entre a morte de Tausk e a morte de Freud em 1939 [...] Freud citou o nome de Tausk uma só vez".[73]

Mas há outro elemento nessa história trágica que é preciso também lembrar aqui: a diversidade de ideias e comportamentos muitas vezes contraditórios e complexos que o ser humano é capaz de ter, como Whitman tão bem caracterizou ao dizer "sou amplo, contenho multidões". Assim como acontecia com Freyre, havia ocasiões em que Freud revelava seu intenso "drama interno" e reconhecia suas fraquezas com lucidez. "Tenho uma opinião muito elevada sobre o que descobri, mas não de mim mesmo [...] Quando um homem é dotado de poder, é difícil para ele não usá-lo mal."[74] Do mesmo modo, Freyre

---

73 Roazen, *Brother Animal: The Story of Freud and Tausk*, p.78, 87-92, 114-8, 127-31, 139-42, 148, 153, 156-9, 197 e passim; Gay, *Freud, a Life for Our Time*, p.390-1, 189-92 e passim.
74 Apud Roazen, *Brother Animal: The Story of Freud and Tausk*, p.159, 148.

mais de uma vez reconheceu, com grande agudeza, que ninguém está imune às fraquezas humanas. Discorrer sobre alguém falando apenas de seus sucessos, glórias e virtudes significa retratar um "monumento" de mármore, mas não um homem, argumenta ele.

> Pelo que convém não acreditar nunca na existência de homens em que a vida não tenha deixado cicatrizes, deformações, marcas repugnantes ou apenas lamentáveis. Pois nenhum homem grande ou medíocre, mas principalmente grande, é até o fim da vida um só homem ou uma só pessoa [...].[75]

Voltando agora a Bilden, o fato é que, não obstante todos os obstáculos assinalados, seu papel como colaborador importante na reavaliação do Brasil ocorrida na primeira metade do século XX, tanto no país quanto no exterior, não foi de todo apagado e, querendo-se ou não, cabe-lhe necessariamente uma parte do reconhecimento intelectual que as realizações de Freyre receberam.

Da pesquisa à ação: sucesso ou fracasso?

Para falar agora sobre mais uma realização de Bilden que merece ser ressaltada, penso que as palavras de George Eliot no final do seu aclamado romance *Middlemarch* servem como uma introdução apropriada. Trata-se de um comentário sobre a principal personagem, Dorothea, pessoa idealista que queria fazer diferença no mundo, mas viu-se, tolhida pelas circunstâncias, a realizar muito menos do que sua ambição almejava:

> Mas os efeitos de sua existência nos que a rodeavam foram incalculavelmente extensos. Pois o bem crescente do mundo depende em parte de atos não históricos; e se as coisas não vão tão mal com você ou comigo como poderiam ir, isso se deve em parte aos que viveram decentemente uma vida obscura e descansam em túmulos não visitados.[76]

---

75 Pallares-Burke, *Gilberto Freyre: um vitoriano nos trópicos*, p.49-51 e passim.

76 "But the effect of her being on those around her was incalculably diffusive: for the growing good of the world is partly dependent on unhistoric acts; and that things are not so ill with

O triunfo do fracasso

Como vimos, já desde o final da década de 1920, Bilden era próximo de intelectuais e artistas negros da chamada "Renascença de Harlem" e, ao longo dos anos 1930, 1940 e no mínimo parte dos 1950, manteve relações com membros da *intelligentsia* negra, dedicando-se a atividades voltadas para a melhoria das condições sociais e das oportunidades dos afro-americanos e dos discriminados em geral, se pensarmos em seu trabalho na Commission Against Discrimination. Nisso, ele agia em consonância com os ideais da National Association for the Advancement of Colored People (NAACP), cujos líderes o conheciam, respeitavam e com ele trocaram ideias sobre o chamado "grande dilema norte- -americano" – ou seja, a coexistência das ideias liberais com a situação desumana em que os negros viviam nos Estados Unidos.

Os cursos sobre "a história do negro" que deu em várias ocasiões não só em instituições de ensino superior para negros, mas também em lugares como *negro societies*, igrejas em Harlem e em escolas para trabalhadores comuns e para o público em geral, como a Rand School, fundada pelo Partido Socialista, não eram uma prática comum na época; um período em que, na verdade, a preocupação em tomar medidas para conscientizar e desenvolver a autoestima dos afro-americanos era rara. O líder Du Bois já apontara com contundência o interesse que havia entre a "minoria dominante" de manter o negro ignorante, não o educando. Ela "não quer negros educados. Quer servos, cachorros, pros- titutas e macacos". E após forçá-los "nessas categorias", ela "grita com desprezível hipocrisia: 'Eles nos ameaçam com sua degenerescência; eles são ineducáveis'".[77] Isso fora dito em 1919, mas, mesmo anos mais tarde, ainda se ouviam figuras como Arthur Schomburg e Melville Her- skovits denunciarem os efeitos deletérios da ignorância dos negros sobre sua história e cultura. Efeitos deletérios para toda a população – e não só para os negros. Sanada essa ignorância, "toda a história da colaboração e interdependência humana" viria à tona e, ao ser difundida "pela popu- lação como um todo", poderia influenciar "a opinião em geral sobre as

---

you and me as they might have been, is half owing to the number who lived faithfully a hidden life, and rest in invisible tombs." (Eliot, *Middlemarch*)

77 Du Bois, Returning Soldiers, *The Crisis*, v.XVIII, maio 1919, p.13.

habilidades e potencialidades do negro" e contribuir "para a diminuição das tensões inter-raciais".[78] É nesse sentido, como apontamos anteriormente, que Bilden fazia parte do chamado "grupo Boas", pois, a exemplo de seu mentor e amigo, o grande antropólogo Franz Boas, buscava tornar os negros orgulhosos de seu passado e de sua cultura.

Enfim, penso não ser exagero afirmar que Bilden não só teve impacto nas ideias de Gilberto Freyre e nas de outros estudiosos, como fez uma diferenca na história das relações raciais norte-americanas, tanto como pensador quanto como ativista cultural, apesar de seus projetos de ampliar a questão para abarcar muitas outras regiões além dos Estados Unidos e do Brasil não terem se realizado. Sua história é a de um indivíduo que a curto prazo fracassou, se tomarmos "fracasso" num sentido estreito e literal: não construiu uma carreira convencional, viveu financeiramente destituído, quase sempre desempregado, contando "os níqueis miseráveis", como se diz num samba brasileiro. Não obstante, passou parte de sua vida dedicando-se a causas que pareciam condenadas ao fracasso no seu próprio tempo, mas que agora aparecem como vencedoras, se considerarmos que a teoria racial (se não o racismo) tornou-se "moeda desvalorizada".[79] Ou seja, uma das ironias da história é que, muitas vezes, o que a curto prazo aparece como um fracasso pode se reverter em vitória: "os homens lutam e perdem a batalha e a coisa pela qual lutaram acontece apesar de suas derrotas", como disse William Morris.[80]

Há um esforço, ainda incipiente, entre alguns estudiosos da história do movimento dos direitos civis nos Estados Unidos, de recuperar o papel que tiveram pessoas comuns na luta contra a discriminação na base – "*on the ground level*", como dizem –, a partir dos anos 1950. Esses seriam os "sem número de heróis desconhecidos, iguais aos maiores heróis conhecidos" de Whitman – ou, por assim dizer, os anões sobre os quais o movimento de líderes como Martin Luther King se apoiava.[81]

---

78 Apud Yelvington, The Invention of Africa in Latin America and the Caribbean, p.47-8.
79 "*Devalued Currency*" foi o título de três números especiais da revista *Common Knowledge*, em 2008, devotados ao destino dos paradigmas intelectuais que foram abandonados.
80 Morris, *A Dream of John Ball*.
81 Brian Parnell, da Fordham University, é um dos líderes desse esforço de recuperação.

O mesmo se poderia dizer sobre a importância de indivíduos e grupos que prepararam o movimento dos direitos civis, antes que ele propriamente tomasse impulso e se organizasse nos anos 1950. Registrar os que antes dessa época também fizeram um trabalho de base, sobre o qual o movimento cresceu, significa resgatar pessoas como Rüdiger Bilden, que procuraram incluir os negros no "sonho americano", até então limitado aos brancos.

Carl van Vechten, o autor do influente, aclamado e polêmico *Nigger Heaven* (1926), tinha consciência do papel dos liberais brancos na construção dos alicerces sobre os quais o movimento dos direitos civis se organizou e desenvolveu a partir dos anos 1950. É com orgulho que recorda ao editor Alfred Knopf que ele dera início a muito do que veio depois ao publicar o primeiro romance de Walter White, o "negro loiro de olhos azuis" que iria dirigir a NAACP por décadas. E mais: ao apresentá-lo a White – e este, continuando a cadeia, apresentá-lo a James Weldon Johnson, Langston Hughes e tantos outros membros da *intelligentsia* negra –, havia contribuído para que se criassem condições para a escrita de seu *Nigger Heaven*. Enfim, como diz em 1962, "estou orgulhoso de termos eu e você começado um movimento que se tornou tão vigoroso".[82] Difícil saber se Bilden tinha essa mesma consciência de seu papel, periférico que fosse, na construção desses mesmos alicerces. Mas, seguramente, contribuir para que os negros aprendessem sobre música, literatura e história negra, enfim, cultura negra em geral e seu impacto no Novo Mundo – tal como foi possível antes dos anos 1950, ainda que em pequena escala, devido à ação de pessoas como Bilden –, foi relevante para o desenvolvimento da autoestima de que careciam e com a qual se iriam unir mais tarde ao redor de líderes como Martin Luther King pela causa de seus direitos civis.

---

82 Carta de Carl van Vechten a Alfred Knopf, 19 dez. 1962. In: Kellner (org.), *Letters of Carl Van Vechten*. *The Fire in the Flint* é o título do livro de Walter White de 1924, considerado o primeiro romance negro publicado por uma editora "branca". A esse, seguiu-se, em 1926, a publicação de *Flight*, o primeiro romance da "Renascença de Harlem" a tratar do chamado fenômeno de *passing*, quando um negro claro – como era o autor, um "negro branco" – saía de seu meio e vivia num meio de brancos, passando-se por branco.

Uma vítima da deusa Fortuna?

Uma última consideração precisa ser feita sobre a vida e as realizações de Rüdiger Bilden. Trata-se de salientar o papel das circunstâncias externas e da boa e má sorte ao longo de sua trajetória, tema que serviu de motivo para a arte, a literatura, a filosofia e a iconografia desde a Antiguidade clássica; todos esses, campos em que a "deusa Fortuna" aparece "como personificação da sorte e do azar em todos os assuntos humanos".[83] Penso que a trajetória de Bilden ilustra especialmente, em ponto pequeno, o que aparece amplificado no palco do teatro grego e elizabetano, onde a complexa condição humana se revela como frágil e vulnerável aos reveses da fortuna que, sem qualquer alerta, podem interferir na vida de todos e de cada um de nós.[84]

O caso de Bilden exemplifica eloquentemente essa vulnerabilidade da qual ninguém está imune. Se algumas das decisões que ele próprio tomou e traços de seu temperamento podem ter dificultado a realização de suas ambições, as circunstâncias difíceis em que viveu, num dos períodos mais conturbados da história recente – e sobre as quais não tinha qualquer controle – tiveram um efeito desastroso em sua longa vida. Na verdade, pode-se dizer que suas esperanças e desesperanças, suas aspirações e frustrações foram determinadas, se não mesmo moldadas, pelos eventos dramáticos que viveu: em escala mundial, as duas Grandes Guerras e a Grande Depressão; e, no âmbito norte-americano, a segregação racial, o *New Deal*, os inícios conturbados do Movimento dos Direitos Civis e o macartismo. Frente ao peso desses acontecimentos marcantes, as qualidades que o haviam marcado como jovem altamente promissor provaram-se insuficientes para que superasse muitos dos obstáculos que a vida lhe reservou.

Em ao menos duas ocasiões, quando um alívio para suas desventuras parecia muito próximo, a má fortuna não teve nenhuma complacência com ele. Um desses episódios foi o já mencionado cargo

---

83 González García, *La diosa Fortuna: metamoforsis de una metáfora política*.

84 Nussbaum, *The Fragility of Goodness: Luck and Ethics in Greek Tragedy and Philosophy*; Morris, *Shakespeare's God: The Role of Religion in the Tragedies*, especialmente cap. 16: The Tragic Flaw.

de curador da Oliveira Lima Library, em Washington. Era para ser seu, não fosse a carta-convite de Flora de Oliveira Lima não lhe ter chegado às mãos. Isso aconteceu em 1940, exatamente no momento em que todas as portas de emprego se fechavam para um alemão especialista em assuntos latino-americanos. E, assim, por um infeliz golpe da fortuna, o cargo, que teria representado uma oportunidade única para Bilden encontrar um "refúgio ideal" onde trabalhar e aguardar que "a maldita guerra" terminasse, acabou sendo dado a outro.

O segundo episódio, ainda mais revelador do poder da deusa Fortuna na vida humana, foi o da herança que lhe era devida. No início dos anos 1970, a família Bilden queria vender na Alemanha um valioso lote de terra, localizado na zona urbana de Eschweiler e caberia a Rüdiger o seu quinhão. Wilhelm, o irmão mais velho, tentou por todos os meios localizá-lo em Nova York, escrevendo para os seus antigos endereços e pedindo a ajuda de amigos judeus alemães que lá viviam. Impossibilitados de encontrá-lo e tudo levando a crer que estaria morto, os herdeiros só puderam efetivar a venda do lote e a partilha do dinheiro após obterem das autoridades de Eschweiler uma certidão oficial atestando que Rüdiger Bilden morrera em Nova York. A data de 31 de dezembro de 1971 foi arbitrariamente escolhida para essa morte que não foi.[85] Irônica e tragicamente, Bilden não pôde se beneficiar de uma soma que, sem dúvida, teria lhe aliviado a penúria no final da vida. Nove anos mais tarde, uma segunda certidão de óbito, dessa vez verdadeira, atestava que Rüdiger Bilden tinha efetivamente morrido em Nova York no dia 10 de novembro de 1980, com 87 anos de idade.[86]

Rüdiger Bilden não deve ter sido um indivíduo típico de seu tempo e do lugar onde viveu grande parte de sua vida. Como um alemão, não judeu, vivendo nos Estados Unidos e envolvido com a NAACP e com a história do Brasil, pode-se dizer que havia nele um quê de solitário. A determinação e as realizações desse aparente perdedor – realizações, algumas delas, que o desenrolar da história acabou por transformar em

---

85 *Toterklärung Rüthger Mathias Bilden*, Amtsgericht Eschweiler, Beschluss, 13 nov. 1974.
86 Death Certificate n.17441, New York City Department of Health and Mental Hygiene, 10 nov. 1980.

Certidão de óbito emitida em Eschweiler.
Fonte: Standesamt Eschweiler (Cartório de Registro Civil de Eschweiler)

O triunfo do fracasso

"triunfos do fracasso" – demonstram que Bilden, ao não aceitar a derrota, tinha o que David Riesman chamou de "coragem de fracassar" (*nerve of failure*). Invertendo a expressão comum, "o fracasso da coragem" (*failure of nerve*) com a qual Sidney Hook descreveu os intelectuais que fogem ao confronto e à responsabilidade de lutar, Riesman fala de "coragem de fracassar" como a rara "coragem de enfrentar a solidão e a possibilidade da derrota, do fracasso, sem ficar moralmente destruído", sem esmorecer, sem se resignar a não mais arriscar, mesmo quando a probabilidade do fracasso, de mais um fracasso, parece grande e o sucesso improvável. Coragem só é necessária no fracasso, diz Riesman. "Pouca coragem é necessária do lado vencedor."[87]

Valeu a pena? Se pudesse começar tudo de novo, o que faria diferente?

Se a esta altura ousarmos supor o que Bilden teria respondido a essa pergunta no fim de uma vida longa e atribulada, supomos que ele repetiria o que disse outro incansável batalhador, Anísio Teixeira, o educador que, a despeito de todos os desapontamentos, injustiças e dificuldades que a vida lhe reservou, tinha também a "coragem de fracassar" e não se deixava esmorecer pelos reveses da fortuna:

"Se tivesse de viver de novo, viveria como vivi [...] apenas pediria que a vida fosse mais curta."[88]

---

87 Riesman, *Individualism Reconsidered and Other Essays*, p.33, 55, 144; Hook, The new failure of nerve, *Partisan Review*, v.10, n.1, p.2-23.

88 Carta de Anísio Teixeira a Fernando de Azevedo, apud Viana Filho, *Anísio Teixeira: a polêmica da educação*, p.157.

Apêndice
Relações raciais na América Latina com especial referência ao desenvolvimento de uma cultura nativa[1]

Rüdiger Bilden
pesquisador, cidade de Nova York

Esta discussão trata de questionar se é a uniformidade básica ou a diferenciação que marca o desenvolvimento cultural da América Latina. De acordo com o senso comum, sobretudo nos Estados Unidos, as vinte repúblicas convenientemente agrupadas sob o nome de América Latina formam uma unidade coletiva e constituem o congênere latino da América anglo-saxônica. Como corolário, seus habitantes são considerados fundamentalmente semelhantes no tocante a tradições, costumes, traços psicológicos e caráter. Uma autoridade eminente como o professor W. R. Shepherd, conhecido por sua imparcialidade e abordagem simpatizante, sustenta que

---

1 Mesa-redonda sobre relações latino-americanas no Institute of Public Affairs, University of Virginia, realizada em 1º de julho de 1931, às 9h30. Texto cedido pelo Albert and Shirley Small Collections Library, University of Virginia. Tradução de Sonia Midori.

embora até certo ponto modificada pela imigração [...], uma semelhança essencial, evidentemente, existe entre os povos das várias repúblicas. Diferenças há, mas, no geral, elas parecem menos relevantes do que as encontradas nos habitantes de uma província ou outra em alguns países europeus.[2]

Já Viscount Bryce, mais uma figura ilustre do que propriamente uma autoridade no assunto, declara sem rodeios: "Um costa-riquenho e um argentino diferem menos entre si do que um texano e um nativo de Vermont, ou um escocês do condado de Caithness de um inglês de Devonshire".[3]

Subjacente a esse ponto de vista, qualquer que seja sua forma, existe um viés, consciente ou não, em prol de um padrão cultural único e da superioridade do europeu. Uma vez que a raça branca usufrui de uma hegemonia mundial absoluta, a conclusão sugere por si só que seus métodos e valores devem ser, se não francamente superiores, ao menos o suficiente para rechaçar qualquer oposição. Essa mentalidade está a apenas um passo, considerando-se a colonização latina e o ostensivo domínio do elemento europeu, da conjetura tácita de que a América Latina é preponderantemente europeia e deve ser tratada como tal. Por conseguinte, uma comparação sumária por meio dos critérios aplicáveis a essa civilização – e à variante latina em particular – torna-se o modo de tratamento lógico. Além disso, por conta da influência que a América anglo-saxônica exerce, de suas características europeias e de sua posição geográfica, é comum iniciar uma investigação buscando-se pontos de contato ou atrito, de semelhanças ou desemelhanças com essa América. Disso resulta que a atenção se concentra nos denominadores comuns dos países latino-americanos, em vez de nas diferenças vitais entre eles. Em suma, o julgamento baseia-se na origem e na história latina, nas instituições e nos procedimentos políticos, no progresso material e social, nas relações com os Estados

---

2 Shepherd, W. R. *Latin America*. Home University Library. New York: H. Holt and Company, 1914, p.125.

3 Bryce, J. *South America*. New York: The Macmillan Company, 1912, p.445.

Unidos, nos modos e costumes das classes dominantes e em outros fatores afins. A partir dessa perspectiva, os países latino-americanos só podem parecer surpreendemente iguais.

Por mais lógica que possa parecer essa abordagem, ela tende a ser nefasta para a compreensão de cada nação ao ocultar sob uma fachada de formas idênticas ou muito semelhantes todas as forças diversificadas que, apesar de submersas, são, todavia, dinâmicas e vitais e levam à diferenciação. Ela salienta um conjunto de fatores, aqueles de raízes europeias, em detrimento de todos os demais. Não há evidência, porém, de que essas influências, embora comuns a toda a América Latina e instantaneamente manifestas, sejam real e uniformemente dominantes e determinantes na vida cultural dos povos em questão. É indiscutível que elementos raciais não europeus com realizações culturais amplamente variadas contribuíram em proporção bastante considerável para a constituição da América Latina. As circunstâncias e seu alcance diferem sobremaneira nas diversas regiões. Em vários países, esses elementos formam uma verdadeira (e, em algumas das principais nações, uma esmagadora) maioria da população. No último caso, trata-se de descendentes de povos que atingiram o mais alto nível de civilização no Novo Mundo antes da chegada dos europeus. Deve-se pressupor que esses grupos étnicos, sejam eles numericamente grandes ou pequenos, culturalmente avançados ou primitivos, abandonaram por completo suas tradições e padrões em favor daqueles do homem branco e que estes não foram afetados por aqueles? Todas as lições da história contradizem tal suposição. A menos que – como no caso dos Estados Unidos, sobretudo, e em menor grau de partes da América Latina – a discrepância cultural entre grupos raciais seja muito acentuada e uma minoria acabe sendo rigidamente segregada e subjugada pela maioria dotada de consciência racial, o encontro de diferentes raças deve levar, cedo ou tarde, à miscigenação e à evolução de uma cultura híbrida. A natureza de tal mistura e as contribuições dos respectivos elementos dependem, naturalmente, das circunstâncias específicas em cada caso. Pode-se dizer que o extremo ocorre quando uma maioria conquistada emerge aos poucos à superfície e sutilmente permeia e transmuta a cultura sobreposta pela minoria com sua própria cor e motivos, um processo que necessariamente leva séculos, mas é inevitável. Na América Latina, as condições são tais que permitem praticamente toda a gama de variações.

À luz dessas constatações, a atribuição apressada de uma individualidade latina comum aos países latino-americanos, por mais desejável que seja como um meio de evitar uma interpretação parcial pelos padrões anglo-americanos, deve ser descartada como um indício muito forte da presunção do homem branco. Em vez disso, a questão que se apresenta deve ser tratada sob o ângulo de uma possível diferenciação de acordo com certas condições e sem quaisquer noções preconcebidas quanto à superioridade de uma raça ou cultura em relação às outras. É preciso um estudo concreto sobre os vários tipos e graus de miscigenação, justaposição ou antagonismo de forças étnicas e seus valores culturais correspondentes, conforme foram condicionados por tradições de espanhóis e portugueses, pelas exigências da colonização e em decorrência do ambiente natural. Nesse processo, o elemento europeu deve ser tratado meramente como um dos vários fatores vitais e sua importância deve ser atribuída em conformidade com sua ação em um inter-relacionamento específico. Somente nessas bases poderá a individualidade de qualquer nação ou grupo de nações ser determinada. E, consequentemente, somente assim poderá se oferecer uma explicação satisfatória aos fenômenos desconcertantes de distúrbios políticos, econômicos e sociais ou à estagnação que caracterizam a maioria das repúblicas latino-americanas e que indicam maior conflito e desajuste entre forças culturais do que os encontrados em qualquer sociedade predominantemente europeia.

Em suma, deve-se analisar essa situação bastante complexa da seguinte maneira: as forças que contribuem para a uniformidade cultural na América Latina são a colonização latina, a imigração europeia e, de modo geral, a influência padronizadora da civilização moderna. Entretanto, suas ações foram e ainda são neutralizadas ou modificadas por forças regionais ou locais de natureza racial e ambiental. Graças a essa interação, sociedades basicamente diferenciáveis evoluíram nos últimos quatro séculos. A uniformidade, se existir, está limitada à superfície e, mesmo assim, é mais aparente do que real. Uma vez que a vitalidade

O triunfo do fracasso

e o caráter essencial da superfície ou superestrutura da sociedade são sempre o resultado da relação que desenvolvem com o que está abaixo da superfície, ou infraestrutura, e estas diferem amplamente na América Latina, uma diferenciação correspondente deve ser reconhecida na superestrutura, qualquer que seja sua conformidade na aparência externa. Deve-se fazer uma distinção fundamental entre os vinte países em questão no que se refere à extensão em que as influências uniformizadoras fincaram raízes ativas e tornaram-se forças orgânicas e criativas; assumiram nova essência e significado por meio do contato com um meio estranho e por meio da mistura de raças e culturas; ou foram restringidas e reduzidas a uma mera forma pela ação preponderante de fatores opositores.

Nessas bases, os países latino-americanos podem ser divididos em quatro grupos, embora se deva enfatizar que não existe uma separação nítida entre estes, pois as principais divisões fundem-se por meio de variantes e tipos intermediários. Além disso, em variados graus, a maioria dos países subdivide-se para representar grupos que não aquele ao qual pertencem em virtude de seu caráter dominante. Todavia, embora tudo isso complique sobremaneira a questão, os respectivos grupos são definitivamente, ainda que aproximadamente, distinguíveis.

O primeiro grupo é formado pelas repúblicas da Bacia do Prata e pelo Chile. Nessas regiões, os fatores de oposição e diferenciação foram, desde o início, menos vitais e potentes. O clima e o meio ambiente geral eram tais que encorajavam o tipo de assentamento que é mais favorável ao desenvolvimento de uma sociedade predominantemente europeia. À parte os araucanos no Chile, um importante fator adverso, mas que não chega a contradizer a presente tese como um todo, os membros das raças nativas eram numericamente insignificantes e culturalmente primitivos demais para obstruir com alguma seriedade a tendência de colonização existente. Tendo em vista condições essencialmente análogas, foi adotada praticamente a mesma política indígena que na América do Norte inglesa, a saber, segregação e extermínio, embora os espanhóis tenham se valido mais da prática da eliminação por assimilação do que os ingleses, uma diferença suficientemente explicada pelas diferentes tradições dos dois povos. Por razões ambientais óbvias, os africanos não foram trazidos – ou o foram em números tão inexpressivos que não causaram nenhum efeito de vital importância no desenvolvimento subsequente. Durante o século XIX e o início do século XX, a tendência, agora claramente marcante, foi em grande parte acelerada e acentuada por uma vasta imigração europeia principalmente latina, que promete assumir proporções ainda maiores no futuro. Por conseguinte, na Argentina, no Uruguai e no Chile, a conformidade aos padrões europeus é mais pronunciada. Nenhum fator futuro à vista ameaça interferir nessa característica; ao contrário, todos os indícios apontam para sua intensificação. Embora essa conformidade não seja tão rígida quanto nos Estados Unidos, não obstante se pode asseverar que esses três países formam a única parte da América Latina que pode ser designada de modo justo como o congênere latino da América anglo-saxônica. No entanto, eles não serão tão unilateralmente espanhóis quanto a América do Norte é inglesa. Mais provavelmente, o segundo elemento europeu, o italiano, trará maiores contribuições culturais do que foi permitido ao elemento correspondente nos Estados Unidos, o germânico. Embora os três países representem o grupo culturalmente mais uniforme e coeso, ainda assim exibem certas diferenças, mas elas são sobretudo nacionais e com certeza não maiores do que aquelas entre quaisquer três países europeus. Por fim, seus problemas, independentemente de quais sejam, são os mesmos enfrentados essencialmente por qualquer novo país colonizado por um povo étnica e culturalmente homogêneo. Referem-se principalmente ao desenvolvimento sustentável de recursos naturais, à eliminação de desigualdades econômicas e sociais, à aquisição de experiência política e à assimilação harmônica dos elementos europeus secundários pelo dominante. Não se trata de questões envolvendo diferenças fundamentais e desconcertantes de natureza cultural, mas basicamente de ajuste de diferenças em grau ou de variantes no âmbito do mesmo tipo cultural genérico. Como tal, assemelham-se aos problemas enfrentados pelos Estados Unidos, sobretudo em áreas urbanas e industriais com grande parcela de população imigrante.

O Brasil, ou a América portuguesa, caracteriza quase de modo exclusivo o segundo grupo. Nesse caso, as forças em oposição, tanto raciais e culturais quanto ambientais, foram, desde o começo, mais diversificadas

O triunfo do fracasso

do que em qualquer outra parte do Novo Mundo. Além disso, o elemento europeu nunca ocupou uma posição de real e incontestável domínio. Por mais rígido que fosse seu controle econômico e político sobre os demais elementos étnicos, ele foi social e culturalmente forçado pelo meio geográfico e pelas premências de sua política colonizadora a competir com eles praticamente nas mesmas bases. O resultado de um inusitado equilíbrio favorável e de uma interação positiva de forças igualmente inusitada, pode ser resumido como a miscigenação de três tipos étnicos radicalmente diferentes – brancos, índios e negros – e a criação de todas as condições necessárias para o desenvolvimento de uma cultura híbrida e mista, inerente e singular ao Brasil. Não obstante a cristalização dessa cultura ainda estar em processo de andamento, já se pode percebê-la com padrão ricamente variado, mas essencialmente consistente. Com frequência, os elementos originais da complexa mistura não são mais discerníveis, a não ser pelo olhar treinado. No entanto, deve-se enfatizar que o processo de evolução não está, de modo algum, completo. Muitos desajustes e conflitos persistem. Além disso, graves deficiências estão naturalmente associadas à miscigenação de forças e tradições tão heterogêneas e supostamente incompatíveis. Provavelmente a mais séria delas seja uma aparente incapacidade de esforço persistente e uma falta de equilíbrio que beira a histeria, traços que são notavelmente manifestos no caráter e na vida dos brasileiros, mas não caracterizam os povos mais resolutos do primeiro grupo. Entretanto, essas deficiências não são fundamentais e, sem dúvida, são passageiras, por mais evidentes que aparentem ao observador desinformado ou preconceituoso. São mais sinais da incompletude da mistura do que os resultados finais dela. Outros males possíveis, como a frouxa coesão da identidade nacional brasileira, devem ser apenas parcialmente considerados como tais. Se por um lado a coesão é frouxa, por outro, é elástica e abrange uma espantosa diversificação regional, condicionada pela correlação do ambiente físico enormemente variado com a inter-relação diferenciada entre os três componentes fundamentais da raça e da cultura. Essa diversificação regional detém a promessa de uma existência ricamente colorida e luxuriante, caso se admita que esse deva ser o resultado do encontro harmonioso entre forças divergentes. Da mesma forma, os traços de caráter mencionados não são apenas negativos, pois estão ligados à sensibilidade, à efervescência e à notável devoção à beleza sensual, qualidades essas que caracterizam mais os brasileiros do que todos os outros latino-americanos. Portanto, a fonte da fraqueza da cultura é também a fonte da sua força, e talvez essa seja mesmo a natureza de todas as coisas. Os ativos culturais brasileiros parecem, pois, superar amplamente os passivos. O derradeiro progresso do Brasil só pode ser vagamente imaginado, mas diante das condições naturais e humanas agora existentes, tudo leva a crer que será distintivo e rico, independentemente de qualquer nuvem negra que se vislumbre no céu agora.

A compreensão do intricado desenvolvimento passado – e particularmente das relações raciais que embasam a situação brasileira atual – requer a renúncia da visão costumeira do Brasil como mais uma entre as vinte repúblicas. Em vez disso, o país deve ser visto como a América portuguesa e, como tal, comparável à América espanhola e à América inglesa. Diferenças em tradição, regime político, interesses, recursos materiais, força de trabalho e perfil do colonizador acarretaram, em conjunto com o meio ambiente, a adoção e o desenvolvimento de métodos distintos de colonização pelos respectivos povos. Em alguns aspectos vitais, os métodos empregados pelos portugueses assemelhavam-se mais àqueles dos ingleses do que aos dos espanhóis. Enquanto os ingleses se assentaram quase exclusivamente na região temperada ao norte e a principal área da colonização espanhola concentrava-se na cordilheira andina, ou ao longo dela, os portugueses ocuparam praticamente toda a extensão da fértil costa tropical entre o Amazonas e a Bacia do Prata. A agricultura em larga escala tornou-se, então, a base lógica da colonização portuguesa. Esse fato e a severa limitação de mão de obra tornaram a política da escravidão dos nativos (e miscigenação com eles) inevitável. A subsequente importação necessária de grande contingente de escravos negros adicionou um terceiro elemento básico à situação racial. Com o devido reconhecimento dos aspectos relevantes da identidade, principalmente subdividida por natureza, nos métodos dos três povos – o português, o espanhol e o inglês –, a política racial portuguesa contrasta de modo bastante acentuado com o extermínio e a segregação praticada pelos ingleses e a submissão e a proteção paternalista dos

O triunfo do fracasso

povos nativos que caracterizaram a colonização espanhola. Enquanto os espanhóis formaram principalmente sociedades coloniais estratificadas ao longo de linhas raciais, exceto no extremo sul e possivelmente nas Índias Ocidentais, a sociedade brasileira foi híbrida desde o início e tendeu a se tornar mais ainda com o passar do tempo. A propensão natural dos portugueses à miscigenação, historicamente condicionada em sua própria terra natal, foi oficialmente encorajada no Brasil por razões de Estado e desenvolveu-se mais ainda sob influência dos meios geográfico e social existentes. O fator mais influente na subsequente e progressiva equalização das raças no Brasil foi, sem dúvida, a gradual abolição da escravatura (1808-1888), a qual foi ao mesmo tempo um efeito da ausência de antagonismo racial e a causa do crescente encorajamento da situação racial existente. Quaisquer que sejam os argumentos contra a miscigenação no contexto de outros países, este era o único recurso disponível para os portugueses no Brasil. A miscigenação possibilitou o desenvolvimento pacífico de um país rico e distintivo; na realidade, o único de origem europeia onde as três divisões étnicas fundamentais da humanidade misturam-se em bases muito próximas e participam da constituição de uma cultura nativa distinta.

O terceiro grupo, verdadeiramente tão interessante e complexo quanto o segundo, mas que só pode ser sucintamente delineado aqui, é composto pela grande maioria de países estabelecidos ao longo das Cordilheiras, notadamente o México e o Peru. Justaposição e antagonismo racial prevalecem sobremaneira em detrimento de uma miscigenação harmoniosa nessas regiões. Graças ao caráter e aos interesses específicos dos espanhóis, à riqueza mineral existente, aos obstáculos topográficos, ao conflito com as civilizações indígenas e à população relativamente densa, a colonização europeia ali tomou a forma de espoliação, exploração e submissão em vez do assentamento agrícola sistemático que se estabeleceu nos Estados Unidos, no Brasil e nos países da Bacia do Prata. Por conseguinte, os diversificados elementos regionais foram simplesmente subjugados, em vez de eliminados ou assimilados, e o efeito uniformizador da civilização europeia restringiu-se à criação de superestruturas, sob as quais fluem correntes estranhamente alheias e remotas. Por causa da estratificação essencial da sociedade ao longo de linhas raciais e da justaposição e do atrito cultural, a atmosfera em todos os países em questão é efetivamente ou potencialmente explosiva. A situação, na realidade, beira o insustentável. Mais cedo ou mais tarde, uma distensão, como a que emerge no México agora, deve tragar as um tanto frágeis e anêmicas superestruturas e transmutar os valores de origem europeia. O resultado final será o surgimento de culturas híbridas nativas caracterizadas pela energia e a cor nativa e diversificadas de acordo com as condições existentes em cada nação ou região.

O quarto grupo compreende nações menores, como o Paraguai, o Haiti e, possivelmente, a República Dominicana. Nesse caso, o elemento europeu é, na melhor das hipóteses, um verniz. Esses países são habitados por descendentes de índios primitivos ou escravos negros, superficialmente civilizados por agentes externos, posteriormente expulsos, como a ordem jesuíta ou uma classe de senhores de escravos. Representam uma mistura cultural bastante incongruente de caráter francamente indígena ou negroide, com partes ou fragmentos mal assimilados de origem europeia. Se não forem perturbados por seus vizinhos, eles vão e devem desenvolver-se culturalmente de acordo com as condições e os padrões nativos.

Pode-se, portanto, asseverar, como resultado das observações precedentes, que uniformidade das realidades e de possibilidades culturais praticamente inexiste na América Latina. Ao contrário, todo indício aponta para o desenvolvimento na direção da máxima diferenciação em natureza.

Referências bibliográficas

13,000,000 registered in 4th draft, including 911,630 in New York City. *The New York Times*, 28 abr. 1942, p.1.

ABBOTT, E. Federal Immigration policies 1864-1924. *The University Journal of Business*, v.2, n.2, mar. 1924, p.133-56.

ALL men 45-64 required to register at week-end. *The New York Times*, 24 abr. 1942, p.10.

ALLEN, B. Martin Luther King's civil disobedience and the American covenant tradition. *Publius*, v.30, n.4, outono de 2000, p.73-113.

ALTAMIRA, R. *España en América*. Valencia: F. Sempere y Compañia Editores, 1909.

ANTI-SLAVERY papers of John Jay collected by Frank Monaghan. *The Journal of Negro History*, v.17, n.4, out. 1932, p.481-96.

ARMSTRONG, D. The blitzkrieg in Caesar's campaign. *The Classical Journal*, v.37, n.3, 1941, p.138-41.

ARREST Karl Muck as an enemy alien. *The New York Times*, 26 mar. 1918.

ATTACKS intelligentsia: prof. Nicolai accuses German liberals of conspiracy to prevent his teaching, *The New York Times*, 21 maio 1922.

AUTOSUGESTION and negrophobia. *Opportunity*, ago. 1923, p.249.

BADE, K. J. German emigration to the United States and continental immigration to Germany in the late nineteenth and early twentieth centuries. In: HOLMES, C. (Org.). *Migration in European History*, v.1. Cheltenham: Edward Elgar Publishing Ltd., 1996, p.134-63.

BADGER, A. J. *The New Deal*: The Depression Years, 1933-40. Basingstoke: Macmillan, 1989.

BAILYN, B. Braudel's geohistory. *Journal of Economic History*, v.11, 1951, p.277-82.

BAIROCH, P. *Victoires et déboires*: histoire économique et sociale du monde du XVIe siècle à nos jours. Paris: Gallimard, 1997.

BARBELLION, W. N. P. *The Journal of a Disappointed Man & A Last Diary*. London: The Hoggart Press, 1984.

BARLOW, A. L. *Between Fear and Hope*: Globalization and Race in the United States. Lanham: Rowman & Littlefield Publishers, Inc., 2003.

BARNES, H. E. [Resenha de *The Influence of Overseas Expansion on England to 1700*, de James E. Gillespie]. *Journal of International Relations*, v.2, n.2, out. 1921, p.296-7.

_____. The historian and the history of science. *The Scientific Monthly*, v.11, n.2, ago. 1920, p.112-26.

BARNES, J. *Flaubert's Parrot*. London: Picador, 1984.

BARRET, A. *Bibliografia sul-riograndense*: a contribuição portuguesa e estrangeira para o conhecimento e a integração do Rio Grande do Sul. v.2 Rio de Janeiro: Conselho Federal da Cultura, 1976.

BARROW, C. W. *More Than a Historian*: The Political and Economic Thought of Charles A. Beard. New Brunswick: Transaction Publishers, 2000.

BARZUN, J. Reminiscences of the Columbia History Department, 1923-1975. *Living Legacies*. Disponível em: <www.columbia.edu/cu/alumni/Magazine/Winter2000/Barzun.html>. Acesso em: 20 mar. 2011.

BEARD, C. [Resenha de *A New Freedom*, de W. Wilson]. *Political Science Quarterly*, v.29, n.3, 1914, p.506-7.

BECOMING more interesting. *The Afro-American*, 24 dez. 1938.

BELL, Q. *Victorian Artists*. London: Routledge and Kegan Paul, 1967.

BENJAMIN, W. *Theses "On the concept of History"*. 1940. Disponível em: <http://www.sfu.ca/~andrewf/CONCEPT2.html>. Acesso em: 13 nov. 2011.

BERENT Friele, an Associate of Rockefellers in Business, *The New York Times*, 19 set. 1985, p.20.

BERGER, M. T. *Under Northern Eyes*: Latin American Studies and US Hegemony in the Americas 1898-1990. Bloomington: Indiana University Press, 1995.

BERNSTEIN, R. 65th birthday party for a voice of liberal opinion. *The New York Times*, 25 jan. 1989.

BERRY, M. F. Du Bois as social activist: why we are not saved. *Annals of the American Academy of Political and Social Science*, v.568, 2000, p.100-10.

BESSEL, R. The "front generation" and the politics of Weimar Germany. In: ROSEMAN, M. (Org.). *Generations in Conflict*: Youth Revolt and Generation Formation in Germany, 1770-1968. Cambridge: Cambridge University Press, 1995.

BIALOSTOCKI, J. *The message of Images*. Vienna: IRSA, 1988.

BILDEN, E. M. *The Origin and History of the term "Goliard"*. Faculty of Philosophy, 1923.

BILDEN, R. *Accomplishments*: 3, p.9. (Projeto apresentado à John Simon Memorial Foundation em 1936, John Simon Guggenheim Memorial Foundation Archives.)

_____. *Accomplishments*: 5. Group Anthropology, Ruediger Bilden, 1937, p.9-10. (John Simon Guggenheim Memorial Foundation Archives.)

_____. Brazil, laboratory of civilization. *The Nation*, New York, jan. 1929, v.128, n.3315.

_____. Comment on Samuel H. Lowrie, racial and national intermarriage in a Brazilian city. *American Journal of Sociology*, v.44, n.4, mar. 1939, p.698-701.

_____. *Memorandum for Dr. William Jay Schieffelin*, 13 out. 1943. (General Education Board Collection, Rockefeller Foundation Archives.)

_____. *Proposal for an Inter-American Regional Institute, University of Virginia*. (General Education Board Collection, Rockefeller Foundation Archives, p.1.)

_____. Race mixture in Latin America. In: LAIDLER, H. W. (Org.). *The Role of Races in Our Future Civilization*. Nova York: L.I.D. Pamphlet Series, 1942, p.49-54.

_____. *Race Relations in Latin America with Special Reference to the Development of Indigenous Culture*. Virginia: Institute of Public Affairs, Albert and Shirley Small Special Collections Library, University of Virginia, 1 jul. 1931.

_____. Rural Brazil: its problems and the challenge, *The Pan American*, v.10, n.9, fev. 1950, p.37-41.

_____. Rural Brazil: its problems and the challenge. *The Pan American*, v.10, n.9, fev. 1950, p.37-41.

_____. Slave and citizen: the Negro in the Americas. *Survey Graphic*, v.83, out. 1947, p.294-5.

_____. *Slavery as a Factor in Brazilian History*, 1922. (Projeto enviado à Carnegie Foundation com cópia para Oliveira Lima, Lima Family Papers, CUA.)

BILDEN, R. South's reaction to Supreme Court decision may increase segregation of Negroes. *The New Leader*, 14 jun. 1941, p.1 e 6.

BOAS, F. *Anthropology and Modern Life*. London: Gerge Allen & Unwin, 1929.

_____. Rudolf Virchow's anthropological work (1902). In: STOCKING JUNIOR, G. (Org.). *The Shaping of American Anthropology 1883-1922*: A Franz Boas Reader. New York: Basic Books, 1974.

_____. The great melting pot and its problem. *The New York Times Book Review*, 6 fev. 1921.

BODNAR, J. *Remaking America*: Public Memory, Commemoration, and Patriotism in the Twentieth Century. Princeton: Princeton University Press, 1992.

BRADY, C. (Org.). *Worsted in the Game*: Losers in Irish History. Dublin: Lilliput Press, 1989.

BRANSON, H. The training of Negroes for war industries in World War II. *The Journal of Negro Education*, v.12, n.3, verão de 1943, p.376-85.

BRAUDEL, F. Personal testimony. *Journal of Modern History*, v.44, n.4, dez. 1972, p.448-67.

BRAZIL to receive $20.000.000 credit. *The New York Times*, 9 mar. 1939, p.9.

BRITTAIN, V. *Testament of Youth*: An Autobiographical Study of the Years 1900-1925. London: Victor Gollancz, 1933.

BROWMAN, D. L. "Uncensoring" Boas. *Anthropology News*, 46, n.1:3, 2005.

BROWN, R. C. New York University: the institute of Afro-American affairs. *The Journal of Negro Education*, v.39, n.2, verão de 1970, p.214-20.

BRYSON, B. *Shakespeare*: The World as a Stage. Harper Press, 2007.

BUARQUE DE HOLANDA, S. *Raízes do Brasil*. Rio de Janeiro: José Olympio, 1936.

BUCK, P. S. *Far Eastern Survey*, v.11, n.21, out. 1942, p.222.

_____. The race barrier "that must be destroyed". *The New York Times*, Magazine Section, 31 maio 1942.

BURKE, P. *Social History of Knowledge*. v.2. Cambridge: Polity Press, 2012.

_____; PALLARES-BURKE, M. L. G. *Repensando os trópicos, um retrato intelectual de Gilbert Freyre*. São Paulo: Unesp, 2008.

BURROW, J. W. *The Crisis of Reason*: European Thought 1848-1914. New Haven: Yale University Press, 2000.

BUTLER, N. M. *Across Busy Years*: Recollections and Reflections. 2v. New York: Charles Scribner's sons, 1940.

BUTTERFIELD, H. *The Whig Interpretation of History*. London: Bell, 1931.

CALL nation to rise to world mission. *The New York Times*, 29 maio 1917.

CARDOSO, V. L. (Org.). *À margem da história da República*. 3.ed. Recife: Editora Massangana, 1990 [1924].

_____. O elemento negro na história do Brasil. *O Estado de S. Paulo*, 13 maio 1927, p.2.

CARVALHO, C. D. de. Race as a sociological question in Brazil. *The Rice Institute Pamphlet*, v.27, n.4, out. 1940, p.218-41.

CARVALHO, J. M. *Os Bestializados*: o Rio de Janeiro e a República que não foi. 3.ed. São Paulo: Companhia das Letras, 1991.

CASEY, C. B. The creation and development of the Pan-American Union. *Hispanic American Historical Review*, v.13, n.4, nov. 1933, p.437-56.

CHAPMAN, C. E. The founding of the review. *Hispanic American Historical Review*, 1 fev. 1918, p.8-23.

CLEMENT, R. E. Jackson Davis. *Phylon*, v.8, n.2, jul.-dez. 1947, p.177-8.

COLLEGES offer many new studies. *The New York Times*, 4 fev. 1934.

COLLINS, R. On the acrimoniousness of intellectual disputes. In: PERL, J. M. (Org.). *Civilian Scholarship*. Aurora, Colorado: The Davies Group Publishers, no prelo.

COOPER, M. Maritime labour and crew list analysis: problems, prospects, and methodologies. *Labor/Le Travail*, v.23, primavera de 1989, p.179-94.

COQUERY-VIDROVITCH, C. *Des victimes oublies du nazisme. Les noirs et l'Allemagne dans la première moitié du XXe siecle*. Paris: Le Cherche Midi, 2007.

CORTÁZAR, F. G. de. *Los perdedores de la historia de España*. Barcelona: Planeta, 2006.

CRUZ, B. C.; BERGSON, M. J. The American melting pot? Miscigenation laws in the United States. *OHA Magazine of History*, v.15, n.4, verão de 2001, p.80-4.

DANZAK, A. "Thumb nail" sketch. *The Chelsea-Clinton News*, 17 abr. 1942. In: *Stefansson Papers*, Dartmouth College Library, Stef. MSS. 196 (77).

DAVIS, J. Obituary. *Africa: Journal of the International African Institute*, v.17, n.3, jul. 1947, p.191.

DAY, E. Any human heart: William Boyd on telling the story of the 20th century. *The Observer*, 21 nov. 2010.

DECCA, E. *1930*: O silêncio dos vencidos. São Paulo: Brasiliense, 1981.

DECONDE, A. *Herbert Hoover's Latin American Policy*. Stanford: Stanford University Press, 1951.

DELPAR, H. *Frank Tannenbaum*: the making of a mexicanist, 1914-1933. *The Americas*, v.45, out. 1988, p.153-71.

DEMAND Negro history here. *New York Amsterdam Star-News*, 27 set. 1941, p.3.

DEUTSCHER, I. *The Prophet Armed*: Trotsky 1879-1921. Oxford: Oxford University Press, 1954.

DICKINSON, E. R. Citizenship, vocational training, and reaction: continuation schooling and the Prussian "youth cultivation" decree of 1911. *European Quarterly*, v.29, n.1, jan. 1999, p.109-47.

DONSON, A. Why did German youth become fascists? Nationalist males born 1900 to 1908 in war and revolution, *Social History*, v.31, n.3, ago. 2006, p.337-58.

DR. BILDEN corrects change in article. *The New Leader*, 28 jun. 1941.

DR. MUCK bitter at sailing. *The New York Times*, 22 ago. 1919.

DR. W. R. SHEPHERD dies in Berlin, 62. *The New York Times*, 7 jun. 1934.

DRISKELL, D. C. Some observations on Aaron Douglas as tastemaker in the Renaissance movement. In: EARLE, S. (Org.). *Aaron Douglas, African American Modernist*. New Haven: Yale University Press, 2008, p.87-93.

DU BOIS, W. E. B. A chronicle of race relations. *Phylon*, v.3, n.3, 1942, p.320-34.

_____. Returning soldiers. *The Crisis*, XVIII, maio 1919, p.13.

DYER, C. M. *Protest and the Politics of Open Admissions*: The Impact of the Black and Puerto Rican Students' Community (of City College). Dissertação (Mestrado) – The City University of New York, 1990.

EARLE, S. Harlem, modernism, and beyond: Aaron Douglas and his role in art/history. In: _____. (Org.). *Aaron Douglas, African American Modernist*. New Haven: Yale University Press, 2008, p.5-53.

EDLER, F. C. De olho no Brasil: a geografia médica e a viagem de Alphonse Rendu. *História, Ciência, Saúde* – Manguinho, v.8 (suplemento), 2001, p.925-43.

EDWARDS, R. D. *Patrick Pearse*: the triumph of failure. London: Gollancz, 1977.

EPHEMERAL New York. Disponível em: <http://ephemeralnewyork.wordpress.com/tag/faded-ads/>. Acesso em: 30 out. 2011.

EPSTEIN, A. *Beautiful Enemies*: Friendship and Postwar American Poetry. Oxford: Oxford University Press, 2006.

ERNST Gombrich Discusses The Concept of Cultural History with Peter Burke. *The Listener*, 27 dez. 1973. Disponível em: <http://gombricharchive.files.wordpress.com/2011/04/showdoc19.pdf>. Acesso em: 21 ago. 2012.

EUROPE'S nations look to Latin America for war goods. *The New Leader*, 9 set. 1939.

EVENTS today. *The New York Times*, 3 maio 1943, p.13.

FAIRCHILD, H. P. The Immigration Law of 1924. *The Quarterly Journal of Economics*, v.38, n.4, ago. 1924, p.653-65.

FENDERSON, L. H. The Negro press as a social instrument. *The Journal of Negro Education*, v.20, n.2, primavera de 1951, p.181-8.

FERENCZI, I. Proletarian mass migrations, 19th and 20th centuries. In: WILLCOX, F. W. (Org.). *International Migrations 1*. New York: National Bureau of Economic Research, 1929.

FERES JÚNIOR, J. *A história do conceito de "Latin America" nos Estados Unidos*. Bauru/São Paulo: Edusc/Anpocs, 2005.

FERGUSSON, A. *When Money Dies*: The Nightmare of the Weimar Collapse. London: William Kimber, 1975.

FINKLE, L. The conservative aims of militant rhetoric: black protest during World War II. *The Journal of American History*, v.60, n.3, dez. 1973, p.692-713.

FOREIGN Policy of U. S. flawed: program handicapped by American prejudice against Negroes. *The Pittsburgh Courier*, 10 dez. 1938, p.6.

FRANKLIN, J. WE, the people. *Richmond News Leader*, 31 dez. 1938, p.9.

FRENCH, J. D. The Robert J. Alexander interview collection. *Hispanic American Historical Review*, v.84, n.2, maio 2004, p.315-26.

FREYRE, G. A propósito de influências. *Jornal do Comércio*, 26 out. 1952.

_____. A propósito do centenário de Oliveira Lima. *Brasil Açucareiro*, Rio de Janeiro, v.7, n.3, mar. 1968, p.10-12.

_____. *Antecipações*. Recife: Edupe, 2001.

_____. *Brazil*: An Interpretation. New York: Alfred. A. Knopf, 1945.

_____. *Cartas do próprio punho sobre pessoas e coisas do Brasil e do estrangeiro*. MEC, Conselho Federal de Cultura, 1978.

_____. *Casa Grande & Senzala*. 29.ed. Rio de Janeiro: Record, 1992.

_____. Como e por que escrevi Casa-Grande & Senzala. In: _____. *Como e por que sou e não sou sociólogo*. Brasília: Editora da Universidade de Brasília, 1968, p.115-43.

_____. Como e por que sou mais antropólogo do que sociólogo. In: _____. *Como e por que sou e não sou sociólogo*. Brasília: Editora da Universidade de Brasília, 1968, p.83-97.

_____. Conferência em Stanford. In: FONSECA, E. N. da. (Org.). *Antecipações*. Recife: EDUPE, 2001, p.56-65.

_____. *Ingleses no Brasil*. Rio de Janeiro: Topbooks, 2000.

_____. *Insurgências e ressurgências atuais*: cruzamentos de sins e nãos num universo em transição. Rio de Janeiro: Globo, 1981.

FREYRE, G. *Oliveira Lima, Don Quixote gordo*. Recife: Imprensa Universitária, 1968.

_____. *Ordem e progresso*. [S.l.:] Knopf, 1971.

_____. *Pessoas, coisas & animais*. Rio de Janeiro: Globo, 1981.

_____. Sobre as ideias gerais de Rüdiger Bilden. *Diário de Pernambuco*, 17 jan. 1926.

_____. Social life in Brazil in the middle of the nineteenth century. *Hispanic American Historical Review*, v.5, 1922, p.605-8.

_____. *Tempo de aprendiz*. 2v. São Paulo: IBRASA, 1979.

_____. *Tempo morto e outro tempos*: trechos de um diário de adolescência e de primeira mocidade, 1915-1930. Rio de Janeiro: José Olympio, 1975.

_____. Um estudante norte-americano descobre a "solução brasileira". Pessoas, coisas e animais. *O Cruzeiro*, Rio de Janeiro, 27 out. 1952.

_____. *Vida social no Brasil nos meados do século XIX*. Recife: Massangana, 1985.

FRIED, R. M. *Nightmare in Red*: The McCarthy Era in Perspective. Oxford: Oxford University Press, 1990.

FRIELE will see Rockefeller, *The New York Times*, 5 mar. 1955, p.36

GALLAGHER, G. W. [Resenha de *The American Civil War: a Military History*, de J. Keegan]. *The Economist*, 3-9 out. 2009.

_____. *Causes Won, Lost and Forgotten*: How Hollywood and Popular Art Shape What We Know about The Civil War. Chapel Hill: University of North Carolina Press, 2008.

GANNETT reminds U.S. of its democratic duty. *The Afro-American*, 4 fev. 1939, p.4.

GATHER at Douglases: Socialites Chat with Hall Johnson, *The New York Amsterdam News*, 16 jul. 1938.

GAY, P. *Freud, a Life for Our Time*. London: J. M. Dent & Sons Ltd., 1988.

GELLMAN, I. F. *Good Neighbor Policy*: United States Policies in Latin America, 1933-1945. Baltimore: The John Hopkins University Press, 1979.

_____. Materialism and idealism in the history of Negro slavery in the Americas. In: FONER, L.; GENOVESE, E. D. (Orgs.). *Slavery in the New World*. Englewood Cliffs: Prentice-HQLL, 1969.

_____. The treatment of slaves in different countries: problems in the applications of the comparative method. In: FONER, L.; GENOVESE, E. D. (Orgs.). *Slavery in the New World*. Englewood Cliffs: Prentice-HQLL, 1969.

GEOGRAPHICAL literature of the month. *Geographical Journal*, v.39, n.3, mar. 1912, p.298-305.

O triunfo do fracasso

GEORGE, D. L. *The Truth about the Peace Treaties.* v.1. London: Victor Gollancz Ltd., 1938.

GERMAN Home for war aid: hospital will use "Deutsches Haus" at Columbia University. *The New York Times,* 18 dez. 1917.

GILBERT, M. *First World War.* London: Weidenfeld and Nicolson, 1994.

GILPIN, P. J. Charles S. Johnson and the race relations institutes at Fisk University. *Phylon,* v.41, n.3, 1980, p.300-11.

_____; GASMAN, M. *Charles S. Johnson:* Leadership beyond the Veil in the Age of Jim Crow. Albany: State University of New York Press, 2003.

GONZÁLEZ GARCÍA, J. M. *La diosa Fortuna:* metamoforsis de una metáfora política. Madrid: A. Machado Libros, 2006.

GOODMAN, W. On the (N.Y.) literary left. *The Antioch Review,* v.29, n.1, primavera de 1969, p.67-75.

_____. *The Committee:* The Extraordinary Career of the House Committee on Un-American Activities. New York: Farrar, Straus and Giroux, 1968.

GOODY, J. [Entrevista]. In: PALLARES-BURKE, M. L. G. *As muitas faces da História:* Nove entrevistas. São Paulo: Unesp, 2000, p.37-41.

GOMES, A. de C. (Org.). *Em família:* a correspondência de Oliveira Lima e Gilberto Freyre. Campinas: Mercado das Letras, 2005.

GORDON, E. *An Essay on Race Amalgamation.* Rio de Janeiro: Ministery of Foreign Relations, Cultural Division, Service of Publications, [c.1951,] p.7-12.

GORELICK, S. *City College and the Jewish Poor:* Education in New York, 1889-1924. New Jersey: Rutgers University Press, 1981.

GRANT, M. Failures of the melting pot. *The New York Times,* 12 nov. 1922.

_____. *The Passing of the Great Race.* 4.ed. London: Bell, 1921 [1916].

GREENBLATT, S. *Will in the World:* How Shakespeare became Shakespeare. London: Jonathan Cape, 2004.

GREGORY, J. W. Race amalgamation: report scientific session of the British Association for the Advancement of Science. *Opportunity,* out. 1924, p.313.

GRIFFITH, R. *The Politics of Fear:* Joseph McCarthy and the Senate. Lexington: University Press of Kentucky, 1971.

GRISWOLD, W. Nigeria. In: MORETTI, F. (Org.). *The Novel, vol. I, History, Geography and Culture.* Princeton: Princeton University Press, 2006.

GUATEMALA sends aliens to the U. S. *The New York Times,* 13 jan. 1942, p.9.

HALLIDAY, T. C. The Idiom of legalism in bar politics: lawyers, McCarthyism and the civil rights era. *American Bar Foundation Research,* v.7, n.4, outono de 1982, p.911-88.

HANKE, L. The first lecturer on Hispanic American Diplomatic History in the United States. *Notes and Comment, Hispanic American Historical Review*, v.16, n.3, ago. 1936, p.399-402.

HANKINS, F. *The Racial Basis of Civilization*: a Critique of the Nordic Doctrine. New York: Alfred Knopf, 1926.

HARLEM school dedicates library on "Negro history". *The Pittsburg Courier*, 19 nov. 1938, p.2.

HART-DAVIS, R. (Org.). *Siegfried Sassoon Diaries 1915-1918*. London: Faber and Faber, 1983.

HASLAM, J. *The Vices of Integrity*. London: Verso, 1999.

HAYES, C. H. The American frontier. Frontier of what? *The American Historical Review*, v.51, n.2, jan. 1946, p.199-216.

HELLWIG, D. (Org.). *African-American Reflections on Brazil's Racial Paradise*. Philadelfia: Temple University Press, 1992.

HERRING, H. *Good Neighbors*: Argentina, Brazil, Chile & Seventeen Other Countries. New Haven: Yale University Press, 1944 [1941].

HIGHAM, J. *Strangers in the Land*: Patterns of American Nativism 1860-1925. New Jersey: Rutgers University Press, 1955.

HILL, L. E.; BUTLER, C. E.; LORENZEN, S. A. Inflation and the destruction of democracy: the case of the Weimar Republic. *Journal of Economic Issues*, v.11, n.2, jun. 1977, p.299-313.

HOLIAN, T. J. *The German-Americans and World War II*: An Ethnic Experience. New York: Peter Long, 1996.

HOLLINGER, D. A. Amalgamation and hypodescent: the question of ethnoracial mixture in the history of the United States. *American Historical Review*, 108 (5), dez. 2003, p.1363-90.

_____. The one drop rule & the one hate rule. *Daedalus*, v.134, n.1, inverno de 2005, p.18-28.

HOLMES, E. C. Alain Locke and the new Negro movement. *Negro American Literature Forum*, v.2, n.3, outono de 1968, p.60-8.

HOOK, S. The new failure of nerve. *Partisan Review*, v.10, n.1, 1943, p.2-23.

HOUSTON, C. Richmond sideshow. *Richmond News Leader*, 29 dez. 1938, p.11.

HOVDE, B. J. Notes on the effects of emigration upon Scandinavia. *The Journal of Modern History*, v.6, n.3, set. 1934, p.253-79.

HOWLETT, C. F. Nicholas Murray Butler's crusade for a warless world. *The Wisconsin Magazine of History*, v.67, n.2, inverno de 1983-84, p.89-120.

HUMPHREYS, J. S. *Francis Butler Simkins, a Life*. Gainesville: University Press of Florida, 2008.

HUNTER, J. P. Missing years: on casualties in English literary history, prior to Pope. *Common Knowledge*, v.14, 2008, p.433-4.

HUTCHINSON, G. *The Harlem Renaissance in Black and White*. Cambridge: Harvard University Press, 1995.

IT might happen here. *The Afro-American*, Baltimore, 14 jan. 1939.

JAFFE, J. *Crusade against Radicalism*. New York: Kennikat Press, 1972.

JAKEMAN, R. J. *The Divided Skies*: Establishing Segregated Fight Training at Tuskegee Alabama, 1934-1942. Tuscaloosa: University of Alabama Press, 1992.

JAMES, R. R. *Churchill*: A Study in Failure 1900-1939. London: Weidenfeld & Nicolson, 1970.

JENKINS, M. D. Current trends and events of national importance in Negro education: Section A: Enrollment in institutions of higher education for Negroes, 1943-1944. *The Journal of Negro Education*, v.13, n.2, primavera de 1944, p.227-33.

JENKINS, M. J. Graduate work in Negro institutions of higher education. *The Journal of Higher Education*, v.18, n.6, jun. 1947, p.300-6.

JEROME, F. Einstein, race, and the myth of the cultural icon. *ISIS*, v.95, 2004, p.627-39.

JOHANNSEN, R. W. *Manifest Destiny and Empire*: American Antebellum Expansionism. Arlington: University of Texas Press, 1997.

JOHNSON, J. W. *The Book of American Negro Poetry*. New York: Harcourt, Brace and Company, 1931 [1922].

JONAS, G. *Freedom's Sword*: The NAACP and the Struggle against Racism in America, 1909-1969. New York: Routledge, 2005.

KAISER CABLES to a dinner; sends a message of thanks here for the Roosevelt professorship. *The New York Times*, 29 nov. 1905.

KAISER WILHELM II, a peacemaker. *The New York Times*, 8 jun. 1913.

KAISER, 25 YEARS a ruler, hailed as chief peacemaker. *The New York Times*, 8 jun. 1913.

KAMMEN, M. G. *Mystic Chords of Memory*: The Transformation of Tradition in American Culture. New York: Vintage books, 1991.

KELLNER, B. (Org.). *Letters of Carl Van Vechten*. 1987.

KERSHAW, I. *The End*: Hitler's Germany, 1944-45. London: Allen Lane, 2011.

KEYNES, J. M. *The Economic Consequences of the Peace*. London: Macmillan, 1919.

KING, M. L. Letter from a Birmingham jail. *The New Leader*, 24 jun. 1963, p.3-11.

KIRSCHKE, A. H. *Aaron Douglas*: Art, Race and the Harlem Renaissance. Jackson: University Press of Mississippi, 1999.

KLANK, K. Secondary labor force or permanent staff? Foreign workers in the aachen coal mines. *Tijdschrift voor Sociale en Economische Geschiedenis*, 2008, n.3.

KLINE, H. F. (Org.). *Latin America History*: Essays in Its Study and Teaching, 1898-1965. 2v. Austin: University of Texas Press, 1967, I, p.66.

KNIGHT, A. Frank Tannenbaum and the Mexican Revolution. *International Labor and Working Class History*, v.77, n.1, mar. 2010, p.134-53.

KRAMMER, A. *Undue Process*: The Untold Story of America's German Alien Internees. London: Rowman & Littlefield Publishers, Inc., 1997.

KUNZ, J. L. Neutrality and the European War 1939-1940. *Michigan Law Review*, v.39, n.5, mar. 1941, p.719-54.

LAHR, J. Making Willy Loman [Entrevista com A. Miller]. *The New Yorker*, 25 jan. 1999, p.42-9.

LAIDLER, H. W. (Org.). *The Role of Races in Our Future Civilization*. New York: L.I.D. Pamphlet Series, 1942.

LANGER, W. L.; GLEASON, S. E. *The Undeclared War, 1940-1941*. New York: Harper for the Council on Foreign Relations, 1953.

LAQUEUR, W. *The Terrible Secret*: an Investigation into the Suppression of Information about Hitler's "Final Solution". London: Weidenfeld and Nicolson, 1982.

LATANÉ, J. H. The United States and Latin America. *The American Historical Review*, v.26, n.2, jan. 1921, p.351-2.

LATIN America to get U.S. deportee notice. *The New York Times*, 3 nov. 1945, p.4.

LATINS' decision on aliens sought. *The New York Times*, 4 jan. 1946, p.13.

LEAB, D. J. Screen images of the "other" in Wilhelmine Germany & the United States, 1890-1918. *Film History*, v.9, 1997, p.49-70.

LEMPERT, R. O. Activist scholarship. *Law & Society Review*, v.35, n.1, 2001, p.25-32.

LÉON-PORTILLA, M. *Visión de los vencidos*. México: Universidad Nacional Autónoma de México, 1961.

LIMA, M. de O. *Memórias (estas minhas reminiscências)*. Rio de Janeiro: Olympio, 1937.

LINTON, D. S. *"Who has the Youth, has the Future"*: The Campaign to Save Young Workers in Imperial Germany. Cambridge: CUP, 1991.

LITWACK, L. F. *North of Slavery*: The Negro in the Free States, 1790-1860. Chicago: The University of Chicago Press, 1961.

LLOYD, M. *The Passport, the History of Man's Most Travelled Document*. Sparkford: Sutton Publishing, 2003.

LOCKE, A. Enter the new Negro. *Survey Graphic*, v.53, n.11, mar. 1925.

_____. *The Negro*: An Interpretation. New York: Boni, 1925.

LONG, H. H. Racial desegregation in railroad and bus transportation. *The Journal of Negro Education*, v.23, n.3, verão de 1954, p.214-21.

_____. The status of desegregated higher education in Tennessee. *The Journal of Negro Education*, v.27, n.3, 1958.

LOOS, D. S. *The Naturalistic Novel of Brazil*. New York: Columbia University, 1963.

LOPES, L. S. *Fragmentos de memórias*. Rio de Janeiro: Centro de Pesquisa e Documentação de História Contemporânea do Brasil/Fundação Getulio Vargas, 2006.

LÖWY, M. *Fire Alarm*: Reading Walter Benjamin's "On the Concept of History". London: Verso, 2005.

LU, C. Justice and moral regeneration: lessons from the Treaty of Versailles. *International Studies Review*, v.4, n.3, outono de 2002, p.3-25.

LUZZATO, S. Young rebels and revolutionaries, 1789-1917. In: LEVI, G.; SCHMITT, J.-C. *A History of Young People in the West*. v.2. Harvard University Press, 1997.

MACFARLANE, A. *Japan through the Looking Glass*. London: Profile, 2007.

MACIVER, R. M. *The More Perfect Union*: A Program for the Control of Inter--Group Discrimination in the United States. New York: Hafner Publishing Company, 1948.

MANN, G. *Reminiscences and Reflections*: Growing up in Germany. London: Faber and Faber, 1990.

MARINO, J. Braudel's Mediterranean and Italy. *California Italian Studies Journal*, 1(1), 2010, p.4.

MARKS, S. Black watch on the rhine: a study in propaganda, prejudice and prurience. *European Studies Review*, 1983, v.13, p.297-334.

MARTIN, P. A. Portugal in America. *Hispanic American Historical Review*, v.17, n.2, maio 1937, p.182-210.

MATTHEWS, F. Park, Robert Ezra. In: GARRATY, J. A.; CARNES, M. C. (Orgs.). *American National Biography*, v.5. New York: Oxford University Press, 1999, p.4-6.

MATTHEWS, M. A. Chronicle of international events. *The American Journal of International Law*, v.23, n.4, out. 1929, p.839-50.

MCCLURE, P. Rosenwald schools in the northern neck. *The Virginia Magazine of History and Biography*, v.113, n.2, 2005, p.114-45.

MCGRATH, C. A liberal beacon burns out. *The New York Times*, 23 jan. 2006.

MELLO, F. P. de. *Quem foi Lampião*. Recife: Stahli, 1993.

MERTON, R. K. The Matthew Effect in science: the reward and communication systems of science are considered. *Science*, v.159, jan. 1968, p.56-63.

METZGER, W. P. *Academic Freedom in the Age of the University*. New York: Columbia University Press, 1961.

MIGNOLO, W. D. *The Idea of Latin America*. Oxford: Blackwell Publishing, 2005.

MILLER, S. The socialist party and the Negro, 1901-20. *The Journal of Negro History*, v.26, n.3, jul. 1971, p.220-9.

MODERN perils distress old village. *The New York Times*, 28 set. 1970, p.1.

MONTAIGNE, M. *Essais (1580)*. Paris: Garnier, 1958.

MORETTI, F. *Graphs, Maps Trees*. London: Verso, 2005.

MORRIS, I. *Shakespeare's God*: The Role of Religion in the Tragedies. London: George Allen & Unwin Ltd., 1972.

————. *The Nobility of Failure*. London: *Secker & Warburg, 1975*.

MORRIS, W. *A Dream of John Ball*. [S.l.: s.n.,] 1888.

MOSES, B. The neglected half of American History. *University of California, University Chronicle*, 1 abr. 1898, p.120-6.

MOSKOWITZ, M. The Status of black studies at the nation's highest ranked universities. *The Journal of Blacks in Higher Education*, n.16, verão de 1997, p.82-91.

MOULTON, F. R. The Richmond meeting for the American Association for the Advancement of Science and associated societies. *Science*, New Series, v.39, n.2301, 3 fev. 1939, p.89-112.

MOVES to deport interned aliens: attorney general names board to hear cases of hundreds in custody as enemies. *The New York Times*, 20 jul. 1945, p.9.

MR. SHEPHERD. *España – Revista semanal de la Asociación Patriótica Española*, n.201, 8 set. 1907, p.146-8.

MULDOON, J.; FERNANDEZ-ARMESTO, F. (Orgs.). *The Medieval Frontiers of Latin Christendom*: Expansion, Contraction, Continuity. Basingstoke: Ashgate Publishing Ltd., 2008.

MYRDAL, G. *An American Dilemma*: The Negro Problem and Modern Democracy. 20.ed. New York: Harper & Row, 1962.

NARANJO, C.; LUQUE, M. D.; PUIG-SAMPER, M. A. (Orgs.). *Los Lazos de Cultura. El Centro de Estudios Históricos de Madrid y La Universidad de Puerto Rico, 1916-1939.* Madrid: Centro de Investigaciones Históricas de la Universidad de Puerto Rico, Río Piedras, 2002.

NELSON, K. L. The "black horror on the rhine". race as a factor in post-world war I diplomacy. *The Journal of Modern History*, v.42, n.4, dez. 1970, p.606-27.

NEW York women flee from Berlin hotel: Mrs. W. R. Shepherd and Mrs. Fleischman threatened by striking employees. *The New York Times*, 22 out. 1921.

NEWHALL, R. A. The Institute of Politics at Williamstown. *The American Political Science Review*, v.21, n.4, nov. 1927, p.881-2.

NEWS and notes. *The American Journal of Sociology*, v.43, n.3, nov. 1937, p.471-2.

NEWTON, M. *The Ku Klux Klan*: History, Organization, Language, Influence and Activities of America's most notorious Secret Society. Jefferson, NC: McFarland & Company, Inc., 2006.

_____; NEWTON, J. A. *The Ku Klux Klan*: An Encyclopedia. New York: Garland Publishing, Inc, 1991.

NICOLSON, H. H. *Peacemaking 1919*. London: Constable & CO Ltd., 1943.

NIETZSCHE, F. On the uses and disadvantages of History for life (1874). In: _____. *Untimely Meditations*. Cambridge: Cambridge University Press, 1983, p.57-124.

NOOKES, J. A. Bankers and common men in bedford falls: how the FBI determined that "It's a Wonderful Life" was a subversive movie. *Film History*, v.10, n.3. *The Cold War and the Movies* (1998), p.311-9.

NORE, E. *Charles A. Beard*: An Intellectual Biography. Carbondale: Southern Illinois University Press, 1983.

NOTES and comments, *Hispanic American Historical Review*, v.1, n.3, ago. 1918, p.343-4.

NUGENT, W. *Crossings*: The Great Atlantic Migrations, 1870-1914. Bloomington: Indiana University Press, 1992.

NUSSBAUM, M. C. *The Fragility of Goodness*: Luck and Ethics in Greek Tragedy and Philosophy. Cambridge: Cambridge University Press, 1986.

"O GRITO da América Latina – Parem de nos desprezar". Entrevista de Vargas Llosa a George Suffert. *Le Point de Paris*. Republicado em *Jornal da Tarde*, São Paulo, 21 jan. 1984.

OFFNER, A. A. Appeasement revisited: the United States, Great Britain, and Germany, 1933-1940. *The Journal of American History*, v.64, n.2, set. 1977, p.373-93.

OSOFSKY, G. Progressivism and the Negro: New York, 1900-1915. *American Quarterly*, v.16, n.2, verão de 1964, p.153-68.

"OTHERS" Ready to help Brazil if the US won't. *Richmond Times-Dispatch*, 22 fev. 1939, p.1.

PALLARES-BURKE, M. L. G. *As muitas faces da História*. São Paulo: Unesp, 2000.

_____. Gilberto Freyre and Brazilian self-perception. In: BETTENCOURT, F. (Org.). *Racism and Ethnic Relations in the Portuguese-Speaking World*. No prelo.

_____. *Gilberto Freyre*: um vitoriano dos trópicos. São Paulo: Unesp, 2005.

PARK, J. W. *Latin American Underdevelopment*: A History of Perspectives in the United States, 1870-1965. Baton Rouge: Louisiana State University Press, 1995.

PARK, Y.; KEMP, S. P. "Little alien colonies": representations of immigrants and their neighbourhoods in social work discourse, 1875-1924. *Social Service Review*, v.80, n.4, dez. 2006, p.705-34.

PEABODY, F. G. *Education for Life*: The Story of Hampton Institute. New York: Doubleday, Page & Company, 1926.

PERISSINOTTO, R. M. Estado, capital cafeeiro e crise política na década de 1920 em São Paulo, Brasil. *Hispanic American Historical Review*, v.80, n.2, 2000, p.299-332.

PESSOA, F. Mar Portuguez. In: _____. *Mensagem*, 1934.

PIKE, F. B. *FDR's Good Neighbor Policy*: Sixty Years of Generally Gentle Chaos. Austin: University of Texas Press, 1995.

PRATT, J. W. The origin of "Manifest Destiny". *The American Historical Review*, v.32, n.4, jul. 1927, p.795-8.

PRICE, D. H. American anthropology and the war to end all wars. In: *Anthropological Intelligence*: The Deployment and Neglect of American Anthropology in the Second World War. Durham: Duke University Press, 2008, p.1-17.

PROCHNIK, G. Stephan Zweig's world of yesterday. *The Quarterly Conversation*, n.21, 6 set. 2010.

RACE history library dedicated in Harlem. *The Chicago Defender*, 19 nov. 1939, p.20.

RAMOS, A. *As culturas negras no Novo Mundo*. São Paulo: Companhia Editora Nacional, 1979.

RAND school opens thirty-fourth year. *The New Leader*, 9 set. 1939.

RANDEL, W. P. *The Ku Klux Klan*. London: Hamish Hamilton, 1965.

REDLICK, L. D. What should the American Negro reasonably expect as the outcome of a real peace. *Journal of Negro Education*, v.12, n.3, verão de 1943, p.568-72.

REULECKE, J. Mobilising youth in Wilhelmine Germany. In: ROSEMAN, M. (Org.). *Generations in Conflict*: Youth Revolt and Generation Formation In Germany 1770-1968. Cambridge: Cambridge University Press, 1995.

RIESMAN, D. *Individualism Reconsidered and Other Essays*. Glencoe, Illinois: The Free Press, 1954.

ROAZEN, P. *Brother Animal*: The Story of Freud and Tausk. London: Allen Lane The Penguin Press, 1970.

ROBBINS, R. *Sidelines Activist*: Charles S. Johnson and the Struggle for Civil Rights. Jackson: University Press of Mississippi, 1996.

ROBERTS, A. Martin Luther King and non-violent resistance. *The World Today*, v.24, n.6, jun. 1968, p.226-36.

ROOSEVELT, T. *An Autobiography*. New York: Charles Scribner's Sons, 1946.

ROQUETTE-PINTO, E. Ensaio 6. In: _____. *Ensaios de antropologia brasiliana*. São Paulo: Companhia Editora Nacional, 1978 [1933], p.29-31.

_____. *Ensaios de antropologia brasiliana*. São Paulo: Companhia Editora Nacional, 1978.

ROTH, P. *The Human Stain*. London: Vintage, 2000.

ROUT JUNIOR, L. B. Sleight of hand: Brazilian and American authors manipulate the Brazilian racial situation, 1910-1951. *The Americas*, v.29, n.4, 1973, p.471-88.

ROVERE, R. *Senator Joe McCarthy*. New York: Harcourt, Brace and Company, 1959.

RUDOLPH, L. I.; RUDOLPH, S. H. Living with difference in India. In: LARSON, G. J. (Org.). *Religion and Persona Law in Secular India*: A Call to Judgement. Bloomington: Indiana University Press, 2002.

SÁEZ, F. M. *Rafael Altamira y Crevea (1866-1951)*. Valencia: Generalitat Valenciana, 1997.

SÁNCHEZ, Y.; SPILLER, R. (Orgs.). *Poéticas del fracaso*. Tübingen: Gunter Narr Verlag, 2009.

SANDAGE, S. A. *Born Losers*: A History of Failure in America. Cambridge: Harvard University Press, 2005.

SANTOS, F. M. dos. Um éden germânico: Europa e América nas viagens de Oliveira Lima. *Estudos Históricos*, n.35, jan.-jun. 2005, p.37.

SCHIEBER, C. E. The transformation of American sentiment towards Germany, 1870-1914. *The Journal of International Relations*, v.12, n.1, jul. 1921, p.50-74.

SCHIVELBUSCH, W. *The Culture of Defeat*. New York: Metropolitan Books, 2001.

SCHRECKER, E. *The Age of McCarthyism*: A Brief History with Documents. Boston: St. Martin's Press, 2002.

SCHULZINGER, R. D. *The Wise Men of Foreign Affairs*: The History of the Council on Foreign Relations. New York: Columbia University Press, 1984.

SECORD, J. A. *Victorian Sensation*: The Extraordinary Publication, Reception, and Secret Authorship of Vestiges of the Natural History of Creation. Chicago: University of *Chicago* Press, 2000.

SEIDLER, M. B. *Norman Thomas*: Respectable Rebel. Syracuse: Syracuse University Press, 1961.

SEIGEL, M. Beyond compare: comparative method after the transnational turn. *Radical History Review*, n.91, 2005, p.62-90.

SEIGEL, M. H. Comparable or connected? Afro-Diasporic subjectivity and states responses in 1920s São Paulo and Chicago. In: PERSONS, G. A. (Org.). *Race and Democracy in the Americas*. New Brunswick: Transaction Publishers, 2003, p.68-9.

_____. Welfare-Hotel crime is a local problem. *The New York Times*, nov. 1972, p.62.

_____. Wide community crime traced to "singles" in welfare hotels. *The New York Times*, 16 jan. 1972, p.97.

SEN, A. *Identity and Violence*: The Illusion of Destiny. London: Allen Lane, 2006.

_____. *The Argumentative Indian*. London: Allen Lane, 2005.

SENNETT, R. *The Corrosion of Character*. New York: Norton, 1998.

SHARPE, J. History from below (1991). In: BURKE, P. (Org.). *New Perspectives on Historical Writing*. 2.ed. Cambridge: Polity, 2001, p.25-42.

SHAW, G. B. *Heartbreak House*: A Fantasia in the Russian Manner on English Themes. London: Penguin Classics, 2000.

SHAW, P. V. José Bonifacio, the neglected father of his country, Brazil. *Political Science Quarterly*, v.44, n.1, mar. 1929, p.39-43.

SHEPHERD, W. R. [Resenha de *The Expansion of Europe (1415-1789): a History of the Foundations of the Modern World* (New York, Henry Holt and Company, 1918)]. *Political Science Quarterly*, v.34, n.4, dez. 1919, p.678-81.

_____. [Resenha de *Young India e England's Debt to India*, de L. Rai (1917)]. *Political Science Quarterly*, v.33, n.2, jun. 1918, p.290-1.

_____. American and Latin American. *El Estudiante Latino-Americano*, v.3, n.3, mar. 1920, p.14-20.

_____. Common sense in foreign policy. *Political Science Quarterly*, v.31, n.1, mar. 1916, p.122-42.

SHEPHERD, W. R. *Latin America*. London: Williams and Norgate, 1914.

_____. New light on the Monroe Doctrine. *Political Science Quarterly*, v.31, n.4, dez. 1916, p.578-89.

_____. The contribution of the romance nations to the history of the Americas. *Annual Report of the American Historical Association for the Year 1909*, 1, Washington, 1910, p.221-7.

_____. The expansion of Europe I. *Political Science Quarterly*, mar. 1919. v.34, p.43-60.

_____. The expansion of Europe II. *Political Science Quarterly*, jun. 1919. v.34, n.2, p.210-25.

_____. The expansion of Europe III. *Political Science Quarterly*, set. 1919. v.34, n.3, p.369-412.

_____. The German colonies and their disposal. *The Nation*, v.106, n.2752, 28 mar. 1918.

_____. The Monroe Doctrine reconsidered. *Political Science Quarterly*, mar. 1924. v.39, n.1, p.35-66.

_____. The reconciliation of fact with sentiment in our dealings with Latin America. *Annals of the American Academy of Political and Social Science*, v.132, jul. 1927, p.127-9.

SHKLOVSKY, V. *Theory of Prose*. Trad. ing.: Benjamin Sher. Illinois: Darkley Archive Press, 1993 [1925].

SHOTWELL, J. T. William R. Shepherd: a tribute. *Columbia University Quarterly*, 1934, p.335-40.

SIMKINS, F. B. *Autobiografia*. Simkins Collection, GL. [S.n.t.]

_____. *Guzmán Blanco*: an appreciation. *South Atlantic Quarterly*, 2e, out. 1924, p.310-8.

_____. *The Tillman Movement in South Carolina*. Durham: Duke University Press, 1926.

SISKIN, E. E. *George Herzog*: A Peerless Musicologist Remembered. Disponível em: <http://americanjewisharchives.org/journal/PDF/1989_41_01_00_siskin.pdf>. Acesso em: 20 nov. 2011.

SKINNER, Q. [Entrevista]. In: PALLARES-BURKE, M. L. G. *As muitas faces da História*: Nove entrevistas. São Paulo: Unesp, 2000.

SPENCER, E. G. Custom, commerce and contention: Rhenish Carnival celebrations, 1890-1914. *German Studies Review*, v.20, n.3, 1997, p.323-41.

_____. Regimenting revelry: Rhenish Carnival in the early nineteenth century. *Central European History*, v.28, n.4. 1995, p.457-81.

STATUS of aliens defined; those who came in under quotas enjoy full rights; refugees not numerous. *The New York Times*, 17 dez. 1944, p.E6.

STEWART. Jim Crow in the 1940s. In: *Segregation in Public Places, Remembering Jim Crow. American RadioWorks*. Disponível em: <http://americanradioworks. publicradio.org/features/remembering/public.html>. Acesso em: ago. 2011.

STOCKING JUNIOR, G. (Org.). *The Background of Boas' Anthropology*. New York: Basic Books, 1974.

STRAY, C. *Reading Silence: The Books That Never Were*. [Original inédito.]

SWANSON, D. The Tamiment Institute/Ben Josephson Library and Robert F. Wagner Labor Archives at New York University. *Library Quarterly*, v.59, n.2, p.148-61.

SZANTON, D. L. (Org.). *The Politics of Knowledge*: Area Studies and the Disciplines. Berkeley: University of California Press, 2002.

TASCHKA, S. *Diplomat ohne Eigenschaften? Die Karriere des Hans Heinrich Dieckhoff* (1884-1952). Stuttgart: Franz Steiner Verlag, 2006.

TAYLOR, T. The transition to adulthood in comparative perspective: professional males in Germany and the United States at the turn of the century. *Journal of Social History*, v.21, n.4, verão de 1988, p.635-58.

THACKRAY, A.; MERTON, R. K. On discipline building: the paradoxes of George Sarton. *ISIS*, dez. 1972. v.63, n.219, p.473-95.

THE BATTLEFIELD of Germany. *Life*, 18 dez. 1944, p.15-8.

THE EIGHT American Scientific Congress. *Science*, v.90, n.2343, nov. 1939, p.485-6.

THE NEW York state commission against discrimination: a new technique for an old problem. *The Yale Law Journal*, v.56, n.5, maio 1947, p.837-63.

THOMPSON, E. P. *The Making of the English Working Class*. London: Gollancz, 1963.

_____. *Witness against the Beast*: William Blake and the Moral Law. Cambridge: Cambridge University Press, 1993.

TO EXPLORE unknown Brazil – A. H. Savage Landor to head expedition – Brazilian government aids him. *The New York Times*, 2 fev. 1911.

TÓIBIN, C. Ghosts in the room. *Review, Guardian*, 18 fev. 2012, p.2.

TORPEY, J. The great war and the birth of the modern passport system. In: CAPLAN, J.; TORPEY, J. (Orgs.). *Documenting Individual Identity*: The Development of State Practices in the Modern World. Princeton: Princeton University Press, 2001, p.256-70.

TOTERKLÄRUNG Rüthger Mathias Bilden, Amtsgericht Eschweiler, Beschluss, 13 nov. 1974.

TUCKEY, J. S. *Mark Twain's Fable of Man*. Berkeley: University of California Press, 1972.

U.S. DISCRIMINATION as bad as Germany's. *The Afro-American*, 21 jan. 1939.

U.S. FAILURE to colonize Latin America turned continent toward Europe. *The New Leader*, 5 out. 1940, p.4-5.

URGE Negroes show greater interest in Latin America: will help solve problem here. *Atlanta Daily Journal*, 30 maio 1943, p.5.

VALIEN, P. Improving programs in graduate education for Negroes. *The Journal of Negro Education*, v.36, n.3, verão de 1967, p.238-48.

VERGARA, R. A.; GARCIA, M. A. (Orgs.). *Rafael Altamira. Biografia de um intelectual (1866-1952)*. Madrid: Fundación Francisco-Giner de los Ríos – Residencia de Estudiantes, 2001.

VIANA FILHO, L. *Anísio Teixeira*: a polêmica da educação. Rio de Janeiro: Nova Fronteira, 1990.

VIRGINIA Institute to take up Dry Law. *New York Times*, 14 jul. 1931, p.18.

VIRGINIANS speak on Jim Crow. *The Crisis*, fev. 1944, p.47-60.

VITA, L. W. Uma obra de alto valor humano e científico. In: FONSECA, E. N. da. (Org.). *Casa-Grande & Senzala e a Crítica Brasileira de 1933 a 1944*. Recife: Editora Pernambuco, 1985, p.286.

VOICE of the people: democratic race relations. *Richmond Times – Dispatch*, 29 dez. 1938, p.8.

WALDMAN, L. *The Good Fight*: A Quest for Social Progress. Philadelphia: Dorrance & Co., 1975.

WALTER White, 61, dies in home here: leader in civil rights fight 37 years, was executive secretary of N.A.A.C.P. *The New York Times*, 22 mar. 1955, p.11.

WAR likely to cost Columbia $250,000, *The New York Times*, 23 dez. 1917

WATKINS, T. H. *The Great Depression, America in the 1930s*. Boston: Back Bay Books, Little, Brown and Company, 1993.

WATSON, J. E. Bernard Moses: pioneer in Latin American scholarship. *Hispanic American Historical Review*, 2, 1962, p.212-6.

WECHSLER, H. S. *The Qualified Student*: A History of Selective College Admission in America. New York: John Wiley & Sons, 1977.

WEIGHT, R. *Patriots*: National Identity in Britain, 1940-2000. London: Pan, 2003.

WELFARE: Hotels without hope. *Time Magazine*, 4 jan. 1971.

WHAT we are and where we came from, *Final Online Issue*, maio-jun.; jul.-ago. 2010. Disponível em: <www.thenewleader.com/>. Acesso em: 23 mar. 2011.

WHITE, W. *A Man Called White*: the Autobiography of Walter White. London: Victor Gollancz, 1949.

WHITE, W. What the Negro thinks of the army. *Annals of the American Academy of Political Science*, v.223, set. 1942, p.67.

WILKINS, B. T. Charles A. Beard, on the founding of Ruskin Hall. *Indiana Magazine of History*, v.52, n.3, 1956, p.277-84.

WILLIAMS, J. A. *Turning to Nature in Germany*: Hiking, Nudism, and Conservation, 1900-1940. Stanford: Stanford University Press, 2007.

WILLIAMSON, J. *New People*: Miscegenation and Mulattoes in the United States. New York: The Free Press, 1980.

WILSON, W. Message to Congress, 63.Congresso, 2.Sessão, Senate Doc. n.566 (Washington, 19 ago. 1914), p.3-4, WWI Document Archive. Disponível em: <http://wwi.lib.byu.edu/index.php/President_Wilson%27s_Declaration_of_Neutrality>. Acesso em: 10 abr. 2011.

WINTER, J. *Dreams of Peace and Freedom*: Utopian Moments in the Twentieth Century. New Haven: Yale University Press, 2006.

_____. *Sites of Memory, Sites of Mourning*: The Great War in European Culture History. Cambridge: CUP, 1995.

_____ (Org.). *The Legacy of the Great War*: Ninety Years On. Columbia: University of Missouri Press, 2009.

_____. *The Versailles Treaty*: A Grand Bazaar. Disponível em: <http://www.pbs.org/greatwar/historian/hist_winter_21_versailles.html>. Acesso em: 12 mar. 2011.

WOOD, I. S. *Churchill*. London: Macmillan Press, 2000.

WOODWARD, C. V. *The Strange Career of Jim Crow*. New York: Oxford University Press, 1955.

WORLD needs teamwork of sciences. *Richmond Times Dispatch*, 29 dez. 1938, p.1.

WORMALD, J. *Mary Queen of Scots*: A Study in Failure. London: George Philip, 1988.

WRITER traces history of Negroes in Harlem. *New York Amsterdam News*, 30 dez. 1939, p.3A.

YELVINGTON, K. A. *Fontes de Freyre*: A Paper Presented to the Latin American Studies Association International Conference. Rio de Janeiro, 11-14 jun. 2009.

_____. The Invention of Africa in Latin America and the Caribbean: Political Discourse and Anthropological Praxis, 1920-1940. In: _____ (Org.). *Afro-Atlantic Dialogues*: Anthropology in the Diaspora. Oxford: James Currey Ltd., 2006, p.35-82.

ZACK, N. Mixed black and white race and public policy. *Hypatia*, v.10, n.1, inverno de 1995, p.120-32.

ZAHLMANN, S.; SCHOLZ, S. (Orgs.). *Scheitern und Biographie*: Die andere Seite moderner Lebensgeschichten. Giessen: Psychosozial Verlag, 2005.

Índice onomástico

Abbott, Wilbur Cortez, 99

Abreu e Lima, 354

Afros, John, 297

Aimard, Gustave, 128

Aleijadinho, Antônio Francisco Lisboa, 313n.159

Alencar, Augusto Cochrane de, 154

Alexander, Franz, 234

Alexander, Robert J., 289

Allen, Samuel W., 15, 111, 241

Allen, William, 105n.52

Altamira y Crevea, Rafael, 88-90, 92-4

Altman, Lote, 327

Amado, Gilberto, 354-5

Amado, Jorge, 355n.29

Anderson, Marian, 335

Angell, Norman, 307

Aranha, Oswaldo, 267-8

Armstrong, Donald, 261n.17

Armstrong, Samuel, 314

Arnold, Matthew, 24

Arrojado Lisboa, Miguel, 211

Ashley-Montagu, Montague Francis, 245

Assis Chateaubriand, Francisco de, 148, 154

Auden, W. H., 220

Bach, Johann Sebastian, 62

Badger, Anthony, 243

Bailyn, Bernard, 181

Bairoch, Paul, 32

Barnes, Julian, 41

Barreto, Tobias, 313n.159

Beard, Charles A., 23n.3, 64, 104-6, 296-7

Bell, Quentin, 33

Benedict, Ruth, 231n.89, 312n.157, 367, 370

Benjamin, Walter, 29-30

Berlin, Isaiah, 31

Bernardes, Arthur, 152n.25, 163

Bilac, Olavo, 78n.96

Bilden, Agnis, 326

Bilden, Frank, 327

Bilden, Franz, 47, 56n.28, 343

Bilden, Helga, 14, 16, 55, 67, 103n.47, 164, 326

Bilden, Jane, 15-6, 106, 223n.68, 110, 112n.75, 116, 121, 123, 128, 132-4, 138, 144-5, 151, 159, 170, 180, 182, 221-4, 228n.80, 234-5, 289, 342-5, 352, 357

Bilden, Maria, 326, 343-4

Bilden, Wilhelm, 14, 67, 163-6, 180, 327, 343-4, 379

Bismarck, Otto von, 63

Blake, William, 33

Blease, Coleman Livingston, 138

Blunck, Hans-Friedrich, 150

Boas, Franz, 64-6, 107n.59, 116, 134-5, 164-5, 172, 177, 188, 194, 200-2, 213, 215, 217-9, 236, 238, 244, 250, 258, 280-1, 297, 303, 315, 342, 350-4, 361-2, 376

Bolton, Herbert E., 86n.3, 92n.15

Bonifácio, José, 354

Bouguereau, William-Adolphe, 33

Boyd, William, 34, 341-2

Brandenburger, Clemens, 126-7, 148, 168

Brandt, Bernhard, 127, 133

Braudel, Fernand, 181, 219

Braun, W. A., 63

Brecht, Bertolt, 34

Brittain, Vera, 71-2

Bruère, Henry, 105n.52

Bryson, Bill, 42

Buarque de Holanda, Sérgio, 323

Buck, Pearl S., 307-8, 328

Buhlmann, Amandus, 140

Burrow, John, 177

Butler, Nicholas Murray, 59-60, 117-8n.91, 290

Butterfield, Herbert, 29, 31

Caffery, Jefferson, 280

Calmon du Pin e Almeida, Miguel, 163

Câmara Cascudo, Luís da, 129

Campos, Carlos de, 155-6

Cantimori, Delio, 181

Capistrano de Abreu, João, 168-70, 354

Cárdenas, Lazaro, 289

Cardoso, Fernando Henrique, 347

Carnegie, Andrew, 60

Carneiro Leão, Antônio, 148

Carr, Edward, 31, 146

Carter, Elmer, 252

Carter, John Franklin, 282

Carvalho, Daniel de, 159, 161

Casey, Ron, 16

Castelo, Augusto Viana de, 153n.26

Castro, Américo, 88-9n.9

Castro, Geminiano Lira, 153n.26

O triunfo do fracasso

Chapman, Charles C., 86n.3

Chávez, Hugo, 31

Cherrington, Ben M., 264

Churchill, Winston, 28, 68-9

Clark, Hamlet, 128

Clark, Kenneth, 315

Cleveland, Frederick A., 105n.52

Coffee, John M., 274-6

Coimbra, Estácio, 363-4

Collins, Randall, 356

Colombo, Cristóvão, 31

Coolidge, Calvin, 190

Correia, Oscar, 280, 290

Cortázar, Fernando García de, 23-4

Coué, Emile, 246n.129

Coulanges, Fustel de, 30

Cousin, Victor, 30

Cuauhtémoc, 32

Cullen, Countee, 252

Cunha, Euclydes da, 211, 354

Curtis, William E., 88

Cutler, Addison, 231

d'Assier, Adolphe, 128

Dabney, Virginius, 234, 294, 324, 329-30

Danton, Georges, 34

Darden, Colgate W., 324

Darnton, Robert, 42

Darwin, Charles, 368

Davis, Jackson, 322

de Forest, Lee, 343n.5

de Onís, Harriet, 356

Delgado de Carvalho, Carlos M., 207

Dessoir, Max, 162

Dewey, John, 106, 232, 258, 267, 297

Díaz, Porfírio, 184n.90

Dickens, Charles, 216

Dieckhoff, Hans-Heinrich, 138, 150

Disraeli, Benjamin, 28

Dollard, John, 234

Douglas, Aaron, 244-51, 339

Douglas, Alta, 339, 342

Douglas, Stephen A., 112

Drummond de Andrade, Carlos, 290

Du Bois, W. E. B., 60, 199, 248, 250, 255, 273, 305-6, 308-9, 370, 375

Duggan, Laurence, 280

Duggan, Stephen, 280

Dutra, Firmo, 157

Duval, Gerry, 154

Einstein, Albert, 35, 247, 328

Eliot, George, 35, 374-5

Embree, Edwin R., 228

Emerson, Ralph Waldo, 363

Fernández-Armesto, Felipe, 98

Fichte, Johann, 54

Fischer, Eugen, 192-3n.106

Fitzgerald, Scott, 205

Fleiuss, Max, 148, 160, 168

Fox, Dixon Ryan, 107, 118, 183-4

Franco, Francisco, 25

Frazier, E. Franklin, 275, 316

Freud, Sigmund, 234, 372-3

Freyre, Gilberto, 11, 13, 15, 18, 21, 23n.3, 35, 38, 43, 106, 110-2, 120, 122, 124, 141-2, 144-6, 149, 151, 176, 178-9, 183-4, 186-8, 192, 194-5, 198n.2, 200, 202,

206, 207n.26, 212, 220-3, 236-7, 241-2, 244, 251-2, 262, 276-9, 288, 290, 299, 312, 323, 335-9, 341-76

Friedman, Adolph, 241-2n.118

Friele, Berent, 284

Gaines, Lloyds, 318

Gaius Marius, 26

Galilei, Galileu, 35

Gannett, Lewis, 271n.43

Garcia, Rodolfo, 168-9

Gauld, Charles A., 274, 276

Gay, Peter, 373

Geddes, Eric, 69

Genovese, Eugene D., 368

Gerhardie, William, 341

Gille, Armin, 16, 56n.28

Goethe, Johann Wolfgang von, 154

Gombrich, Ernst, 41

Gomes, Carlos, 313n.159

Gonçalves Dias, Antônio, 313n.159

Goodnow, Frank J., 105n.52

Goody, Jack, 208-9

Gordon, Eugene, 369-71

Grant, Madison, 194, 205, 368

Greene, Graham, 341

Gregory, John Walter, 205

Gregory, Richard Arman, 236-7

Guimarães Rosa, João, 209n.31, 355

Guzmán Blanco, Antonio, 184

Handelmann, Gottfried Heinrich, 127

Hanke, Lewis, 87, 97n.31, 102

Hankins, Frank, 368

Hansen, João Adolfo, 206n.23, 209n.31

Hardy Cease, Jane, 15-6, 221n.64

Hardy, Ed, 235, 337-8

Haring, Clarence H., 86n.3, 148-9

Hayes, Carlton H., 98, 134-5, 168

Herring, Hubert, 264

Herskovits, Frances M., 214

Herskovits, Melville J., 193-4, 199-202, 214, 230-1, 238-40, 258, 281, 342, 351, 359-61, 372, 375

Herzog, George, 253, 280-1, 343, 361, 367

Hitler, Adolf, 113, 138, 214, 221, 253-4, 259-61, 266, 271-3, 277, 305, 308, 313, 326-8, 357

Hook, Sidney, 381

Hoover, Herbert, 189-90

Hoover, J. Edgar, 62, 257, 260, 334

Houston, David F., 132-3

Huggis, Willis N., 256

Hughes, Langston, 248-50, 252, 377

Huizinga, Johan, 88-9n.9

Humphreys, James S., 187

Hunter, J. Paul, 30

Hurston, Zora Neale, 238

Hutchinson, George, 249

Huxley, Julian, 250

Inman, Samuel Guy, 73

James, William, 60, 232

Johnson, Charles S., 227-8, 230, 244-5, 248, 250, 361-2, 371

Johnson, Hall, 252

Johnson, James Weldon, 15, 248, 250, 377

O triunfo do fracasso

Jones, Thomas Elsa, 238

Judas Iscariotes, 33

Jung, Carl, 214

Kandel, Isaac L., 215-6, 281

Kerensky, Alexander, 34, 297

Kershaw, Ian, 326

Keynes, John Maynard, 69

King, Martin Luther, 278-9n.64, 294, 296, 376-7

King, Willard V., 65-6

Kipling, Rudyard, 100

Klapper, Paul, 215-8, 222, 225-6

Klineberg, Otto, 320

Klopfer, Bruno, 214

Knipping, Hubert, 150

Knopf, Alfred, 249, 355-6, 377

Knopf, Blanche, 249

Kosciuszko, Tadeusz, 26

Krammer, Arnold, 62

Krauel, Dr., 151-2, 157

Krauss, William W., 309

Laidler, Harry W., 306, 308-9

Lampião, Virgulino Ferreira da Silva, 211

Lancaster, Vilnius, 38

Landes, Ruth, 231

Lawrence, D. H., 250

Lawrence, Jacob, 255-6

Lenin, Vladimir, 31

Liais, Emmanuel, 126, 131

Licínio Cardoso, Vicente, 129, 143, 148, 150, 155, 167, 176, 179

Lincoln, Abraham, 22, 112

Lindeman, Eduard C., 321

Linton, Derek S., 367

Lips, Julius, 214, 245

Lloyd George, David, 71, 113

Lobo, Hélio, 108-9, 115-8, 142, 150-2, 154, 157-8, 163, 179, 280

Locke, Alain, 245, 248

Loman, Willy, 34, 372

Loos, Dorothy Scott, 15, 339, 343, 362

Loos, William, 15, 339

Loreto, baronesa de, 159

Lowrie, Samuel Harman, 237

Lucius Cornelius Sulla, 26

Lutero, Martinho, 51

Lutz, Bertha, 147

Luxemburgo, Rosa, 52

Luzzatto, Sergio, 49-50

Macaulay, Thomas, 29

Machado de Assis, Joaquim Maria, 313n.159

MacIver, Robert M., 215, 218, 280-1, 329

Mangabeira, Otávio, 153

Mann, Golo, 45

Mann, Katia, 45

Mann, Thomas, 45, 250

Mansfield, Katherine, 250

Marías, Julián, 21

Martin, Percy Alvin, 149, 197, 220, 230, 278, 342, 357, 362, 364

Marx, Karl, 29n.23, 37

Maurício, José, 313n.159

McBain, Howard Lee, 113, 116

McCarthy, Joseph R., 333

McCaskill Bilden, Eloise.
  Ver Bilden, Jane
McCaskill Hardy, Mary Virginia,
  15-6, 110, 221n.64, 235-6, 337
McKay, Claude, 252
Meacham, William, 234
Medina, J. T., 86n.5
Meinecke, Friedrich, 88-9n.9
Mello Vianna, Fernando de, 158,
  160, 168
Mencken, Henry L., 250
Mercié, Antonin, 26n.11
Merriam, John C., 115, 173
Merton, Robert, 35, 346
Mesquita Filho, Júlio de, 155-6
Meyer, Hermann, 128
Miller, Arthur, 22-3, 34, 243, 372
Mindlin, José, 361
Mitchell, Arthur Wergs, 291
Moe, Henry Allen, 214-5, 280-1, 361
Mommsen, Christian Matthias
  Theodor, 108
Montaigne, Michel de, 24
Moraes Barros, 156-7
Moreira, Juliano, 313n.159
Moretti, Franco, 33
Morgan, Edwin, 117-8, 152
Morris, William, 376
Moses, Bernard, 91-2
Muck, Karl, 62-3
Muldoon, James, 98
Müller, Fritz, 368-9
Müntzer, Thomas, 28
Mussolini, Benito, 305

Myrdal, Gunnar, 263n.19, 272-4, 293
Nabuco, Joaquim, 352, 354
Nagy, Imre, 32
Napoleão, 26, 53
Nash, Roy, 105, 192-3n.106, 335,
  350-1n.21, 370
Nash, Walter, 307
Natorp, Paul, 53
Newton, Isaac, 35
Nicolai, Georg, 127
Nicolson, Harold, 70
Nietzsche, Friedrich, 26, 30
Nikhilananda, Swami, 73-4
Oliveira Lima, Flora de, 134, 139,
  213, 223, 253, 277-8, 361, 364,
  379
Oliveira Lima, Manoel de, 114-35,
  138, 142-57, 160-3, 168-9, 171-2,
  175-6, 179, 192, 194, 208, 213,
  223, 253, 353-4, 361
Oliveira Vianna, Francisco José de,
  168, 175, 192, 313n.159
Oliver, Maria Rosa, 317
Ortiz, Fernando, 324, 371
Orwell, George, 267
Ouseley, William Gore, 131
Pacheco, José Felix Alves, 152-3
Park, Robert E., 231-2, 240
Parks, Rosa, 294
Parnell, Brian, 376n.81
Pattee, Richard, 239, 251, 264, 280,
  360-1, 371-2
Pearse, Patrick, 27
Pearson, Henry Clemens, 128
Peçanha, Nilo, 328

Pegler, Westbrook, 271n.44

Pendergast, Marcia, 252

Perdigão Malheiro, 354

Pereira Carneiro, conde, 147

Pereira e Sousa, Carlos Martins, 280

Peterkin, Julia, 110-1

Pickens, William, 283-4

Pierson, Donald, 231, 238

Pirenne, Henri, 88-9n.9

Pontes de Miranda, Francisco Cavalcanti, 317

Popini, Alexandre, 223, 343n.5

Powdermaker, Hortense, 307, 309

Prado, Antônio, 155

Prado, Martinho, 156

Prado, Paulo, 189

Prellwitz, Gertrud, 54

Putnam, Samuel, 363

Queiroz, Rachel de, 343n.7

Quelle, Otto, 162, 207-8

Ramos, Arthur, 200, 206n.24, 215, 231n.89, 239, 241-2n.118, 251-2, 283, 290-2, 299, 323, 344, 360-1, 365, 368

Rand, Carrie, 296

Rangel Pestana, Nestor, 155

Ranke, Leopold von, 30

Remsen, Ira, 60

Rendu, Alphonse, 131-2

Ribeiro, Odilon Nestor, 145

Ribeyrolles, Charles, 126-8

Riddle, Oscar, 237

Riesman, David, 381

Rio Branco, Barão do, 38

Roazen, Paul, 372-3

Robertson, William Spence, 86n.3

Robinson, John W., 256

Rocha Lima, 362

Rockefeller, John D., 322

Rockefeller, Nelson A., 269, 279, 282-4, 289

Rodrigues, Nina, 361

Romero, Sílvio, 354

Roosevelt, Eleanor, 297-8, 328

Roosevelt, Franklin Delano, 94, 190n.105, 202, 229n.83, 257, 261, 264, 267, 269, 273, 289

Roosevelt, Theodore, 60-1

Root, Eihu, 94

Roquette-Pinto, Edgar, 148, 170, 188-9, 192-3, 201, 206, 211, 264, 311, 344, 348, 359, 368-9

Roth, Philip, 42

Rout Jr., Leslie B., 370

Royce, Josiah, 60

Ruml, Beardsley, 118-9

Russell, Bertrand, 267, 297, 300

Sampaio, Theodoro, 313n.159

Santos, Gabriel Ribeiro dos, 156

Sarnoff, David, 236

Sassoon, Siegfried, 68-9

Savage Landor, Arnold Henry, 128-9

Schieffelin, William Jay, 321-2

Schiff, Jacob H., 107n.59

Schmidt, Max, 162

Scholz, Sylka, 24

Schomburg, Arthur A., 227, 239, 244-5, 252, 360n.39, 361, 371-2, 375

Schüler, Heinrich, 127-8

Scott, J. R., 246n.129

Scott, Walter, 25

Seligman, Edwin R. A., 105n.52, 106-7, 116, 118, 134

Sen, Amartya, 32

Sennett, Richard, 22

Shakespeare, William, 42

Shapiro, Herman L., 316

Shaw, George Bernard, 61, 69, 71, 82

Shaw, Paul Vanorden, 202n.15

Shepherd, William R., 66-8, 72-82, 85-109, 114-6, 120, 122, 162, 182-4, 187, 202, 213, 215-6, 288-9, 304, 366, 383-4

Shklovsky, Viktor, 32-3

Shotwell, James T., 73

Silva, Luiz Inácio da, 347

Silva-Bruhns, Julia da, 45

Simkins, Francis Butler, 21, 63, 102, 106-14, 137, 141-3, 176, 182-8, 195, 200, 202, 220, 225, 230, 252, 335, 339, 342, 357, 361

Simmel, Georg, 232

Skinner, Quentin, 23

Snethlage, Emilie, 170

Soares, Raul, 161

Souza Queiroz, 156-7

Spinden, Herbert, 316

Stalin, Joseph, 254

Stefansson, Vilhjalmur, 202n.15, 228-9, 343n.5

Stocking Jr., George, 177

Stoddard, Lothrop, 205, 368

Storni, Alfonsina, 343n.7

Taft, William, 100n.39

Takamori, Saigō, 27

Tannenbaum, Frank, 184, 215-6, 288-90, 331, 350, 355, 366-7

Tate, Allen, 25

Taunay, Afonso d'E., 149, 156, 168-9, 189

Tausk, Victor, 372-3

Teixeira, Anísio, 381

Thomas, Norman, 306

Thompson, Edward, 32-3, 36

Thompson, Holland, 182, 186

Tillman, Benjamin, 182, 184-5

Tiradentes, Joaquim José da Silva Xavier, 28

Tóibín, Colm, 353

Toomer, J., 248

Torres, Alberto, 168

Toynbee, Arnold, 219

Trevelyan, George Macaulay, 29, 88-9n.9

Trotsky, Leon, 31-2

Trott zu Solz, Adam von, 52

Turner, Lorenzo, 232

Twain, Mark, 24

van Vechten, Carl, 249, 377

Vanderplank, Ellen, 339

Vanderplank, Fred, 339

Vargas Llosa, Mario, 96

Veblen, Thorstein, 106

Vila-Matas, Enrique, 38

Vincent, George E., 117

Virchow, Rudolf, 177

Vita, Luís Washington, 369

Vogt, Karl, 177

von Behr, Hans, 223, 344n.8

von Blücher, Gebhard, 26

von Hardt, Richard, 156

von Helmholtz, Hermann, 177

von Luetzelburg, Philipp, 162, 211

von Maltzan, Heinrich, 150

von Sybel, Heinrich, 30

Walle, Paul, 129

Wanderley, Luiz Adolpho Accioly, 147, 149

Washington Luiz, 152-3

Washington, Booker T., 204, 232, 314, 317, 320

Watjen, Hermann, 126-7

Watkins, Mark Hanna, 219, 232

Waugh, Evelyn, 341

Webster, Horace, 226

Wellington, duque de, 26

Westermann, William Linn, 108-9, 116, 215-6

Wettstein, Karl Alexander, 129

White, Walter, 251, 270, 272-4, 281-4, 288, 299-300, 307, 342, 361, 377

Whitman, Walt, 7, 26, 34, 373, 376

Williams, Mary, 370

Wilson, Woodrow, 58, 62

Windelband, Wilhelm, 232

Winold Reiss, Fritz, 246-9

Winter, Jay, 70, 79

Woodson, Carter, 239, 360n.39

Wyneken, Gustav, 54

Young, Donald, 213, 215-9, 280-1, 361

Yutang, Lin, 307

Zahlmann, Stefan, 24

Zander, Romero F., 153

Zweig, Stefan, 128, 327

SOBRE O LIVRO

Formato: 16 x 23 cm
Mancha: 27,6 x 44 paicas
Tipologia: Iowan Old Style 10,5/15
Papel: Off-white 80 g/m² (miolo)
      Cartão Supremo 250 g/m² (capa)
1ª edição: 2012

EQUIPE DE REALIZAÇÃO
Capa
Estúdio Bogari

Edição de texto
Íris Morais Araújo (Copidesque)
Thaísa Burani (Preparação de original)
Vivian Matsushita (Revisão)

Editoração Eletrônica
Sergio Gzeschnik

Assistência Editorial
Alberto Bononi

Edições Loyola

impressão acabamento

rua 1822 nº 341
04216-000 são paulo sp
T 55 11 3385 8500
F 55 11 2063 4275
www.loyola.com.br